晚近温州人物年谱丛刊

黄绍箕年谱

谢作拳 编著

温州市文史研究馆

全国百佳图书出版单位
时代出版传媒股份有限公司
黄山书社

图书在版编目(CIP)数据

黄绍箕年谱 / 谢作拳编著.—合肥:黄山书社,2023.1
(晚近温州人物年谱丛刊)
ISBN 978-7-5737-0705-5

Ⅰ.①黄… Ⅱ.①谢… Ⅲ.①黄绍箕(1854–1908)–年谱 Ⅳ.①K825.46

中国版本图书馆 CIP 数据核字(2023)第 013664 号

黄绍箕年谱
HUANGSHAOJI NIANPU

谢作拳 编著

出品人 葛永波
责任编辑 马奔奔
装帧设计 有品堂_刘 俊
责任印制 李 磊
出版发行 黄山书社(http://www.hspress.cn)
地址邮编 安徽省合肥市蜀山区翡翠路 1118 号出版传媒广场 7 层 230071
印 刷 安徽新华印刷股份有限公司
版 次 2023 年 7 月第 1 版
印 次 2023 年 7 月第 1 次印刷
开 本 880mm × 1230mm 1/32
字 数 430 千字
印 张 16.375
书 号 ISBN 978-7-5737-0705-5
定 价 78.00 元

服务热线 0551-63533706
销售热线 0551-63533761
官方直营书店(https://hsss.tmall.com)

黄绍箕像

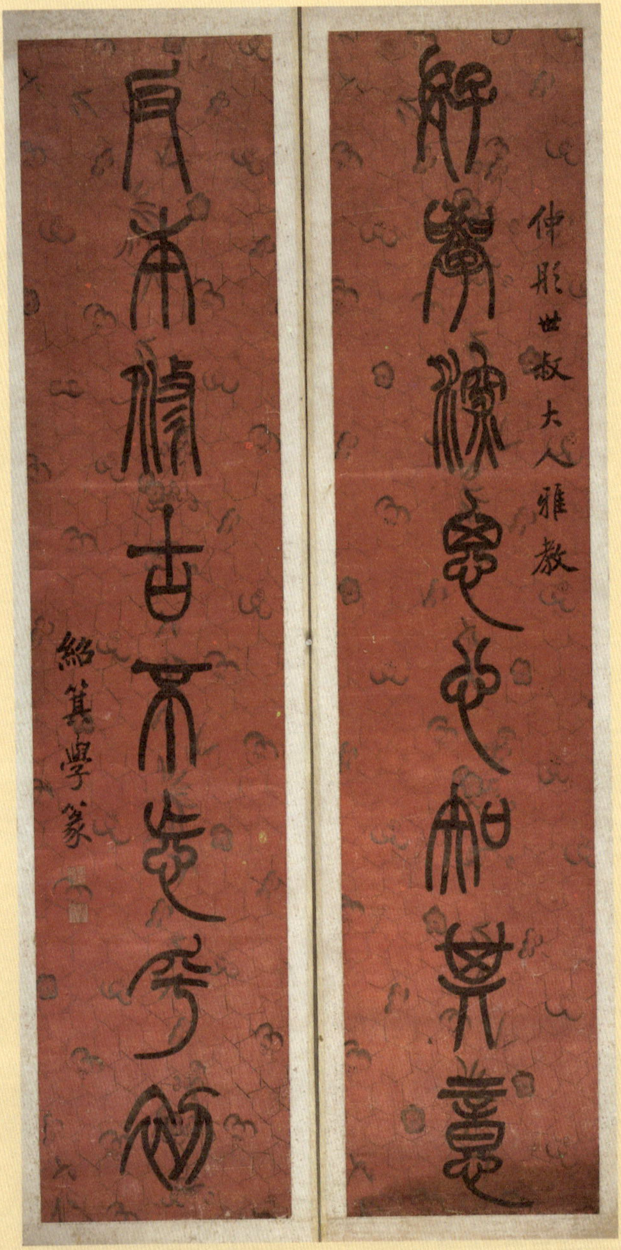

黄绍箕篆书八言联（温州博物馆藏）

出版说明

近现代温州迎来第二次学术文化高潮,涌现了以“三孙五黄”(孙衣言、孙锵鸣、孙诒让,黄体正、黄体立、黄体芳、黄绍箕、黄绍第)和“东瓯三先生”(陈虬、陈介石、宋恕)为代表的一大批精英人物,他们立德、立功、立言,为地方发展、为社会进步作出独特而不朽的贡献。然而由于历史和现实的原因,学界对他们生平事迹与功业的探讨与研究,对他们思想和精神的挖掘与弘扬,长期以来,做得很不到位。以年谱单行本而论,早年仅有孙孟晋《孙逊学公年谱》《孙徵君籀庼公年谱》、陈谧《陈介石先生年谱》等,近年问世《虞廷恺年谱长编》《马孟容马公愚昆仲年谱》《夏承焘年谱》等,屈指可数,难以满足学术界与社会的需要。

有鉴于此,温州市文史研究馆谋划集合馆内外力量,从事“晚近温州人物年谱丛刊”的编撰出版工作。对此,我们有几点考虑。

一是谱主的选择。谱主在晚近温州有典型意义,或功业彪炳(如黄体芳、黄绍箕、黄群),或学术(专业)一流(如洪式闾、赵超构),或风骨凛然(如刘景晨),或其他方面具有较强代表性(如朱铎民、金嵘轩、梅冷生、吴百亨)。

二是体例的把握。广泛梳理与征引文献史料,讲求学术规范,记叙客观,剪裁得当,力求做到不虚美不掩饰。姚名达为胡适

《章实斋年谱》作序时提出的几条原则，可以作为我们的有益借鉴。

三是作者的落实。以馆员为先，但不限于馆员，尤其欢迎馆外同仁参与丛刊的编撰，将符合条件的书稿交付我们出版。馆外同仁，自然不以温州为限，期待海内外专业人士与我们精诚合作，拿出精品，为温州历史文化研究添砖加瓦。

总而言之，通过“晚近温州人物年谱丛刊”的出版发行，不断凸显文史研究馆的引领性与学术性。

按：本书稿中引用的文献内容力求呈现原貌，有前后用字不一致、字词用法与当代习惯不同之处，原则上不予改动。所引用文献资料的出版信息只在第一次引用时标明，再次出现时一般只标注页码。

温州市文史研究馆

二〇二二年七月二十八日

目　录

前 言

▶黄绍箕像

黄绍箕(1854—1908),幼名睦钤,字仲弢,又字穆琴,晚号鲜庵。浙江瑞安人。清末官员、学者、教育家。其生平大致可分为以下几个时期:

(1) 早年求学时期 [咸丰四年 (1854) 至光绪四年 (1878)]

自咸丰十年(1860)受学于父亲,后师事陆尔熙、张之洞,曾向孙衣言、孙锵鸣习永嘉经制之学。他十八岁应童子试,以第一名补博士弟子员,即入泮。二十岁赴浙江乡试,荐而未售。二十四岁肄业国子监,二十五岁再入温州中山书院学习。

(2) 初入仕途 [光绪五年 (1879) 至光绪二十五年 (1899)]

光绪五年参加己卯科顺天乡试,中试第十九名,保和殿复试一等第一。次年(1880)参加会试,即中二甲第六名进士,改庶吉士,充武英殿协修。九年(1883)四月散馆,得一等第一名,授职编修。十一年(1885)三月充本衙门撰文,五月任四川乡试副主考,十二月,充国史馆协修官。十二年(1886)五月充教习庶吉士。十三年(1887)十一月充会典馆协修官。十五年(1889)二月因恭办大婚典礼保奏加侍讲衔,十二月充会典馆图上帮总纂官。十六年(1890)五月二充教习庶吉士。十七年(1891)京察一等,六月充会典馆图上总纂官。十八年(1892)三月充武英殿总纂官。二十年(1894)京察一等,奉旨记名以道府用,十二月充会典馆书上总校官。二十一年(1895)正月充会典馆图上帮提调官,三月请假回籍修墓。二十三年(1897)六月充湖北乡试正考官。二十四年(1898)四月补授翰林院侍讲,五月三充教习庶吉士,九月补授左春坊左庶子,十月充京师大学堂总办。二十五年二月,补授翰林院侍讲学士,充日讲起居注官。三月,充咸安宫总裁。五月授翰林院侍读学士。七月,会典告成请奖,奉旨赏加二品衔。

这个时期除两次外放:任四川乡试副主考、湖北乡试主考官,一次南下结婚,一次请假回籍外,基本上都在北京任职。在京期间,交友广泛,与潘祖荫、翁同龢、李慈铭、盛昱、袁昶、沈曾植、张謇、康有为等人来往密切。为康有为第一次上书积极奔走,而上书失败后,劝康有为勿言国事,以金石碑版自娱;甲午战争期间,积极上疏,出谋划策。戊戌变法期间参加保国会,出任京师大学堂提调,政变前夕劝康有为出逃,使康躲过一劫。

(3)张之洞幕府[光绪二十六年(1900)至光绪三十年(1904)]

黄绍箕守制期间,应张之洞之邀赴湖北,任职两湖书院,入张之洞幕府。其政治才能深得张之洞欣赏,《郑孝胥日记》光绪二十七年(1901)十一月初五日载:"渡江至学务处,与仲弢同在抱冰堂饭,南皮从容言曰:'今欲行新政,得数人亦可举耳,陈璧、张百熙、李盛铎、钱恂,及座间郑(孝胥)、黄(绍箕)二君。用此六人,可成小贞观矣。'"同年十二月初一日张之洞在《胪举人才折》中这样评价黄绍箕:"该员品端学博,沉细不浮,于中西政治纲领、学校规制实能精思博考,而趣向纯正,力辟邪诐之说,洵为今日切于世用之才。"在之后的八国联军入侵时,张之洞倚重黄绍箕等人起草《江楚会奏》三折。张之洞署两江总督时,黄绍箕随之赴任,尽职尽责做好幕僚的工作。

(4) **再次入京** [**光绪三十年**(1904)**至光绪三十二年**(1906)]

黄绍箕于光绪三十年九月赴京任编书局监督,次年正月兼充译学馆监督。这个时期致力于教育事业的发展和开拓,对教科书的编撰提出规范要求。撰成《乡土志例目》,对乡土教材的编写提出规范,重订《翻译兼润色条例》。对译学馆加以改进,扩招学生,选派留学生出洋留学等。其间还被选为旅京浙学堂总理,积极参与浙江收回路权运动。

(5) **湖北提学使** [**光绪三十二年**(1906)**至光绪三十三年**(1907)]

光绪三十二年四月简放湖北提学使,并被推举为提学使团长,率团出使日本考察学务,学习日本先进的教育经验,归国后为湖北近代教育的发展作出了非常大的贡献:如创办专门工业学堂、商业学堂;开展对教员的考核;对留学归来的学子进行考试,择优录取;为了帮贫寒学生学习一门手艺,在学堂开设工艺课;为了不让学生荒废学业,在暑假开始前召集家长训话等等。各项先进举措大大促进了湖北教育的快速发展,也为湖北教育在近代以来始终走在全国前列奠定了深厚的基础。

纵观黄绍箕一生,其最大的贡献应该是在教育上。他视教育为"身心性命大事",提倡兴办新学,谓"不通西学,不足以存中学”。积极投身于教育事业,为我国教育事业作出重大贡献:任京师大学堂总办、两湖书院监督、编书局监督、译学馆监督、旅京浙学堂总理、湖北提学使,创办湖北师范学堂、湖北实业专门学校和武昌初等小学,筹办曲阜学堂,兼任湖北存古学堂提调。关注家乡的教育事业:创办瑞安学计馆,任瑞安普通学堂总理,在温处学务分处设立过程中起关键作用,帮助孙诒让处理办学过程中的种种难题。著有《中国教育史》。其在教育方面的积极探索,所取得的成就,深受国内外称颂。黄绍箕可谓为中国教育事业呕心沥血、殚精竭虑,直至以身殉职。

最早编写黄绍箕年谱的是张扬(字宋庼)的《黄鲜庵先生年谱》,之后有孙延钊先生《瑞安五黄先生系年合谱》,俞天舒《黄绍箕集》后附年谱,以及拙编年谱,附《黄绍箕集》后。此年谱就是在前人整理的基础上,充实资料后补充完成的,共约 32 万字,以条目式对黄绍箕一生的经历加以叙述。因在整理《黄绍箕集》时,查阅了大量的资料,故而得知李慈铭、郑孝胥等人的日记中有许多记载黄绍箕的信息,未能收入《黄绍箕集》中,却是编写年谱的重要资料。后又从《近代史所藏清代名人稿本抄本》等出版物,清末《申报》《顺天时报》《四川官报》等报刊上发掘到新的材料。综合这些已刊论著、他人日记、往来书信、清末报刊等资料,并进行严格考证、细致梳理、逐年逐月编排,以此较全面细致地展现黄绍箕的生平事迹与社交活动,为读者真实地呈现黄绍箕五十多年的人生经历,从中也折射出与谱主同命运的知识分子在那个时代的追求与奋斗,深刻体现了这位温州先贤为家国奉献一生的光辉业绩,也为研究黄绍箕其人其事留下较为翔实完备的资料。

在收集资料的过程中,得到许许多多同行、友人的帮助。在此,对于温州市文史研究馆果断推出晚近温州人物年谱丛刊,卢礼阳先生对稿子的认真审读等,致以崇高的敬意和衷心的感谢。

由于黄绍箕的资料非常零散，搜集不易，加之当前学术界相关研究不够充分，编者水平有限，难免会有疏漏之处，敬请各位方家指正。

谢作拳

2022 年 4 月 10 日完稿

一、黄氏源流

黄氏之先出自黄帝公孙，至陆终封国曰黄，因以为姓，居江夏口，受其采地，因以为郡。唐时有太尉乾字秉元者，以才辟为殿中少监，历官福建刺史，乃居福建长溪赤岸。后遭王审知之乱，复自长溪徙浙江瑞安之来暮乡合湖。传八世，至宋孝廉陈留县尹凤，字舜仪，再于崇宁间迁瑞安白岩里，始称白岩黄氏。三传至佾，登绍兴乙卯汪应辰榜进士，《邑志·选举》载之。历明迄清初，世有潜德，名业弗彰。康、雍间，有宏韬及其子仕彬，俱庠生。仕彬生诏，太学生。诏生元理，元理生象清，字韶音，号成九，郡廪生。象清生吉人，字履祥，号梧阳，岁贡生，选训导，娶同邑吴氏，则菊渔、卣芗、漱兰三先生之考妣也。今漱兰先生一支流寓于外，余族居邑城小沙堤。

白岩黄氏世系表

一世凤——二世塍——三世佾——四世德明——五世永宽——六世定——七世本润——八世彩——九世隆顺——十世庆——十一世现——十二世昌——十三世豹——十四世赍——十五世厚——十六世汀——十七世敬——十八世赐——十九世楠——二十世琳——廿一世守烨——廿二世宏韬——廿三世仕彬——廿四世诏——廿五世元理——廿六世象清——廿七世吉

人——廿八世体芳——廿九世绍箕——三十世曾延、曾詺、曾武

《瑞安五黄先生系年合谱》(《孙延钊集》,周立人、徐和雍编,上海社会科学院出版社2006年版,221—222页)

本生高祖元理,字冰泉,候选布政司经历,敕授宣德郎。

本生曾祖象清(1769—1820),字成九,郡廪生。覃恩诰赠通议大夫,四品衔,刑部河南司主事加二级。

本生祖吉人(1787—1844),字梧阳,道光庚子岁贡生,候补训导,诰赠通议大夫,四品衔,刑部河南司主事加二级。覃恩诰赠中议大夫詹事府左春坊左庶子加三级。

本生祖母吴氏,正九品讳荣公长女,国学生讳德新公、业儒讳德维公、讳德建公胞姊,诰赠淑人。

父体芳(1832—1899),字循引,一字漱兰,又字瘦楠、莼隐。咸丰辛亥恩科举人,同治癸亥恩科会元,殿试二甲第十名,钦点翰林院庶吉士。乙丑年散馆二等第七名,授编修,丙寅年大考二等第四名,授詹事府司经局洗马。历官翰林院侍讲、侍读,詹事府右庶子、左庶子,翰林院侍讲学士、侍读学士。历充武英殿协修纂修、国史馆协修、文渊阁校理、丁卯科顺天乡试同考官、福建学政、癸酉科贵州乡试副主考、山东学政。现官詹事府少詹事,充日讲起居注官,咸安宫总裁,内阁协同批本稽察右翼宗学,钦命提督江苏全省学政,诰授中宪大夫。

母周氏,岁贡生候选训导讳玉纶公孙女,道光甲辰恩科举人讳庆楠公长女,廪生讳庆枢公胞侄女,庠生候选县丞讳昭焘公胞姊,业儒名廷镛、庠生名拱藻胞姑,诰封恭人,晋赠淑人。

母陶氏,江苏吴县嘉庆丁丑科进士宗人府主事讳惟煇公孙女,道光乙未恩科举人四川昭化县知县、候选同知讳以增公女,乙未科进士、翰林院编修、己亥科浙江乡试副主考、道衔山东济南府知府讳庆增公胞侄女,直隶束鹿邢台乐亭县知县、运同衔候补直

隶州知州名云锦公,按察司经历名元锦公胞妹,翰林院待诏名良锦公、业儒名荣锦公、名恩锦公胞姊,河工候补通判名文锦公本生胞妹,诰封淑人。

（黄绍箕《光绪庚辰科会试朱卷》履历）

二、早年求学

（咸丰四年至光绪四年）

咸丰四年　甲寅（1854）　一岁

正月十二日（2月9日）　出生于瑞安城厢居第（今城关镇）。

黄绍箕《光绪庚辰科会试朱卷》履历："幼名睦钤，字中弢，一字穆琴，行一，又行三，咸丰乙卯年正月十二日卯时生浙江温州府瑞安县，民籍，廪贡生。"

按：朱卷履历上出生年推迟了一年。

七月　通州范当世（1854—1905）生。

咸丰五年　乙卯（1855）　二岁

五月二十日（7 月 3 日）　从弟绍第出生。

是年　胞妹珩生。

费念慈(1855—1905)、徐世昌(1855—1939)、王同愈(1855—1941)生。

咸丰六年　丙辰（1856）　三岁

二月　父与二伯父体立同赴京参加会试。二伯父中是科进士，与翁同龢、孙毓汶、谭钟麟、陈寿祺等为同榜进士。

是年　文廷式（1856—1904）、于式枚（1856—1915）、陈衍（1856—1937）生。

咸丰七年　丁巳（1857）　四岁

杨锐(1857—1898)、蒯光典(1857—1911)生。

咸丰八年　戊午（1858）　五岁

沈瑜庆（1858—1918）、易顺鼎（1858—1920）、康有为（1858—1927）生。

咸丰九年　己未（1859）　六岁

徐琪（1859—1918）、梁鼎芬（1859—1919）、汪大燮（1859—1929）、李盛铎（1859—1937）、李详（1859—1931）生。

是年　二伯父与李慈铭相识于京师，过从甚密。

参李慈铭《除夕京邸守岁次厉樊榭南湖草堂除夕诗韵同黄卣芗体立陈珊士寿祺两比部杨子恂舍人仲愉周叔云编修作》。

咸丰十年　庚申（1860）　七岁

发蒙问学，同时，从父课读。

江标（1860—1899）、汪康年（1860—1911）、郑孝胥（1860—1938）生。

黄绍箕《光绪庚辰科会试朱卷》受业师有：傅廷鑫筑生、鲍昭音秋琴、鲍绍宜菊缘、林滋芳雨园、黄体芬蓉舲、朱世篁饬庵、戴循良翰卿、王士鉁蕴生、林梦柟星樵、周慰曾佑之、陆尔熙广敷、王綍莘锄、金兆嘉子禾、孙锵鸣蕖田、赵廷夔琴泉、匡源鹤泉、王棻子庄、张之洞孝达。

咸丰十一年　辛酉（1861）　八岁

端方(1861—1911)、章梫(1861—1949)生。

同治元年　壬戌（1862）　九岁

幼而岐嶷，好深湛之思，自家塾日课外，浏览经史百家，焚膏继晷，恒至夜分乃就寝。（黄曾延、曾詻、曾武《哀启》，《黄绍箕集》738页，中华书局2018年版）

宋恕（1862—1910）生。

同治二年　癸亥（1863）　十岁

四月　父上京应试,中是科会元,殿试二甲第十名,改翰林院庶吉士。与张之洞、许振祎、陆尔熙等为同榜进士。

冬　父乞假归里,为祖母吴太淑人庆祝诞辰。

《瑞安五黄先生系年合谱》:“冬,漱兰先生乞假归省,尝以梨园觞客,自题《戏台》一联云‘敢为科名荣梓里,聊凭弦管替莱衣’,盖兼为吴太夫人七十五寿也。”(《孙延钊集》232—233 页)

按:黄体芳同治四年(1865)致孙衣言函:“芳老母今年七十有五矣。”(《黄体芳集》,俞天舒原编,潘德宝增订,温州市图书馆整理,中华书局 2018 年版,227 页),《瑞安五黄先生系年合谱》“吴太夫人七十五寿”有误。

陈庆年(1863—1929)生。

同治三年　甲子（1864）　十一岁

春　父假满还京，携眷同行。谱主首入京师。

王式通（1864—1931）、叶尔恺（1864—?）生。

同治四年　乙丑(1865)　十二岁

四月十八日(5月12日)　癸亥科庶吉士散馆。父名列二等第七,授翰林院编修。一等第一名张之洞,第二名许振祎。

《翁同龢日记》四月十九日:"未刻知散馆名次……一等廿四人:张之洞、许振祎……二等三十五人:许廷桂、孙凤翔、吕式榩、徐尔鏖、周兰、奎润、黄体芳……"(中华书局2006年版,第一册,391—392页)

曹元忠(1865—1923)、唐文治(1865—1954)生。

同治五年 丙寅（1866） 十三岁

四月二十五日（6月7日） 父参加翰詹大考，获二等第四名，转任詹事府司经局洗马。

《翁同龢日记》四月廿五日：“是日翰詹大考。”廿六日：“戌刻从刘师假得等第单……二等卅七名：刘湝年侍讲，英启侍讲，周寿昌庶子，黄体芳洗马……”（第一册，463页）

罗振玉（1866—1940）生。

同治六年　丁卯（1867）　十四岁

与从弟绍第从陆尔熙学。

《瑞安五黄先生系年合谱》:“与从弟绍第从阳湖陆尔熙广敷编修学说经论文,兼课性理,如是者数年。”(《孙延钊集》,234页)

《和奉新年伯赠家大人诗原韵》诗注:“绍箕少事陆阳湖师最久。”(《黄绍箕集》上册,427页)

八月　父充顺天乡试同考官。是年张之洞充浙江乡试副主考,孙诒让中浙江乡试举人。

张元济(1867—1959)生。

同治七年　戊辰（1868）　十五岁

四月二十九日（5月21日）　父参加翰詹大考。名列在前，特擢翰林院侍讲。

《翁同龢日记》四月廿九日："朝考题：阳常居大夏论、褒德录贤疏、鱼跃顺流得流字。"闰月朔："见朝考全单，第一刘廷枚……"（第二册，605页）

蔡元培（1868—1940）、吴士鉴（1868—1933）生。

同治八年　己巳（1869）　十六岁

六月　侍父归里，为祖母吴太淑人八十诞辰祝寿。张之洞、陆尔熙、孙衣言等皆有文致祝。

《张母李太淑人七十寿序》："往者绍箕侍我先父通政公归里，我先祖母年八十矣。"

同治九年 庚午（1870） 十七岁

八月初一日（8 月 27 日） 父任福建学政。

《翁同龢日记》："放各省学政：直鲍源深未考差，山西龚承钧，河南何金寿，江苏彭久余，浙江丁绍周，江西李文田，湖北洪钧，湖南廖寿恒，四川夏子鍚，广东何廷谦，福建黄体芳，广西郭怀仁，云南汪叙畴，贵州刘青照，安徽景其濬，陕西汪鸣銮，奉天张沄卿。"（第二册，792 页）

闰十月二十四日（12 月 16 日） 祖母吴太淑人卒。父卸学政职，归里丁忧。

同治十年　辛未（1871）　十八岁

应瑞安县童子试,以第一名补博士弟子员,旋食廪饩。受知于瑞安知县罗子森、温州知府费莫裕彰。旋与金晦及孙诒燕同入泮,受知于浙江学政丁绍周。当时瑞安庠校中有“三君”之目。

孙延第《貤赠中宪大夫先考内翰公行述》:“先考之应童子试也,与同县故黄丈绍箕、金丈晦同入泮。当是时,我瑞庠校中有‘三君’之目,乡里望之均若景星庆云……”(温州博物馆藏石印件)

黄绍箕《光绪庚辰科会试朱卷》受知师有:王榕吉荫堂、王发桂小山、单文恪地山、王之翰次屏、方鼎锐子颖、罗子森雨樵、费莫裕彰、丁绍周濂甫、方浩春波,同治癸酉科浙江乡试同考官、张盛藻春陔、黄倬恕皆、张集馨椒云、周家楣少棠,顺天府府尹、胡家玉小蘧、潘斯濂莲舫、杜昂杏村、张家骧子腾、良贵子修、顾允昌俊叔、李肇锡子嘉、钱宝廉平甫、殷兆镛谱经、费莫志和叔雅、徐桐荫轩、万青藜藕舲……

同治十一年　壬申（1872）　十九岁

十月　父服阕，携眷还朝，复侍讲原职。

是年　尊父之命，从张之洞受业。（《黄体芳集》，705页）

同治十二年　癸酉(1873)　二十岁

三月十五日(4月11日)　冒广生(1873—1959)生。

四月　与绍第家居。与黄岩杨晨等师从孙锵鸣,为永嘉经制之学,又与孙诒燕为讲友。

《瑞安五黄先生系年合谱》:"鲜庵、缦庵二先生家居,与黄岩杨定夫孝廉同从先叔祖游,为永嘉经制之学,而与先从叔翼斋先生为讲友。"(《孙延钊集》,239页)

六月　父任贵州乡试副考官。

《瑞安五黄先生系年合谱》:"时黔中因乱停试久,士荒于学,是科秋闱乃简内阁侍读学士许庚身为正考官,漱兰先生副之。"(《孙延钊集》,239页)

八月　父任山东学政。

《瑞安五黄先生系年合谱》:"八月漱兰先生简放山东学使,冬始抵任。"(《孙延钊集》,239页)

八月初八日(9月29日)　浙江乡试第一场进场。

周少庵《微波榭日记》:"晴,午刻进场。"(温州市图书馆藏稿本)

八月初九日(9月30日)　首场四书题:"人之过也,各于其党。观过,斯知仁矣";"天命之谓性,率性之谓道,修道之谓教"。"天子适诸侯曰巡狩;巡狩者,巡所守也。诸侯朝于天子曰述职"。赋得"州傍青山县枕湖"得州字五言八韵。

《微波榭日记》:"雨风,寒。首场四书题:'人之过也,各于其党。观过,斯知仁矣';'天命之谓性'三句。天子适诸侯曰巡狩至述所职也。赋得'州傍青山县枕湖'得州字五言八均。"

八月初十日(10月1日) 第一场毕,出场。

《微波榭日记》:"阴。申刻出场,归寓。"

八月十一日(10月2日) 第二场进场。

《微波榭日记》:"晴。午刻偕……诸友进场。"

八月十二日(10月3日) 试第二场五经题。

《微波榭日记》:"晴。子刻经题已下。'作结绳为网罟,以佃以渔,盖取诸离。''瑶琨筱簜,齿革羽毛惟木。''八月萑苇。''滕子来朝(桓公二年)。''君子听鼓鼙之声,则思将帅之臣。'"

八月十三日(10月4日) 第二场毕,出场。

《微波榭日记》:"晴。酉刻出场。"

八月十五日(10月6日) 试第三场,策问五道。

《微波榭日记》:"晴。策问:一问训诂,二问音均,三问河道,四问钱币,五问防守。"

八月十六日(10月7日) 第三场毕,出场。

《微波榭日记》:"阴。午刻偕眉生出场,归寓。"

九月 乡试揭榜,荐卷未售,受知于同考官方泩(春波)。

《瑞安五黄先生系年合谱》:"鲜庵先生乡试荐卷,受知于同考官方春波明府泩。"(《孙延钊集》,239页)

《微波榭日记》八月初七日:"阴。癸酉帘官:内帘:嘉善王景彝,平阳方泩,金华潘玉濬,秀水黄兆槐……"

同治十三年　甲戌（1874）　二十一岁

八月　父转翰林院侍读。

九月　父再转左春坊左庶子。

十一月十三日（12月21日）　闻母病,随父赶回。

十一月十五日（12月23日）　赶到济南学署。

十一月二十六日（1875年1月3日）　生母周夫人卒于济南学署,年四十一。

黄体芳《致周昭焘书》:"体芳同钤儿于十三日赶回,两日即到。十七、十九、二十四等日,发厥数次……惨于二十六日丑时气壅而已。"(《黄体芳集》,中华书局2018年版,213页)

光绪元年　乙亥（1875）　二十二岁

四月十六日（5月20日）　二伯父卒于京师，年仅四十六。

光绪二年　丙子（1876）　二十三岁

九月初九日（10月25日）　族叔黄遻密之中顺天乡试举人。

《王彦威日记》:“顺天乡试以明晨悬榜,今日看红录,浙江仅中五人,所知者瑞安黄密之遻也。”(《北京师范大学图书馆藏稿抄本丛刊》17册,李永明主编,国家图书馆出版社,2011年,9页)

十二月（1877年1月至2月）　父山东学政任满还京。

《王彦威日记》十二月二十五日:“黄漱兰侍讲体芳自山东学政差满来京,过访不晤。”(17册,265页)

是年　肄业瑞安诒善祠塾。

张宋庼《黄鲜庵先生年谱》:“是年,读书诒善祠塾。”(稿本,瑞安市博物馆藏)

光绪三年　丁丑（1877）　二十四岁

春　北上赴京。好友孙诒燕作有《送黄仲弢绍箕渡海入都省亲》七律二首，曰：

北平形势控山河，燕赵由来侠客多。故苑鸣蝉凄玉露，藩王遗垒泣铜驼。清谈夷甫仍挥麈，壮志刘琨孰枕戈？此去蓬莱欣日近，中兴新政问如何？

临岐折柳雨如丝，万里长安赋别离。谢客难忘春草梦，君与季弟叔容甚友爱。狄公已慰白云思。同心唱和琴三叠，执手殷勤酒一卮。京洛征尘衫尚在，明朝又是送君时。（《黄绍箕集》下册，693 页）

四月　肄业于国子监南学，师从桂昂、张家骧、良贵、顾允昌等人。

《瑞安五黄先生系年合谱》："鲜庵先生肄业于国子监南学，从桂杏村祭酒昂、张子腾祭酒家骧、良子修司业贵、顾俊叔助教允昌游。"（《孙延钊集》，241 页）

是年　娶山邑刘祝三（蕖村）孝廉之女。

黄绍箕《光绪庚辰科会试朱卷》："妻刘氏，国学生讳懿才公孙女，咸丰乙卯科举人讳祝三公女，□生讳祝祺公、国学生讳祝陵公、庠生名祝封公胞侄女。童生名熙元嗣胞姊，县丞名熙敬堂妹。"（清光绪刻本，温州市图书馆藏）

是年冬　在瑞安，曾与孙诒让交谈。

参光绪四年十一月五日孙诒让《致黄绍箕书》："客冬还里，获承绪论。"

光绪四年　戊寅(1878)　二十五岁

正月至四月　在家乡,入温州中山书院学习。

王棻《致孙衣言信札》:"棻以二月十日,束装赴瓯,十三日抵中山书院,下榻大雅堂。同馆三十余人,十六日开课,卷近七百,以黄漱翁少君名绍箕为冠,卣翁少君名绍第次之。三月六日肄经堂开课,得卷二十余,胡君翼元为冠,何君庆辅次之,皆安固人也。然后知家学渊,师传沾溉,耳濡目染,迥异寻常,非他邑之所及也。永、泰亦多佳文,平、乐尚少合作,则以二邑科名不振,士习日颓,乡里见闻,自安浅陋故耳。"(《柔桥初集》稿本,杭州图书馆藏)

四月二十七日(5月28日)　从温州乘船赴上海。

参五月初六日致陈虬函:"弟在郡于廿七日上船。"

四月三十日(5月31日)　抵达上海。

参五月初六日致陈虬函:"弟在郡于廿七日上船,卅日抵沪。"

五月初六日(6月6日)　在上海,致函陈虬,为陈虬来沪设医馆寻找合适场地,并提出在上海行医的几点要义:"医寓不可无排场,却又不可有脾气;医法不可无别才,却又不可不时样;医效不可无明验,却又不可为急图。"

"(志三)仁兄大人阁下:日前晤叙,渥领教言,顿消鄙吝。弟在郡于廿七日上船,卅日抵沪,委托之事不敢弭忘。惟弟在沪熟识中止有三处:一系大东门外龙德桥成茂笋干行,宁人王调梅世丈所开;一系洪口外大桥祥生懋铁行,宁人戴绥之兄所开,此两处事繁人杂,察看情形似不能为枝栖之借;一系三茅家桥孙春祥茶栈、裕大坐号、蔡仁膏信记坐号,黄声如均在此,惟陈画老亦在此,未免有逼处之嫌。若勉强暂寓，则此犹善于彼，但每日恐仍不能无僦费，较客栈略便宜耳！三处弟均已写一大名条子面交，恳为随处说项。兄到沪后，须再亲自关会为妙。弟动身以前为应酬所困，重以舟中颠簸不食，形神俱敝，有至好力劝在此就医，每日至朱滋仁寓，其门如市，近服药数剂，略愈，不知是否药力。弟参考见闻，如吾兄为行医计，有数要义必须降就：医寓不可无排场，却又不可有脾气；医法不可无别才，却又不可不时样；医效不可无明验，却又不可为急图。此皆在高明洞鉴之中，但恐或限于情，或牵于势，未必肯与之委蛇耳。手此，顺请侍安，诸惟爱照不宣。弟黄绍箕顿首。五月初六日。令昆仲均此道候。”（温州博物馆藏手稿原件，参见《黄绍箕集》上册，298—299页）

十一月初五日（11月28日） 孙诒让来函。

“中弢仁兄大人著席：客冬还里，获承绪论，奥学鸿笔，冠绝伦辈，钦服何似！春杪匆遽渡海，旋闻大从亦即入都。伏审侍奉康娱，纂述精富，定如心祝。尊公姻丈清德伟望，表式朝著。前于邸钞娄诵深议，郑公谏录，寰宇传播，其为抃幸，良不可任。比来不审复有何献，内发钞恒苦芟癹，能详录一通寄示，尤所望也。黄岩林南枝兄来此，闻夏间尊体偶尔违和，旋即康复，想由研校精劬，多劳神思，幸节孟晋以自珍摄，祷甚祷甚！弟六月间痛遭先慈之变，曡谪丛猝，罪当陨灭。近来凄卧鹌庐，百业屏废，无复捌缉之念，以视执事，仰承庭诰，精撢经帷，非徒雅俗异抱，抑亦苶苶以和矣。兹有仆人王升，河间人，随从家君近廿年矣，人极朴谨，顷因南方水土不服，休假回里，欲以明年夏间趋谒尊公，求赐驱策，想星轺諯迈，用人必多，尚祈趋庭清暇，为请赐录用，无任感盼之至。手此，敬承侍祉不赐。姻小弟孙诒让顿首，十一月五日。尊公前乞代为请安。”（温州博物馆藏手稿原件，参见《黄绍箕集》，下册，787—788页）

三、步入仕途
(光绪五年至光绪三十三年)

光绪五年　己卯(1879)　二十六岁

三月　父擢翰林院侍讲学士。

四月　父转侍读学士。

八月初六日(9月21日)　顺天乡试正副考官派定,徐桐为正考官。

《王文韶日记》:"顺天正考官:徐桐。副:志和、殷兆镛、钱宝廉。"(袁英光、胡逢祥整理,中华书局1989年版,上册,486页)

《越缦堂日记》"邸钞:命礼部尚书徐桐为顺天正考官,吏部右侍郎志和、礼部右侍郎殷兆镛、刑部右侍郎钱宝廉为副考官。"(国家清史编纂委员会·文献丛刊,广陵书社2004年版,第12册《荀学斋日记》甲集上,8447页)

八月初八日(9月23日)　乡试首场点名,入场。

《王文韶日记》:"晴……钧儿进场。芸史、衡伯、莘仲均在寓

起身。”(486页)

八月初九日(9月24日) 乡试首场,试四书文三篇:“子贡曰:‘如有博施于民而能济众,何如?可谓仁乎?’子曰:‘何事于仁,必也圣乎!’”“德为圣人,尊为天子,富有四海之内”“孔子圣之时者也”,试帖诗一首“赋得郊原远带新晴色得晴字五言八韵”。

黄绍箕《光绪己卯科顺天乡试朱卷》。(《黄绍箕集》,240—244页)

八月初十日(9月25日) 乡试首场考毕,出闱。

《王文韶日记》:“晴,下午微阴……钧儿于午初出场,首题‘如有博施于民而能济众’至‘必也圣乎’,向非所习,文殊不佳。’”(486页)

《越缦堂日记》:“是日顺天乡试题:如有博施于民至必也圣乎;德为圣人五句;孔子圣之时者也;郊原远带新晴色得晴字。”(第12册《荀学斋日记》甲集上,8450页)

八月十一日(9月26日) 再入闱。

《王文韶日记》:“阴雨……钧儿进二场。”(486页)

八月十二日(9月27日) 乡试第二场,试五经文五篇:题为“初九拔茅茹以其汇征吉”“安民则惠黎民怀之”“如埙如篪如璋如圭”“会于萧鱼襄公十有一年”“升中于天而凤凰降龟龙假飨帝于郊而风雨节寒暑时”。

黄绍箕《光绪己卯科顺天乡试朱卷》(《黄绍箕集》,245—251页)

八月十三日(9月28日) 乡试二场考毕,出闱。

《王文韶日记》:“雨……钧儿旋亦出场,竟日雨未住点。莘仲、芸史、衡伯诸君出场已晚,甚觉累坠,科场遇雨,真大苦事也。”(486—487页)

八月十四日(9月29日) 入第三场。

《王文韶日记》："午前雨，午后晴……钧儿进三场。"（487页）

八月十五日（9月30日） 乡试第三场，试策问五道。

黄绍箕《光绪己卯科顺天乡试朱卷》（《黄绍箕集》，252—258页）

八月十六日（10月1日） 乡试第三场考毕，出闱。

《王文韶日记》："晴……钧儿已于寅刻出场矣。"（487页）

九月十五日（10月29日） 顺天乡试揭榜，得中第十九名举人，荐主为李肇锡子嘉编修，出徐桐荫轩尚书、费莫志和叔雅侍郎、殷兆镛谱经侍郎、钱宝廉平甫侍郎之门。

《王文韶日记》："秋闱揭晓，钧儿挑誊录。"（490页）

《光绪己卯科顺天乡试朱卷》："中式第十九名举人黄绍箕，浙江温州府瑞安县民籍廪贡生。同考官翰林院编修记名御史武英殿总纂国史馆总纂李（肇锡子嘉）阅：荐；批：气机条畅，经策渊懿。

考试官刑部右侍郎钱（宝廉平甫）：取；批：风度端凝，经策该洽。

考试官经筵讲官礼部右侍郎上书房行走实录馆副总裁稽查京通十七仓大臣殷（兆镛谱经）：取；批：才华彪炳，经策光昌。

考试官吏部右侍郎镶白旗满洲副都统实录馆副总裁志（和）：取；批：词旨浑雅，经策详敷。

考试官经筵讲官礼部尚书管理户部三库事务实录馆副总裁徐（桐荫轩）：中；批：格律谨严，经策闳整。

本房原荐批：无语不确，无字不炼，而一种深厚静穆之气，阅之令人神怡，次、三亦佳。覃思骏敏，结体麟彬，五艺一律，足征根柢盘深。气息深稳，笔意疏宕，纯从古文得来，不徒以援据该博见长。

聚奎堂原批：精理名言，络绎奔赴腕下，是谓大含细入，次有书有笔，研练新警；三息深达亹，静穆之气扑人眉宇。诗稳秀。"

(《黄绍箕集》上册,239~240页)

九月 应保和殿复试,题有“宰我子贡善为说辞”“赋得播厥百谷得函字五言八韵”。钦定第一等第一名。阅卷师有尚书宗室灵桂芗生、尚书万青黎藕舲、尚书颜札景廉俭卿、尚书董恂韫卿、尚书潘祖荫伯寅、总宪童华薇研、侍郎宗室松森吟涛、大理寺卿许庚身星叔。

黄绍箕《光绪己卯科顺天乡试朱卷》:公阅进呈:钦定第一等第一名。(《黄绍箕集》,259—261页)

十月初三日(11月16日) 在乡试中举,复试得第一后,致函太世叔夫子孙锵鸣。

云:“太世叔夫子大人函丈:自违矩诲,时切驰依,笺候久疏,莫名歉仄。□□道履绥泰,教泽宏博,以欣以颂!金陵故人文渊薮,得大匠提倡其间,想见群彦倾风,响臻景附,恨不得负笈钟麓,一争声价于龙门也。前闻钧驾欲返里门,未审果否?世叔辈芝玉竞爽,比来学业想益精进无量,羡企奚似!绍箕学浅才庸,近颇思窥涉经籍,而去秋今夏,叠遘末疾,神心阻废,素业放纷。秋仲观场,遽尔侥幸,覆试又忝居首,蒙诸巨公奖饰逾恒,实出望外。自念此时之寸进,皆由昔日之甄陶,饮水思源,铭泐曷既。嗣后惟勉加淬厉,稍扩茅塞,必不敢妄自荒弃,有负厚期也。肃此,谨请钧安。受业世再侄黄绍箕谨禀。十月初三。”(《黄绍箕集》,294页)

十月十四日(11月27日) 王彦威来访。

《王彦威日记》:“拜张少元、羊辛楣、钱子密年伯、辛甫同年、吴玉叔、李鸣九、黄漱兰先生、仲韬……”(17册,402页)

十月十五日(11月28日) 王彦威来访,随后回访。

《王彦威日记》:“走诣漱兰先生,并晤仲韬,接其丰采,彬雅君子也……少元来,仲韬、莲初、汝兄来。”(17册,402—403页)

十月二十八日(12月11日) 下午,王彦威来访,不值。

《王彦威日记》:“下午……访仲韬不值,遂诣莼师。”(17册,

445页)

十月二十九日(12月12日) 午后,王彦威来访。

《王彦威日记》:"午后走诣汝兄小坐,辞出,访李鸣九、黄仲韬,俱晤。"(17册,446页)

十一月初七日(12月19日) 与王仁东创观所尚斋课社。访王彦威,赠以《书目答问》《輶轩语》一部。

《王彦威日记》:"黄仲韬、王旭庄创观所尚斋课社,每月逢八开课,由漱兰先生命题,评阅。则每课由各人自请,每课一文一诗,三天缴卷,迟不交或有文无诗者罚,错落字数者罚。今日送到课卷,旭庄主之,题为'回也非助我者也,于吾言无所不说',诗题为'尽疏珍禽添尔雅得添字'……仲韬来,赠以成刻《书目答问》《輶轩语》一部。"(17册,471页)

十一月初八日(12月20日) 王彦威代谱主向李慈铭借《隋经籍志考证》。谱主以山东局刻《春秋大事表》一部为赠。

《王彦威日记》:"……畀过莼师,为仲韬假《隋经籍志考证》,并为清夫弟乞莼师书联。仲韬以山东局刻《春秋大事表》一部为赠,即复谢。"(17册,472页)

十一月十四日(12月26日) 王彦威来访。

《王彦威日记》:"晴。下午赁舆答拜城外客数家,晤李莼师、黄仲韬、方勉夫、郭少蓝、郁史卿诸君。"(17册,481页)

十一月十七日(12月29日) 向王彦威借孙星衍所撰《孙氏周易集解》。(17册,486页)

《王彦威日记》:"仲韬假去《孙氏周易集解》。"(17册,486页)

十一月十九日(12月31日) 王彦威来访。

《王彦威日记》:"夜诣莼师不值,过仲弢小坐,出至宴宾斋,赴漱兰先生之招,黄蓉镜,浙江候补道吉人、汝兄、蔚兄同坐。"(17册,

487 页)

十一月二十三日(1880 年 1 月 4 日) 父迁詹事府少詹事。

《王彦威日记》:“十一月二十三日,黄体芳补授詹事府少詹事。二十四日,往贺漱兰先生,晤之。”(17 册,489 页)

十一月二十六日(1 月 7 日) 派人送社课卷交王彦威。

《王彦威日记》:“仲韬遣送来社课卷,湖北洪右丞所阅定也。”(17 册,490 页)

十一月三十日(1 月 11 日) 访王彦威。

《王彦威日记》:“仲韬来。”(17 册,492 页)

十二月十二日(1 月 23 日) 王彦威来函,谱主即复函。

《王彦威日记》:“予生日……致仲韬书,得复。”(17 册,498 页)

十二月二十二日(2 月 2 日) 张佩纶复函:

“手示诵悉。弟昨夜自广雅归,不能成寐,清晨始即枕,致误尊约,罪甚罪甚!午刻须候可庄兄来舍改题神主,弟不能出门。已将‘独行’一门爵里考清,正拟手钞,适奉来教,即将《通志》及各稿送上。以弟顷颇不适,未能爬搔梳栉矣。偏劳之处,容日走谢也。进书即以前序为表文,总办无须费神,总办必到,满讲官到不到均可,不值注‘感冒’,亦不用注‘感冒’,可告竹坡前辈。复上仲韬仁兄大人。弟制佩纶顿首。

尊称太谦,不如改之。”(《黄绍箕集》下册,846 页)

张佩纶《涧于日记》己卯十二月二十二日:“晴,延黄漱兰少詹、再同编修、王可庄修撰祀社,改题先大夫及庶母神主。”(《涧于日记》第一册,台湾学生书局,1966 年,131 页)

是年 与番禺梁鼎芬订交。

是年 瑞安孙诒燕卒,年仅二十六。

孙延第《貤赠中宪大夫先考内翰行述》:“卒于光绪己卯,年二

十六。”(温州博物馆藏石印件)

是年 尝在张之洞寓斋侍坐,得闻张之洞与许振祎论古今法书源流。

《和奉新年伯赠家大人诗原韵》诗注:“己卯岁与年丈、张南皮师寓斋侍坐,闻丈与师极论古今法书源流,至漏三下。”(《黄绍箕集》上册,427 页)

光绪六年 庚辰（1880） 二十七岁

正月二十二日（3月2日） 王彦威来久谈。

《王彦威日记》："过仲韬久谈。"（17册，526页）

二月初五日（3月15日） 访王彦威，投乡试行卷。

《王彦威日记》："仲韬来，投乡试行卷。"（17册，532页）

三月初六日（4月14日） 派定会试正副考官、同考官，户部尚书景廉为正考官，工部尚书翁同龢等为副考官。

《翁同龢日记》："派会试副考官。"（第三册，1481页）

《越缦堂日记》邸钞："命户部尚书景廉满洲，壬子为会试正考官。工部尚书翁同龢常熟，丙辰、吏部左侍郎宗室麟书癸丑、兵部左侍郎许应骙番禺，庚戌为副考官。内阁侍读学士胡聘之天门，乙丑、右春坊右庶子王先谦长沙，乙丑、左春坊左中允裕德满洲，丙子、翰林院修撰陆润庠元和，甲戌、编修钱桂森太州，庚戌、陈启太长沙，戊辰、王祖光大兴，辛未、龚履中侯官，辛未、廖寿丰嘉定，辛未、袁善丹徒，辛未、韩文钧义州，辛未、鲍临山阴，甲戌、林绍年闽县，甲戌、谢祖源丰宁，丙子、陈翥闽县，丙子、李桂林临榆，丙子、陈琇莹侯官，丙子、宗人府主事龚镇湘善化，戊辰为同考官。"（第12册《荀学斋日记》甲集下，8643页）

三月初八日（4月16日） 应会试，是日入闱。

《越缦堂日记》："巳刻入闱，莼庭、云门来送，坐东露字第拾捌舍，弢夫来视。晚早睡，寒甚，需重裘。"（第12册《荀学斋日记》甲集下，8644页）

《王彦威日记》："入闱，坐寒字七十号。"（17册，543页）

《王文韶日记》："晴，会试头场。"（上册，509页）

三月初九日（4月17日） 会试首场，试四书文三篇及试帖诗一首，题为："子曰：'吾与回言终日，不违如愚。退而省其私，亦足以发。回也不愚。'""柔远人则四方归之，怀诸侯则天下畏之""又尚论古之人，颂其诗，读其书，不知其人，可乎？是以论其世也"，及"赋得静对琴书百虑清得清字五言八韵"。

《越缦堂日记》："子刻得题，子曰吾与回言终日一章；柔远人则四方归之二句；又尚论古之人五句；静对琴书百虑清得清字。日加辰起，加巳作文，至晚加亥草正皆完，即就卧，寒如昨。"（第12册《荀学斋日记》甲集下，8644页）

《缘督庐日记》："晴。夜二鼓，三艺俱成，即息烛睡。"

《缘督庐日记》三月八日："晴。午刻进场，坐商字五十二号。三鼓题纸下，即起搦管，平明成半篇……子曰吾与回言一章；柔远人则四方归之二句；又尚论古之人五句；赋得静对琴书百虑清得清字。"（《沈曾植年谱长编》，34页）

《王彦威日记》："卯刻，题纸下。子曰吾与回言终日一章；柔远人则四方归之二句；又尚论古之人至论其世也；赋得静对琴书百虑清得清字。"（17册，543页）

《王文韶日记》：三月初十日：会试头场题："子曰：吾与回言终日"一章；"柔远人"四（二）句；"又尚论古之人"至"是以论其世也"；诗题"静对琴书百虑清"。（上册，509页）

三月初十日（4月18日） 会试头场考毕，出闱。

《越缦堂日记》："午出闱。"（第12册《荀学斋日记》甲集下，8644页）

《缘督庐日记》："早起誊真，至未刻毕，缴卷出场。"（《沈曾植年谱长编》，34页）

《王彦威日记》："晴，早起。盥漱讫，改定三艺后，成试帖一首，各楷录之。未刻，交卷出闱。"（17册，543页）

三月十一日（4月19日） 再入闱。

《越缦堂日记》:“巳刻入闱,坐东署字第十六舍。”（第12册《荀学斋日记》甲集下,8645页）

《王彦威日记》:“晴。入闱,坐夜字三十三号。”（《王彦威日记》543页）

三月十二日（4月20日） 会试第二场,试五经文五篇,题为“圣人养贤以及万民,颐之时大哉矣”“月之从星则以风雨”“其饷伊黍其笠伊纠”“秋九月,齐侯宋公江人黄人盟于贯僖公二年”“黄目郁气之上尊也”。（《沈曾植年谱长编》,35页）

《越缦堂日记》:“子刻得题,圣人养贤以及万民,颐之时大矣哉;月之从星则以风雨;其饷伊黍,其笠伊纠;秋九月,齐侯宋公江人黄人盟于贯僖公二年;黄目郁气之上尊也。日加辰起,巳后振笔写之,不起草,至晚五艺成。”（第12册《荀学斋日记》甲集下,8646页）

《缘督庐日记》:“晴。黄昏,五艺正草皆毕。”（《沈曾植年谱长编》,35页）

《缘督庐日记》三月十一日:“晴。进场略早,坐芥字五十三号……圣人养贤以及万民两句;月之从星则以风雨;其饷伊黍其笠伊纠;秋九月,齐侯宋公江人黄人盟于贯僖公二年;黄目郁气之上尊也。”（《沈曾植年谱长编》,35页）

《王彦威日记》:“晴。卯刻,题纸下。圣人养贤以及万民二句;月之从星二句;其饷伊黍二句;秋九月,齐侯宋公江人黄人盟于贯僖公二年;黄目郁气之上尊也。”（17册,543—544页）

三月十三日（4月21日） 会试第二场考毕,出闱。

《越缦堂日记》:“黎明结束待发。日加辰始启门缴卷,此际正庚辰年庚辰月庚辰日庚辰时也。出闱后即雇车出城。”（第12册《荀学斋日记》甲集下,8646—8647页）

《缘督庐日记》:“晴。平明出场。”(《沈曾植年谱长编》,35 页)

《王彦威日记》:“晴。早起。饭后,楷录各艺。午正,出闱。”(17 册,544 页)

三月十四日(4 月 22 日) 复入闱。

《越缦堂日记》:“巳刻入闱,坐西奈字第十二舍。”(第 12 册《荀学斋日记》甲集下,8647 页)

《缘督庐日记》:“晴。至刘师寓朝饭,即进场,坐才字七十号。顾康民同年坐六十号,于是相约通力合作,闽县王旭庄同年,康民所谂,亦来订约。二鼓题纸下,一经、二史、三兵制、四水利、五地舆。”(《沈曾植年谱长编》,35 页)

《王彦威日记》:“晴。入闱,坐阙字二十一号。”(17 册,544 页)

三月十五日(4 月 23 日) 会试第三场,对策问五道。

《越缦堂日记》:“辰刻起对策,至戌刻真草皆完,即就卧。”(第 12 册《荀学斋日记》甲集下,8647—8648 页)

《缘督庐日记》:“晴。热甚。二鼓,五策皆誊真,即假寐。”(《沈曾植年谱长编》,35 页)

《王彦威日记》:“晴。卯刻,题纸下。经学;史记;筹饷;西北水利;北徼形势。傍晚,成四策。”(17 册,544 页)

三月十六日(4 月 24 日) 会试第三场考毕,出闱。

《越缦堂日记》:“黎明出闱。”(第 12 册《荀学斋日记》甲集下,8648 页)

《缘督庐日记》:“晴。黎明起,补草毕,即归寓。”(《沈曾植年谱长编》,37 页)

《王彦威日记》:“晴。午正,完卷,出闱。”(17 册,544 页)

四月初五日(5 月 13 日) 观所尚斋社课,梦局设席陶然亭,与丁立钧、王仁堪、王彦威等十三人会。午间,王彦威来访,读谱主闱作。

《王彦威日记》:"晴。观所尚斋社课,梦局设席陶然亭,丁叔衡立钧、王可庄仁堪主之,同课十八人,到者十三人,四川、广东人最多,浙江惟余与黄仲弢耳。巳刻,赁舆先访仲弢,读其闱作,可云别具炉锤,正恐索解人不得也。"(17 册,550—551 页)

四月十二日(5 月 20 日) 见红录。

《越缦堂日记》:"上午岑福自闱中遣人报信,云内中已填榜,余中第一百名。日加午,琉璃厂报红录。加未,报喜人至,名数皆同。"(第 12 册《荀学斋日记》乙集上,8671 页)

《缘督庐日记》:"晴……明日高榜之期,循例今日先见红录。同人望至日晡,几于山穷水尽,忽报者至,知芾卿获隽。"(《沈曾植年谱长编》,37 页)

《王彦威日记》:"晴。看红录。巳刻,得葛逸仙咏裳、袁海帆鹏图中式之信,并闻黄仲弢绍箕、朱桂卿福诜、李莼师亦获隽矣。傍晚,走诣莼师。归寓,报子常中第三名贡士矣。"(17 册,553 页)

四月十三日(5 月 21 日) 会试发榜,得第六名贡士。正考官:户部尚书景廉俭卿。副考官:工部尚书翁同龢叔平,吏部左侍郎、总理各国事务大臣麟书素文、兵部左侍郎许应骙昌德。翰林院修撰陆润庠凤石为荐卷师。

《缘督庐日记》:"晴。阅全录,知季雅中式,直隶王懿荣,安徽汪宗沂,浙江李慈铭、黄绍箕并入珊网。岂将留余一人为异日榜中生色耶?无聊之极,作此大言,不禁破涕为笑。"(《沈曾植年谱长编》,37 页)

黄绍箕《光绪庚辰科会试朱卷》:"中式第六名贡士黄绍箕,浙江温州府瑞安县民籍,廪贡生。同考官翰林院修撰国史馆协修陆(润庠凤石)阅:荐;批:力厚思沉,经策淹博。

大总裁兵部左侍郎许(应骙昌德):取;批:精心结撰,经策精详。

大总裁吏部左侍郎镶白旗满洲副都统左翼总兵总理各国事务大臣宗室麟(书素文):取;批:思精笔锐,经策赅括。

大总裁经筵讲官毓庆宫行走头品顶戴工部尚书翁(同龢叔平):取;批:雄深雅健,经策明通。

大总裁户部尚书正白旗汉军都统国史馆总裁总理各国事务大臣军机大臣景廉俭卿:中;批:真力弥满,经策条达。

本房原荐批:思沉力厚,锋发韵流,次肃括宏深,三识力兼到,诗浑成。《易》艺邃于汉学,四通六辟;诗用骚体,风神俊逸;《礼》亦考订详确。援引精当,条对详明。

聚奎堂原批:能达难达之理,笔妙如话;次高浑;三典丽,真是才人之笔;诗好,五艺皆佳;《书》得解,《礼》典核,识议皆通。”(《黄绍箕集》上册,262—263页)

四月十四日(5月22日) 会试考官磨勘。

《翁同龢日记》:“是日磨勘。”(第三册,1481页)

四月十六日(5月24日) 赴保和殿复试,题为“伊尹以割烹要汤”及“赋得日久蓬莱深得深字”。

《越缦堂日记》:“黎明赴中左门接卷,诣保和殿复试,题为:伊尹以割烹要汤一句;赋得日久蓬莱深得深字。巳初作文,未初缴卷。”(第12册《荀学斋日记》乙集上,8675页)

四月十七日(5月25日) 是日复试报至,名列第二等第十四名。阅卷大臣有徐桐荫轩尚书、李鸿藻兰孙尚书、童华薇研总宪、殷兆镛谱经、松森吟涛尚书、麟书素文、邵亨豫汴生、锡珍额尔德特席卿、杨宜振春宇侍郎、乌拉喜崇阿富察达峰尚书、孙诒经子授侍郎。

黄绍箕《光绪庚辰科会试朱卷》:“保和殿复试第二等第十四名。”(清光绪刻本,温州市图书馆藏)

《越缦堂日记》:“复试报至,余列一等第十七名。”(第12册《荀学斋日记》乙集上,8671页)

《翁同龢日记》:“晴,热。到朝房晤全师,未入。归见中式诸君凡九十四人,年长者答拜,其余亦受二拜答一拜,送客大门,不视登车。”(第三册,1482 页)

《瑞安五黄先生系年合谱》:“保和殿复试名列二等十四,徐荫轩尚书、李兰孙尚书鸿藻、童薇研总宪、殷谱经、松吟涛、麟素文、邵汴生、锡席卿、杨春宇宜振、富察达峰乌拉喜崇阿、孙子授诒经诸侍郎,其阅卷师也。”(《孙延钊集》,245—246 页)

四月十八日(5 月 26 日) 是日会试考官大磨勘。上谕新贡士准殿试。

《越缦堂日记》:“《邸钞》:上谕,此次新贡士复试列入一等之陈与冏等六十名,二等之王咏霓等一百二十六名,三等之廖镜伊等一百三十三名,俱准其一体殿试。”(第 12 册《荀学斋日记》乙集上,8677 页)

《翁同龢日记》:“是日大磨勘……新贵来者七十四人。”(第三册,1482 页)

四月二十一日(5 月 29 日) 赴殿试对策。

《翁同龢日记》:“是日殿试。”(第三册,1482 页)

《越缦堂日记》:“昧爽,赴中右门,接卷入殿。辰刻跪受题纸。巳刻对策,直书不起草,首尾俱不同俗例,洒洒二千余言,不落一字。未刻交卷,颇自憙也。申刻出中左门。肯夫派收卷官,陈伯潜侍讲派弥封官,俱未相见。”(第 12 册《荀学斋日记》乙集上,8678—8679 页)

《王文韶日记》:“雨。寅正进内,穿朝服。题纸交庆云亭阁学恭赍至保和殿,全小汀相国接交邵汴生少宗伯跪接,恭设黄案,候新贡士点名毕,读卷大臣就丹陛拜位,行三跪九叩礼。次新贡士行礼,礼部司官散题,时卯初二刻也……此次进题在点名之前,礼部又多派司官,每人一束,每束十纸,同时分散,顷刻而毕,诸称整

肃,知凡事不可无条理也。"(515页)

《王文韶日记》四月二十日:"读卷听宣,奉旨派出董恂、徐桐、乌拉喜崇阿、王文韶、许应骙、锡珍、孙诒经、桂昂。辰初,在南书房会齐,公拟题目八条请旨,每条四字,奉朱笔圈出典学、察吏、崇俭、绥边四条,遵议制策,密封进呈。两次请旨均有片奏。奉旨发下,恭捧至内阁,乌达峰少宰、锡席卿少寇、孙子授少空、桂杏村阁学手缮题纸。酉正发刻,寅初刊刷竣事。"(514—515页)

四月二十二日(5月30日)　读卷大臣读卷。

《王文韶日记》:"阴。寅正起,进文华殿。东楹设矮坐两排,每排四座,以北为上。西向收掌官分卷,每人四十一卷,前两人各多一卷,共三百三十卷。午刻,本名下分卷。阅毕,卷后列八姓,标识以〇·△·丨为式。各回本处午膳。仍上殿轮流互阅,一体标识,人各换坐,原分之卷,不得移动。凡互阅之卷,高下以一层为限。〇不加、、、不加〇。余此次佳卷最多,八〇者共十五本。轮流阅毕后,分封,交收掌官封存,时已戌初。"(515页)

四月二十三日(5月31日)　读卷大臣定甲第。

《王文韶日记》:"晴。寅正起,进殿。将〇卷详细覆校,每人选二本,送交首座,韫师偕徐荫翁商订前十本,余偕诸公商定二甲十四名以后卷。巳刻,前十本拟定,邀大众公阅。原拟第三名,后幅字颇草率,俱不以为然,第六名亦不甚惬,商请首二座酌之。韫师颇有难色,荫翁拟将第三名与第四名对调,韫师犹难之。筠庵谓第六名尚可将就,第三名断乎不可,形诸辞色,遂勉从荫翁之议,将前十本先粘签,签式拟一拟二字样,余之前两卷,一拟第五,一列二甲十名。次二甲,共一百三十三名,尽有〇之卷,八名起均签出甲第名次。次三甲,共一百九十四名,由八△至八丨。其二甲七十四名以前皆八〇卷,亦云盛矣。午后,覆对名次标识,随对随封,每封十本,交收掌官封存,明早送内阁,其前十本卷,用黄纸封固,加用夹板,预备随折进呈,申

初竣事。”(515—516页)

四月二十四日(6月1日) 上午,赴乾清门听候小传胪,名列第九名。

《越缦堂日记》:“五更呼车入城,听候小传胪……久待廊陛间,日加巳始传出前十本姓名。状元黄思永,江宁人;榜眼曹诒孙,茶陵人;探花谭鑫振,衡山人。皆委茶无算者也。”(第12册《荀学斋日记》乙集上,8679—8680页)

《王文韶日记》:“辰初,恭邸率读卷大臣见面,按名拆封,每拆一本,邸手呈太后,奏称第几名某人某省人,十本拆毕,请旨有无更动,旨不必更动,遂退出南书房,开单呈览,奉朱笔圈出,乃赴乾清门逐名传唱:一黄思永,江苏人。二曹诒孙,湖南人。三谭鑫振,湖南人。四戴彬元,顺天人。五庞鸿书,江苏人。六吕佩芬,安徽人。七张星炳,河南人。八刘沛然,顺天人。九黄绍箕,浙江人。十朱福诜,浙江人。传齐后,带赴养心殿引见。退至南书房,用朱笔填写前十名甲第名次毕,约同人至传心殿便饭。旋赴内阁,拆二、三甲弥封,随拆随填,交内阁列入金榜。”(516页)

四月二十五日(6月2日) 是日传胪。殿试金榜下,名列第二甲第六名。同榜中与丁立钧、梁鼎芬、王咏霓、于式枚、王颂蔚、李慈铭、沈曾植等人关系甚笃。

《王文韶日记》:“皇上升殿传胪,恭诣行礼,读卷官班次在东班一品之前,卯正礼成。”(516页)

《翁同龢日记》:“卯初入,二刻上御殿传胪,卯正毕。”(第三册,1483页)

黄绍箕《光绪庚辰科会试朱卷》:“殿试第二甲第六名,赐进士出身。

第一甲(三名):

黄思永　曹诒孙　谭鑫振

第二甲(一百三十三名):

戴彬元　庞鸿书　吕佩芬　张星炳　刘沛然　黄绍箕　朱福铣　彭士芳　吴维藩　郭曾炘(后略)

第三甲(一百九十三名)(略)"

(朱保炯、谢沛霖编《明清进士题名碑录索引》,上海古籍出版社,2006年版,2839—2840页)

四月二十六日(6月3日)　赴礼部恩荣宴。

《王文韶日记》:"午初,赴礼部恩荣宴,率新进士行礼如仪。"(516页)

四月二十八日(6月5日)　赴朝考,试题为:"取材于地,取法于天论""耕藉田疏""赋得芳郊花柳遍得芳字"。

《越缦堂日记》:"昧爽,赴中左门,接朝考卷。卯刻入保和殿。董恂尚书拟题为:取材于地,取法于天论;耕藉田疏;芳郊花柳遍,得芳字五言八韵诗。"(第12册《荀学斋日记》乙集上,8683页)

《翁同龢日记》:"朝考题:取材于地,取法于天论;耕藉田疏;芳郊花柳遍。"(第三册,1484页)

四月二十九日(6月6日)　朝考榜下,名列第一等第一名。

黄绍箕《光绪庚辰科会试朱卷》:"朝考第一等第一名。"

《越缦堂日记》:"下午得报,朝考在三第第二十二名,是吾心也。"(第12册《荀学斋日记》乙集上,8687页)

《清代官员履历档案全编·黄绍箕》:"朝考一等第一名。"(第五册,632页)

五月初七日(6月14日)　赴新进士引见。

《王文韶日记》:"新进士引见第二日,共九十二人。江西、浙江、福建、山东。大雨淋漓不止,沾衣欲湿矣。"(518页)

五月初九日(6月16日)　选庶吉士,充武英殿协修。

黄绍箕《光绪庚辰科会试朱卷》:"钦点翰林院庶吉士。"

《清代官员履历档案全编》：朝考一等第一名，改庶吉士，充武英殿协修官。（第五册，632页）

《王文韶日记》："新进士引见第四日……统计四日，共三百三十一人，内本科殿试者三百二十九人，丁丑补朝考者二人。本日钦奉点用谕旨，除一甲三名业经授职外，引见前期例由吏部具题请旨。改庶吉士者八十九人，部属八十四人，中书十二人，知县一百十六人，京官本班七人，外官本班三人，归部铨选十七人。"（518页）

《越缦堂日记》："答拜黄漱兰少詹，并贺其郎君绍箕选庶常。……邸钞：诏新科进士一甲三名黄思永、曹诒孙、谭鑫振业经授职外，戴彬元、庞鸿书、吕佩芬等八十九人俱授为翰林院庶吉士。……浙江得庶吉士十人：黄绍箕、朱福诜……"（第12册《荀学斋日记》乙集上，8695—8696页）

五月 孙衣言闻谱主中进士，大喜，作《贺黄仲弢绍箕入翰林》诗为贺：

"籍甚黄童妙少年，巍科今日复登仙。真看一战雄场屋，岂独高名压老泉。谓漱兰詹事。近世文章唐末造，吾乡人物宋南迁。萧萧蓬鬓空铅椠，六代维衰望后贤。"（《黄绍箕集》下册，693页）

六月初四日（7月10日） 拜谒恩师翁同龢。

《翁同龢日记》："黄生绍箕来。"（第三册，1490页）

六月十五日（7月21日） 入庶常馆学习。

《翁同龢日记》："是日，庶常馆开学，通家来者络绎。"（第三册，1492页）

下半年，荣归故里。

是年 有感而作《庚辰感时事作》诗，今存二首：

"先帝中兴苦用师，八荒遗憾失鞭笞。武功爵罢真规远，兵器图增莫炫奇。大吏稍行弓箭社，诸王亲领羽林儿。近臣进讲传天语，想见今皇神武姿。

中山世泽附滕邾,王赫雷霆怒觊觎。已报金缯输冒顿,岂容弓钺逭倭奴。故乡草木知多警,上国威灵不可渝。战备因循和议误,圣人原不薄迂儒。”

光绪七年　辛巳（1881）　二十八岁

春　从瑞安起身赴京。

参照闰（七）月二十四日（9月17日）孙诒让《致黄绍箕书》“春间文旆荣发，适因事下乡，未获祖送，深用歉仄。”

七月十三日（8月7日）　发妻刘氏卒于江阴学署，年仅二十八。

《瑞安五黄先生系年合谱》：“刘夫人卒，年二十八。”（《孙延钊集》，247页）

闰七月二十四日（9月17日）　孙诒让来函。

“中弢仁兄姻大人史席：春间文旆荣发，适因事下乡，未获祖送，深用歉仄。嗣晤伯龙、若川诸君，询悉安抵衙斋，并审上侍康颐，潭著渊邃。子政经业，兼奏录略之篇；平子天算，无累词赋之美。斯为兼擅，抑何太谦。令叔密翁到郡，又荷贶札，深纫拳注。贤俪夫人，早昭懿矩，宜究遐年，何图偶示微疴，奄嗟怛化，惊惋何极！惟希勉节哀抱，上慰高堂，是所深祝。假款遽荷掷还，谨谨祇领，惟前年代购值，未蒙留下，容俟返缴。周君晓芙，清才笃学，久在青眷。兹因江宁邓观察裕生之聘，便道渡江，敬谒尊公，并求雅诲。故乡旧雨，可以畅论文史，惜鄙人蜷伏里巷，无由一聆绪论也。手此奉复，顺叩侍安不僞。姻小弟孙诒让叩头，闰月廿四日。

尊公姻丈前乞叱名请安。令弟叔镕均此拳拳。”（《黄绍箕集》下册，788—789页）

光绪八年　壬午（1882）　二十九岁

三月　孙诒让以温州晋至元古砖精拓本一册寄赠,均为当时搜访所新获者。

孙诒让跋:"自光绪己卯,侍家君归里,端居多暇,辄与友人搜剔金石古刻,所得晋至元古砖无虑百余种,兹择其文字略完具者,拓出六十余种,其残缺不全及年久质朽不任毡蜡、沙泥互粘、未暇刷剔者尚数十种,未及尽拓也。谨以已拓者装成一册,奉呈仲弢太史法鉴。册内多留空纸,觊它日可次第增入。壬午上巳日,诒让记。"(《孙衣言孙诒让父子年谱》,192 页)

八月　父连任江苏学政。

九月　父择定江阴水师营协镇、游击两署故址为院址,筹建南菁书院。

秋　在江阴学署,助父校士。

张一麐《古红梅阁笔记》:"《黄漱兰视学》:余壬午中副车后,十月间往江阴谒学政黄漱兰先生体芳。时先生长子仲弢年丈绍箕为先君庚辰甲榜同岁,以翰林院庶吉士未散馆助乃翁校士。"(上海书店出版社,1998 年,3—4 页)

秋　吴门省亲时,于试院中见国史馆查举儒林名人之移会,上书张之洞。

"自违教诲,瞬忽弥年,瞻系之私,与日俱积。仲秋侍家严侧,敬读手毕,藉审道履绥和,比维顺时宣摄,为国奋身,无任驰仰。昨在吴门试院,窃见史馆移会,查举儒林各人,以凭续纂列传。乃知幼丈前重复申理。昌黎以师表之望,兼史笔之长;欧阳以宰相之才，预馆局之任。名勒秘牒，往哲之荣声；副在京师，作者之盛业。顾惟狂简，不知所裁，谨献其愚，以备采择。曩尝浏览阮传，䌷绎儒林，数学专家，接武其际，心窃异焉。在昔许商《汉书·儒林传》、何林《后汉·儒林传》之属，崔灵恩，《南史·儒林传》、李业兴，《北史·儒林传》、二刘焯、炫，《北史·儒林传》《隋书·儒林传》之徒，皆以通经大师，旁涉历算。江、戴诸儒，斯其流亚，薛、梅数子，拟不于伦，遗本齐末，于义无取。《魏书》算家，编入术艺，南北及隋，因仍旧贯南北史、《隋书》作《艺术传》，《唐书》《宋史》，降厕方技，阮氏之例，未之前闻。将以儒者通乎三才，小学终乎九数，则辞赋之流，滥觞于四始，竺至之行，冥契于六经，何缘而越居文苑，别列孝友乎？阮氏之为传叙也，援师儒之古谊，范汉家之分涂，观薛、梅列传，略言经行，详述算书，寻篇考文，与叙不应，斯盖引进绝学，兼复怯立新名，乃崇尚之微意，非纂著之通轨也。今既续修，务求至当。若依违前志，改附他篇，为例虽宽，属文必简，将未周于姓氏，遑复荟其菁华。矧或第学行，则此绌而彼优；核法数，则前疏而后密。寸长尺短，刘子元之所疑；离美分伤，陆士衡之所叹。其难一也。汉晋以还，术士间出，历书律志，宪率俱存，人以言传，无劳别见。今则演图属草，其流实繁，或步测渊邃，书未进于司天；或制作微渺，业非专于调历。概从慭置，以俟方来，遗漏必多，湮没何限？其难二也。术艺者多能之通号，方技者医卜之总名。算氏之学，上者数穷天地，次亦利溥民物，今若与杂流并域，鄙事同科，虽曰例出先民，未免丛嗤大雅。若芟弃他长，网罗兹学。未闻草木之疏，专释于榛苓；山水之经，独纪乎泰渤。循名责实，岂得无讥？其难三也。夷考阮氏兼领国学之年，复有畴人之作。甘泉罗氏，踵成续编，持此标题，登诸国史，厥有三善，可得而言。例以义起，名从主人，苟一艺之专精，虽博收而非滥，且书出一人，文同一例注所引书籍与史传同。国朝诸传，取校中书，或省并复重，或参互并见，规画体制，抚要删繁,既以示后作之准绳,抑又弥前修之遗缺。其善一也。粤自堂祖智烛乾纬,同撰黄虞星翁历生向风辈作士者。异能之征,滂沛乎汉昭;明算之试,颉颃乎唐律。而高材匪鲜,幽滞孔多。今若奏立斯传,俾垂无穷,令下诸方,书上太史,闳响者闻风而翕集,缀学者睹景而云兴。无忝扬善之司,有裨作人之化。其善二也。昔康熙撰《明史》,梅氏以处士而草创律历之文。乾隆录《四库》,郭长发、陈际新以台官而检勘天算之籍。今于同馆之中,求专门之学,有则独任,无则旁招。李君善兰,研综中西,甄明家数,宜循故事,奏使纂修。譬之尹咸据数术,而向、歆录上其书;淳风志天文,而房、魏总领其事。业精则美毕萃,职分则事不劳。其善三也。窃以《九章》《七历》,萌柢古初,固学士所宜知,非儒流之专务。其为途也,昔简而今繁;其为用也,昔微而今广。六艺附庸,蔚成大国,区分疆宇,甄录英翘,时势使然,史氏之责也。绍箕质学庸陋,有志稽撰,近思据《班志·艺文》之原本,辑刘氏《录》《略》之佚文,剖析条流,申证疑滞,复综历代史志,傍采诸家书录,为《书目部类表》,以备校雠一家之学,拾郑、章二氏之遗。心饨事梦,疾病间作,削牍属稿,曾未终篇。兹因蓄疑,聊贡蠡管,惧违盍各之义,辄冒率尔之讥,幸恕其愚,妄赐之览察焉!家严起居康顺,足慰注存,顷以靡盬驰驱,未遑笺候。太仓试毕,于役松江,返棹江阴,计及冬仲。肃修简札,敬请钧安,伏惟垂鉴不宣。”(《黄绍箕集》,321—324页)

是年 谒两江总督左宗棠于金陵。

《瑞安五黄先生系年合谱》:“鲜庵先生谒督府左公于金陵,讲道穷理,相与论到深处,左公称为一代伟人,盖左公生平服膺洛闽之学者也。”(《孙延钊集》,249页)

黄体芳《与侄绍第书》八月初一日:“恪靖一见汝哥渠先有所闻,令其往见,辄叹为‘大学问,真人才’,赞不绝口。”(《黄体芳集》,224页)

是年 内兄刘熙敬子牧来江阴探望，临别时，作《赠别内兄刘子牧》七古诗一首以赠，序云："子牧内兄访予于江阴，晤聚弥月，将有江北之行，出纨素属书，赋此赠别，黯然久之。"

诗曰："忆昔梅花白如雪，尊酒逢君面逾热。年年花落复花开，君去君来此时节。玉麈闲连王导床，布衾冷共杜陵铁。诙谈滑利纷无端，旧梦凄凉杳难说。流霞漂户莲钉敧，顽冰坼瓶菱镜裂。青如素娥寒不胜，坐使人间重愁绝。盈盈江水衣带宽，渺渺孤舟箭机发。回首秋□久捐笥，何从携此团圞月。强我呵冻起染濡，原君护持无点缺。明年两袖清风生，挂席南来慰离别。"(《黄绍箕集》,418 页)

按:《郑孝胥日记》光绪二十七年(1901)七月十三日有:"刘熙敬子牧来见,仲弢之戚也。"(第二册,806 页)得知刘子牧名熙敬。

是年 张佩纶为谱主提亲张之渊女。

张佩纶《致黄体芳书》："其孤女姻事，鄙人虽为转达，以为必不能谐，乃竟承见诺，愿待三年。不但壶公笃爱兄女之心，阁下契洽友朋之意，可以比方古人，而仲弢藉此迟昏，亦稍伸其眷念故剑之义，可谓贤矣。恪靖奖成后进，用意良厚。"(《涧于集》书牍二二十一叶，《续修四库全书集部·别集类》,458 页)

十一月 父擢兵部左侍郎。

《越缦堂日记》十一月初六日："邸钞：以内阁学士黄体芳为兵部左侍郎，未到任时，以刑部左侍郎薛允升兼署。"(第 13 册《荀学斋日记》丁集下，9661 页)

冬 回瑞安。

孙衣言《致黄体芳书》："哲郎旋里。"(《孙衣言孙诒让父子年谱》,200 页)

是年 平阳南湖人黄步骞去世，墓在平阳麻步桃江村。谱主作黄步骞、黄步发墓圹题诗，曰：

"层峦嵂崒水回环,枌社逍遥乐此间。厌世何须悲薤露,乐山生死爱香山。宗侄绍箕拜撰。

瑶瑜环珥满君家,褒赠荣应死后加。不是欧阳能述德,泷冈抔土至今夸。宗侄绍箕拜撰。"(陈盛奖《黄绍箕的两首诗》,《温州日报》,2004年6月20日)

光绪九年　癸未（1883）　三十岁

正月二十二日（3月1日）　张謇来函。

《张謇日记》："与仲弢、弢甫讯。为弢浦写《焦尾阁遗诗序》。"（上海辞书出版社2017年版，188页）

正月二十三日（3月2日）　复函张謇。

《张謇日记》："得仲弢、弢甫讯。"（188页）

二月初　北上赴京。

黄体芳《致张佩纶书》十五光绪八年（1882）十月初四日："小儿当于二月初北上。"（《黄体芳集》，258页）

黄体芳《致张佩纶书》十八光绪九年正月十二日："小儿于二月初旬由沪北上。"（《黄体芳集》，261页）

二月二十七日　往访李慈铭，送交其父赠银二十两。

《越缦堂日记》："黄仲弢庶常绍箕来，其尊人漱兰侍郎寄赠银二十两。"（第13册《荀学斋日记》丁集下，9801页）

三月初三日（4月9日）　李慈铭来访，不值。

《越缦堂日记》："午后入城，至半壁街吕祖阁访黄仲弢，不值。"（第13册《荀学斋日记》丁集下，9809页）

三月十九日（4月25日）　李慈铭来简约廿一日饮崇效寺。

《越缦堂日记》："写简约朱桂卿、黄仲弢、弢夫、梅卿、心云、敦夫廿二一日饮崇效寺。"（第13册《荀学斋日记》丁集下，9824页）

三月二十一日（4月27日）　赴李慈铭约饮崇效寺，王彦威、陶浚宣、朱福诜在座，共读《青松红杏卷》。

《越缦堂日记》："傍午诣崇效寺，微雨压尘……弢夫已至，仲弢、心云、桂卿次第而来,共读《青松红杏卷》,饮于静观堂。饭毕已起寺钟,复坐花下,取卷尾题数字志游迹。仲弢先去。日晚回车至柳湖。”(第14册《荀学斋日记》戊集上,9827页)

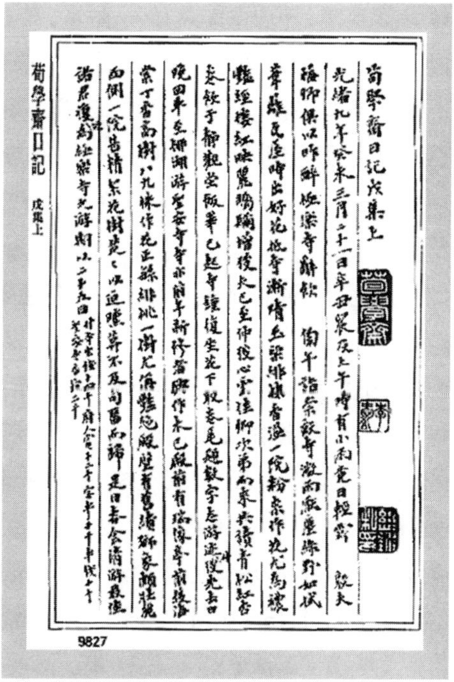

▶越缦堂日记(一)

四月十八日(5月24日) 庶吉士散馆,题为“六事廉为本赋”和“题清风玉树鸣,得鸣字”。

《越缦堂日记》四月十九日:“昨日庚辰庶吉士散馆。六事廉为本赋,以先圣之贵廉也如此;为韵诗题清风玉树鸣,得鸣字。郝陵川《原古上元学士遗山诗》:‘黄山与黄华,双凤高蹭蹬。清风玉树鸣,千古一辉映。’”(第14册《荀学斋日记》戊集上,9861页)

《翁同龢日记》:“散馆。六事廉为本赋以先圣之贵廉也如此;清风玉树鸣得鸣字,郝经《陵川集》”(第四册,1739页)

四月十九日(5月25日) 散馆得一等第一名,授职编修。

《越缦堂日记》:“昨日庚辰庶吉士散馆……阅卷为景尚书、张之万、毕道远、邵亨豫、许应骙、奎润、锡珍、张家骧等。仲弢一等一名。”(第14册《荀学斋日记》戊集上,9861页)

《翁同龢日记》:“景师阅郑,惟余与高阳相对耳,妙在无一事。……检点策题,系庞䌹堂代拟,而余点勘之耳,皆平熟无奇。未正始见等第单，不全，良久始得全单，庞劬庵列第一等末，可喜也。阅卷：景廉、张之万、毕道远、锡珍、奎润、邵亨豫、昆岗、许应骙。一等三十二名，二等四十八名，三等五名。”（第四册，1739页）

五月初四日（6月8日） 与陈与冏拜见王文韶。

《王文韶日记》：“晴。黄仲韬、陈弼宸与冏均留馆来见，陈极精明。”

五月十三日（6月17日） 李慈铭为谱主书写团扇，并赠诗一首。

《越缦堂日记》：“为黄仲弢书团扇，即以一诗为赠。”

《赠同年黄仲弢编修绍箕》：“今皇三榜启庚辰，同籍同年廿五人。君有才名传世学，我于交谊倍情亲。汗颜李郃辞华选，作赋黄滔绝等伦。庚辰朝考第一，今年散馆复第一。报国文章原易事，无双江夏出贞臣。”（第14册《荀学斋日记》戊集上，9905—9906页）

五月十五日（6月19日） 访李慈铭。

《越缦堂日记》：“黄仲弢来。”（第14册《荀学斋日记》戊集上，9907页）

五月 孙诒让五试礼部，不第。出京时，嘱托谱主代索王懿荣许赠之拓本。

参考十一月《致黄绍第书》。

六月初三日（7月6日） 上父第三号安禀。

参六月十七日致父禀：“本月初三日交赓弟奉上第叁号安禀。”

六月初四日（7月7日） 接到父亲五月廿三日手谕。

六月十三日（7月16日） 接到父亲五月廿三日、六月初六日手谕。

六月十七日（7月20日） 上父禀。

“男绍箕跪禀父亲大人万福金安：谨禀者，本月初三日交赓弟奉上第三号安禀,比想呈览,初四日折差张霖到京,十三晚陆淮到京,捧到五月廿三日及本月初六日两次手谕……岁试折初四夜递,初七日发下;谢折初七夜递,初十日发下;封事折十四夜递,今日发下……贺折本拟今夜即递,因封事今日才下,似以略缓为宜,改于后日再递。陆淮左臂疽痂因途中劳苦发痛,急欲旋南,原折三分男均经折看及购办各件,均交之带回。张霖约廿一二方动身也。越事内议不知若何?看局面却又是一变。曲江本有退意,现奉回任之命,义不能辞,大约月底当遵海而南。六月十二日六旬正寿,蒙赐寿藏佛、如意、衣料等六件,圣眷可谓厚矣。前闻蔼兄云:临淮之馁,渠所深知,现在广东水师亦实无可恃。前曲江督粤时奏请筹拨巨饷,大加整顿,旋以调任而罢。此次抵粤后,不知作何办法。蔼兄不日当来京一次,再随送至粤而返。致椎公函已亲送去,适不在家,明后日当再去,有动静即速禀闻也。优册漏名,检举处分想不甚重,俟再询吏部熟人。朝考定于十八日。胡孟鲁感激之至,询以房吏有无需索,据云无之。男意当报部之时,优贡本难预料,恐未必有需索情弊。惟若辈以破格取士为不便,亦是实情。力争吕舒端、王虎卿时,并无胡君在内,如果力争,决无独调胡君之理。其实以才气论,吕舒端实非胡所及也。男记性坏极,然此事却记得甚真。镇江棚考优不到者甚多,不知是否均不列名?不考即不列名,亦应先回一声,且报部。例在岁试毕后,必有大半未及科考,是优生之不到考者,有报部有不报部,似办法亦欠画一。敬望饬笙弟、楚弟一查稿案。男疑后来调考时之不指名,力争取优后之匿不声明,恐是有意为之。即未尽然,二者必居一于此矣……弢丈前月十九日方出京,途中想又略有耽阁,故至迟延。渠前函说七月底到澄,当不误也……散馆赋实不惬意,原稿甚模糊,场中写上,比格后便不甚留意,检点又失去一纸,容另写出交下次折差张霖带呈。现在每日写折纸多少不定,暇则看书,时与汉卿、旭庄二兄聚谈,或偕至厂肆阅书。蔼兄移寓后,再当立定课程或约友会课，多做多写，以求进境。湖督咨稿已请椎公阅看，云此系旧案，早已看过。续后尚见有几处文案，现在设法为之解脱。乙竿之款，渠坚云不必将去，只得暂存男处。数日前又见椎公一次，云有二事嘱男代禀，一捐修吴柳堂先生故居，仿松筠庵故事以奏稿及家书刻石嵌壁。捐数渠未明说，闻椎公云，蔼卿先后奉振丈之命捐贰千金，买宅实其力也。窥其言下大约多则百金，少则五十金，当无不可；一欲得苏局所刻《通鉴》各种，不必定要白纸，如《续通鉴》《通鉴目录》之类。意似请父亲购赠，二节略缓不妨。《通鉴》各种甚繁重，携带颇不便，尤难刻期而至，已与言明，渠云本非急需，已应允矣。温全即令其随陆淮同去，渠家颇窘，赏安家银十金，又给以盘费银拾陆金，此款未说赏他，应否扣还，候裁夺。任贵已于前日回京，铜戳托马蔚丈代办，云已代催过四五次，迄未铸就。都中连日得雨，农田甚利，出门却不大便。自到京后，知交中颇有招饮者，或一谢而再招，不能不回请一次，然但可省，则无不从省也。吴、李及奎、景、周、苏诸丈函件均送交，陈件未晤范高也兄，当再去面交。前赠莼丈之二十金，到京后即便送去，得暇当去领教……缪小山前辈，李、周二世兄函附呈。闻临淮在沪时，太冲不肯任饷，又疏言：'臣近日办江海防，布置甚用密，可以与英吉利一战。'谈者传为笑柄。都中议论亦颇不以太冲为然，椎公于临淮固病其太馁，然时亦护之。"（《黄绍箕集》，363—367 页）

六月二十日（7 月 23 日）　为李慈铭席夫人便面书写《列女传》，赞、小楷皆精。

《越缦堂日记》六月二十二日："前日，黄仲弢为席姬便面书《列女传》，赞、小楷皆精，绝可宝也。"（第 14 册《荀学斋日记》戊集上，9946 页）

六月二十二日（7 月 25 日）　李慈铭来函感谢。

《越缦堂日记》："前日，黄仲弢为席姬便面书《列女传》，赞、

小楷皆精,绝可宝也。即作书复谢。”(第14册《荀学斋日记》戊集上,9946页)

七月初一日(8月3日) 访李慈铭,送来王彦威书札。李慈铭即复函。

《越缦堂日记》:“黄仲弢送来弢夫六月中沪上书,即作书复仲弢。”(第14册《荀学斋日记》戊集上,9961页)

九月初九日(10月9日) 与沈曾植、沈曾桐、李慈铭、袁昶、朱一新、梁鼎芬集崇效寺重九登高,饯潘存归广东文昌。登寺中藏经阁阅经,在静观堂观《青松红杏卷》。

《越缦堂日记》:“午诣崇效寺,偕爽秋治具饯孺初。邀朱蓉生、黄仲弢、梁星海、沈子培、子封作陪,诸君皆已至。午后登藏经阁……观《青松红杏卷》于静观堂。晡在堂设饮,日暮始散。”(第14册《荀学斋日记》戊集下,10038—10039页)

《袁昶日记》:“与莼公招同朱鼎父、黄中弢、梁星海、沈子培、子封、邓伯讷同迓孺老,祖饯于城西白纸坊之枣花寺。伯讷不至。登藏经阁及西楼,开窗望西来诸山,剥苔读唐《工仲堪墓志》已采入《全唐文》。重展智朴开士《红杏青松长卷》。觞炙既行,日已西趖,遂不及游圣安寺而返。”(许全胜撰《沈曾植年谱长编》,中华书局,2007年,50页)

《越缦堂日记》九月二十七日:“《癸未九日偕爽秋携酒邀同年朱蓉生黄仲弢梁星海三编修沈子培子封兄弟集崇效寺饯孺初归文昌》:‘今年积潦弥郊垧,愆阳玄月犹骄蒸。强名重九作高会,分曹赌酒吾犹能……’”(第14册《荀学斋日记》戊集下,10056—10057页)

九月 许庚身为杨文莹饯行,招谱主作陪,出示《九成宫》拓片。

参考十月二十一日(11月20日)《致黄绍第书》。

十月初四日（11月3日） 访李慈铭，说新购得元刻本李心传《道命录》，比“知不足斋本”多程荣秀一序。

《越缦堂日记》：“黄仲弢来，言近购得元椠李心传《道命录》，较‘知不足斋本’多程荣秀一序，直至二十四金。”（第14册《荀学斋日记》戊集下，10066—10067页）

十月初六日（11月5日） 李慈铭来函。

《越缦堂日记》：“得黄漱兰侍郎江阴学署书并惠银五十两，即复书致仲弢，犒使十千。”（第14册《荀学斋日记》戊集下，10069页）

十月初十日（11月9日） 李慈铭来函，嘱寄致其父函。

《越缦堂日记》：“作书致仲弢，属寄江阴书。”（第14册《荀学斋日记》戊集下，10074页）

《越缦堂日记》十月初九日：“作复漱兰侍郎书。”（第14册《荀学斋日记》戊集下，10073页）

十月十三日（11月12日） 交折差寄上安字十二号安要家言，并各物件。

参考十月二十一日（11月20日）《致黄绍第书》。

十月十四日（11月13日） 下午，李慈铭来访，不值。

《越缦堂日记》：“午后……诣黄仲弢，亦不晤。”（第14册《荀学斋日记》戊集下，10080页）

十月十七日（11月16日） 致函李慈铭，以元刻本李心传《道命录》送阅。

《越缦堂日记》：“得黄仲弢书，以所购《道命录》送阅，即复。……阅《道命录》，共十卷，元至顺四年翻宋淳祐江州本，有江浙儒学提举新安程荣秀序言，行省相君刻之龟山书院者，绵纸密行，古香可爱。”（第14册《荀学斋日记》戊集下，10081页）

十月十九日（11月18日） 访李肇锡。

参考十月二十一日（11月20日）《致黄绍第书》。

十月二十日（11月19日） 以京钱十三千购得《刁遵志》拓片一份。

参考十月二十一日(11月20日)《致黄绍第书》。

十月二十一日（11月20日） 致函绍第,有云“李子嘉师放贵西道……尚少一竿,欲求父亲大人先为通融”,以及自己买旧拓本、旧书籍等情况。是日,一碑估以汉魏庙碑粘本求售,共六册,内有《贾思伯碑》,拟留之,尚未定价也。

《越缦堂日记》十月初七《邸钞》:“兵科给事中李肇锡授贵州贵西兵备道。”(第14册《荀学斋日记》戊集下,10072页)

“叔颂吾弟大人如晤:本月十三日交折差寄上安字十二号安要家言并各物件,计到时当在淮郡试毕后矣。父亲大人近当康健如恒,吾弟起居想亦佳善,甚念甚念!战书之说绝无所闻,想是谣传。李子嘉师放贵西道,前日兄去谒见,云近日张罗川费,已得二竿,尚少一竿,欲求父亲大人先为通融,俟明冬照数交还。兄答以遵即发禀,但屡奉家谕,南中光景恐实在不见宽裕耳。此信到时,请吾弟即将情节代禀,允否望速赐示,以便回复。嘉师定于十一月底出京,迟则恐来不及,非得回信,亦未敢专辄谢之也。据王丈廉生云:父亲前次出京时,嘉师曾代向他处挪借五百金,故今番有此一举,此节兄不甚了了。并请禀明为要。武会试永嘉中式陈步鳌一名,名次不高,不能得侍卫,亦楠溪人,离枫林不远。闻国朝未发科,今科得文武两进士,可云盛矣。前寄上各种拓本,交任贵、崔富包封,误将《刁遵志》遗却在外。昨又以京钱十三千购得一分,较前所得本,碑阳拓略迟而略精,有数字此本较清楚,碑阴则彼此无异,兹附寄上。魏碑如买《贾思伯》《张猛龙》《敬史君》《李仲旋》皆绝佳,但旧拓、精拓俱不易得。兄所购俱新拓本,惟未得《贾思伯碑》耳。近又收得江宁萧梁石柱全分价七十千,又一分系裱本,上有‘莫子偲监拓’木印。萧梁石柱大半是莫氏搜出,此本即系初拓，惜不全也。吾弟在金陵，尚可留意物色之，新拓本全分必有卖者，如价较廉，即请为兄代买一分，此处所购当与碑估换他拓本。近计陆续购碑之费已溢出百金外，新拓价少则数千，多不过十余千，如《孔陵》《济宁》各全分亦止卅千上下，故阅时往往任意留之，及通共计算，费已不少。又间收得旧拓，如《曹全》《礼器》《祀三公山》《王基》各碑，前见祁丈购一汉碑，《孔宙》耶，《尹宙》耶？乞询示。至少亦须二三金。月前梁家园李家出无数汉碑、庙碑，为一帖铺买去，蕙生百方罗掘，欲以一百金全购其汉碑，后以其佳者无多而价太昂，尽数还之。兄却不敢过问，然曾在蕙生处看过，其中虽有佳拓，尚无铭心绝品。若真心醉，即亦不能禁也。月前许星师为杨雪渔前辈饯行，招兄作陪，出示宋拓《九成宫》，与廉丈藏本不相上下，却不及宋雪帆侍郎家藏本，亦不及自家失去之本。吾弟今冬如回瑞，必须多方访求线索，或以钱餂出之，此本若来归，亦吾弟文房中之一宝也。殿本、监本零种史书，厂中时有之，将来借较亦易，可不必买。文宅《士礼居丛书》已为一张姓老前辈购去，不知其名。扬州亦未有回信，不知已售出否？近有一人家以书籍出售，内目录及金石零种书居多，尚未与议价。前所见元刊明补本《通考》，迄今仍思增钱买之，亦未与议。昨接王友叔函云，宋本《陆集》现在杭州，前班公及朱又笏兄南旋时，各给钱共四十馀金，请其到沪代买书籍。又笏兄有信来，云代买《左海全集》，又《史通训故补》一部，经藏书家以宋本校过，此部却甚好，尚未寄来。班公信来，云宝善街失火，书坊被焚，所要各书不可觅，钱俟后一并寄还。俟取来再请姚子让兄细看议价。函内附有管慰丈致马慰丈函，汇洋陆拾元，因为数太微，不便汇寄，属兄处先为划付，日内当即须措交矣。近十余日，闭门写字，不游厂肆，而书估碑估往往持货来看，即复不能割爱。老子云：'不见可欲，其心不乱。'亮哉！前禀云年内费用须三百金，现细算仍恐不敷，然南中近况恐亦无余，心殊耿耿耳。濮子泉为椎公查办随员。王弢丈属书之件,俟其回京,当面询之。伯熙题词系另书一怡府笺纸上,当日送来之后,又细阅弢丈所撰行状,始知其尊人在堂,意殊不以为然。兄告以父亲曾微语之,现遍觅其题词不得,疑其来时自行抽出。弢丈如问及,望婉达此意。宝竹丈穷不可言,兄初到京,椎公屡去谒,辞不见。后谓可庄,云颇愧歉,不愿见人也。托可庄前辈代向其门下士张罗,应者殊鲜。蕙生亦以购书、购碑、购汉印,已得六十馀方,甚窘。其聪颖实所罕觏,于金石涉览颇博,但不及廉生耳!伯熙亦好购书,其光景窘于廉生,而宽于蕙生,见闻颇广,气象亦似非汉人所及,较胜竹丈也。附史宅、任宅致赓弟函,乞转交。昨始送来,故不及交折差。兄一切平安,足抒远注,即请著安。密叔、诸丈、诸兄前乞代请安。兄箕顿首,十月廿一日。

此信甫写毕,适一碑估以汉魏庙碑粘本求售,共六册,内有《贾思伯碑》,拟留之,尚未定价也。南中遇有吴《天发神谶碑》篆书,字体近方,用悬针法,笔锋峻厉可畏。及《隋太仆卿元公并姬氏夫人墓志》,望收之。二碑原石已毁,皆有翻刻。《天发碑》旧在江宁,嘉庆年间与南监《廿一史》《玉海》板同被火毁。阮文达曾翻刻一次,拓本太净者便是,后有题跋。闻近来又有翻刻,非见原刻互校,颇不易办,惟后有石刻元祐六年胡宗师题者,的是真本。《元公姬氏志》字亦极佳,原石旧在常州某氏,今已坏,其翻本无神气,一望可知。兄先得一残本,系孙容丈属一碑估送来者,后又属朱又笏兄代觅一全本,不肯受价,因以残本及书墨合易之。"(《黄绍箕集》,390—395 页)

十月二十八日(11 月 27 日) 得李慈铭函,归还元刻本《道命录》,即作复函。

《越缦堂日记》:"作书致黄仲弢,还元椠《道命录》,得复。"(第 14 册《荀学斋日记》戊集下,10093 页)

十一月 致函从弟绍第。

“叔颂吾弟大人如晤:前月底奉上一函,想已收到。比维眠食一切如恒,不任驰系!前因朱又笏兄有信来云,为兄购得《左海全集》《史通训故补》《史通通释》,已寄澄江。兄此处曾购得《左海全集》一部,嫌其重复,已交书坊转售。年内折差来时,望将《史通训故补》及《史通通释》交带至都,切切!山东有胥姓者,善铸印,持潍县陈寿卿大前辈致王廉丈函到都,嘱其向各处吹嘘。陈公收藏金石之富,冠绝一时,并为自古以来所罕觏。斯人久受陶镕,其所铸各印,远非礼部铸印局所及,现已属其为父亲大人及吾弟各铸一银印,仿汉印式。棚中盖戳铜印,将来尚可属其铸造也。又属王廉丈为吾弟购得‘长生无极’汉瓦当一块,价银二两,惜‘长’字略损,边亦稍缺,俟折差便中寄去。兄无意中于一书铺以一两五钱购得秦‘琅琊台’瓦当,携示廉丈,适山东一古董客在渠处,云的真无疑,现价可值千金上下。据廉丈云:陈寿公及何伯瑜、宫子昂得去均极多,然完全者亦不数见,廉丈所得均系残瓦。此独完整无缺,可宝也。吴兴陆笃斋比部,以吴砖数方出售,陆名学源,必是存斋之从兄弟,存斋著有《千甓亭砖录》,此必著录之物。兄收得‘天纪砖’一方,有‘赤乌砖’一方,已琢为砚,以价昂不得购。今将三种砖拓本寄览。‘天纪砖’第三字、第六字均未敢臆定,归里后请与孙仲丈同审定为幸。将来此三种与吾弟所得‘宝鼎砖’一种,均可补入《东瓯金石志》收藏类中矣!吾弟如回里,晤孙仲丈时,并乞代询,有新得砖,再以拓本见惠,当补入前见赠一册内。夏间,仲丈出京时,嘱兄代索廉丈许赠之拓本,俟拓出亦当寄去也。浙局《两汉疏证缺卷目录》朱又笏兄已寄来,当送请缪筱珊前辈,并另誊一册寄蒯礼卿庶常校补。袁漱六太守之子以其家藏书到京出售,云宋元版极多,恐靠不甚住。闻其真者甚多,在外间为李中丞明墀之子留住议价未谐,日内拟与廉丈去看,然亦不愿其多,好书太多亦不能不割爱也。陈少秋兵部同年,系江苏人,秋间在可庄处教读,其人气象开展,心地厚实,见闻亦绝胜时流。其年伯在祁和师幕中襄校,家道寒素,初冬以归省旋里,欲求父亲大人代为吹嘘,谋一书局校对之席,以资糊口。兄答以向不敢以此等事渎禀,然以其事与他事微别,而其才实足胜书局校雠之任,似亦公私两便,敬求吾弟代为禀闻是荷。草草书布,即请著安。”(《黄绍箕集》,395—398 页)

光绪九年、十年间寄寓王仁堪家。

黄体芳《挽王可庄仁堪十六首》第十六曰:“吾儿旧倚汝居停癸未、甲申年寄寓君舍,吾侄新从芾舍经。”(《黄体芳集》,380 页)

光绪十年　甲申（1884）　三十一岁

正月二十二日（2月18日）　访李慈铭。午后赴缪荃孙招饮晴漪阁，与李慈铭、许景澄、樊增祥、王懿荣、梁鼎芬在座。

《越缦堂日记》："戊戌，晴。朱蓉生来，黄仲弢来……午后，答拜客两家，即赴缪筱珊之饮，坐晴漪阁，朱菽堂侍郎所题也。晡设饮，肴核颇精，坐有竹筼、云门、仲弢、王廉生、梁星海。傍晚归。"（第14册《荀学斋日记》戊集下，10180—10181页）

正月二十六日（2月22日）　李慈铭来访，不值。

《越缦堂日记》："晡后出宣武门诣铁香，答黄仲弢，俱不值。"（第14册《荀学斋日记》戊集下，10184页）

二月初一日（2月27日）　致函李慈铭，并赠"元代李字铜押"一方并绝句二首。

《越缦堂日记》："得黄仲弢书，赠元代李字铜押一方并绝句二首……和仲弢两诗。"（第14册《荀学斋日记》戊集下，10189页）

二月初三日（2月29日）　作送行诗致李慈铭。

《越缦堂日记》："得黄仲弢送行七言长句一首，词意亲切，作书酬之。"（第14册《荀学斋日记》戊集下，10191页）

二月初四日（3月1日）　访李慈铭谈，并赠广州橙一包，蜜枣、桃脯各一匣，瓯绸被裁一事。

《越缦堂日记》："仲弢来，以广州橙一包，蜜枣、桃脯各一匣，瓯绸被裁一事为赠，久谈，至晚而去。"（第14册《荀学斋日记》戊集下，10191页）

二月初五日（3月2日）　赴沈曾植、曾桐招饮，李慈铭、许景澄、朱一新、袁昶、杨晨、于式枚在座。

《越缦堂日记》:"夜诣书玉家话别,一更时赴珠巢街沈子培兄弟之招,竹筼、蓉生、仲弢、爽秋、定專诸君俱已至。而有广西人于式枚,状似风狂,举坐笑之,亦不知也……三更归。"(第14册《荀学斋日记》戊集下,10192页)

二月初九日(3月6日) 访李慈铭,并赠以项霁《且瓯集》。

《越缦堂日记》:"仲弢来,以瑞安项叔明霁《且瓯集》为赠,嘉道间布衣也,为诗十卷,颇老成。"(第14册《荀学斋日记》戊集下,10195页)

二月十一日(3月8日) 李慈铭来函,劝闭门自守,不要为他人所牵引。

《越缦堂日记》:"作书致黄仲弢,凡数百言。仲弢才质之美,庚辰同榜中第一,文章学问俱卓然有老成风,近甚厚予。以予与其仲父卣香比部有交谊,持后生礼甚谨,予辞之不得。其尊人漱兰侍郎亦甚致礼敬,见必称先生,书问亦然,予愧无以称其桥梓意也。念近日都门自北人二张以谏书为捷径,鼓扇浮薄,渐成门户。仲弢丧偶后,南皮两以兄女妻之;而皖人张某者,粤督张树声子也,为二张效奔走,藉以招摇声气,妄议朝局,世以'火逼鼓上蚤'目之。近与仲弢同居又齐人王懿荣者,素附南皮窃浮誉,后以妹妻南皮,益翕热。其父以龙州僻小郡守骤擢成都道,致富巨万。懿荣既入翰林,侈然自满,挥斥万金买骨董书画。昨忽上书争京官津贴事,又请复古本《尚书》与今本并行,言甚诡诞,人皆传笑。两人者皆素与仲弢习,故作书劝其闭门自守,勿为人所牵引,而痛言浮俗子弟啖名竞进,干豫朝事,不祥莫大,害家凶国皆此辈为之,欲仲弢早绝之,以自立于学,所以效忠告也。"(第14册《荀学斋日记》戊集下,10196—10198页)

二月十二日(3月9日) 李慈铭来访,不值。

《越缦堂日记》:“下午力疾出门,诣沈子培、沈子封、朱蓉生话别。诣仲弢,不值。”(第14册《荀学斋日记》戊集下,10199页)

二月十五日(3月12日) 访李慈铭。

《越缦堂日记》:“仲弢来。”(第14册《荀学斋日记》戊集下,10201页)

五月初九日(6月2日) 访李慈铭。晚赴朱一新招饮,李慈铭、王兰、陆学源、沈曾桀等在座。

《越缦堂日记》:“黄仲弢来……晚诣聚宝堂,赴朱蓉生之饮,坐有仲弢、王醉香、钟仲龢、陆笃斋、龚蔼田、沈子承即曾桀也。蔼田新选贵州修文县令。夜二更归。”(第14册《荀学斋日记》己集上,10300页)

五月十三日(6月6日) 李慈铭来访,不值。

《越缦堂日记》:“答拜黄仲弢,不值。”(第14册《荀学斋日记》己集上,10304页)

五月二十日(6月13日) 下午访李慈铭。

《越缦堂日记》:“下午……黄仲弢来。”(第14册《荀学斋日记》己集上,10312页)

闰五月初三日(6月25日) 访李慈铭,出示父书及惠银五十两。李慈铭复书,辞馈银。

《越缦堂日记》:“仲弢来,致其尊人漱兰侍郎书并惠银五十两。得弢夫书。作书致仲弢辞所馈。”(第14册《荀学斋日记》己集上,10329页)

闰五月初四日(6月26日) 访李慈铭。

《越缦堂日记》:“仲弢来。”(第14册《荀学斋日记》己集上,10330页)

闰五月初五日(6月27日) 得李慈铭来函,即复函。

《越缦堂日记》:“作书致仲弢,得复。”(第14册《荀学斋日

记》己集上,10331 页)

闰五月初六日(6月28日) 致函李慈铭。

《越缦堂日记》:“得仲弢书。”(第14册《荀学斋日记》己集上,10332页)

闰五月二十一日(7月13日) 下午,李慈铭来访,不值。

《越缦堂日记》:“诣仲弢、谢惺斋,俱不值,傍晚归。”(第14册《荀学斋日记》己集上,10344页)

闰五月二十九日(7月21日) 得李慈铭来函,即复函。

《越缦堂日记》:“作书致仲弢,得复。”(第14册《荀学斋日记》己集上,10352页)

六月初一日(7月22日) 访李慈铭。

《越缦堂日记》:“黄仲弢来。”(第14册《荀学斋日记》己集上,10353页)

六月二十一日(8月11日) 李慈铭赠两联。

《越缦堂日记》:“书两联赠仲弢,云:‘西垣著作推经法;东浙文章见老成。’又云:‘永嘉学派继吕、叶;词林尊宿希干、钱。’”(第14册《荀学斋日记》己集上,10376页)

六月二十二日(8月12日) 得李慈铭来函,即复函。

《越缦堂日记》:“作书致仲弢……得仲弢书。”(第14册《荀学斋日记》己集上,10377页)

六月二十三日(8月13日) 访李慈铭,以生病不能见。

《越缦堂日记》:“身热病,甚畏寒,多卧。仲弢来,不能见。”(第14册《荀学斋日记》己集上,10377页)

六月二十四日(8月14日) 李慈铭来函。

《越缦堂日记》:“病小愈,作书致云门,致书玉,致仲弢。”(第14册《荀学斋日记》己集上,10379页)

六月 以所藏邵懿辰注《四库简明目录》一书借与王懿荣,并云:“乾嘉老辈,往往以明仿宋本误认为宋椠旧本,又每以宋元牵混,审定不真。近人著录亦多不足据,非亲见原书不可率信。”

王懿荣《四库简明目录》跋:“光绪甲申长夏,病中无聊,从瑞安黄仲弢同年借得,属诸城尹伯园及族子为承照抄。闻朱修伯宗丞与其长子子澄观察,别有增益批注本,在厂中某贾手,续当借取补录。眉上称孙注者,瑞安孙比部诒让,字仲容;称黄注者,瑞安黄编修绍箕,字仲弢。仲弢以陆氏皕宋楼藏书摘录眉上,旋悔之。并来语云:乾嘉老辈往往以明仿宋本,误认为宋椠旧本,又每以宋元牵混,审定不真。近人著录亦多不足据,非亲见原书不可率信等语。颇为著实。朱笔所记,则鄙人目治之学,能自信者,然亦忽忘太半矣。福山王懿荣。”(《增订四库简明目录标注》,上海古籍出版社,1979 年,962—963 页)

七月初六日(8 月 26 日) 清政府对法宣战。

七月十二日(9 月 1 日) 李慈铭来函,约十六日小饮,谱主即复函。

《越缦堂日记》:“作书致仲弢,约十六日小饮,得复。”(第 14 册《荀学斋日记》己集上,10404 页)

七月十六日(9 月 5 日) 李慈铭招饮,为谱主与樊增祥饯行,朱一新在座。

《越缦堂日记》:“夜邀仲弢、云门、蓉生小饮,为樊、黄两君饯也。寓斋张灯烹茗,清谈而已,二更后散。”(第 14 册《荀学斋日记》己集上,10410 页)

七月十九日(9 月 8 日) 即将往江阴成亲,过李慈铭辞行,李慈铭赠以七律两章及书扇等。又得李慈铭来函,即复函。

《越缦堂日记》:“为仲弢尊人漱兰侍郎书楹联。仲弢来辞行,赋七律两章送仲弢行,且书扇赠之,并锦韬一枚、鱼面两匣。作致漱兰侍郎书。作书致仲弢,得复。”(第 14 册《荀学斋日记》己集

上,10412 页)

七月下旬 离京赴江阴完婚。先至南皮张家,迎接新娘至江阴成礼。

参樊增祥《花烛词》注:“新妇在南皮,君以严命迓至江阴成礼。”

七月 友人樊增祥赋《送仲弢归江阴续娶诗》和《花烛词》以贺新婚:

“出入承明最少年,无双江夏况翩翩。卧游壮武郷嬛地,居近容成太玉天。七夕星河窥绮幌,六朝烟岫等归船。秋来频有芝芙蓉,总傍常仪玉镜园。卺期在中秋后四日。”

《花烛词》七绝四首:

“蘼芜山下水盈盈,缣素何劳刖重轻。知否海棠枝上鹊,一生欢喜是新情。《乐府》“东边日出西边雨,道是无情却有情”,皆以“情”作“晴”也。一

新题花叶寄红蚕,为道吴中迟玉骖。燕草如丝留不住,一双孔雀向东南。新妇在南皮,君以严命迓至江阴成礼。二

轻翾定似花间蕊,亲切当为乐里筝。飞燕比来犹逊色,紫鸾相和始成声。三

翺也韩门早缔姻,才华内里尽知闻。青娥细检蟾宫籍,两冠蓬莱只有君。君朝考、散馆俱第一。四”(《樊山集》,清光绪十九年渭南县署刻本,卷二十,8—9 页)

八月十九日(10 月 7 日) 在江阴学署与南皮张之渊之女成亲。

参樊增祥《送仲弢归江阴续娶诗》注:“卺期在中秋后四日。”

九月十九日(11 月 6 日) 张謇、王彦威来谈。

《张謇日记》:“晤谢在增、陈仲容,说掖门事,不谐。与漱公、仲弢、叔容谈。弢甫赠术。”(209 页)

《王彦威日记》:“漱丈设席,与季直诸君各与坐。以《焦尾阁遗稿》两册、素笺三纸属季直征诗。以处术一器赠季直。”(17册,579页)

九月二十日(11月7日) 张謇、王彦威来话别。

《张謇日记》:“漱公按部苏州,启路,随与仲弢话别。渡江抵靖江。晤欣甫。”(209页)

《王彦威日记》:“漱丈以今日出辕按试苏州,遂别季直、仲弢,偕曼君同舟行四十里。”(17册,580页)

九月二十一日(11月8日) 张謇题谱主所藏《龙女行雨图》七绝二首。

《张謇日记》:“雨,为仲弢题龙女图:‘浪费真皇一丈文,诸天雷雨事纷纷。人间何限痴龙睡,未觉云中别有君。’‘玉简音书渺洞庭,不曾珍髢怨芳馨。金堂玉室群仙事,自辔苍龙看八溟。’”(209页)

十月初三日(11月20日) 挈眷入都,经过苏州,恰父亲按部苏州,入署拜见父亲。夜,王彦威送谱主北上。

《王彦威日记》:“仲弢自江阴挈卷〔眷〕入都,便道苏州,入署省亲,便寄马蔚林书……夜送仲弢北上,史赓云亦同行入都。”(17册,581—582页)

十月 销假到署。

《清代官员履历档案全编》“黄绍箕五十二岁履历单”:“十年八月告假回籍续姻,十月销假到署。”(第七册,635页)

十二月初三日(1885年1月18日) 访李慈铭。

《越缦堂日记》:“黄仲弢来。”(第14册《荀学斋日记》己集下,10589页)

十二月初八日(1月23日) 过李慈铭夜饮,与沈曾植、王先谦、朱一新、缪荃孙同座。

《越缦堂日记》:"子培来,益吾来,蓉生来,缪筱山来,黄仲弢来,夜设饮,清谈甚畅,三更始散。"(第14册《荀学斋日记》己集下,10597页)

十二月二十三日(2月7日) 馈李慈铭肴馔一品尉、糕饼四盘。

《越缦堂日记》:"癸巳晨,雪渐止。上午微见日景,午黔,下午渐晴。黄仲弢馈肴馔一品尉、糕饼四盘,犒使六千。"(第15册《荀学斋日记》庚集上,10619页)

十二月三十日(2月14日) 李慈铭来答拜。

《越缦堂日记》:"庚子晴……下午诣房师林编修,送年礼二金、门茶四千。答拜同年瞿子九学士、王可庄修撰、黄仲弢编修而归。"(第15册《荀学斋日记》庚集上,10626—10627页)

是年起 将所藏《龙女行雨图》图为道光庚子五月镇海姚燮梅伯为汉阳叶润臣作,题曰"天龙自在珧台女",征诗于盛昱伯羲、王仁堪可庄、王颂蔚芾卿、陈与冏弼宸、张謇季直、周銮诒、朱铭盘、樊增祥、袁昶、李慈铭、沈曾植、易顺鼎、康有为诸人。

王仁堪《仲弢属题龙女图七古》(1884):

"姑射晓策银山鳌,石鲸熛怒翻洪涛。瀛洲有客话桑海,瞥见帝女翔神皋。阳阿发轫三万里,霜鬐倒卷咸池水。不周左转西海期,风引蓬山道如咫。高驼骙骙冲天来,虎豹却迹天门开。九洲瞢暗不可睹,衔烛下视光昭回。被之长剑拥幼艾,云叶承旗玉为轪。回天日月转瑶车,画地江河作衣带。百神奇嶷争前趋,夕戾县圃朝苍梧。出入变化一俄顷,尺渎尽泽枯鳞枯。白虹无端亘北极,要与修罗斗法力。毛女未假神鼍鸣,圆灵险被妖蟆蚀。三百六十蕲灵修,上下遍索心烦忧。雷师丰隆告未具,虙妃娀女纷相求。娀女不可求虙妃,渺何许与我纬繣。翼者谁危立,瑶台但容与。吁嗟乎!投虎或怒烧燕喜,潜虬十万灵渊底。刘累豢尔豢何为？死抱明月鞭不起。”

朱铭盘《龙女图·为黄仲弢编修题》：

“碣石高悬汉月弯，连峰万骑却东还。何人夜下苍龙背，拾得蓬莱左股山。

送汝乘云谒帝阍，诸天晓色正微茫。西鳞不辨东鳞赤，知受金蛇百道光。”

樊增祥《姚梅伯〈天女骑龙行雨图〉为黄仲弢编修赋》(1884)：

“出入灵州见玉姿，昆仑西去几经时。紫兰宫里新承敕，赐与飞龙当鹤骑。

慈悲天女貌清扬，手注银河到下方。天上移来香水海，人间看是妙华光。

每从叔度即开颜，座上棱棱识玉山。会见真妻乘汝去，四方上下逐云鬟。时仲弢将婚。”

袁昶《龙女图为黄仲弢题一首图为姚梅伯作》(1884)：

“姚君拄腹余一奇，抝洒乃出天人姿。洞庭萧萧风满旗，干山叶秃绀发微。凌波出浴气森霏，神女自著六铢衣。急逢龙背且须鞚，梦云笑电纷掣随。凝妆靓饰曜倒景，惊鸿蹴蹋四周澜。汗青琉璃口脂新，赐水晶殿弓韣下。胃扶桑枝东朝海，宗西戴胜黾发。旸谷昏瑶池有，如赤松无特操，随烟升降将为。荆公诗：“赤松复自无特操，上下随烟何慅慅。”固知墨客偶游戏，托彼荒忽骚歌思。倘令毗邪长老为说最上乘，定复稽首人天师，朱颜玉面终古不可皱，金骨一变天门开阖能为雌，我今亦作荒唐语，苍水使者在何许，四溟毛孔不可摄，波母之山天坼柱。时台北久困兵事，相持不决。东皇虚掷八千骁，玉女投壶瓶复怒。妙画通灵百怪生，锦囊收取黄初平，君家雁宕第几重幔亭，张氏上有群仙迎。且携手，朝真去，洞观三渊收视听。何用腥臊戏赤城，飒然彩伴追婺娱。”

沈曾植《姚梅伯画龙女图为黄仲弢题》(1885):

"汉上先生箧中物,江夏无双欣得之。六甲五龙今几易,洧槃穷石昔玄思。

岂得玄珠从象罔,却乘云气揖鸿蒙。飞腾百变随无定,只堕神光离合中。

直为操蛇向北山,不曾窥首骇人间。云光海气入毫末,翠羽明珠非世颜。

天壤相看有俊民,研云浓拂九州春。刚风一撼雕文佩,要识灵气最后身。"

易顺鼎《为黄仲弢题姚梅伯所画龙女图》(1887):

"仕宦作执金吾,不如作龙王。直从海底开明堂,能使百千万亿鳞介皆冠裳。娶妻得阴丽华,不如娶龙女。远胜人间寄皋庑,空对三五二八姬姜相媚妩。余本洞庭客,但知洞庭君。十年痛哭潇湘春,所思不见潇湘神。湘妃堕泪麻姑笑,生竹生桑两难料。麋裔蛟庭并可伤,龙堂鱼屋还相吊。东海青童蟂窃名,本文白帝蛇称号。伤心只有屈原知,回首空将虞舜叫。眼中忽见云髻一尺高峨峨,乃是灵虚殿中龙女行雨过。扶桑之霞倒映朱颜酡,八瀛为睇目曾波。俯视下界颦秋蛾,天衣十幅生绡拖。散花诸天有维摩,洗兵万国无修罗。九云天下垂,四海水皆立,中有一人美无匹。灵风猎猎兮满旗斜,笑电纷纷兮如箭急。纤手挽天河,不闻花喘息。云鬓风鬟几曾湿。骑龙作蝶海天归,万里无人春寂寂。羞同瑶姬媚楚襄,思偕元妃教轩皇。蚩尤旱妭尔何物,素女为师仪万方。谁能为此图,设想真奇绝。画者镇海姚,诒之汉阳叶。梅伯为叶相国作。苦心貌出牧羊人,海上何如苏属国。相国自称海上苏武。鳌掷鲸呿四十年,沧桑清浅才如瞥。瑞安才子人中豪,丹山雏凤倾词曹。八砖方斫蓬池鲙,一钓终连沧海鳌。快得金题护珠幌,使人对此非非想。露作啼珠烟作魂,月华海水平如掌。瑶台偃蹇求有娀，云汝衣裳可偕往。下土嗟余虮虱臣，敢言写照是前身。愧无钟阜成神骨，犹是泾阳下第人。”

康有为《题黄仲弢编修龙女行云图》：“仲弢名绍箕，笃行通学，忠诚忧国，即为我上书奔走者。

风鬟雾鬓现天人，下界骑龙转法轮。不嫁娉婷真可惜，空将云雨泣乾坤。

日射金鳞片片开，仙人初出蕊宫来。吸将四大海水尽，洗涤天河无寸埃。”（姜义华、张荣华编校《康有为全集》第十二集，中国人民大学出版社，2007 年，155 页）

光绪十一年　乙酉（1885）　三十二岁

正月初一日（2 月 15 日）　入内朝贺,闻援台二轮被虏轰沉,及粤西镇南关失守,杨亡、潘伤之信。

参正月廿三日(3 月 9 日)致父亲禀。

正月初五日（2 月 19 日）　访李慈铭。

《越缦堂日记》:“乙巳晴,寒意少减。介唐来,黄仲弢来。”(第 15 册《荀学斋日记》庚集上,10631 页)

正月十二日（2 月 26 日）　接到父亲电谕,即复电。

参正月廿三日(3 月 9 日)致父亲禀。

正月十四日（2 月 28 日）　接到江阴家人来电。

参正月廿三日(3 月 9 日)致父亲禀。

上元日（3 月 1 日）　父于谕,略云:

“淮、徐试竣,中木、曼君便当辞去,此外惟朱、龚仍旧。兹已添请宁慈包琴生孝廉祖荫己卯乡榜襄阅试卷,其算学一席,则汝弟书中所说林明经颐山。但各棚非卷多则额多,宾主均格外劳勚耳。前阅可庄复汝书,方知八月间汝有去电,此是公义,何亦瞒我?嗣后戒之。寄去杨光先所著书上卷一册元和附生张坚续呈,江阴庠生钱荣国代递,其下卷仍未检得,汝曾携去否?来函须述及。《南宋事略》稿本,据范月槎观察述洪观察函云,不在伊处,亦未审迁转何所?此间驻防诸君,时得晤谈,且屡以要电见示。张、刘去冬之议,已婉辞之。顷为上海重案,专折上闻,原委详另册《清源录》中,阅毕带还为妥。白泉姻世讲与汝作伴,甚佳,能留则留之。我二十五出署,十八日南菁课经,二十日课古。元同先生与二曼上元节后必到，寄生亦日内必来。去岁十一月初八日，藻田世叔由沪赴松，时已扃试，以不得觌面为怅，随驰书订于试毕时借轮往迓，而世叔将以喜事还家矣。”

月中 接叔弟黄绍第沪上手书，知二伯母大人所患颇为可危，问之熟人，据之是乳岩。

参正月廿三日(3月9日)致父亲禀。

正月十七日（3月3日） 访李慈铭，并以《龙女行雨图》乞题。

《越缦堂日记》：“丁巳，晴暖。止可单裘。黄仲弢来，以姚梅伯所画《龙女行水图》乞题，已有盛伯羲、王可庄、王芾卿及陈与冏、周銮诒诸少年题诗。盛、陈颇皆警秀，可庄亦一时之选也。”(第15册《荀学斋日记》庚集上，10645页)

正月二十三日（3月9日） 上父禀，转述中法战争的有关消息。

“男绍箕跪禀父亲大人万福金安：谨禀者：正月十二日午正，捧到电谕，乃知腊禀未到，即刻由电禀复；十四早又接署中家人来电，催令速复，后令任贵到电局询问，则正值各处电报应接之时。据云，必系公电太多，私电被压之故，稍迟必到，断不贻误。欲令再发电到澄，坚持不肯。至此乃自咎发禀之迟，悔恨无及。男自开正以来，白折尚不间断，而进境殊少。都中折笔贵而不适用，李玉田现在徒有虚名。日内拟函托恽季文代购贝松泉笔十馀枝，据同馆诸君言，贝笔较好也。元旦入内朝贺，闻援台二轮被虏轰沉及粤西镇南关失守，杨亡、潘伤之信。后闻镇南关又为苏元春收复。台湾近无消息。二刘不和，省劾蓝而杨又保蓝，内旨仍令蓝守台南，而责以和衷，若有贻误，则惟杨是问，此系去年事。闻去年省帅有病，或云似有疯状，言者或劾其因循坐困，不图克复基隆。近来众议亦颇诋之。潘与王得〔德〕榜亦不和。湘、淮意见牢不可破,江阴驻军可谓仅见矣!前闻张、刘二统领云:广西止给刘永福兵饷三千,广雅乃拨东饷二万以济之。此节到京后问人,答者或言知有此事,然究竟是广西事抑云南事,是前年事抑去年事,所云应给十万,是谕饬语抑刘乞饷语,均不能确凿言之。去年某国洋人在总署言,中国屡次胜仗多靠不住,惟孙开华真好将官,其所报胜仗乃真胜仗,西人多佩服之。不知外间究竟是如何情形?石埔〔浦〕二轮轰沉而将与兵无甚伤损,疑非敌之能破吾船,实管船者委之而去也。后闻宁波又开二仗,互有胜负,未知详确。达师屡有公电,系筹兵饷,而人言不甚翕然。张延秋前辈云:闱姓一节,广雅严禁本署勒索,而实不能尽绝,吾粤名将名士皆陷其中,谓方耀及李芍丈均得钱也。大约师稍不近情处容或有之,如传藩臬到官厅,许久不见,乡绅除李芍丈外,应酬甚少。打电报往往发议论至数百字,译署司官疲于译写,每一电须楷书五分。故颇招人言。然忧国忧民,筹画大局,求之中外,殆罕其伦,似不宜过于刻论,粤人是非向来不甚明白,近乃谓师屡次电报,好管南洋,不管广西,邓铁香先生亦为此说。夫广东、广西电线已通,又有文报往来,彼乌知其不管耶!近来男不甚见粤人,即偶见时亦不问粤事,若稍与办则非徒无益也。或言师初到粤时颇右曲江,粤人即不悦。大农筹款之廿四条内有一条:每银号每年各出银六百两,西商颇不愿输,若操之太蹙,恐关闭者更多。去冬闻有英人在都中看房子,欲开票号,如此办法则利权必益外移,人心亦将解散,似非理财正道。椎公尚未到京,其夫人病甚,一切均未之知。闻渠致黄子寿先生书云,若马江得手,其祸更烈,至今潜公致王氏昆仲书及再同、小蕃诸人,皆谓闽人公词故意诬陷,真令人百思不解。窃意闽人公词未必全属子虚,而或有不过之处。闻达师电致要人,谓:'何以不责十馀年之总督,而专责到防数月之会办?'此说似较平允。渠到京时男拟去看,不知肯见否?父亲可否作一书慰藉之,缘渠知交本不甚多,现既如此,若一蹶不振,固可无失为故。若仍起用,亦当不至激而逆施。男并非为将来私计,实系因公起见,但不知事理是否?敬求裁夺。董金丈看椎公八字云:‘将来必大用、掌大权,做一番事业。若不中则不复言命矣。’金丈谈命颇有声京师,所说亦时有中者。男问以父亲八字,云尚有十许年好运,惟明年流年略逊,须少说话为妙,此系渠方技家言,姑以附闻。月中接叔弟沪上手书,知二伯母大人所患颇为可危,问之熟人,据之若是乳岩,一时虽无大碍,而终竟难治,且甚痛苦。不知近状何如,殊深系念。附上《醋浸曹公一瓶赋》《郭林宗与李膺同舟济河赋》各一篇,《郭林宗赋》原本有序,考据未甚详确,改时颇费查检,赋亦改仿古赋格律,以试牍中各式俱备为妙也。前闻沈鹿苹云:兵部堂官除俸银、俸米外有饭食银,其数目无定,以外省解来之多少为断。每月一分,至多有至七八十金者,至少有不及十金者,大约每年总以四百金上下为中数。近来各省库储支绌,内解恐不能甚多,各部惟户部堂官稍敷足耳。男媳一切平安,足纾垂念。肃此,谨请金安。母亲大人万福金安,姨母大人钧安。妹辈近好,宝女近好。男绍箕跪禀,媳张氏同叩,正月廿三日。”(《黄绍箕集》,367—371 页)

正月二十九日(3 月 15 日) 收到父亲上元日手谕。是日,岳母来家探望其夫人。

参二月初五日(3 月 21 日)致父亲禀。

正月三十日(3 月 16 日) 访沈鹿苹。

参二月初五日(3 月 21 日)致父亲禀。

正月 在欧洲的王咏霓来函,云:

“仲弢仁兄同年大人阁下:客秋西渡,会值〇星期,未及一赋鹊桥,为仙侣道贺,歉仄无似。比想邸居多福,伉祉攸宜,乐事过于画眉,博议摅其伟论,尽美尽善。弟随使柏林已逾四月,耳目所及,稍广知见。入此岁末又闻兵事累挫之秋,为之心神不怡者累日。石浦之战沈及师船,固是强弱异势,不解谅山险隘地利可凭,主客众寡均操胜算,乃攻守未及一日,辄尔溃弃,粤西边患且无已时。东京、北宁遑言恢复,此尤可太息痛恨者也。德商代运军火业有首途,自英守局外,法始以宣战为辞,查各船之入中国海者,闻新嘉〔加〕坡运船已被截留,未知此后得无阻难然敌,香港本局外之地,隔岸为九龙司,有陆路可达,粤省人所恃惟在西贡一隅,若洋商运械不得至香港,则彼亦不应于新嘉坡装煤,彼固以过此为中国海也。夫我国海战不及敌人,即获小胜无补于事,惟断其煤食,足制死命,若使我国早事宣战,则英埠已守局外,彼何能猖獗若是?顾以军火之故迟误及今,而军火之能济局否?究未可恃,岂不惜哉!水陆万里节节设防,饷源之艰,固亦意料所及。近闻南皮师筹借洋款,既议之于德意志、逊士康二商,又谋之于汇丰、大东两处,顾皆觊我之急,靳索重息,咸用不成洋商伎俩大都如是。窃谓假之于异邦,何如贷之于中土,倘使国家股分票得行于民间,示以大信,则岁入千万亦复易易。何事东罗西掘,以取侮于外人也邪?犹记去年九月初抵是邦,即以宣战、筹饷二事就意所及致书于当事诸公,今未见采用,而意计之所虑则已不幸而中矣。都中士大夫比来公论何似?以吾兄卓识必有建白可补时事,如使上下一心,咸有坚忍不拔之操,彼族虽狡可持久以疲之耳,幸希密示以慰远怀。此间民俗朴厚,水土宜人,顽躯粗健,可塞廑注。春寒尚峭,慎摄起居,顺请开安,不尽一二。”(《王咏霓履欧书信集》,2019年,68—70页)

二月初四日(3月20日)　李慈铭为《龙女行雨图》题诗七绝四首。

《越缦堂日记》:“晴,风如昨,竟日多券卧。为黄仲弢题龙女行雨图三〔四〕绝句。《题姚某伯燮龙女行雨图四首》道光庚子五月为叶润臣作,题曰天龙自在琲台女:

平章风月老如何,某伯尝有小印曰‘平章风月重事’。鳀壑蛟宫变幻多。欲借弄珠神女力,略舒纤腕挽天河。

珍重微波属柳郎,绿绨方寸泪沾裳。只应薄幸人天恨,欲泻银河作断潢。

为恐金鉼误卫公,不教夫婿御青骢。谁知千界花光雨,只在云鬟一笑中。

争说青天骑白龙,欲干海水见封禺。须臾一掷莲骁影,多少星辰避电锋。"(第15册《荀学斋日记》庚集上,10665—10666页)

二月初五日(3月21日) 上父亲禀,就上元日来谕所提问题一一解答。继续向父亲传达中法战争消息,并介绍去南皮岳母家省亲的详细情况。

"男绍箕跪禀父亲大人万福金安:谨禀者,前月下旬曾上寸禀,附赋稿二篇。廿九日申刻折差到京,捧到手谕,跪读之下,敬悉一切,寄来各件一一照信收到。安禀之延不早发,电报之隐不上闻,男实愧恨无他,此后当痛除此弊,以期自赎。男三十日访鹿苹兄,廿九日折差到迟不及进城。并嘱可庄谒沈叔眉大理,问明军机处咨文如何递法,因即令折差到隆宗门外自递折子,初一夜上,初四早下。昨又访鹿兄,欲问如何情形,适出门不得晤。《清源录》谨读讫,透切详明,理势兼尽,稍有人心者宜无不感动,不知任事诸公见之能激发天良否也?法之窘实甚于中国,或言法总统及执政皆去位,而议战者仍困兽犹斗。中国近来几人人言运气,当事者尤无人不诿诸气运,此乃真气运耳。昨闻台湾及宣光滇军均大失利,台郡苏澳又陷,此处闻系要口,又有谓孙开华已死者,恐系谣言。前闻某郡王到译署,袖一封面交赫德,令之出京,总理大臣均不得与闻,或言是议和之密旨,前此有法人求和之说。现在情形似断无遽和之理。近来上书言及洋务者甚少,虽亦实无可言,然士气渐衰,似亦可虑。叔弟书阅讫,男开春连接叔弟三书,后言证尚可治,心乃稍宽。惟父亲左右无人,密叔出来又迟,殊深驰系。杨光先《不得已》,男临行时携来一册,遍觅上卷不得。筱珊若要借抄,现当一并送去。《马贞女》题词稍暇当勉为之。《滂憙斋丛书》在江阴时曾以四洋购得一部,已经带来。去冬张、刘之议,辞之极妙。近始闻去年都人有谓'潜公欲劾卯金,以重赂得免',虽浮言不实,总以避嫌为宜。但男此后仍拟作一书致之,以渠等俱系宿将,颇敬服父亲,与男亦尚亲切,我但不受其馈赆一钱,又无换贴痕迹,则通问亦情理所应然也。南皮大岳母相见之下词色尚为亲热,各房除六叔岳母赴都未回外,均曾设席相待。碧葭塘本家亦有二处馈菜,碧葭塘原作毕家堂,达师所改。双妙一支原亦住塘上,后分出。城内斜大门即青丈家,其弟菊槎丈在家,有病未见,见内弟兰浦,系青丈子过继。小门太伯岳某,忘其号,年八十馀,曾出来一见,子翼、二伯岳陪席。斜大门、小门二处,南皮人谓之一富一贵。均曾招饮一次,斜大门又送媳酒席一桌。男又在斜大门得见北魏《刁遵墓志》原石,此石甚有名,近则渐模糊矣。男初到时,因大沽口受寒,略有感冒,不出房门者三四日,旋服药而愈。大岳母与各房及岳母面上应酬,而内实不甚浃洽。壬午九月初岳父讣到家,而大房玉叔内弟即以是月十八婚娶,此其一端也。大岳母、岳母、二伯岳母、六叔岳母管理家务无一不井井有条。白泉内弟尚未回家,颇肯用功作文写字。岳母亦于前月廿九日到京看媳及刘少奶奶,即请其暂住男寓,已遵述手谕,请留白泉与男作伴,俟三四月间小考,再令回去。媳性尚和平,管事心地亦尚不糊涂,但亦失之缓耳。男不能孝敬父母,然媳妇不知孝敬,则深恨之,媳若在旁伺候,恐亦未能竭力服劳,但每言及父亲,颇知爱敬,并深服母亲之德量与姨母平日之尽心。于男之饮食起居,亦知照料,若常能如此,男亦不复过求,当能和睦如常,请父亲切切放心为要。现媳有妊已及两月,时有小病,如食少、发烦、喜呕、腹闷之类,时发时止,都中无好医生,曾请一二人诊过,终不敢令其服药,但不令其坐车,出门及起居行动嘱令格外留心耳!现添雇一老妈子,以伺茶饭,洗衣及亲戚来往诸事,颇忙之故。岳母此来甚好,可照管媳一切事,但归心颇急,拟请小住月馀,不知留得住否也?赈捐第一次收条检出,第二次收条本同放在一桌格内,当时实不敢轻于弃掷,以为俯拾即是,不料大索不得。因托朱梦庭兄名震甲,江阴孝廉,在顺天府幕。转请补给一纸。而当事者持不可。兹附上原函,俟《征信录》刻成寄呈。《试牍砚田赋》已改就,细思有二语未惬,折差行急,续即写上。男一切平安,诸事当格外谨慎。肃请金安。密叔及诸丈前敬求叱名请安。男绍箕谨禀,媳张氏同叩,二月初五日申刻。"(《黄绍箕集》,371—374 页)

二月初六日(3 月 22 日) 李慈铭来函,还《龙女行雨图》。

《越缦堂日记》:"丙子晨及午阴,下午晴……作书致黄仲弢,还其图。"(第 15 册《荀学斋日记》庚集上,10667 页)

二月十三日(3 月 29 日) 访李慈铭。

《越缦堂日记》:"癸未,上午晴,下午风阴。阅《东华续录·嘉庆朝》。书玉来、光甫来、敦夫来、黄仲弢来、马蔚林来、傅子莼夫人来。"(第 15 册《荀学斋日记》庚集上,10670 页)

二月十五日(3 月 31 日) 上父亲安禀,附赋稿一篇。

参二月十九日(4 月 4 日)致父亲禀。

二月十七日(4 月 2 日) 与丙子湖南乡试,丙子、庚辰两会房为一局,共二十人,公请陆尔熙在财盛馆听戏。

参二月十九日(4 月 4 日)致父亲禀。

二月十九日(4 月 4 日) 早上,张曜来访。是日清明,谱主继母陶氏生日,王仁堪等来拜寿。晚,上父亲禀,提及"谅山又有克复"等事。

"男绍箕跪禀父亲大人万福金安:谨禀者,十五日曾肃安禀,附赋稿一篇,邮寄江阴。昨日崔发来京,云明早即南去,兹缮寸禀,嘱其面呈。前件批语屡访鹿苹兄,欲讨消息而不得值。近日遇人，皆言有议和之说，惟事甚秘密，虽枢译司员均不得知，究不知此说果确否？都中尚属静谧，惟南漕被梗未到，稍为可虑耳。今早张郎斋军门原籍杭州，遍拜同乡来访，谈及西北沿边，处处与俄罗斯交界，迩来俄人颇有蚕食之志，殊抱杞忧。闻谅山又有克复之信，或言此役杀真鬼子三百馀人；或言其地已为灰烬，法虏委之而去，未知孰是。男前日与同门公请陆老师，合丙子湖南乡试，丙子、庚辰两会房为一局，共二十人，推男承办，固辞不获。在财盛馆搭桌听戏，自去冬到京后第一次听戏。颇觉忙冗。今日母亲寿辰，谨与媳南向跪祝，赓云、可庄均来拜寿，王老太太亦来。张白泉近患湿疹初愈，尚避风未能出门，岳母亦尚未回家。可庄、弼臣邀作试帖之课，弼臣转请人阅而不肯言其姓名，批语颇多中肯，多做当有益处。试赋俟改就，即当寄呈。白折进境极少，颇觉着急。男媳一切平安，媳近来尚时时有不适，但较前月又略减耳！肃此，谨请金安，密叔大人钧安。诸丈及诸兄前伏求叱名请安。男绍箕跪禀，清明日灯下。附赓云寄邵寄翁刻刀一把，敬求转交。”（《黄绍箕集》，374—376 页）

二月二十七日（4 月 12 日） 李慈铭来函。

《越缦堂日记》：“夜复桂卿书并和诗二首。作书致黄仲弢。”（第 15 册《荀学斋日记》庚集上，10685 页）

二月二十八日（4 月 13 日） 复函李慈铭。李慈铭再来函。

《越缦堂日记》：“得仲弢复……再作书致仲弢，言《国朝贡举》《馆选爵谥考》诸书宜续辑事。”（第 15 册《荀学斋日记》庚集上，10686 页）

三月初八日（4 月 22 日） 赴庚辰同年财盛馆演剧团拜。李慈铭因事不能参加团拜，来函嘱转交助公费银十两。

《越缦堂日记》：“是日倦甚，多卧。庚辰同年财盛馆演剧团拜，不能往，作书致黄仲弢，以所助公费银十两属转交……正甫书

来,言诸同年待余夜饮,桂卿复来躬迓,皆辞不往。”(第 15 册《荀学斋日记》庚集上,10695 页)

三月十八日(5 月 2 日) 李慈铭来函。

《越缦堂日记》:“作片致仲弢,还旭庄团扇。”(第 15 册《荀学斋日记》庚集上,10707 页)

三月 充本衙门撰文。

《清代官员履历档案全编》:“黄绍箕现年四十岁……十一年三月充本衙门撰文。”(第五册,632 页)

四月三十日(6 月 12 日) 张謇来访,不值。

《张謇日记》:“诣仲弢、可庄,不直。”(223 页)

五月初七日(6 月 19 日) 访李慈铭。张謇来函。

《越缦堂日记》:“黄仲弢来。”(第 15 册《荀学斋日记》庚集上,10749 页)

《张謇日记》:“与粤耆、仲弢讯,属书扇,写字。”(223 页)

张謇来函:“仲弢仁兄同年大人足下:前此奉谒,直游陶然亭不直。五六日来为觅寓馆,且感热小极,不能出门,顷又仓卒移往内城,去我仲弢益远。涉三千里而来,不获与健者一语,悁邑何如也? 有扇,属粤耆中书索可庄书四分之一,馀须丐足下,并为索伯羲祭酒及题《龙女图》所见“天上移来香水海”者某君,书以足之。重仲弢所交具一时之俊,以是致倾向之忱,非第以其书,尤非震其为翰林学士也。附孙亚甫扇乞书。齐钱一枚,并用奉致。伏承当暑多豫不宣。年小弟张謇顿首,五月初七日。”(《黄绍箕集》,838—839 页)

五月十五日(6 月 27 日) 李慈铭来函,属谱主向王仁堪询问有没有山西折太君碑拓本。

《越缦堂日记》:“作书致黄仲弢,属其向王可庄询山西保德州折窝村宋大中祥符三年折太君碑得有拓本否?”(第 15 册《荀学斋

日记》庚集上,10754 页)

按,折太君,即杨业妻佘太君。

五月二十二日(7 月 4 日) 简放四川乡试副考官。

《翁同龢日记》:"四川:沈源琛、黄绍箕;湖南:陈琇莹、谢隽杭;甘肃:文治、唐椿森。"(第四册,1943 页)

《越缦堂日记》:"邸钞:命大理寺卿沈源深祥符、庚申为四川正考官,编修黄绍箕瑞安、庚辰为副考官。"(第 15 册《荀学斋日记》庚集上,10760 页)

《清代官员履历档案全编》:"充四川乡试副考官。"(第七册,635 页)

《王彦威日记》五月二十三日:"未刻得电报,仲弢简放四川副主考,德门衍庆,欣羡何如。"(17 册,629 页)

五月二十四日(7 月 6 日) 父亲派仆人刘升入都侍谱主出使四川。王彦威来函恭贺。

《王彦威日记》:"漱丈遣折差入都奏事,并遣仆人刘升入都侍仲弢奉使也。作书贺仲弢并致莼师书。"(17 册,629 页)

五月二十五日(7 月 7 日) 李慈铭赠团扇及诗。过李慈铭辞行。

《越缦堂日记》:"以团扇分赠瞿子玖、黄仲弢,各以一诗诒之……仲弢来,言以初四日行。"(第 15 册《荀学斋日记》庚集上,10763 页)

五月二十七日(7 月 9 日) 张謇来访。

《张謇日记》:"答谒凫芗、仲弢。"(224 页)

五月二十八日(7 月 10 日) 过恩师翁同龢辞行。(1944 页)

《翁同龢日记》:"黄仲弢来辞。"(第四册,1944 页)

五月 因任四川副考官,父亲上折谢恩:"臣奉命江淮,抡才庠序,五稔有惭于训俗,一经何意于传家。臣子以樗栎之资,厕蓬莱之籍。忝留东观,帷仅下以三年;学赋西征,槎竟乘于八月。窃谓剑阁锦城之域,奇才不负余州;棘闱槐院之司,新进难胜此席。猥蒙宠眷,俾贰文衡。何敢云扬氏门生,价增鸾掖;但愿如汉廷副使,才赞马卿。益部双星,同官欣其分耀;泰山片壤,贱息得以步尘。臣当于趋朝复命之余,更勖以报国致身之义。文章犹后,名节为先。两地轩轺,或稍收吴蜀英豪之选;一门砥砺,冀无负宫廷策遣之心。”(《黄体芳集》,57 页)

六月初四日(7 月 15 日) 出都赴四川。

《越缦堂日记》五月二十五日:“仲弢来,言以初四日行。”(10763 页)

六月 行抵河北保定时,途遇通州范当世肯堂,范赠诗二首。

范当世《保阳道中遇黄仲弢于逆旅方知其奉命典试四川匆匆不能多谈赠以〈濂亭文集〉口占二诗以道其所欲言者》七律二首:

“意外逢君驻使车,三年颜色若为臞。尊亲劳苦能加饭,舍弟忧伤待废书。首夏沛中余北向,先春淮上彼南图。飘零一聚师门下,南北相望更二吴。

君抚斯文讯武昌,冀州旗鼓亦相当。眼中意态今无右,天下人才讵可量。叔度此行真不易,相如几辈或相望。吾家门外江朝海,为我探源记数行。”(《黄绍箕集》,711—712 页)

六月 抵河北邯郸,访卢生祠,作《过卢生祠作》七律一首,曰:“河朔英宗妙少年,津梁未倦遂超然。《霓裳》法曲《升仙颂》,虚拟《凌云》亦可怜。”过井陉口,作《井陉口怀淮阴侯》:“韩侯用兵如迅雷,强干乃作枯枝摧。千骑逡巡忽背水,但有神骏无驽骀。一逾井陉□□□,□□风靡供鞭笞。□人赏奇诧武勇,岂知妙处犹婴孩。登坛指挥色不动,却见广武心为开。观其北面拜亡虏,哙等安足充舆台。市中出胯有神力,圯上纳履同胚胎。汉初颇尚老氏术,如公非学关天才。危地后存言在耳,□无安乐成祸媒。不能低首鄛曲逆,琐琐绛灌何有哉?将兵将将亦善附,自不公忍人终猜。史公谦谨寓微旨，岂如辟谷归去来。骤雨洒途马足滑，松风飒飒令人哀。仰视崔巍三叹息，明废祠宇排蒿莱。”

六七月间　在山西境内，访介休县郭有道祠，作《介休郭有道先生祠》七律，曰：“一从太学赋归与，挥手诸生三万馀。尽使人伦收藻鉴，却令地角凑柴车。蓬蒿落日衔祠墓，泉石清风压顾厨。谈笑未终钩党尽，比邻还问潞公居。”

七月　在陕西境内，访凤岭吴涪王祠，作《凤岭吴涪王祠》七律，曰：“和议匆匆割地成，将军空建杀金坪。君王不惜江山好，行客犹怜壁垒精。四将中兴多羽翼，一家同气况干城。至今月落黄牛堡，神臂弓埋夜有声。”

七月十七日（8月26日）　由北栈过鸡头关，作《行北栈六日过鸡头关赋此》七律二首，曰：

“凭危高眺豁天门，历历星辰手可扪。峻岭千盘收半壁，怒湍百折走平原。居然白日开心目，却恐青山入梦魂。差喜升平好风景，有人耕种长儿孙。一

团团晓月照离思，拂拂秋风动鬓丝。戍卒黄沙仍古驿，神君白石有灵祠。新苗水侧香偏早，嫩豆霜前熟尚迟。愿理轻帆下江汉，每怀未敢畏驱驰。二”

七月　经沔县，谒诸葛武侯庙，作《沔县谒诸葛武侯庙》七律二首，曰：

“皇皇六国老邹贤，名世重生五百年。出处先符莘渭正，君臣岂比魏吴偏。未兴礼乐关时运，独奉春秋执圣权。一自大星飞去后，庭前桧柏尽参天。一

巾扇从容想驻旄，龙骧虎跃气犹豪。隆中早策三分定，沔上终亲六出劳。寂寂孤琴山水在，堂堂遗表日星高。定军墓下西风路，多少衢民荐浊醪。二”（《黄绍箕集》，418—421页）

八月　主持四川乡试。以范成大《再题青城山》诗“来从井络

直西路，上到江源第一峰”之句试律，以次语发题试蜀士。拟作诗中有“脚根千仞立，胸次万流吞”句。

黄绍箕《题函楼蜀游饯别图》注释：“千仞脚根终渺茫，万流胸次日回薄。范石湖《再题青城》诗云：‘来从井络直西路，上到江源第一峰。’余乙酉典蜀试，试律以次语发题。余拟作诗，有‘脚根千仞立，胸次万流吞’之句。”

九月　乡试揭榜，共取举人八十七名，副榜十二人。

光绪乙酉科四川乡试题名全录：

桑荫浓（合州附）、忠安（镶蓝旗生）、李本善（巴州廪）、张光第（中江附）、张子谦（潼州廪）、沈文林（新宁廪）、胡樑（新津禀）、黄仲宣（什邡附）、魏子元（巴州廪）、秦渐和（成都附）、唐宗海（彭县廪）、王清（华阳廪）、王宣猷（岳池廪）、屈光烛（仁寿廪）、高斗枢（什邡附）、谢临春（开县廪）、吴昌祀（会理拔）、李植（仁寿附）、邓辟光（泸州附）、张正修（泸州廪）、冷春涛（铜梁廪）、陈观浔（成都拔）、余艮（保宁贡）、莫致中（合州附）、赵肇祥（龙安廪）、李本筠（开县拔）、邱淮（宜宾廪）、黄玉田（南江廪）、雷炳寅（遂宁附）、朱堉（成都廪）、石昌熙（酉阳附）、杨道南（仁寿廪）、唐云松（遂宁附）、李维桢（资阳附）、郭瀚（保宁拔）、周兆祥（仁寿廪）、魏邦才（简州附）、汤正常（安岳廪）、郑长铸（富顺附）、尹光祐（射洪附）、田荣藻（巴县附）、唐国瓒（安岳增）、周庚（江津廪）、张文拔（邛州优）、谢质（新都廪）、雷雨（绥定廪）、冉之简（绥定拔）、朱儒宗（绵竹廪）、刘秉元（开县附）、陈宗元（成都附）、王赞（万县岁）、王公辅（富顺附）、张为霖（荣昌拔）、尹元清（华阳附）、潘树嘉（奉节廪）、谢显庄（叙州附）、殷树桐（绵竹附）、陈崇哲（富顺教）、毛锡圭（简州副）、蔡子勋（安岳附）、法什善（满洲生）、王本立（东乡廪）、彭汉卿（屏山附）、杨佩芬（秀山优）、罗组玑（彭县增）、严孔铸（大竹附）、吴开南（忠州廪）、陈观忠（成都附）、王焕荣（泸州增）、熊焕（成都附）、刘光鼎（重庆附）、唐监金（宜宾增）、赵运文

（巴县廪）、王永庆（巴县贡）、喜清（厢黄）、高志林（巴县附）、江维斗（内江岁）、张尔吉（会理附）、谢绪纲（三台增）、霍志鸿（简州教）、方懋德（成都廪）、黄国琼（合江监）、门建皋（内江廪）、萧藩（宜宾廪）、刘容光（宜宾附）、钟登甲（汉州附）、李文渊（南部廪）

副榜：杨绍炯（营山廪）、范宗培（成都附）、游泳（眉州附）、曾思瓒（成都廪）、郑清杰（合江附）、敖式光（荣昌廪）、胡怀浚（中江附）、邓学曾（酉阳附）、任海（郫县附）、张心树（叙州附）、张伯贞（涪州廪）、张选青（夹江廪）（《益闻录》第512期，1885年，531—532页）

十一月 四川乡试毕，回京途中，于河北定州致函赵尔巽，得赵尔巽复函，曰：

“仲弢仁兄星使大人麾下：纪至，读定州所发手札，聆悉一切。瞻望匪遥，尤深欣企！老伯大人尚未到京，尊府平安，可请勿念。新居已定于西单牌楼头条胡同，俟驺从到京再移。所示城门一节，已托人关照，例外不至多需，亦不能大省耳。大毛缺襟，当为预备。径送松筠庵不误。常熟一函可不投。伯兮此时当高卧，容即持信往商之，馀面罄。即颂旌安。弟赵尔巽拜复。”（《黄绍箕集》，860页）

十一月二十四日（12月29日） 遇张謇。访翁同龢。

《张謇日记》：“遇仲弢。”（233页）

《翁同龢日记》：“黄仲弢绍箕由川归，来晤。”（第四册，1983页）

十一月 充武英殿纂修。（《清代官员履历档案全编》第七册，635页）

十二月初二日（1886年1月6日） 访李慈铭，代父赠银三十金。赴袁昶、沈曾植之招公饯施补华，朱福诜、洪良品、王颂蔚在座。

《越缦堂日记》：“作书致爽秋辞饮。黄仲弢来，致其尊人漱兰

侍郎所馈三十金。”(第15册《荀学斋日记》庚集下,10951页)

《袁昶日记》:“与子培招同桂卿、鼎父、仲弢、右臣、苐卿小集洛川花社,饯均父太守,惟莼老、者香均以小极不至。”(《沈曾植年谱长编》,67页)

十二月初六日(1月10日) 晚赴广和居小集,与袁昶、沈曾植、朱一新、濮子潼、张謇、文廷式在座。

《袁昶日记》:“夜,子培、仲弢、鼎父、止潜、季直、芸谷小集。”(《沈曾植年谱长编》,67页)

《郑孝胥日记》:“午后,季直来,邀赴广和居袁爽秋、沈之培之约,余曰已却之。”(第一册,84页)

十二月十四日(1月18日) 李慈铭来函约十七日宴先贤祠。

《越缦堂日记》:“写简约徐寿翁、黄漱兰侍郎及仲弢乔梓、朱蓉生、袁爽秋、王弢夫十七日宴先贤祠。”(第15册《荀学斋日记》庚集下,10963页)

十二月十五日(1月19日) 李慈铭来函改约先贤祠饮期。

《越缦堂日记》:“作书致徐寿老、致仲弢、致弢夫俱改约先贤祠饮期。”(第15册《荀学斋日记》庚集下,10964页)

十二月十八日(1月22日) 与同人馈李慈铭生日烛桃糕面。

《越缦堂日记》:“桂卿、花农、子培、仲弢、弢夫、筱珊、虎臣诸君以明日东坡生日治筵为余寿,固辞之不得。今日先馈烛桃糕面,其烛上金书曰‘东坡生日,南极老人’,诸君美意延年,深可感也。”(第15册《荀学斋日记》庚集下,10966页)

十二月十九日(1月23日) 苏东坡生日,过李慈铭预祝寿,与王彦威、徐琪、朱福诜、沈曾植、朱文炳、缪荃孙、沈曾桀在座。

《越缦堂日记》:“仲弢来,弢夫来,花农来,桂卿来,子培来,朱虎臣来，缪筱珊来，沈子承来，俱枉盛服为寿。午后设饮，招霞芬及苏云、秦云、梅云、华云左觥，并以馔具诒内子等。”（第 15 册《荀学斋日记》庚集下，10968 页）

《越缦堂日记》丙戌正月八日（2 月 11 日）：“补作去冬生日诗三首。《乙酉东坡生日，同年徐花农编修琪邀同朱桂卿、缪筱珊、黄仲弢三翰林，王弢夫、沈子培两部曹及朱虎臣秀才文炳携行厨过寓斋为余寿，招五云郎捧觞，花农、桂卿皆有诗，因次东坡除夕寄段屯田诗韵为谢》：坡老生莪眉，朱霞照天半。我生无充闾，何尝遇元叹！……”（第 15 册《荀学斋日记》庚集下，10987—10989 页）

十二月二十一日（1 月 25 日） 与父同赴李慈铭先贤祠招饮，王彦威、徐树铭、朱一新、徐琪、汪鸣銮在座。

《越缦堂日记》：“傍午诣先贤祠行礼，燃巨烛二，以金书之曰‘古曰在昔，传之其人’，时弢夫已至，徐寿蘅师、黄漱兰侍郎、仲弢乔梓、朱蓉生、徐花农相继来，惟汪柳门最后至。晡时设饮，昏暮始散。”（第 15 册《荀学斋日记》庚集下，10971 页）

十二月二十三日（1 月 27 日） 李慈铭来访，不值。

《越缦堂日记》：“午后入宣武门，答拜漱兰侍郎乔梓，不值。”（第 15 册《荀学斋日记》庚集下，10972 页）

十二月二十四日（1 月 28 日） 赠李慈铭蜀中碑拓、龙井茶等。李慈铭作书复谢。

《越缦堂日记》：“仲弢诒蜀中碑拓九通，龙井茗两瓶、戗金鬃合一枚、蜀锦纇禅一张、燕窝两合、蜀缎一匹。作书复谢，反燕窝、蜀缎。犒使六千。”（第 15 册《荀学斋日记》庚集下，10974 页）

十二月 充国史馆协修官。（《清代官员履历档案全编》第五册，632 页）

是年 购得宋刻本《资治通鉴》残帙。（《瑞安五黄先生系年合谱》，《孙延钊集》，258 页）

光绪十二年　丙戌（1886）　三十三岁

正月初六日（2月9日）　孙锵鸣七十大寿，撰《孙止庵侍郎七秩寿序》以贺。

“缅夫开元千秋之节，始记诞辰；香山九老之图，乃张宴会。辑皇宋之礼志，著于国史之篇；讽前明之寿文，附于私家之集。固知铁牙金齿，权舆于焦氏之书；绛树元芝，演赞于葛仙之语。其檃括都凡也，则沿传以为体；其鞶绣固实也，则缘颂以述容。然而，雕琢瞑眴，掞张职植。刻缯折彩，类巫祝之谀词；傅粉施朱，近俳优之戏术。论文之士，往往嗤之。

若夫簪笏恬忽，巍然洛下之英；绅带委蛇，蔚矣河汾之业。如我师孙蕖田先生者，盖能膺平格之符，协永贞之祝焉。先生发德觿辰，表姿丱日，执经太学，夙号奇童，射策甲科，旋登高第。参词垣之侍从，预讲幄之论思。文宗御极之元年，湘乡相国，以秩宗典礼之官，建经筵讲书之议。当时论者谓双日只日之制，重勚圣躬；二月八日之期，虚循故事。先生以具茨诹道，折节大隗，衢室礼贤，纡尊善绻。汉平讲艺之奏，而萧梁以儒术闻；唐置集贤之官，而褚马以师资重。斯则陶甄帝学，宣畅儒风。赞皇六首之箴逊其闳识，伊川三事之对宏此远模已。

自柱官世守，遂为问礼之宗；谒者旁求，始广献书之路。属膺盛世，卓越前朝。圣祖天纵多能，综百家之钤键；高宗几馀典学，罗四库之缥缃。凡礼堂写定之书，皆天府珍藏之秘。先生以《泰誓》后出，未列学官，《论衡》虽成，稀传中土，甄探幽隐，勼集散亡。太初赐金，衍汉河间之绪；开皇赉帛，从牛秘书之言。遂乃七略毕臻,九流牣积。侍中《解诂》写藏秘馆之中;洨长《说文》待诏掖门之下。国史辑通经之彦,于焉取材;儒生丐稽古之荣,益加向学矣。

协洽之岁,恭膺简命,分校礼闱,前侯官沈公,今合肥李公,皆先生所识拔也。夫贤良策士,江都发藻于儒林;进士得人,荥泽姚声于经书。前史所嬎,论者荣之。未有身任安危,才兼文武。英雄入彀,拔禁署之牧颇;将相储材,开特科之管乐。狄梁公之荐士,俱为名臣;郑从谠之同年,并称儒帅。用能削平臣憝,翊赞中兴。光赤伏于云台,皆悬星象;配元都于烟阁,俱画丹青。至今畿辅喉衿,资相公之锁钥;江淮草木,慑旧镇之威名。

既乃拥节桂林,衡文棘院。出阊阖之中使,观采风谣;察州郡之茂才,抽导幽滞。于是朝廷以楚粤毗连之境,颇杂猺獞,汉唐记载之书,罕详文物。将使南方豪杰,化言子之弦歌;蜀郡诸生,传文翁之教令。寻膺特简,督学兹邦。乃者征侧弄兵,驿骚交趾;智高煽乱,窟穴昆仑。先生旁涉韬钤,固持扃镝。墨子设距攻之策,般械靡施;来侯存固死之心,器围乃解。犹复櫜弓卧鼓,肄马上之诗书;设乐投壶,习军中之俎豆。光禄题咏,高风镌独秀之崖;太守归装,清节载郁林之石。先生履王阳之畏道,读束皙之补诗。越兹报政之期,遂有陈情之请。属四郊多垒,二溟犹波。驿骑囊书,既蔓延于腹地;丛祠篝火,亦窃发于井间。诏以先生督率乡兵,捍卫邑境。毁家纾难,楚令尹之棐忱;收族从军,耿伯山之丕绩。贸官中之环佩,潭母教忠;执郊外之干戈,锜童殉义。援师麇集,会楼船上将之军;义旅龙骧,继东部都尉之烈。事平还朝,仍领旧职。

先生以家室仳离之后,民气未苏;闾阎愁恨之声,官邪宜警。会孔桑计利,朘削脂膏;张赵任刑,滋章法令。国家方勤求民隐,澄叙官方,遂乃旁采风闻,竦诵奏版。傅元捧简,台阁生弹击之风;韦澳进书,州郡撰处分之语。猥因大吏曲庇私人,少卿忧国之心竟遭抑压。太傅去官之日,弥极光荣。翳岂无推毂巨公,弹冠契友。或欲徐为申理,复少翁之旧阶;略作留宿,夺季明之雅尚。

先生甫闻朝命,趣治归装。嘉陆子之优繇,慕夏侯之涡濑。矧能甄明儒业,师表人伦,藉抽簪之馀间,绍编牒之盛事。奉经神于高密,争游通德之门;隐贤士于吴差,遂成讲学之市。相如归郡,巴蜀之道乃通;长孺居家,邹鲁之风斯盛。至乃耆名高义,光景遐方,悲色礼颜,虚迟邻境。金华银朴,晞大匠之开莹;丹桂洪桃,俟春风之扇发。

且夫埙篪之奏,庸有升沉;酥酪之珍,略分文质。而先生之于伯兄太仆公也,陆氏东西之屋,早岁齐民;何氏大小之山,暮年偕隐。粤自二刘师法,探伊洛之真传;三郑儒宗,开永嘉之别派。多导源于家学,乃接秀于乡耄。先生白首同欢,黄经相励。讲文节之经制,掌故俱谙;诵水心之文章,事功争茂。服膺曩哲,垂范后生。岂直鲁氏同师,传申公之绝学;秦君竞爽,号班史之名家。

昔鲁女贤踪,寝门庀业,梁妻高躅,赁庑分劳。先生内助得人,光益家道。小星知命,旁均箎室之恩;渥水呈材,大启充闾之庆。况乃邓侯家法,六艺分通;戴氏乡望,万钱足敌。高阳题里,玉昆金友之英;秀才成村,员水环林之俊。行见桓君《章句》缵门业于太常,驺氏《春秋》赓家传于京兆。其荣名也如彼,其福备也如此。允矣在三之鸿业,敛五之祥禨矣。

今者,阉茂纪年,青阳入律。揆申生之初度,延亥算之曼龄。异萼薀藾,雨润孔坛之杏;蕃枝茂豫,风清杨市之槐。奏女伎之笙竽,揄扬寿乐;陈大官之肴馔,交遣宾筵。某等伏舍受经,扬亭问字,或附通家于孔李,或叨枝戚于朱陈。近依绛帐之光,与厕斑衣之列。以为琅书斗检,恢方士之寓言;牙笏绯衫,演老人之荣贶。徒工修禠,类近浮夸。故乃芟削蔓词,钻仰景行。窃徐干著书之旨,扬厉声闻;援奚斯作颂之篇,呕吟令德。商芝馨洁,味甘菊水之泉;郑草芬芳,荫茂祈沦之木。扇洪辉于儒肆,泰阶光处士之星;添嘉话于词林,寿世炳太平之瑞。”(《黄绍箕集》,195—199页)

正月初八日(2月11日) 过朱福诜,祝其母八十大寿,与李慈铭、庞鸿文、庞鸿书、沈曾桀、沈曾植、缪荃孙、徐琪、杨崇伊、徐宝谦、陈其璋在座。是日,访郑孝胥。

《越缦堂日记》:“午诣桂卿,拜其太夫人八十寿,偕絅堂、劬庵、子承、子培兄弟、筱山、花农、莘伯、仲弢、徐亚陶、陈云裳其璋同饮……补作去冬生日诗三首。”(第15册《荀学斋日记》庚集下,10987页)

《郑孝胥日记》:“午后,亲往李铁拐斜街乾昌信局寄信,过琉璃厂乘车归。夜,贻书、可庄谐谈至三鼓。是日,黄仲弢来拜。”(第一册,90页)

正月十七日(2月20日) 张謇来访,不值。

《张謇日记》:“诣瑞子良、张笏山同年。过中弢,不直。”(236页)

正月二十一日(2月24日) 赴翁同龢之邀,与慕荣干、王赓荣、冯文蔚、唐椿森、朱一新、戴彬元、谢隽杭在座。

《翁同龢日记》:“邀慕次鹤荣干、王向甫赓荣、冯莲塘文蔚、唐晖庭椿森、朱蓉生一新、戴愚卿彬元、谢南川隽杭、黄仲韬绍箕饮,皆去年出差及学差任满者也,申初散。”(第四册,1995页)

正月二十八日(3月3日) 赴沈曾植约集于寓庐,与李文田、朱一新、张謇、文廷式在座。

《袁昶日记》:“阴,仲约先生、鼎父、季直、仲弢、云谷同集子培秋曹家,筱珊、止潜、苐卿不至。二更归。”(《沈曾植年谱长编》,70页)

二月初一日(3月6日) 过郑孝胥谈。

《郑孝胥日记》:“午后,黄中弢来谈,叹言‘当世惟无志者可称识务耳,夫复何言!’夜,可庄归,道丁叔珩不悦仲弢。”(第一册,93页)

二月初七日(3月12日) 在法国巴黎的王咏霓来函,谈海军船炮、埠头等事。

“去秋接阅邸抄,敬悉阁下奉典试西川之命,为蜀都人士忻幸者久哉。比想趋朝供职,侍祉康娱,翘企木天,曷任仪结。弟旅居异域,问学日荒,空为汗漫之游,鲜获切磋之益。自发柏林移驻巴里,又逾百日矣。此间政务棼扰无恒,左右诸党迭为兴替,民心不因兵气不扬,其嚣张忿争之状,皆为衰乱之征,若不更立君立,以一事权内患未已,遑言远略,是故今日彼之所求于我者,商务之议速成,华越之界速定,我稍靳之,彼亦无如我何也。今朝廷惩前毖后,大治海军,诚为当务之亟。昨见《申报》知尊公以直言被议,不胜慨叹,第未知大疏曾否发抄,已传播遐尔与否?若谏草未焚,幸录以相示。顷竹使亦有一疏条陈海军船炮应办事宜,以今日拜发大要谓:铁甲船入水不宜过浅,沽口应另设浅水铁甲炮船,船炮应一律用克虏伯,制造局须由渐扩充,勿遽求备求巨,皆切要之论。其第六条言山东胶州湾可为水师埠,与鄙人前议相合。但疏中未明言旅顺口之形势不善耳。弟前致爽兄书,第谓旅顺口弇,近日译《海军战法》奥国人所著,内有论水师埠利病数事,因悟旅顺口所犯之病甚多,不惟口门太狭,我之师船不得列阵而出,易为敌所封堵已也。他日当详言之。近年当事误听美国人之言,业已略事经营,但只宜为后路屯煤及暂时修理之用。威海卫虽稍占地利,亦非善地刘公岛南口太阔,若筑堤又费巨工,以视胶州湾之完固,相去实翅天渊。定、镇等船包华申报述西人之论以为有鸟无笼,其意不差。时□旅顺□度若临渴掘井,曷其有济?然则南北洋水师之埠无逾于此者矣。浙闽各有一处可□,粤海只有虎门以内,尚非通商码头。法占越南,英据缅甸,即有商利,终贻边患。滇桂之防,不于是时教养人才,绸缪牖户,将无有宁岁。东堂必有隐忧,岂惟宁乡,改弦而更张,因临渴而掘井。昔人之论不其然乎?竹使心精质敏,洎来西土,加意讲求,已具干济之略。近以勤劳略请休假,母夫人虑其孤寂,为置新遣篷室,遣伴来西,昨已抵马赛海口矣。子培同年日来用力何似?晤时幸代道候。丙二月七日。”(《王咏霓履欧书信集》,210—213页)

二月十七日(3月22日) 长子曾延(字兰孙)出生。

二月二十二日(3月27日) 参加财盛馆庚辰同年团拜,请翁同龢、麟书两尚书看剧。晚上与朱福诜、杨崇伊、庞鸿书、李慈铭等出钱请双顺和班演剧。

《越缦堂日记》:“午诣才盛馆,庚辰同年团拜,演三庆部,人率银二两请坐主翁、麟两尚书,余与桂卿、莘伯、劬庵、仲弢诸君更出钱五百千。夜召双顺和部演新爨福瑞山灯剧,颇极茶火曼衍之观。四更归。”(第15册《荀学斋日记》辛集上,11026页)

《翁同龢日记》:“退后出西长安门至才盛馆赴庚辰团拜,芝庵先在,通家中多半不相识也,热极,坐五刻即行。”(第四册,2001页)

二月二十四日(3月29日) 因长子出生,派送友人李慈铭等洗儿果。

《越缦堂日记》:“黄仲弢得子,送洗儿果。”(第15册《荀学斋日记》辛集上,11028页)

二月二十六日(3月31日) 赴缪荃孙招饮,与李慈铭、吕耀斗、王兰、袁昶、徐琪、王颂蔚在座。

《越缦堂日记》:“赴缪筱珊之饮,庭芷在焉,坐在醉香、爽秋、仲弢、花农、王芾卿,傍晚散。”(第15册《荀学斋日记》辛集上,11030页)

三月初三日(4月6日) 访郑孝胥。

《郑孝胥日记》:“日斜,入城返下斜街,黄仲弢来坐,索观予文。仲弢去,偕煦万、贻书、爱苍、旭庄等至聚宝堂。”(第一册,97页)

三月十一日(4月14日) 访李慈铭。

《越缦堂日记》:“甲辰,晴。黄仲弢来。”(第15册《荀学斋日记》辛集上,11042页)

三月十二日(4月15日) 郑孝胥会试出闱,谱主与王仁堪、濮子潼等来迎。

《郑孝胥日记》:“早,录毕,十一点出场,可庄、梧冈迎余于门,诸人多至晚方出。黄仲弢、濮紫泉等皆来。”(第一册,99页)

三月十五日(4月18日) 因生儿子,李慈铭来函祝贺,并赠以束发冠、银环珥、红绿纻丝及糕桃。谱主返以纻丝、环珥。

《越缦堂日记》:“作书致仲弢,以其得男,明日作汤饼,贺以束发冠、银环珥、红绿纻丝及糕桃,仲弢反纻丝、环珥。”(第15册《荀学斋日记》辛集上,11045页)

三月二十九日(5月2日) 访郑孝胥。

《郑孝胥日记》:“是日,黄仲弢来,阅余文,以为有不争之德。”(第一册,101页)

春 吴县曹元弼进京会试,与谱主订昆弟交。

王大隆《吴县曹先生行状》:“明年(1886)应礼部试赴京,于瑞安客座识孙先生诒让,论礼甚相得,并与公子绍箕订昆弟交。”

四月初八日(5月11日) 访郑孝胥。

《郑孝胥日记》:“梦华来,仲弢来。”(第一册,102页)

四月二十七日(5月30日) 李慈铭季弟于四月六日病殁,谱主往吊唁。

《越缦堂日记》:“黄仲弢来。”(第15册《荀学斋日记》辛集上,11078页)

四五月间 致函曹元弼,恭贺其兄曹福元散馆得编修,并请教所作《尚书今古文篇目考》。

“令兄大喜,尚未走贺,歉甚!从者南旋已诹何日?念念!拙著一册,谅蒙阅讫,敬求教正赐下为荷!当时草草写出,嗣又检陈氏寿祺、刘氏逢禄、宋氏翔凤之书,颇与鄙说相近,而仍多异同,尚拟略加增改,如有谬误,务祈勿吝指示,感不可言!肃上叔彦仁兄世大人,并颂侍奉百福。弟绍箕顿首。令兄前敬问起居。”(《黄绍箕集》,402—403 页)

《江标日记》六月初二日:“晨起,曹叔彦来……又言黄仲韬编修近撰《尚书今古文篇目考》甚精核。”(黄政整理,凤凰出版社2019 年版,178 页)

五月初二日(6 月 3 日) 访李慈铭。

《越缦堂日记》:“仲弢来。”(第 15 册《荀学斋日记》辛集上,11085 页)

五月初 孙诒绩在都朝考期间,寓父家。

《孙仲彤日记》五月六日(6 月 7 日):“时在都朝考,寓顺治门内西单牌楼头条胡同东头路北黄漱兰姻丈家。”(温州市图书馆藏稿本)

五月十五日(6 月 16 日) 徐定超、余朝绅等邀父亲、孙诒绩观戏剧。晚,与族叔黄遂同往观剧。

《孙仲彤日记》:“丁未,晴。殷鹤庭、徐班侯、余筱泉、胡小玉邀漱公及余观剧(癸未团拜彩戏)。午后回,感冒寒疾,头目昏眩,不能耐坐,先归之后,拥被出汗,服密之方。晚间,密之、中弢往观剧,与漱师皆三下钟始归,闻夜戏极佳。”(温州市图书馆藏稿本)

五月十八日(6 月 19 日) 充教习庶吉士。

《孙仲彤日记》:“晴,中弢得教习庶吉士。”(温州市图书馆藏稿本)

五月二十五日(6 月 26 日) 李慈铭季弟终七之期,与同人往吊，并偕父送蓝呢挽幛一轴。晚赴财盛馆观剧，孙诒绩、王彦威、黄遵等在。

《越缦堂日记》："季弟终七之期，延僧九人诵经。族弟慧叔送肴馔九豆、饼饵两事来祭。缪筱珊、庞絧堂、劬庵兄弟、杨莘伯合送素馔一筵三十二豆来祭。郭子钧、朱蓉生、沈子承、子培、子封兄弟合送蓝呢挽幛一轴，花农、桂卿、弢夫、吴澂夫、陈云衢合送挽幛一轴。马蔚林、鲍定夫、敦夫、周介甫、王弢夫、沈子承、子封、子培、桑叔雅、缪筱珊、朱蓉生、黄仲弢、庞絧堂、劬庵、杨莘伯、徐花农、王醉香、胡光甫、傅子莼、徐仲凡、潘伯循、吴介唐、陶心云、族弟慧叔俱来吊。仲弢偕其尊人漱兰侍郎送蓝呢挽幛一轴。"（第15册《荀学斋日记》辛集上，11101页）

《孙仲彤日记》："晴。徐子靖招明日午饮，辞之不获。江苏、江西拔贡在财盛馆团拜，邀余观剧，晚偕弢夫往，密之、中弢皆在焉。"（温州市图书馆藏稿本）

五月二十六日（6月27日） 赴徐致靖招饮，与孙诒绩、万康、朱起鹏等在座。

《孙仲彤日记》："午刻子靖招饮在椿树二巷乐椿花厂，同坐者中弢、万季乐康，朱汝翔起鹏，皆苏州拔贡同年，尚有一湖北人，忘其名。"（温州市图书馆藏稿本）

五月二十七日（6月28日） 出示姚燮《龙女行雨图》给孙诒绩观。

《孙仲彤日记》："晴，弢夫来。午饭，中弢出视姚梅伯燮绘《龙女行雨图》，甚佳。图绘天女跨龙背，右手弄珠，左手攀龙角，云气缭绕，仅露二爪。题曰：天龙自在珧台女。此语不知何出。中弢购自厂肆，遍索名手题咏，内有李莼客、盛伯兮、王可庄、樊云门、朱曼君诸君诗最佳。中弢言，尚有聚头扇（嘉庆间李眉生育绘），绘一女跨虎，亦得之市肆者。"（温州市图书馆藏稿本）

六月初一日(7月2日) 托王彦威向李慈铭求画。是日,与孙诒绩、黄邃谈,言及余显廷颇得养生之术、西人测潮汛法等。

《越缦堂日记》:“得弢夫书,为仲弢送团扇乞画。”(第15册《荀学斋日记》辛集上,11109页)

《孙仲彤日记》:“晚饭后赴工部宿,明晨考军机。中弢言:吾乡余显廷颇得养生之术,年六十犹如三十余人。其言曰:世言养生者以蟠足运气打坐为宗,不知一不经意最易生疾,卫生之术莫善于用静。辟有事须尽心力而为之,稍觉倦便弃去,毫不关意。洎精神醒豁,复专心致志,不役志,不劳神,不疲精,而竭虑行其自然,此之谓静,惟空而后能静,惟静而后能安,谅哉。显廷多武略,惜生长僻陋,少阅历耳……言次谈及西人之测潮汛,置机器水滨,中设一活机,能随潮升降于纸上,标识井然,每日取出汇订成帙。又言木理横剖之多作圆规形,一岁长一层,有厚薄不一者,则视其岁雨水之多寡。黄杨最难长,其理甚细。”(温州市图书馆藏稿本)

六月初三日(7月4日) 出示所藏扇、画给孙诒绩观。

《孙仲彤日记》:“晴……定夫来,午饭漱丈邀台州陈焕南优贡、郎翰臣、郑笃生、顾云逵、王小鲁、何见石、处州高星斋、樊东屏、官星槎、姚琴斋诸拔贡饮,余亦与焉。胡小玉来,谈甚久。从实父许假《申报》来阅。中弢出示纨扇,为张子青、翁叔平两先生所书画者,张画甚佳,其公郎亦精丹青。又出一扇,系赵次三尔巽夫人名连城为其细君紫乙老人画者,作水墨树屋,甚淡雅有致,一面绘梅竹数枝,一燕翔舞其间,以丝绣成,彩色分明,视之无痕迹可办,言为江阴一节妇所绣,得李申耆先生女孙秘法,他人不能效也。复出乾隆御画,杂花数种,细笔墨色,上题‘寓其意’三字。王麓台祁真迹属观。图摹摩诘‘山中一夜雨,树杪百重泉’诗意。”(温州市图书馆藏稿本)

六月初五日(7月6日) 与孙诒绩谈,言及黑龙江将军恭镗次子事。

《孙仲彤日记》:“晴……中弢言黑龙江将军恭镗之次子,才廿七岁,为美国纽约地方领事官。”(温州市图书馆藏稿本)

六月初六日(7月7日) 李慈铭为谱主团扇作画。

《越缦堂日记》:“为黄仲弢团扇作设色‘浩歌一棹归何处,家在江南黄叶邨’图。”(第15册《荀学斋日记》辛集上,11112页)

六月初七日(7月8日) 李慈铭为谱主团扇题字。

《越缦堂日记》:“为仲弢书扇。”(第15册《荀学斋日记》辛集上,11113页)

六月初八日(7月9日) 李慈铭来函,送还团扇。即复函。

《越缦堂日记》:“作书致仲弢,送所画扇去。仲弢以舍弟之丧三次枉吊,故以报之……得仲弢书。”(第15册《荀学斋日记》辛集上,11114页)

六月 充本衙门撰文。

《清代官员履历档案全编》:“十二年六月充本衙门撰文。”(第七册,635页)

七月初一日(7月31日) 赴安徽会馆王彦威招饮,与父、黄遂、王仁堪、王仁东、徐定超、孙诒绩等在座。

《孙仲彤日记》:“晴,弢公邀至安徽会馆饮,同坐者漱公、密之、中弢、王可庄、旭庄兄弟、班侯、莔五。”(温州市图书馆藏稿本)

七月初六日(8月5日) 与孙诒绩、杨晨、黄遂等同至什刹海观荷花。

《孙仲彤日记》:“晴,定夫、子沅来祝喜,旋偕密之、中弢及余同至十刹海观荷,小饮于庆和堂,迤逦至高庙观鹿、积水潭观石兽,皆在安定门傍。”(温州市图书馆藏稿本)

七月初八日(8月7日) 赴安徽会馆孙诒绩招饮,与父亲、王彦威、徐定超、陈浏、黄遂、杨晨等在座。

《孙仲彤日记》:“午刻,邀漱师、弢师、蔚廷、雨农、仁圃、鹤庭、

班侯、仁山、陈亮伯、密之、子沅、益夫、中弢、定夫饮于安徽会馆。”(温州市图书馆藏稿本)

八月十一日(9月8日) 孙诒绩将回瑞安,谱主致函赓云,嘱转达许钤身观察在通照应。

《孙仲彤日记》:“定夫来送行,弢公柬来留行,中弢函致赓云,嘱转达许仲韬观察在通为余照应,独行无伴,心颇惶恐。”(温州市图书馆藏稿本)

八月十三日 李慈铭来访,不值。

《越缦堂日记》:“午后入城,诣徐亚陶、黄仲弢、胡光甫,谢吊奠,俱不值。”(15册《荀学斋日记》辛集上,11176页)

八月十九日 张謇来函。

《张謇日记》:“写子培、止潜、仲弢、魏若、礼卿、新甫、弢甫、勖臧、导岷寄南海志、欣甫讯。”(244页)

九月初 阖家移居宣武门外下斜街,与王仁堪卜邻。

《瑞安五黄先生系年合谱》:“九月,漱兰先生移下斜街。其地为花厂所萃,而明杨椒山故宅在炸子桥,后易名达智桥。漱兰每出入必由之,因自题楹帖云:‘结庐北枕评花市,入直东过谏草庵。’”(《孙延钊集》,259页)

王仁堪《叔衡同年以百韵赠行依韵赋此留别春明诸友》诗注云:“瑞安师有卜邻约,丙戌始得僦居对门。”(《王苏州遗书》民国铅印本,卷十二,十九页)

九月十一日(10月8日) 访李慈铭。

《越缦堂日记》:“黄仲弢来。”(15册《荀学斋日记》辛集下,11202页)

十月初一日(10月27日) 孙诒绩来函。

《孙仲彤日记》:“雨,作致黄中弢书。”(温州市图书馆藏稿本)

十月初四日(10月30日) 往访李慈铭。

《越缦堂日记》:“黄仲弢来。”(15册《荀学斋日记》辛集下,11217页)

十月初八日(11月3日) 赴朱子涵招饮,与李文田、吴大澂、王仁堪、缪荃孙、李慈铭同座,李文田出示《华岳庙碑》拓本。

《越缦堂日记》:“下午赴朱子涵之饮,坐有若农师、吴清卿、王可庄、缪筱珊、黄仲弢,肴馔颇精,赏菊读画。若农师复出示旧购《华岳庙碑》拓本,有孙渊如跋,云是玲珑山馆物。清卿以所书《古籀文论语》及所著《字说》一册见赠。偕若农师谈至夜而归。”(15册《荀学斋日记》辛集下,11220页)

十一月初一日(11月26日) 王咏霓自柏林来函:

“七月五日奉寄寸椷,谅登签闻。比惟邸居曼福,侍祉康娱,翘企星辉,定符露祝。弟祇食西欧,谓人俯仰。季秋曾往巴黎,循法境东南观多郎水师船屯官厂工作及水陆营垒,形局完密,为地中海重镇,又往巴都看民厂船工地,滨大西洋,商贾辐凑,亦一都会也。法人虑埃及为英所据,屡请退师,英外部延宕不果。法欲德之助,已于公使初见德主时微露其意。记去岁各国会议埃事,亦拟有新河永作局外之约,而英不愿从。然各国水师均非英敌,惟法之甲舰可与颉颃,将来海上必有一场浪战,正未知孰为胜负耳。自有甲舰以来,未有剧战,盖亦慎重出之。俄人逼逐步罗嘎里之王,将掌其内政,步人恃有奥援,不肯听命,俄胁以兵力已临境矣。奥以德之同盟又结英为助,英将存土不得不然。将合力摈之。按德俄外为和好而阴相猜忌,德主耄年,不欲更有兵事,以是迟迟未发,然上下戒备,奉思一战,毕相虑法之袭其后也,故与奥合从,推其利于东方,又饵法以近利,使勤远略如侵占丢尼斯、越南等处,皆彼所深许者,法得丢尼斯,英义土皆不愿。其隐谋秘计大抵类斯。伊前日邀劼侯相见,谈次略述欧土纵横大势,而结好我国之意,可于言外得之。如异日德俄有事,我国亦可乘时以动,收复黑龙江故地,使仍以兴安岭为界,则东患其少纾乎。此事须卧薪尝胆、养精蓄锐,期以十年,方可一举。此间与法外部争越南华民身税一事,未有归结,近佛相欲以减免身税换抵贩盐入滇,运土药入广二项利益,操豚蹄而祝篝车,可为大噱。按二者之利,津约已明言不许,何无餍之求一至于斯。至陆地通商而索租界,虽出事理之外,然已暗藏约内,不能过拒矣。顷回驻柏林,乏善如旧,冬月恒雾,兀坐寡欢,不尽之言书之别幅,惟留意垂察幸甚幸甚,敬请开安,诸希爱照。十一月朔日。"(《王咏霓履欧书信集》,272—275页)

十一月初十日(12月5日) 晚赴李慈铭招饮宜胜居,与郎庆恩、殷鸿畴、杨晨、徐定超等在座。

《越缦堂日记》:"晚诣宜胜居,邀管惠农、马蔚林、郎仁谱、殷萼庭、杨定旉、徐班侯、黄仲弢饮,皆台温两郡人也。吃菊花鱼羹,甚佳。二更后归。"(15册《荀学斋日记》辛集下,11245页)

十一月十五日(12月10日) 晚赴杨晨招饮宜胜居,与李慈铭、沈曾植、沈曾桐、袁昶、殷鸿畴、徐定超在座。

《越缦堂日记》:"晚诣宜胜居赴杨定旉之饮。坐有子培、子封、爽秋、萼庭、仲弢、徐班侯,清谈甚畅。夜二更后归。"(15册《荀学斋日记》辛集下,11250页)

十二月初二日(12月26日) 午赴殷鸿畴、徐定超招饮松筠庵,与李慈铭、父亲、杨晨、郎庆恩等在座。

《越缦堂日记》:"午诣松筠庵赴殷萼庭、徐班侯之饮,坐有漱兰、仲弢乔梓,定旉、马蔚林、管惠农、郎仁谱,清谈极畅。"(15册《荀学斋日记》辛集下,11263页)

十二月初六日(12月30日) 晚赴袁昶招饮,与李慈铭、缪荃孙、王颂蔚、沈曾植在座。

《越缦堂日记》:"夜,爽秋复来催饮,强赴之,坐有筱珊、王芾卿、子培、仲弢,清谈甚畅。二更后归。"(15册《荀学斋日记》辛集

下,11272页)

十二月十九日(1887年1月12日) 王兰病卒,年五十二。

《越缦堂日记》:“王醉香于今日卯刻病卒……醉香,归安人,庚午、庚辰两次同年也……以翰林改官刑部,郁郁不乐,竟以贫死,年五十有二。”(15册《荀学斋日记》辛集下,11289页)

十二月二十日(1月13日) 赴李慈铭招消寒第三集,与缪荃孙、王颂蔚、沈曾植、徐琪在座。

《越缦堂日记》:“夜,邀筱珊、芾卿、子培、花农、仲弢小集寓斋,作消寒第三饮。爽秋以病目先去。二更后散。”(15册《荀学斋日记》辛集下,11289页)

《袁昶日记》:“莼老招消寒第三集,往诣之,予以目肿忌口,不入座而归。”(《沈曾植年谱长编》,76页)

十二月二十四日(1月17日) 招同人于寓所,作消寒第四集,李慈铭、袁昶、王颂蔚、徐琪、缪荃孙、沈曾植在座。

《越缦堂日记》:“夜,赴仲弢消寒第四集,坐有爽秋、芾卿、花农、筱珊、子培。二更后归。”(15册《荀学斋日记》辛集下,11294页)

《袁昶日记》:“夜,仲弢家作消寒四集。”(《沈曾植年谱长编》,76页)

十二月二十七日(1月20日) 赴越缦堂贺李慈铭生日,鲍临、殷鸿畴、缪荃孙、沈曾植、徐宝谦、徐琪、王颂蔚、朱福诜、袁昶等在座。谱主与缪荃孙等合馈肴馔两席及桃面桦烛。

《越缦堂日记》:“余生日……敦夫来、马蔚林来、郎仁谱来、殷萼庭来、缪筱珊来、黄仲弢来、子培来、徐亚陶来、花农来、王芾卿来、桂卿来、爽秋来。筱珊、仲弢、子承、亚陶、花农、芾卿、桂卿、爽秋合馈内外肴馔两席及桃面桦烛,烛上金书云‘见寿者相,为当世师’……晡后设饮,招霞芬、梅云左觥,藏钩十余巡,二更后始散。”

(15 册《荀学斋日记》辛集下,11296 页)

《袁昶日记》:"公祝李莼老生日。"(《沈曾植年谱长编》,76 页)

十二月二十九日(1月22日) 李慈铭来答谢。

《越缦堂日记》:"午后出门,答谢蔚林、仁谱、萼庭、桂卿、仲弢……傍晚归。"(15 册《荀学斋日记》辛集下,11298 页)

年底 致函孙诒泽,提及呈上许振祎寿孙锵鸣七秩寿幛、寿联等事。

"仲凯世叔大人阁下:前走谒,未获登堂奉教,至怅!许奉新丈寿幛、寿联谨呈上,乞察入。何子逊兄托寄信一函、板鸭十只,因途中行李太多,奴辈失于照管,止馀六只,兹并送上,愧歉无似!又张大令坚信一函,系汴梁携来。以上各件,统求转呈堂上。迁居匆匆,不及趋前。肃颂侍奉年禧。侄黄绍箕顿首。"(《黄绍箕集》上册,297 页)

是年 父与同乡京官谋建温州新馆于宣武门外教场五条胡同。新馆落成,谱主题楹联:"天上瓯星依北极;古来浙学重东嘉。"

是年 收得乾隆六十年(1795)至六十四年(1799)时宪书,盖高宗内禅,宫中仍用乾隆纪年也。

是年 读吴大澂《说文古籀补》初刻本,题跋于后,条举其疏失者十四事。同时金石学家见而叹服。(《黄绍箕集》,57—61 页)

光绪十三年　丁亥（1887）　三十四岁

正月初七日（1月29日）　夜，赴王颂蔚招消寒第五集，与李慈铭、袁昶、缪荃孙、沈曾植在座。

《越缦堂日记》："夜，赴芾卿消寒第五集，惟花农不到。偕爽秋、筱珊、子培、仲弢谈，甚畅。三更始归……是日坐间谈新授吾浙运使德寿为刘良佐之裔，神机营副都统景瑞为耿精忠之裔，广州副都统尚昌懋为尚可喜之裔，而庚辰翰林萨廉为穆相国之子，进士溥嵲为故相奕经之孙，丙戌翰林瑞洵为故相琦善之孙。天道报施不可测也。瑞洵，崇厚之婿也，初官户部主事，值崇厚得罪士夫，群相诟詈，瑞洵窘甚，归诟其妻……世人以琦善为田雄后人，似未可信。考田雄始封二等侯，康熙中加'负义'二字或作'不义'，旋改'顺义'。琦善始袭封奉义侯，不知其爵所始，或以奉义、顺义致传讹耳。"（15册《荀学斋日记》辛集下，11306—11307页）

《袁昶日记》："夜赴茀卿亲家寓斋消寒第五集之约……《人日蒿隐居士家夜集会者六人，莼客、子培、小山、仲弢、主人及不佞也》自注云：'今夕消寒第五集，原定七人，徐筒讨不至。'"（《沈曾植年谱长编》，77页）

正月十三日（2月5日）　晚赴沈曾植招消寒第六集，与李慈铭、袁昶等在座。

《越缦堂日记》："初更赴子培消寒第六集，诸君皆至，深论古今，妙有微言。"（15册《荀学斋日记》辛集下，11310—11311页）

《袁昶日记》："夕，子培家消寒六集。"（《沈曾植年谱长编》，77页）

正月二十二日(2月14日) 赴徐琪消寒第七集,与李慈铭、袁昶、沈曾植、王颂蔚在座。

《越缦堂日记》:"夜诣花农万福居之饮,为消寒第七集。爽秋、子培、芾卿、仲弢皆至。二更后归。"(15册《荀学斋日记》辛集下,11318页)

《袁昶日记》:"夕出城有琐事。华农招集。"(《沈曾植年谱长编》,77页)

正月二十四日(2月16日) 赴李慈铭之饮,王颂蔚、周福清、鲍临、缪荃孙、庞鸿文、庞鸿书、吴讲、沈曾桀、沈曾植、徐定超、郎庆恩、杨晨、徐琪、朱福诜等十九人在座。

《越缦堂日记》:"芾卿、介甫、仲凡、敦夫、筱珊、絅堂、劬庵、介唐、书玉、子承、子培、萼庭、班侯、仁谱、定旉、仲弢、花农、桂卿来。夜点灯设饮,三更始罢……《正月二十四寓斋张灯集知好十九人夜饮用东坡二月三日点灯会客诗韵》:'入座东风渐暖天,小窗花影试春妍。待看明月生灯幌,尚有残梅落酒船。乡里半为同榜友,星霜各数别家年。帝京自有闲官乐,十日迟人作上元。'"(15册《荀学斋日记》辛集下,11319页)

正月二十五日(2月17日) 庚辰同年团拜于嵩云草堂。李慈铭不往,以分资银致谱主。

《越缦堂日记》:"庚辰同年团拜于嵩云草堂,余不往,以分资银一两二钱致仲弢。"(15册《荀学斋日记》辛集下,11320页)

二月初一日(2月23日) 与袁昶、沈曾植、王颂蔚为王闿运饯行。

《袁昶日记》:"夕与蒿隐、仲弢、子培约王壬秋闿运小集酒家。"(《沈曾植年谱长编》,78页)

二月初四日(2月26日) 被袁昶补为益友。

《袁昶日记》:"予六七年中,颇得三益友,鼎甫直,蒿隐谅,子培多闻，各有专长，可资取法。今鼎甫既去国，乃取仲弢补之。”

二月初六日（2月28日） 过李慈铭谈。

《越缦堂日记》：“仲弢来视疾，久谈去。”（15册《荀学斋日记》辛集下，11328页）

二月初九日（3月3日） 赴天宁寺雅集，李文田、王颂蔚、沈曾植、缪荃孙同游。

《袁昶日记》：“早起，知昨夕雪松竹皆挟寒气。少选，出西门，集近坰萧寺，薄晚始散。《春雪微霁偕蒿隐小山子培仲弢陪李学士宴集天宁寺》：‘浮世云海幻，刹宇兀然存。层邱虽数仞，孤耸削昆仑。纵横赤华舍，罫书苍石根。逸兴集群彦，令德出高言。剧谈云泉涌，众壑凑一源。漠漠雾犹渍，西山岚气昏。银粟铺平田，孤烟表远村。塔光漏日脚，雕势投松门。竹偃残雪润，亭虚暝云吞。夕策酒人散，追摹清景扪。归来天宇豁，华月满前轩。’”

《袁昶日记》二月八日：“《天宁寺宴游记》略云：同游者王颂蔚、沈曾植、缪荃孙、黄绍箕、袁昶，以小极未至者李君慈铭。”按：下署“光绪十三年二月丁卯昶谨记”，丁卯为初九日，是袁昶预作。（《沈曾植年谱长编》，78页）

二月二十一日（3月15日） 李慈铭来函，索还先贤祠祝文稿，谱主复之。

《越缦堂日记》：“作书致仲弢，索还先贤祠祝文稿，得复。”（15册《荀学斋日记》辛集下，11345页）

二月二十八日（3月22日） 李慈铭来访，不值。

《越缦堂日记》：“诣子培、花农、莘伯、仲弢、莩庭、定專、班侯，俱不值。”（15册《荀学斋日记》辛集下，11352页）

《袁昶日记》：“丁亥二月，昨日晤可庄，今夕晤仲弢，私议今日国家所以愈贫病多愈弱之故，反复言之。”（孙之梅整理《袁昶日记》（中），凤凰出版社，2018年，678页）

三月十一日（4月4日） 李慈铭来函约同游畿辅先贤祠，与李慈铭、沈曾植、王仁东同游。晚与同人饮宜胜居。李慈铭、沈曾植、缪荃孙、王颂蔚在座。

《越缦堂日记》:"作书致仲弢,约同游畿俌祠,得复……晡诣仲弢、子培及王旭庄亦至,同过畿俌先哲祠,小坐绿胜庵。晚,仲弢邀同子培及缪筱珊、王芾卿饮宜胜居,夜二更归。"(15册《荀学斋日记》辛集下,11362页)

三月二十七日（4月20日） 赴徐定超招饮温州馆,与父、李慈铭、杨晨等在座。

《越缦堂日记》:"傍晚诣温州馆赴班侯、萼庭之饮,海棠、丁香数树作花正浓,坐有漱兰侍郎乔梓及郎仁谱、杨定旉诸君。夜二更归。"(15册《荀学斋日记》辛集下,11374页)

三月二十八日（4月21日） 接李慈铭来函,即复之,并借给李慈铭明刻小字本《文献通考》一册。

《越缦堂日记》:"作书致子培,致仲弢……得仲弢书,并借来明刻小字本《文献通考》一册。"(15册《荀学斋日记》辛集下,11375页)

三月二十九日（4月22日） 李慈铭来函,还《文献通考》。

《越缦堂日记》:"作书致仲弢,还所借书。"(15册《荀学斋日记》辛集下,11376页)

四月初一日（4月23日） 访李慈铭。

《越缦堂日记》:"仲弢来。"(15册《荀学斋日记》辛集下,11377页)

四月十五日（5月7日） 孙诒绩于十四日到京,是日来拜会谱主父亲,谱主与王仁东亦在。

《孙仲彤日记》:"往拜黄漱丈,晤仲弢、王旭庄。"

《孙仲彤日记》闰月十四日:"至温州会馆。"(温州市图书馆

藏稿本）

四月十八日（5月10日） 赴崇效寺雅集，与父、李慈铭、袁昶、王颂蔚、沈曾植、沈曾桐、徐宝谦、缪荃孙、缪祐孙在座。

《越缦堂日记》："午后复诣崇效寺，偕爽秋、芾卿、子培、子封醵觞，黄漱兰通政乔梓及徐亚陶、缪筱珊、柚岑兄弟也。连饮继日，便无余味，清谈亦减。晚归。"（第16册《荀学斋日记》壬集上，11394页）

《越缦堂日记》四月二十六日："《四月望后偕同人携酒崇效寺赏牡丹已落看楸花而回二首》：'为赏名花载酒来，鞓红零落一裴回。独留五树优昙相，高拥诸天七宝台。''去年卧佛赏娑罗，玉洁香清胜曼陀。今见此花璎珞似，老年空色近禅多。'《次日再集崇效寺赏楸花》：'上国联飞盖，名蓝续绮筵。繁花分佛相，高阁表炉烟。乔梓香琼美，谓漱兰通政、仲弢编修。埙篪溉洽贤。谓缪筱珊编修、柚岑户部，沈子培刑部、子封庶常兄弟。谁成五楸咏，卉木补平泉。'"（第16册《荀学斋日记》壬集上，11401页）

四月二十一日（5月13日） 与孙诒绩、杨晨、王仁东同至小土地庙，为孙诒绩觅宅。

《孙仲彤日记》："偕定夫至各处相宅，鲜洽意者。午后仲弢约赴旭庄舍人处，同至小土地庙相宅，房屋颇开展……而定夫不愿也。"（温州市图书馆藏稿本）

四月二十二日（5月14日） 孙诒绩、杨晨来访，陈浏来访。

《孙仲彤日记》："偕定夫至土地庙相宅，旋至中弢许，陈亮伯同年来拜。午后出拜孙子授侍郎。"（温州市图书馆藏稿本）

闰四月二十六日（6月17日） 往贺孙诒绩乔迁新居。

《孙仲彤日记》："黎明率内子乘肩舆，余乘车，炮船王哨官有福随行，尖于双桥，午刻抵城，从东便门入，直趋潘家河绍新赁宅，宅有三层，门面略小，材料尚不甚旧。中弢来视。"（温州市图书馆藏

稿本)

五月初二日(6月22日) 往访李慈铭,以梅清《慵园图》卷属题。

《越缦堂日记》:"仲弢来,以宣城梅瞿山清画《慵园图》卷属题,画用干墨而竹树池台界画精绝,玉山一塔及园中一石尤奇,后有瞿山及耦长庚题慵园五律各四首。"(第16册《荀学斋日记》壬集上,11429页)

五月初四日(6月24日) 赴孙诒绩招饮,与父、徐定超、陈子遴、林仁山在座。

《孙仲彤日记》:"设筵招漱文乔梓,班侯、丹山、子遴、仁山、鄂庭乔梓饮,丹山、鄂庭未来。相与作摩张戏,胜十四筹。"(温州市图书馆藏稿本)

五月十三日(7月3日) 访李慈铭。

《越缦堂日记》:"仲弢来。"(第16册《荀学斋日记》壬集上,11436页)

五月十九日(7月9日) 李慈铭来。

《越缦堂日记》:"上午答谒子培,缪右臣,张拜庭,胡伯荣,周介甫,黄通政,仲弢乔梓,金元直,殷萼庭,徐班侯,袁爽秋。午归,热甚。"(第16册《荀学斋日记》壬集上,11441页)

五月中旬 王闿运来函,略言:

"仲春抵里,家事仍丛。比及十旬,犹如昨日。想木天昼永,土地花明,良友胜游,日增材德。当今经济果达为难,能养真知,实深企仰。子培令弟于天津相见,洵为俊上。芾卿周官之学,尚未窥其涯略,他日若成,必付钞刊。谦虽美德,于讲学有妨。晤时均求先致,再当奉启也。闿运还家,又补写《周易》三卷,稍有训故。乡人士近欲并治《尚书》,亦尚未暇应之。蜀士岁有远来者,未说而乐,何其幸耶!老伯福禄弥增,以为颂慰。"(《黄绍箕集》,

781页）

按，谱主送行王闿运在二月初一日，十旬后即五月十旬，故系于此。

五月二十二日（7月12日） 李慈铭来函约明日吊朱舜臣，复函言今日已往吊。

《越缦堂日记》："下午得舜臣司业治麟讣，以二十日卒……作书致子培、致花农、致仲弢，俱以舜臣之殁，约明晨同往视之。得子培复，言其太夫人有小疾，须侍药饵。得仲弢复，言今日已往吊。"（第16册《荀学斋日记》壬集上，11443页）

五月 薛福成上疏言铁路有百利而无一害，谱主录以寄孙诒让。

孙延钊《孙衣言孙诒让父子年谱》："出使英、法、意、比四国大臣无锡薛叔耘福成，上疏言铁路有百利而无一害。其疏为一时所传诵，黄仲弢曾录以寄诒让，诒让阅时随笔书于其后云（略）。"（230页）

五月 晤袁昶谈。

《袁昶日记》："丁亥五月，晚晤仲弢，伊论其乡叶炼师拳技绝精，耄学不倦，其技精微处，殆近乎道矣。仲弢又善为辞，混混可听，如庄生承蜩削锯之论，君言殊起我意也。"（683页）

六月十八日（8月7日） 访李慈铭，传达父亲之意，相约廿五日饮什刹海庆和堂。

《越缦堂日记》："黄仲弢来，致其尊人之意，约廿五日饮庆和堂。"（第16册《荀学斋日记》壬集上，11461页）

六月二十五日（8月14日） 与父招集什刹海，李慈铭、袁昶、沈曾植、缪荃孙、王颂蔚同游。

《越缦堂日记》："上午……绕景山出地安门至庆和堂，赴漱兰通政乔梓之约十刹海，花事已过……坐有爽秋、子培、筱珊、芾卿。酒毕，散步堤边久之，夕阳时回车。"（第16册《荀学斋日记》壬集

上,11467—11468 页)

《袁昶日记》:“漱丈邀集十刹海酒楼,湖中莲叶田田,一碧卅顷……筵散,归途经玉蛛桥,三海荷花犹盛,与同游徘徊久之,真十洲琼岛,清绝尘寰也。”(《沈曾植年谱长编》,82 页)

七月初十日(8 月 28 日) 李慈铭来谈。

《越缦堂日记》:“答诣漱兰通政、仲弢编修,晤谈,午归。”(第 16 册《荀学斋日记》壬集上,11484 页)

八月初三日(9 月 19 日) 李慈铭、王懿荣、王仁堪来访。

《越缦堂日记》:“下午诣长椿寺吊翁仲渊,晤叔平师。出诣黄仲弢,久坐,王廉生、王可庄亦来,谈至日落而归。”(第 16 册《荀学斋日记》壬集上,11522 页)

八月初五日(9 月 21 日) 李慈铭来函,还题画卷。下午赴广惠寺吊徐宝谦弟徐子梅之丧,晤李慈铭、沈曾植、王颂蔚、濮子潼。

《越缦堂日记》:“作书致仲弢,并题画卷还之……下午诣广惠寺唁徐亚陶弟子梅之丧,送奠礼票钱十二千。晤子培、芾卿、仲弢、濮梓泉。傍晚归。”(第 16 册《荀学斋日记》壬集上,11524 页)

八月十九日(10 月 5 日) 往访李慈铭。

《越缦堂日记》:“泄痢渐止……仲弢来。”(第 16 册《荀学斋日记》壬集上,11529 页)

八月二十二日(10 月 8 日) 往访李慈铭。

《越缦堂日记》:“介唐来,可庄修撰来,仲弢来,爽秋来。”(第 16 册《荀学斋日记》壬集上,11531 页)

九月十二日(10 月 28 日) 往访李慈铭。

《越缦堂日记》:“仲弢来。”(第 16 册《荀学斋日记》壬集上,11553 页)

十月初二日(11 月 16 日) 见王筠手校李刻函海本《说文

解字篆韵谱》,意欲购之,以议值不谐未得,乃移录卷端识语数则于其所藏冯刻本上。于是日书跋于后。

《移录王筠校本〈说文解字篆韵谱识语〉跋》:"右王菉友先生手校函海本识语也,后附脱文、羡文、重文、错见各字,皆依韵编录。每韵目如东、冬、钟、江等字,则以朱书别之。翁覃溪先生校语又汇录于卷末,王氏自附案语,多所引申、订正。惜书估居奇,价太昂,不可得。文繁又仓猝不能遍录,辄取识语一篇移写于此书之首页,文中首举二疑,亦足与冯序三证相发也。光绪丁亥十月初二日,黄绍箕记于都中宣武门外下斜街寓庐。"(《黄绍箕集》,64页)

十月十五日(11月29日) 下午,李慈铭来访,不值。

《越缦堂日记》:"下午诣桂卿,晤谈。诣伯循、莩庭、班侯、爽秋、可庄、仲弢、子裳、定甫、仁谱,皆不值。"(第16册《荀学斋日记》壬集下,11586页)

十月二十日(12月4日) 李慈铭为公祭麟书之母事来函,即复函。

《越缦堂日记》:"作书致庞劬庵,致仲弢,俱为公祭麟太夫人也……得庞䌹堂书、仲弢书。"(第16册《荀学斋日记》壬集下,11592页)

《越缦堂日记》十月初十日:"麟芝莽师太夫人以昨日卒,来讣。太夫人为铁梅庵尚书铁保之女,年八十四。"(第16册《荀学斋日记》壬集下,11583—11584页)

十月二十五日(12月9日) 与沈曾植、朱福诜、李慈铭等公祭麟书之母。

《越缦堂日记》:"入城诣麟芝庵师家。偕子培、桂卿、仲弢公祭栜鄂太夫人,其从子豫亲王本格亦在丧次焉。"(第16册《荀学斋日记》壬集下,11596页)

十月二十八日(12 月 12 日) 李慈铭来函约后日饮福隆堂。

《越缦堂日记》:“写单约筱珊、絅堂、劬庵、莘伯、子钧、子虞、花农、仲弢后明日饮福隆堂。”(第 16 册《荀学斋日记》壬集下,11597 页)

十月三十日(12 月 14 日) 夜赴李慈铭福隆堂招饮,与缪荃孙、庞鸿文、庞鸿书、杨崇伊、张预、徐琪等在座。

《越缦堂日记》:“夜诣福隆堂,诸君已早至,即设饮。二更归。”(第 16 册《荀学斋日记》壬集下,11599 页)

十一月初四日(12 月 18 日) 夜赴福隆堂杨崇伊招饮,李慈铭、王咏霓、朱福诜、庞鸿文、庞鸿书、缪荃孙、张预、沈曾植在座。

《越缦堂日记》:“夜诣福隆堂,赴莘伯之饮,子裳、桂卿、絅堂、劬庵、筱珊、仲弢、子虞、子培俱已至。二更后归。”(第 16 册《荀学斋日记》壬集下,11605 页)

十一月初九日(12 月 23 日) 夜赴福隆堂沈曾植招饮,李慈铭、朱福诜、庞鸿文、杨晨、王咏霓、杨崇伊、徐琪在座。

《越缦堂日记》:“夜赴子培福隆堂之饮,桂卿、劬庵、定旉、仲弢、子裳、莘伯、花农皆至。二更时归。”(第 16 册《荀学斋日记》壬集下,11609 页)

十一月二十日(1888 年 1 月 3 日) 过李慈铭。

《越缦堂日记》:“黄仲弢来。”(第 16 册《荀学斋日记》壬集下,11615 页)

十一月二十二日(1 月 5 日) 夜赴袁昶招集,王颂蔚、易顺鼎、文廷式、沈曾植、刘岳云、冯煦在座。

《袁昶日记》:“夜招蒿隐、实甫、芸谷、子培、佛青、梦华、中弢小集,二更散归。”(《沈曾植年谱长编》,85 页)

十一月 邀袁昶、盛昱饭。

孙之梅整理本《袁昶日记》:“丁亥十一月,仲弢招饭,座有盛君,宗室雅材,可为刘中垒、完颜璹者。予畸人也,于边务稍有所见,不得不剀切为君言之,以尽区区之微志而已。”(708 页)

十一月 充会典馆书上协修官。

《清代官员履历档案全编》第五册六二五页:“十三年十一月充会典馆书上协修官。”

仲冬 为易顺鼎著《琴台梦语词》(壹卷)署检(用篆书)。

十二月初九日(1 月 21 日) 晚,诣福隆堂赴张预之饮,与杨崇伊、徐琪、王咏霓、袁昶、吴讲在座。

《越缦堂日记》:“晚诣福隆堂赴子虞之饮,坐有莘伯、花农、子裳、仲弢、爽秋、介唐。夜二更后归,月尚皎然。”(第 16 册《荀学斋日记》壬集下,11624 页)

十二月初十日(1 月 22 日) 招同人饮于福隆堂,与李慈铭、杨崇伊、王咏霓、朱福诜、沈曾植、张预在座。

《越缦堂日记》:“夜赴仲弢福隆堂之饮,莘伯、子裳、桂卿、子培、子虞俱已至。二更后归。”(第 16 册《荀学斋日记》壬集下,11625 页)

十二月十五日(1 月 27 日) 李慈铭来函约饮期。

《越缦堂日记》:“作书致桂卿,致班侯,致仲弢,俱约饮期。”(第 16 册《荀学斋日记》壬集下,11631 页)

十二月十六日(1 月 28 日) 复李慈铭函。

《越缦堂日记》:“得仲弢书。”(第 16 册《荀学斋日记》壬集下,11633 页)

十二月十九日(1 月 31 日) 夜赴李慈铭招饮,与父亲、殷萼庭、徐定超、王咏霓、杨晨在座。

《越缦堂日记》:“晚邀漱兰通政、仲弢乔梓,萼庭、班侯、子裳、

定寡,夜饮厅中,三更始散。"(第 16 册《荀学斋日记》壬集下,11636 页)

十二月二十七日(2 月 8 日) 往李慈铭祝寿。与徐琪、袁昶等携厨来祝寿。

《越缦堂日记》:"余生日,漱兰通政来……仲弢来……花农、勉夫、亚陶、仲弢、桂卿、爽秋、子虞合治具携厨来为寿,晡时设饮,至夜一更后散。"(第 16 册《荀学斋日记》壬集下,11645—11646 页)

十二月三十日(2 月 11 日) 致函李慈铭,为盛昱乞题画。

《越缦堂日记》:"得仲弢书,为盛伯羲同年乞题画。"(第 16 册《荀学斋日记》壬集下,11648 页)

是年 作《寿张彭年公七十生辰》七古贺张謇父亲七十寿诞:

"张生家在东海隅,观书卓荦文又儒。饿腹撑拄有奇气,却走辽渤参阴符。归来光彩不自匿,一脱囊颖终投珠。掉头望云忽南下,揽镜自惜童颜华读若敷。丈人古之达者徒,行年七十神明殊。所闻慷慨尚风义,珣玗定产医无闾。张生有兄仕为养,张生有弟能读书。崇州学派安定胡,张生治事才有余。并时英绝周范朱,范生亦有椿一株。各抱庭诰相扶植,人生至乐斯莫逾。世事万变浮云俱,崇川今乃桃源居。倘随归傅寻莼鲈,会当捧觞登堂除。"(《黄绍箕集》,421 页)

光绪十四年　戊子（1888）　三十五岁

正月初二日（2月13日）　李慈铭来函。

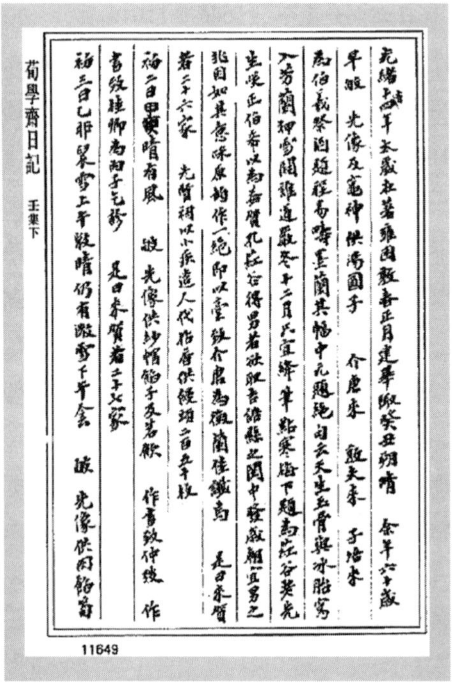
荀學齋日記　壬集下

11649

▶越缦堂日记(二)

《越缦堂日记》："作书致仲弢。"（第16册《荀学斋日记》壬集下，11649页）

正月二十一日（3月3日）　文廷式赴湖南，与沈曾植、袁昶为其饯行，志钧、王颂蔚、蒯光典、刘岳云、王仁东在座。

《文廷式集·湘行日记》："晴……黄仲弢、袁爽秋、沈子培招饯于松筠庵，仲鲁、茀卿、蒯礼卿、刘皺卿、王旭庄同席。"（汪叔子编，中华书局2018年，第四册，1590页）

《袁昶日记》："与子培、中弢饯文芸阁、志仲鲁，薄暮始归。"（《沈曾植年谱长编》，87页）

正月二十七日（3月9日）　赴袁昶、王颂蔚、沈曾植招宴于松筠庵，与父、李文田、李慈铭、王仁堪、冯煦、刘岳云、王咏霓在座。

《袁昶日记》:"与蒿隐先生、子培秋曹招同社松筠庵宴集,会者十余人,为芍师、漱丈、莼老、可庄、中弢、梦华、佛青、子裳,二更始各散。"(《沈曾植年谱长编》,87页)

正月二十九日(3月11日) 晚赴王仁堪招饮,与李慈铭、王咏霓、沈曾植、杨晨、袁昶、王颂蔚、冯煦、王仁东在座。

《越缦堂日记》:"晚诣下斜街,赴王可庄之饮……燃西洋五色小烛三枝,颇雅丽可爱,肴馔亦精。同坐为子裳、子培、定甫、爽秋、仲弢、芾卿、冯探花煦及其弟旭庄,畅谈至夜三鼓始散。"(第16册《荀学斋日记》壬集下,11672页)

《袁昶日记》:"晚,王修撰招集,壁上张新式碧纱灯十数具,举烛辉映,一室洞然,殊有承平王孙气象,二更归。"(《沈曾植年谱长编》,88页)

二月初十日(3月22日) 晚赴杨崇伊招饮,李慈铭、庞鸿文、庞鸿书、张预、朱琛、檀玑在座。

《越缦堂日记》:"夜赴莘伯之饮,坐有絅堂、劬庵、子虞、仲弢及朱侍读同年琛、檀编修玑。三鼓后归。"(第16册《荀学斋日记》壬集下,11689页)

二月十五日(3月27日) 赴李慈铭招饮,额勒精额、盛昱、王仁堪、王仁东、杨晨、袁昶在座。

《越缦堂日记》:"上午置酒听事,邀额裕如运使、盛伯希祭酒、王可庄修撰、旭庄舍人兄弟、岑伯豫、杨定甫、爽秋、仲弢饮,日昳毕集,傍晚散。"(第16册《荀学斋日记》壬集下,11692页)

二月二十日(4月1日) 赴潘祖荫招,盛昱、王懿荣、刘岳云、冯煦、沈曾植等在座。

《潘文勤日记》:"招伯兮、廉生、佛青、梦华、子培、小宇、仲弢、天池,辞者再同。"(《沈曾植年谱长编》,88页)

二月二十九日（4月10日） 沈曾植生日，设宴广和居，与李慈铭、袁昶、徐琪在座。

《越缦堂日记》："沈子培、杨莘伯皆今日生日，各馈以桃面烛酒……子培邀同爽秋、仲弢及花农饮广和居。夜二更散。"（第16册《荀学斋日记》壬集下，11708页）

三月二十二日（5月2日） 王彦威应邀来访。谱主偕内弟张南楼、孙诒绩访回访。

《王彦威日记》："晴。入署。出赴仲弢之招。仲弢偕其内弟张南楼、孙仲彤来。"（8册）

三月二十七日（5月7日） 李慈铭来函，约小屯郝冯园看牡丹。

《越缦堂日记》："作书致仲弢，约诣小屯郝冯园看牡丹。"（第16册《荀学斋日记》壬集下，11743页）

三月二十九日（5月9日） 访缪荃孙。入夜偕王彦威赴王仁堪之招。

《艺风老人日记》："黄仲弢、冯心兰、周兹明、史幼润来……接南皮师广东信，以书局见招。"（北京大学出版社1986年，13页）

张之洞《致缪荃孙书》："闻奉讳，曷胜震悼，目前拟回里否？尊体何如？系念之甚。如能出京，来粤为盼。千万节哀珍卫。匆匆不及多书，余托仲韬转达。奠敬二十金，已电汇，想荷察入。敬唁筱珊仁弟孝履。之洞顿首。三月十三日。"

《王彦威日记》："晴。日晡走谒郭少蓝，不值。诣漱师久坐，掌灯后偕仲弢赴王可庄之招，乘仲弢车以归。"（18册，223页）

四月初四日（5月14日） 访李慈铭。

《越缦堂日记》："黄漱翁再走柬，速明日冯园之饮。余此日颇疲于文字，不复能鼓游兴。作书致弢夫、子培，拟共辞此集。得二君复，皆言可强一行，揽郊外风景。仲弢来。"（第16册《荀学斋日

记》壬集下,11750 页)

四月初五日(5 月 15 日) 赴小屯邨冯氏庄园,与父、李慈铭、袁昶、王彦威、王仁东、沈曾植、王颂蔚同集。

《越缦堂日记》:“子培来,日加辰,同出西便门……旋上车,行十馀里,抵小屯邨冯氏庄园,前广州府知府汴人冯子立端本所建也……爽秋、弢夫、旭庄、仲弢俱早至,漱翁、芾卿后来,流连至晡后始散。余本欲止宿,一赏晓风夕露,仲弢、旭庄亦愿留,以恐杯盘扰主人,乃归。”(第 16 册《荀学斋日记》壬集下,11750—11751 页)

《袁昶日记》:“漱丈招游城外远郊之冯家花园,置酒宴坐。是日会莼老、蒿隐、子培、仲弢、弢夫、旭庄,共八人。花开极繁盛,连畦比畛,界画周匝。屋宇制作,亦极高敞雅洁。”(《沈曾植年谱长编》,90 页)

《王彦威日记》:“晴。早起赴漱师之招于冯家花园,园在西便门外二十里地,名小屯园,主人子立郡守,曩任广州府,为邓铁香御史劾罢者也……一时许始至,爽秋、旭庄已先至,少顷,莼师、沈子培至,王芾卿至,漱师最后至,以入直故也。”(18 册,224—225 页)

四月初十日(5 月 20 日) 李慈铭来谈。

《越缦堂日记》:“诣仲弢、爽秋,皆晤谈,晚归。”(第 16 册《荀学斋日记》壬集下,11756 页)

四月十三日(5 月 23 日) 访李慈铭,并赠以墨盒一枚。

《越缦堂日记》:“仲弢来,以自制墨合一枚为赠。”(第 16 册《荀学斋日记》壬集下,11756 页)

四月十七日(5 月 27 日) 王彦威来访。

《王彦威日记》:“晴。诣仲弢兼见漱师,坐久。”(18 册,227 页)

四月二十一日(5 月 31 日) 访李慈铭,访王彦威。

《越缦堂日记》:“仲弢来。”(第 16 册《荀学斋日记》壬集下,11762 页)

《王彦威日记》:"晴,夜大雨。仲弢来。"(18 册,228 页)

四月二十八日(6月7日) 李慈铭夫人去世。

四月二十九日(6月8日) 与同人往李慈铭宅襄殓事。晚赴濮子潼招集,钱骏祥、王仁堪、沈曾植在座。

《越缦堂日记》:"敦夫、介唐、伯循、秉衡、介夫、萼庭、子莼、班侯、弢夫、仲弢、花农、书玉、枚良、伯荣、俪笙俱来襄殓事。"(第16册《荀学斋日记》壬集下,11768 页)

《王彦威日记》:"夜,赴紫泉之招,晤钱申甫、王可庄、黄仲弢、沈子培。"(18 册,229 页)

四月三十日(6月9日) 过李慈铭吊丧。

《越缦堂日记》:"爽秋、芾卿、子培、仲弢、弢夫、子裳、章黼卿、濮紫泉、张子虞、郎仁谱、王可庄、刘樾仲嘉荫俱来吊,送烛楮。"(第16册《荀学斋日记》壬集下,11769 页)

五月初三日(6月12日) 晤王彦威。

《王彦威日记》:"晴。出门贺部,晤朱子青、子涵昆弟、鲍敦甫、黄仲弢。"(18 册,230 页)

五月初四日(6月13日) 赴李慈铭寓,吊其夫人首七。

《越缦堂日记》:"内子首七之期,延崇效寺僧九人诵经。晨设祭,用伊蒲馔。黄漱兰丈、敦夫、伯循、介唐、弢夫、介夫、秉衡、萼庭、子培、仲弢、班侯、子莼、胡枚良、骆小圃、谢小崑、郎仁谱、张云卿、伯荣、子裳、周绅之、缉之、家慧叔俱来吊,俪笙来助丧事。"(第16册《荀学斋日记》癸集上,11773 页)

五月初十日(6月19日) 王彦威来访。

《王彦威日记》:"晴。诣仲弢。"(18 册,231 页)

五月十二日(6月21日) 父任福建乡试正考官,王彦威与郎仁谱来贺,谱主赠以钱十兰篆书直屏,王彦威报以次风先生手书小幅。

《越缦堂日记》:"《邸钞》:通政使司通政使黄体芳浙江瑞安,癸亥为福建正考官,编修吕珮芬安徽旌德,庚辰为副考官。"(第16册《荀学斋日记》癸集上,11777页)

《王彦威日记》:"闻漱师奉命为福建正考官,偕仁谱往贺之。仲弢以钱十兰篆书直屏见贻,报以次风先生手书小幅。漱师见过。"(18册,231页)

五月十五日(6月24日) 温、台两郡十七人在安徽馆为父饯行。

《王彦威日记》:"阴,微雨。台、温两郡留京十七为漱师饯行于安徽馆。"(18册,232页)

五月十六日(6月25日) 访王彦威。

《王彦威日记》:"仲弢来。"(18册,232页)

五月二十二日(7月1日) 访王彦威。王彦威赠以二百两白银。

《王彦威日记》:"仲弢来。再送朱提二百两交仲弢。"(18册,233页)

五月二十三日(7月2日) 赴粤东馆为父饯行。

《王彦威日记》:"卞柳门、陈亮伯为漱丈饯行于长椿寺,邀陪席,辞之。旁晚,赴濮紫泉、沈子培之招于粤东馆,赴之,亦为漱丈作饯也。同坐钱子密年伯、吴佩蕙、王子常、袁爽秋。班侯、仲弢来,不饭。"(18册,233页)

五月二十四日(7月3日) 王彦威来长椿寺相访,王仁堪亦来。晚,回访王彦威。

《王彦威日记》:"午赴芍师之招于龙爪槐。席散诣仲弢于长椿寺,少顷可庄亦来。院宇高爽,松树成林,略无暑气,'天下名山僧占多'非虚言也。斜日下春,出诣温州馆,约班侯来寓。入夜,仲弢来。"(18册,233—234页)

五月二十五日（7月4日） 晚上，访王彦威。

《王彦威日记》："夜，仲弢来。"（18册，234页）

五月二十七日（7月6日） 送父行。

《王彦威日记》："晨起，偕同乡诸君往送漱丈行。"（18册，234页）

五月二十八日（7月7日） 王彦威来访，不遇。

《王彦威日记》："阴。访可庄、仲弢不遇。"（18册，235页）

五月二十九日（7月8日） 过李慈铭。访王彦威，午饭。

《越缦堂日记》："仲弢来。"（第16册《荀学斋日记》癸集上，11790页）

《王彦威日记》："晴。仲弢来午饭。"（18册，235页）

六月初一日（7月9日） 访徐定超，遇王彦威。

《王彦威日记》："午初出城，吴佩葱来，偕诣班侯，晤仲弢。"（18册，235页）

六月初四日（7月12日） 李慈铭来函，请明日代为送柬翁同龢。

《越缦堂日记》："具柬致王可庄同年，请为内子书主，且分柬同人。作书致仲弢，请明日代诣翁尚书师送柬。"（第16册《荀学斋日记》癸集上，11792页）

六月初五日（7月13日） 李慈铭来函。过李慈铭，与李灏斋同往翁同龢送柬，请其点主。午后，王彦威来访。

《越缦堂日记》："作书致仲弢。仲弢来，偕灏斋侄诣翁常熟送柬，请十一日至崇效寺为内子点宝。"（第16册《荀学斋日记》癸集上，11793页）

《翁同龢日记》："黄仲弢与莼客之堂侄李丙吉颢亭，山西刑名来，莼客妻丧，请余题主也。"（2207页）

《王彦威日记》："晴。入署当月。午后出诣仲弢，访张白泉久

坐。”(18 册,236 页)

六月初六日(7 月 14 日) 访王彦威。

《王彦威日记》:“晴……仲弢来。”(18 册,236 页)

六月初八日(7 月 16 日) 访王彦威。

《王彦威日记》:“仲弢来。”(18 册,236 页)

六月初十日(7 月 18 日) 李慈铭夫人六七之期,与王彦威往访,并合馈祭菜一席。

《越缦堂日记》:“内子六七之期……弢夫、仲弢来,合馈祭菜一筵。王可庄来书室。”(第 16 册《荀学斋日记》癸集上,11795 页)

《王彦威日记》:“偕仲弢诣莼师,为其马淑人设祭,并陪王可庄写主。”(18 册,236 页)

六月十一日(7 月 19 日) 李慈铭夫人安葬崇效寺,与同人设祭于道。并与庞鸿书、杨崇伊、徐琪为点主赞礼。未刻应王彦威之邀,与徐定超同往其寓所,至傍晚才回。

《越缦堂日记》:“辰刻发引……作文告内子,哀恸不自胜。巳刻柩行……弢夫、莩庭、子裳、班侯、仲弢、子培、紫泉、爽秋、苐卿、花农、仁圃、苗生、书玉、敦夫、介唐、秉衡、介夫、伯循、枚良、谢赞臣、胡伯荣各设道祭为两棚于逵旁。午初抵崇效寺,安殡于藏经阁之东室……午未间,叔平师来,先吊后行点主礼,劬庵、莘伯、花农、仲弢四同年太史赞礼。晡后毕事,宾客皆散。”(第 16 册《荀学斋日记》癸集上,11796—11797 页)

《翁同龢日记》:“午正登车,路难行,循西外城根至崇效寺,为李莼客之夫人题主,襄题者杨莘伯、庞劬庵、黄仲弢、徐花农也。挥汗如雨,主客周旋颇难堪,幸无礼节,一点而已……即在彼午饭,极丰腆,陪者皆庚辰门人。”(第四册,2209 页)

《艺风老人日记》:“李莼客之夫人移殡枣花寺,诣寺上香,晤定甫、伯驯、苐卿、书玉、礇秋诸君。”(37 页)

《王彦威日记》:“晴。莼师之马淑人出殡枣花寺,偕黄仲弢、王茀卿、王可庄、袁爽秋、濮止潜、徐花农、殷萼庭、鲍敦夫、郎仁谱、王子裳、朱苗生于大街上设棚致祭,遂至花寺门。午后,翁叔平尚书来点主,偕诸君襄陪。未刻偕班侯、仲弢来寓,旁晚二君始去。”(18 册,236—237 页)

六月二十一日(7 月 29 日) 李慈铭来函。

《越缦堂日记》:“作书致仲弢,馈以松竹古锦杂佩五事、龛脯两肩。”(第 16 册《荀学斋日记》癸集上,11805 页)

六月二十二日(7 月 30 日) 复李慈铭函。

《越缦堂日记》:“得仲弢书。”(第 16 册《荀学斋日记》癸集上,11805 页)

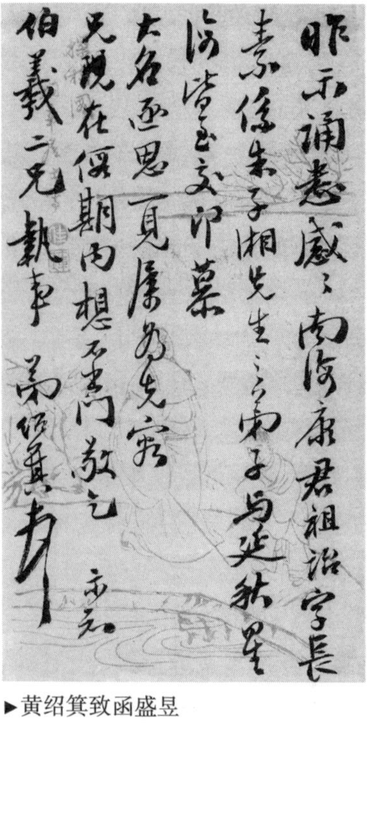
昨示诵悉感感南海康君祖诒字长
素系朱子湘先生之弟子与延秋星
海皆至交仰慕
大名亟思一见属为先容
兄现在假期内想不出门敬乞
示知
伯羲二兄执事 弟绍箕

▶黄绍箕致函盛昱

六月二十八日(8 月 5 日) 与王彦威、张预设席长椿寺,为李文田、王仁堪饯行,盛昱、沈曾植在座。

《王彦威日记》:“偕仲弢、张子虞设席长椿寺,为李师、可庄同年饯行,盛伯希、沈子培作陪。”(18 册,238 页)

夏 康有为至京应顺天乡试,于谱主寓庐,始见沈曾植,自是订交。谱主致函盛昱推荐康有为,函云:“昨示诵悉,感感。南海康君祖诒,字长素,系朱子湘先生之弟子,与延秋、星海皆至交,仰慕大名,亟思一见,属为先容。兄现在假期内,想不出门,敬乞示知。伯羲二兄执事,弟绍箕顿首。”

六月底 于厂市以银二百两购得宋刻本《文选》一部。

参八月二十六日(10月1日)致父亲禀:“六月杪琉璃厂有宋版《文选》壹部,精美无比。潘太老师及翁老师尚未知,盛伯熙、王廉生议购未妥。男向陈子厚借银二百金购得之。”

七月初一日(8月8日) 赴长椿寺为李文田、王仁堪饯行,袁昶、王颂蔚、沈曾植、张鼎华、刘岳云、王彦威在座。李慈铭来访,不值。

《袁昶日记》:“与蒿隐、子培公饯芍师、可庄两星使于长春寺,研秋、仲弢、佛青、弢夫作陪。薄暮,天际轻阴、凉风应律,主客各散。”(《沈曾植年谱长编》,94页)

《王彦威日记》:“沈子培、王苐卿、袁爽秋为李师、可庄饯行,邀偕中弢、张延秋作陪。”(18册,239页)

《越缦堂日记》:“谐仲弢、爽秋,俱不值。”(第16册《荀学斋日记》癸集上,11811页)

七月十四日(8月21日) 王彦威来访,赠谱主戚学标手书《登太山七律四章》长幅。

《王彦威日记》:“过仲弢,以近买太平戚鹤泉先生手书《登太山七律四章》长幅为赠。”(18册,240页)

七月十六日(8月23日) 沈曾植之母六十九寿诞,置宴于粤东新馆,与李慈铭、王彦威往贺。

《越缦堂日记》:“下午至粤东新馆,拜子培太夫人寿。送礼绍酒十斤及桃面烛。子培固留饮。其地小有树石及曲池,小桥亭廊环带,偕仲弢、弢夫循行一匝。其先贤之祀,自唐张曲江至近时骆文忠,仅十七人。”(第16册《荀学斋日记》癸集上,11821页)

七月十八日(8月25日) 王彦威赠谱主周济楹帖。

《王彦威日记》:“晴。沈子培过我。以周止庵济,原名保绪,荆溪

人楹帖赠仲弢。”（18 册，241 页）

七月二十二日（8 月 29 日） 缪荃孙来访。

《艺风老人日记》：“壬申，晴。出拜吴次潇、陈芸敏、汪佺孙、王茀卿、黄仲弢、张君立、刘竹君、周世兄。”（49 页）

七月二十五日（9 月 1 日） 访王彦威。

《王彦威日记》：“赴定夫之招。仲弢来。”（18 册，242 页）

七月二十七日（9 月 3 日） 得父亲自福建延平府所发的平安电谕。

参八月二十六日（10 月 1 日）致父亲禀。

八月初三日（9 月 8 日） 发平安电报给父亲。

参八月二十六日（10 月 1 日）致父亲禀。

八月初九日（9 月 14 日） 访王彦威。

《王彦威日记》：“仲弢、仲彤来。”（18 册，244 页）

八月十一日（9 月 16 日） 午后，孙诒绩来谈许久。

参八月二十六日（10 月 1 日）致父亲禀。

八月十二日（9 月 17 日） 晨，孙诒绩即卧病发温疹。病危时，谱主与徐定超日夜在旁照料。与徐定超访王彦威，晚饭后回。

参八月二十六日（10 月 1 日）致父亲禀。

《王彦威日记》：“晴……仲弢、班侯来，夜饭后去。”（18 册，245 页）

八月十三日（9 月 18 日） 王彦威来访。

《王彦威日记》：“雨。诣莼师问疾。出诣竹友，仲彤处问疾。诣仲弢。旁晚始归。”（18 册，245 页）

八月十五日（9 月 20 日） 与王彦威、徐定超约好往访李慈铭，因雨不果往。

《王彦威日记》：“晴。夜与仲弢、班侯约相偕诣莼师茗谈，以雨不果往。”（18 册，245 页）

八月十八日(9月23日) 孙诒绩去世,谱主派人告诉王彦威。

《王彦威日记》:"晴。仲弢遣人来告仲彤以寅时即世,命舆诣之,玉树生顷,琼花一现,深可悼也。在仲彤处永日。"(18册,246页)

参八月二十六日上父禀:"仲彤虽甚牢骚,然头场送考、接考,议论亦当锋发,不料十一晚觉稍有不适,十一午后来寓,与男谈许久。十二早晨即卧病发温疹,日见危急,竟于十八日寅时仙逝。"

八月十九日(9月24日) 孙诒绩入殓。访王彦威。

《王彦威日记》:"晴。仲彤以今日寅刻入殓,丑刻诣之,天明归寓,小睡即起……仲弢来,莼师来,爽秋来,班侯、佩蕙来。"(18册,246页)

八月二十五日(9月30日) 访李慈铭。

《越缦堂日记》:"仲弢来。"(第16册《荀学斋日记》癸集上,11846页)

八月二十六日(10月1日) 上父亲禀。

"男绍箕跪请父亲大人万福金安:谨禀者,自叩送轺车后,接奉涿州及清江两次手谕,敬悉一切。七月廿七日晚奉到延平府所发平安电谕,不胜欣慰。初三日男遣人打听晓初世叔寓眷平安,随继发一平安电报,想早呈览。近想校阅已竣,入彀当多奇士。父亲大人起居饮食,谅当康健如恒,不胜驰恋!前谕云:'酷热多食瓜果、汤水,大便不甚痛快。'后叔弟嘉兴来函云:'神采不减平昔。'未审入秋后何如?阖家颇深挂念。京寓自母亲大人、姨母大人以次安适,并纾垂念。小圆渐解人意,曾延不须提携,自能行走,曾鸿亦颇玩健。男为可庄撰《乡试录后序》,又篆书赏联、赏条数十份,以报其代书礼联之劳。又为伯熙篆书礼联,为福幼农太夫人撰寿叙,廖、沈两处寿联均已写送。又本衙门大婚乐章三首及善将军祭文碑文。此外则亲戚同乡及江苏世兄弟之来应试者,应酬颇多,间亦看书学字,不能专心也。男荐密之叔入江苏新学政杨蓉圃前辈幕阅卷,渠初已应允,嗣以今冬不出棚,而明春密叔又须会试,若中式恐未能到馆,拟俟会试揭晓后再下关聘,只得听之。又荐毕枕梅世兄入樊介轩前辈幕。此外尚有托荐者数人,成否尚未可定。杨定夫前辈悼亡,王子裳丈月初闻讣,丁内忧。二十日挈眷南旋。杨仲愚录科后开复,文书尚未到部,遂被部文咨监扣考,并追其监照,不得已仍折回南闱。男为向黄再同前辈乞书致瞿学使代为先容,闻已录送乡试。许竹友、陈子遴均以病不能进场,竹友甫愈,尚未复元,子遴迄今尚未霍然。同乡近状如此,已觉扫兴。尤奇者,孙仲彤与其弟仲闾及张麟生均以定夫充内场监试,回避不得应试。仲彤虽甚牢骚,然头场送考、接考,议论亦当锋发,不料十一晚觉稍有不适,十一午后来寓,与男谈许久。十二早晨即卧病发温疹,日见危急,竟于十八日寅时仙逝,可骇! 可痛! 仲彤平日言论神气,同人亦知其未必大贵寿,然断断不料其遽至于此,想父亲闻之必为叹悼不已也。病危时男与班丈日夜在渠处照料,幸其弟仲闾尚在京寓,或以为误于医药,然其人外似强而中实不足,此病起时即系棘手,恐虽有良医奇方,亦难奏效,只得归之于命耳! 不知孙太世叔暮年遭此,何以为情? 其夫人无男无女,可恻之至。其姑性极暴厉无常,同乡皆知之,佥请父亲便中函致太世叔,恳其加意抚恤仲彤之夫人。一年中或令其归宁一次。其人性情极好,乡里无闲言。九月中旬,其弟仲闾即携榇回里。刻虽未遽通知,亦断不能终不告也。今年试差,外间颇无异议,学差则未能翕然,传诵一联云:'许真人法力高强,旧门第指蒯礼卿、新房师孔小詹系许春卿乙酉科房师,有意安排,暗替同乡谋阔缺;樊介轩孙行者神通广大,一东床陈琇莹、三西席,褚伯约及赵尚辅、王丕厘。苦心位置,硬将侍御作陪臣。'黄煦。语皆纪实。然实因学差而波及试差,因济宁而波及钱塘。陈芸敏之得学差,数日前人皆知之,并知其必再放一御史作陪,但未知即黄霁亭耳。男近状颇适,祁生文颇佳。温郡试北场者运气太不好,否极则泰来,或可望中乎。叔弟场作未知若何。不胜系念!福建首题系‘孝哉闵子骞’两章,数日前始闻……再,六月杪琉璃厂有宋版《文选》壹部,精美无比。潘太老师及翁老师尚未知,盛伯熙、王廉生议购未妥。男向陈子厚借银二百金购得之。与言明冬交还。此举男极知冒昧,然当时所以为此者,一则立意自今以后父亲大人及男或得外差一次,拟必置书籍或碑版、字画中铭心绝品一件以为传家之宝,二则当时尚希冀父亲可留福建学差,三则真无钱时,若举宋版《文选》出售,较之二百金必有赢无绌也。男又禀。”(《黄绍箕集》,377—382 页)

八月二十九日(10 月 4 日) 邀王彦威饮于福兴居。

《王彦威日记》:“仲弢邀饮福兴居。”(18 册,248 页)

八月 为王可庄撰《江南乡试录后序》。写《善将军祭文》碑文,祭文为御赐。为福幼农太夫人撰八十寿叙。

参八月二十六日(10 月 1 日)致父亲禀。

黄绍箕《致汪康年书》一:“舍弟《江南乡试录后叙》,敬求大笔代作一篇,弟戊子年曾为可庄前辈代作一篇。”(《黄绍箕集》,302 页)

《越缦堂日记》四月二十八日(6 月 7 日):“《邸钞》:福州将军善庆卒。”(第 16 册《荀学斋日记》壬集下,11767 页)

《越缦堂日记》八月二十六日(10 月 1 日):“庚辰同年福阁学楙为其母夫人八十寿称觞,送礼钱八千。”(第 16 册《荀学斋日记》癸集上,11847 页)

九月初二日(10 月 6 日) 与王彦威设席天宁寺,李慈铭父子、徐定超、杨崇伊、沈曾植、吴讲、袁昶在座。

《越缦堂日记》:“上午挈僧喜出城诣天宁寺,弢夫、仲弢及班侯先在,莘伯、子培、介唐、爽秋继至。先集于塔射山房,午移饮于寺之西箱〔厢〕,就桂花也。酒毕,复坐山上茗话……流连至曛暮而归。”(第16册《荀学斋日记》癸集上,11856页)

《袁昶日记》:“弢夫、中弢招同莼老乔梓、子培、介堂、班侯集天宁寺。塔光隐现,林影参差,西岫余霞,辉映石榻。山台几寻,寒竹一亩,酒阑危坐,气象疏野。莼老清言娓娓,支许之流,子培旗鼓亦足相当,听之亦复忘倦。即暝,乃戒车而归。”(《沈曾植年谱长编》,97页)

《王彦威日记》:“偕中弢设席觞莼师、介唐、子培、爽秋、班侯、辛伯于天宁寺,桂花盛开,天高气爽,留连竟日,昏黄而归。”(18册,248页)

九月初三日(10月7日) 访王彦威。

《王彦威日记》:“晴……中弢来,夜饭后去。”(18册,248页)

九月初七日(10月11日) 孙诒绩开吊。

《王彦威日记》:“晴。仲彤开吊,往襄事,夜午始归。晤曾景希劼刚侍郎之子、陈亮伯诸人。”(18册,249页)

九月初九日(10月13日) 赴安徽馆雅集,鲍临、吴讲、徐宝谦、沈曾植、袁昶、王彦威、徐定超、徐琪、杨崇伊、濮子潼等在座。

《越缦堂日记》:“是日邀敦夫、介唐、亚陶、子培、爽秋、弢夫、萼庭、仲弢、班侯、花农、莘伯、秉衡、子莼、书玉、资泉、倪儒粟、谢小崑、娄俪笙及两侄,并携僧喜饮于安徽馆之碧玲珑馆。高柳翳然,竹树疏峙。酒罢渐晚,客多散去。”(第16册《荀学斋日记》癸集上,11859页)

《王彦威日记》:“莼师邀饮安徽馆,晤黄仲弢、徐班侯、杨辛伯、沈子培、袁爽秋诸君。”(18册,250页)

九月十一日(10月15日) 在孙诒泽处,晤王彦威。

《王彦威日记》:"晴……诣仲恺,晤仲弢。"(18 册,250 页)

九月十三日(10 月 17 日) 访沈曾植,晤李慈铭、濮子潼。

《越缦堂日记》:"诣子培,遇仲弢、濮紫泉,畅谈至晚而归。"(第 16 册《荀学斋日记》癸集上,11863 页)

九月十四日(10 月 18 日) 与徐定超、林庆衍同访王彦威,听红楼。

《王彦威日记》:"晴。仲弢、班侯、祁生来,听红楼竟夕,留宿。"(18 册,250 页)

九月十七日(10 月 21 日) 温台两郡留京诸公送孙诒绩之殡南下。

《王彦威日记》:"晴。偕温台两郡留京诸公送孙仲彤之殡南下,至三星河与仲闾话别,为之凄然。"(18 册,251 页)

九月十八日(10 月 22 日) 晚过王彦威。

《王彦威日记》:"得电信浙闱榜发,台州中式四人,黄岩得其三。仲弢乃弟叔镛亦中式,可喜也……夜,仲弢来,子培来。"(18 册,251 页)

九月十九日(10 月 23 日) 王彦威来访,不值。

《王彦威日记》:"晴……诣中弢不值,过子培久谈。"(18 册,251 页)

九月二十日(10 月 24 日) 王彦威来访,午饭。

《王彦威日记》:"晴……诣仲弢,午饭,乞其书联。"(18 册,252 页)

九月二十一日(10 月 25 日) 访王彦威,同赴厂肆。

《王彦威日记》:"晴……旁晚仲弢来,偕诣厂肆,夜半后去。"(18 册,252—253 页)

九月二十三日(10 月 27 日) 晚赴沈曾植招饮广和居,李慈铭、庞鸿书、徐琪在座。

《越缦堂日记》:“夜,子培邀同劬庵、花农、仲弢饮广和居,二更后归。”(第16册《荀学斋日记》癸集上,11869页)

九月二十四日(10月28日) 王彦威为谱主代拟贺联。

《王彦威日记》:“晴。为仲弢代拟后□贺联。”(18册,253页)

九月二十五日(10月29日) 王彦威来访,送来代拟贺联,徐定超、林庆衍、王仁东亦来。谱主邀饮福兴居,剧谈至晚上,又与王彦威、徐定超一起诣温州会馆。

《王彦威日记》:“拟联成四十对,诣仲弢付之,少顷班侯、祁生、旭庄来。仲弢邀诣福兴居小饮,剧谈至晚,偕仲弢、班侯诣馆,夜半始去。”(18册,253页)

九月二十七日(10月31日) 王彦威来访。

《王彦威日记》:“晴。入署为兰渠事,晤蔡汉三。出诣卞柳门、黄仲弢。”(18册,254页)

九月二十八日(11月1日) 致函王彦威,附赠今年山东乡试闱墨。

《王彦威日记》:“晴。仲弢书来,并附本科山东闱墨,文多佳者,然视为高古之作亦不少。”(18册,254页)

九月(10月) 康有为作万言书,拟上光绪帝,请变法。与沈曾植、屠仁守实赞其事。

《康南海自编年谱》:“九月游西山,时讲求中外事已久,登高极望,辄有山河人民之感。计自马江败后,国势日蹙,中国发愤,只有此数年闲暇,及时变法,犹可支持,过此不治,后欲为之,外患日逼,势无及矣。时公卿中潘文勤公祖荫、常熟翁师傅同龢、徐桐有时名,以书陈大计而责之,京师哗然。值祖陵山崩千余丈,乃发愤上书万言,极言时危,请及时变法,黄仲弢编修绍箕、沈子培刑部曾植、屠梅君侍御仁守实左右其事。”(清抄本,35—36页)

《题黄仲弢编修龙女行云图》自注:“仲弢名绍箕,笃行通学,

忠诚忧国,即为我上书奔走者。"(《康有为全集》第二集,155页)

九月(10月) 上父亲禀,提及张佩纶将为李鸿章女婿,张鼎华去世等消息。

"男绍箕跪请父亲大人万福金安:谨禀者,前禀已由'协和'信票号,后查得所借该号之银系京平,而福建还时系库平,约大六两许,实不止大三两馀,八月底在京借,九月福建还,除兑费外,利息亦不止一分馀。旭庄代借之银系"蔚长厚"票号,是款借来在前,言明在福建还,外加兑费四两,福建纹银到京止抵松江银,除抵色外,借来二月,每月利息止一分。较之协和信实为便宜。如汇银到京,似仍交'蔚长厚'为合算。每百两能止加兑费二两,便合算之至,但恐渠未必肯耳!父亲大人未出京以前借陈之遴银共三百两,前禀云:二百两乃姨母大人所误记;金少庭临行时盘费已足,所还之一百两坚不肯收,云以后再还,□□□□□□□□还,陈之遴□□处全清矣!竹友渐复元,子遴亦已痊可,稍纾人意。丰润为合肥馆甥,现已下定,冬间成礼。闻者无不诧异。廉生丈谓渠词气甚峭厉而不平正,此事亦日暮途远,迫不及待之所为,然渠年甫逾强仕,虽不理于众口而人皆畏惮之。此举成则昔日之清望扫地矣。张延秋前辈于本月初三日仙逝,殊可痛惜。京兆十五日□□□□□□□□堪纾垂注,肃请金安。"

按,据《梁节庵先生年谱》:张延秋于九月三日去世,故系于此。

十月初三日(11月6日) 赴吴讲招饮福兴居,李慈铭、鲍临、王彦威、袁昶等在座。

《越缦堂日记》:"介唐邀同敦夫、弢夫诣三庆园观三庆部,挈僧喜同去。夜饮福兴居,坐客有爽秋、仲弢。二更后归。"(第16册《荀学斋日记》癸集上,11878页)

《王彦威日记》:"晴。吴介唐邀听三庆部,夜饮酒楼,莼师、爽秋、敦夫、仲弢、僧喜同坐。"(18册,254页)

十月初四日（11月7日） 王彦威来谈。

《王彦威日记》："晴。诣仲弢剧谈，午饭后归寓。"（18册，254页）

十月十五日（11月18日） 赴河东馆，祝刘家立、家荫兄弟母钱太夫人七十寿，李慈铭、沈曾植、王彦威、袁昶等到贺。

《越缦堂日记》："镇江刘建伯、樾仲兄弟为其母钱太夫人偁七十寿，演乐于河东馆，送红呢寿幛一轴。下午往祝，晤子培、仲弢、弢夫、爽秋诸君，慧叔亦来，遂留饮，至夜三鼓后归。"（第16册《荀学斋日记》癸集上，11889页）

十月十六日（11月19日） 晚同人雅集，沈曾植、袁昶在座。

《袁昶日记》："晚中弢、子培招集。"（《沈曾植年谱长编》，99页）

十月十八日（11月21日） 赴李慈铭邀饮宜胜居，张预、沈曾植、王彦威、傅庆咸在座。

《越缦堂日记》："柬邀子虞、子培、弢夫、仲弢及傅之范饮宜胜居。"（第16册《荀学斋日记》癸集上，11891—11892页）

十月二十六日（11月28日） 饯别子沅，邀王彦威作陪。

《王彦威日记》："仲弢饯子沅行，邀往作陪。"（18册，255页）

十月 袁昶来访，观新得《隋龙藏寺碑》旧拓。

孙之梅整理本《袁昶日记》："过仲弢，观所新得《龙藏寺》旧拓，殊佳，戈磔转折处纤毫毕露，皆具隶意，每作一画，纵横偃仰，劲如掘铁，奇绝！奇绝！古人制作不苟，是真能敛豪放于精严者。唐中叶以后梦不到此。"（762页）

十一月初一日（12月3日） 赴宜胜居王彦威招饮，李慈铭、王颂蔚、王仁东、沈曾植、沈曾桐、徐定超在座。

《越缦堂日记》："夜赴宜胜居弢夫之饮，坐有王芾卿、王旭庄、

子培、子封、班侯、仲弢,谈至二更后归。"(第16册《荀学斋日记》癸集上,11901页)

十一月十一日(12月13日) 下午,李慈铭来访。

《赵缦堂日记》:"下午,诣爽秋不值。诣王可庄、黄仲弢,俱晤,谈至晚归。"(第16册《荀学斋日记》癸集上,11908页)

十一月十五日(12月17日) 午,赴潘祖荫招饮,叶昌炽、王颂蔚、黄国瑾、李文田、盛昱、王懿荣、王仁堪、冯煦、刘岳云在座,同观埃及古碑等碑刻。李慈铭来访。

《缘督庐日记抄》:"郑盦丈招饮,并观《埃及古碑》《红厓古字》《唐吐蕃会盟碑》及日本、高丽各刻,同坐者芾卿、再同、李芍农学士、盛伯希祭酒、王廉生、王柯庄、黄仲弢、冯梦华太史、刘佛青主事,畅饮至未刻。"(民国二十年上海蟫隐庐石印本,卷五,第31叶,11901叶)

《越缦堂日记》:"盛伯希来,仲弢来,王可庄来。"(第16册《荀学斋日记》癸集上,11915页)

十一月十八日(12月20日) 以所藏旧拓《隋龙藏寺碑》借黄再同品赏,叶昌炽见之,称其为平生所见第一。

《缘督庐日记抄》:"再同从黄仲韬太史处携示旧拓《龙藏寺碑》,神采奕奕,为平生所见第一。再同亦有一旧拓,较之已损九十许字。"(卷五,第34叶)

十一月二十五日(12月27日) 李慈铭来函,约后日夜饮。

《越缦堂日记》:"写柬致夏槐清、王可庄、王芾卿、胡枚良、仲弢、子培、劬庵,俱约后日夜饮,并作书约书玉、介唐。"(第16册《荀学斋日记》癸集上,11919页)

十一月二十七日(12月29日) 赴李慈铭招饮,夏宗彝、王仁堪、王颂蔚、沈曾植、庞鸿书、吴讲等在座。

《越缦堂日记》:"夜宴客于轩翠舫,二更始散。"(第16册《荀

学斋日记》癸集上,11920—11921页)

十一月　宴集松筠庵。

孙之梅整理本《袁昶日记》:“戊子十一月,同社燕集松筠庵,座中可钦瞩者,惟芍老意趣坚韧一线,中弢气敛,子培清隽,余客是非锋起,既不切日用,尤苦无结束。”(771页)

十二月初一日(1889年1月2日)　晚赴杨崇伊招饮,鲍临、吴讲、王彦威等在座。

《越缦堂日记》:“傍晚赴杨莘伯招饮,坐为敦夫、介唐、书玉、介夫、弢夫、仲弢,肴馔甚精,清谈弥畅,夜二更始归。”(第16册《荀学斋日记》癸集上,11929页)

十二月初五日(1月6日)　访叶昌炽,转述沈曾植的观点:新出《苏慈墓志》为伪刻。

《缘督庐日记抄》:“黄仲弢太史来,述沈子佩言,以新出《苏慈志》为伪刻,且力辨之。”(卷五,第41叶)

《袁昶日记》十一月十五日:“同州莲读如辇勺今大荔县《随洪州总管苏慈墓志》新出土,史第著其字曰苏孝慈,石不著撰书人,姓名一似殷令名笔也。子培谛审以为刻浅笔平,与隋唐碑版镵石深刻、画势峭劲、中含箭锋者大异,决为赝作,非《元公》《姬氏》比也。”(《沈曾植年谱长编》,99页)

十二月　致沈曾植函,论苏慈墓志的真伪问题:

“旧拓刁遵志残本,敬求赐假一阅,明日即缴。昨兄断苏志之伪,可谓详尽矣。弟亦举一证质之执事。第廿八行‘乐邑’二字与通篇形质神气迥然不合,断非后人所能伪,不待明者而知。盖唐前石刻间或缺字待补,亦有径不补者。葬地缺字似曾有之,弟少见善忘,容俟查考。篆额衔名一行,别一人书,则莫氏《经眼录》尝言之。某某里唐前碑志见者甚多。此志刻时因葬地未定,空二字后乃别使一人补之,故字迹迥别。当时若使补字之人书志则一览了然,断不致今日之聚讼,然若使书志之人一手补完,则见仁见智,永无定论矣。此说自谓得闲,恐仍不足以移执事之真见,望与季公略一参之,何如?子培四兄同年。弟绍箕顿首。”(2021年泰和嘉成春季艺术品拍卖会,拍品号1080)

十二月初六日(1月7日) 赴潘祖荫招集,与李文田、孙家鼐、黄国瑾、王懿荣、沈曾桐、沈曾植、高万鹏等在座。

《潘文勤日记》:“招若农、緦臣、再同、廉生、小宇、子封、子培、仲弢、抟九来同坐。”(《沈曾植年谱长编》,100页)

冬 康有为上书光绪帝万言不达,与沈曾植皆劝其勿言国事,宜以金石碑版自遣。康有为遂日读碑,著《广艺舟双楫》。(《康有为全集》第十二集,164页)

是年 康有为来函。

“顷颇能自遣不?亡篆之余,读何书也?庄生所谓‘人之生也,与忧俱来’,中年惕哀,正复不免。若未能自解,以《内典》《传灯录》等书破之亦佳,不能遽斥为淫声美色也。仆尝谓词章如酒能醉人,汉学如饾饤能饱人,宋学如饭能养人,佛学如药能医人。此论公以为然不耶?兄天性笃挚,好善如不及,诚忠臣、孝子之基也。然牵于世网太深,亦少刚拔坚毅之气,务于近时学问议论,名誉太熟,而少破弃。凡近养心养气之功,我辈皆然,率由鞭策不紧之故也。佛以戒为第一功德,住处能持净戒,则能生诸禅,定寂灭。若智慧,人能从其戒,是先有坚定金刚志矣!由是加教,岂不大易?故多负荷之人。若儒教,欲涵濡以《诗》《书》,陶融以《礼》《乐》,靡广以学问,不知托身于名誉、富贵、宫室、妻妾之中,嗜欲繁生,谈何容易?拔而出之,其难成也固矣。所以然者,儒之敷五教在宽,佛之持八戒尚严。今若不由戒定入,而欲剪除荆棘,荡决薮泽,其亦难矣。刘元城、陈了翁诸公于此道颇有得,故能卓卓有立。朱子于此道所得实不浅,不过五十后弃之耳!公学纯乎儒,仆敢以此说进者，亦所为药笼中之物，非欲公常服之，但藉大黄消泻其积滞。亦一谓仆若迟出山数年，修炼精悍，当更有成。今失良友，将来入山，未审若何，故于足下不能无眷眷也。吾子亦精神未紧，骨髓未坚，由世故太深，无人摩厉之故。抑吾子智者也，不能以常理测之，愿稍破常格，无为含蓄虚隐，而后彼此得尽无隔阂之虑。大约世变不同，今非以出世心，行入世事不得。虽禅者说，正不得以异教论，不然，终为依阿世故之人。非可置于铁轮顶上旋者。非足下达识，不敢竭也。"(《康有为全集》第一集，188 页)

是年秋冬之间 张之洞在两广总督任上来函，并寄新会橙。

"上月记曾布一缄，未得复书，殊为驰系。昨附贡使寄去新会橙百枚，当已达。此物岭南岁贡，涉春尤佳，如以为可餐，当续致之。闻尊公请假归里，约何时可还？示慰为幸。家嫂言上次有书致侄女托买物，未得报，甚念！洞孱躯撑柱，政事毫无进境，文武两闱接踵赶办，益增烦冗。自问于当世大计一无补益，终日无聊。政如考生勉强完场，有何文情文兴？近日粤事愈多棘手矣！人便，草沏数语，敬问贤伉俪安好。仲弢翰林贤侄婿阁下。洞再拜。

可庄殿撰出都时，寄惠王文靖、钱香树书迹各一。月初电金陵候谢，则轺车已行矣。此科江南发题极佳三场题无不佳妙，名手如林，闱墨尚未见，不知有用《公羊春秋》说《论语》者否？主司之意当在于此。刻下想还京，晤时望代致谢，报书俟续寄。洞再拜。

再，《共学》《唐棣》两章，自是经师章句，偶未离析，注家遂以当思其'反'为'义'，其实'反'当读若'平反''反切'之'反'，'偏反'即后世语'翩翻'，犹'咥其笑矣''暵其干矣'。孔子读《唐棣》而发'何远'之义，撰记《论语》者，因录诗文于前。《左氏春秋》说所谓'先经以起义，如《才难章》先书舜臣、武臣两事之例也'。注说适与《公羊》'权者反，经合道'之语合。故公羊家援此为佳证，藉此以觇学子有无能通《公羊春秋》者，诚是精心妙想。若《论语》本旨似不如分作两章说之,简易而得理也,商之贤者,以为何如? 洞灯下再书。"

是年 袁昶为谱主所藏《跨虎仕女图》题句,曰:"天风驾泠泠,崟阳云一丝。毛女谁唤起? 横吹碧参差。青林瑶阙闲,凌鞚将何之? 璆然明月佩,解之欲遗谁? 毋乃画工献,寓兴七发词。玉笙坐两头,后庭青蛾眉。洞房施锦茵,是伏蹶痿机。谁餐矾石散,狎虎相抵巇。又疑参同家,取兑不用离。姹女炼黄芽,妙诀容成遗。丹成腾汗漫,金虎骖素威。二说皆幻想,可取摧烧之。思惟道胜者,见境而不移。白虎为我瑟,苍龙为我篪。摒落诸外道,驯以四威仪。三机方电掣,且须守其雌。偶现华鬘相,萧然出尘姿。神藏藕丝孔,气慑深丛罴。黄子搜秘素,渺然健抽思。中士嗤捉搦殷芸小说,仙真助掸持。吾言亦戏耳,试诘无言师。"(《安般簃诗续钞》戊,商务印书馆,1937 年,92—93 页)

光绪十五年　己丑（1889）　三十六岁

正月初一日（1月31日）　入太和殿朝贺。

《越缦堂日记》："昧爽、介唐侍讲来贺，遂同入内，进东长安门，有风颇寒。辰正，上御太和殿受贺，偕介唐依五品山立。巳初散班，偕介唐及可庄修撰、仲弢编修俱诣内阁直房小憩，巳正出东华门，坐车归……《己丑元日太和殿朝贺恭纪二首》。"（第16册《荀学斋日记》癸集下，11947页）

正月初六日（2月5日）　与盛昱、叶昌炽小集。

《缘督庐日记抄》："偕再同出前门至关帝庙求签，颇吉，旋至厂肆购《雷塘弟子记》一部、林鹿原《朴学斋集》一部。归遇盛伯希、黄仲弢，同赴市楼小酌。伯希言房山之胜，云居寺石刻之多，不可不游；又云涿州亦多古刻；又云新得一古镜，背有篆书'心思美人，无忘大王'八字。"（卷五，第47—48叶）

正月十二日（2月11日）　生日，李慈铭来贺，馈酒烛桃面。

《越缦堂日记》："诣仲弢，亦以今日生日馈酒烛桃面。"（第16册《荀学斋日记》癸集下，11956页）

正月十三日（2月12日）　赴琉璃厂书肆，晤沈曾植、沈曾桐、李慈铭。

《越缦堂日记》："午饭后挈僧喜诣弢夫，同游厂肆，入翰文斋，晤子培、子封、仲弢诸君，久坐畅谈，至晡后入火神庙。"（第16册《荀学斋日记》癸集下，11956页）

正月十四日（2月13日）　访李慈铭。

《越缦堂日记》："仲弢来。"（第16册《荀学斋日记》癸集下，

11957 页)

正月十五日(2 月 14 日) 招同人元宵雅集,李慈铭、王彦威、沈曾植、沈曾桐、袁昶在座。

《越缦堂日记》:"晚偕弢夫、子培、子封、爽秋诣仲弢家,赴元夕之饮,僧喜亦与其末。夜二更后归。"(第 16 册《荀学斋日记》癸集下,11957—11958 页)

《袁昶日记》:"夜,中弢招饮。予最畏朋游宴集,不胜疲苦,虽座皆知旧亦尔。"(《沈曾植年谱长编》,101 页)

正月十八日(2 月 17 日) 赴冯煦招饮江苏会馆,与李慈铭、袁昶、沈曾植、沈曾桐、王颂蔚、刘岳云在座。

《越缦堂日记》:"午诣北半截胡同江苏会馆,赴冯梦华编修之饮,坐有爽秋、子培、子封、仲弢、芾卿、刘繖卿,谈至晡后归。"(第 16 册《荀学斋日记》癸集下,11962 页)

正月二十日(2 月 19 日) 赴潘祖荫招饮,与王懿荣、张度、刘岳云、王颂蔚、黄国瑾、沈曾植、沈曾桐、许玉瑑、李文田、王仁堪、叶昌炽、汪鸣銮、冯煦等在座,见盂鼎及新出土大小克鼎及中师父鼎诸铜器。饭后与王颂蔚、冯煦、叶昌炽、江标至沈曾植寓所,观所藏《陈茂碑》《高植墓志》等拓本。

《江标日记》:"晨起即出门。至可庄师处,坐片时始归,见谭小坐即出。回寓后,适郑盦尚书招饮,即至米市胡同,两席已坐满,王廉生懿荣、张叔宪度、刘佛卿岳云、王苐卿颂蔚、黄仲弢绍箕、王〔黄〕再同国瑾、沈子佩曾[植]、沈子封曾桐、许鹤巢玉瑑、芍农师、可庄师、菊常师、郎丈、许□□,尚有四人不知何姓名矣。见盂鼎及新出土大小克鼎及中师父鼎诸陶[铜]器。饮毕,至沈子佩兄弟处小坐,见旧拓《高植墓志》精甚。"(350 页)

《缘督庐日记》:"晴。郑盦丈招饮,先造芾卿寓略谈,联车赴之。见郎亭、廉生、梦华、仲弢、可庄、佛卿、建霞。席散,偕芾卿、仲弢、梦华同造沈子培昆仲寓，观所藏隋《陈茂碑》，有赵晋斋藏印……又观《高植志》原石拓本，有名元春者，录田山姜诗于空处，‘大魏神龟’四字尚未全蚀，笔力雄厚，与翻刻迥异。”(《沈曾植年谱长编》，102 页)

正月二十二日（2 月 21 日） 晚赴刘家立雅集，与袁昶、沈曾植、王彦威、徐琪在座。

《袁昶日记》：“晚集建伯斋中夜谈，二弢、沈、徐四君皆在焉，三更归。”(《沈曾植年谱长编》，102 页)

正月二十四日（2 月 23 日） 与李慈铭、吴讲、孙诒经、徐用仪、濮子潼、徐琪、沈曾植等同入内行礼。晚上，赴万福居小集，李慈铭、袁昶、王仁堪、王仁东、沈曾植、沈曾桐、王彦威、徐定超在座。

《越缦堂日记》：“四更起，盥漱，子培来。五更，介唐来，偕入正阳门，进东长安门，已昧爽矣。夹道新列双喜字灯，绛烛犹晃。入东华门，道中列峙波黎龙凤灯，直接乾清。天明，烛已尽息，朝官毕至，偕诸子立谈殿陛间。卯刻日出，宫门悬彩，五云四映，观迎皇后妆奁。先以四亭黄绸罥之，皆首饰服玩之属；次以陈设之具，凡一百舁；最后为大镜屏两架。自古铜彝器、白玉瓶盂、碧玉檠合以外，镜奁几案之物，大率如民间；卓倚〔桌椅〕箱厨，皆粤中所制，紫檀文木，不加雕饰。闻明日尚有百舁，则匡篋、帷幕、床帐类矣。辰刻谢恩折始发下，偕同乡孙子授、徐小云两侍郎及紫泉、花农、仲弢诸君三十余人向乾清门行礼，毕，出景运门，诣太和殿，观演筵宴礼。钟磬在悬，乐舞毕具，惟琴瑟仅具虚器而已。出东华门，偕诸子饮聚丰堂……晚诣万福居，赴爽秋、班侯、子培、子封、弢夫五君之招，坐有可庄、旭庄兄弟、仲弢，夜一更后归。”(第 16 册《荀学斋日记》癸集下，11975—11976 页)

《袁昶日记》：“晚同莼老、可庄、仲弢、子培、子封、弢夫、班侯

小集。”(《沈曾植年谱长编》,102 页)

正月二十六日(2 月 25 日) 赴李慈铭寓,与同人赴内廷观光绪帝大婚礼。

《越缦堂日记》:“晴,大风,寒甚。仲弢来,子封来,弢夫、班侯、佩蕙来。午同入宣武门,至西长安门下车,进天安门,端门风劲甚,门内陈列凤舆及黄帷车三,册亭、宝亭各一,奉迎伞扇旌旗灯仗之属。进午门、太和门。上御太和殿受贺,毕,遣大学士额勒和布、尚书奎润持节迎后,王公大臣、庶僚扈从者数十人。偕子培、子封、仲弢、弢夫、旭庄、班侯、莩庭憩于会典馆。风益甚,王廉生送肴馔一品鼾。晚小饮,旭庄邀憩内阁直房。晤连聪叔,屋窄人众,不能容膝,竟夕剧谈。至丑刻,由太和门左出午门,小憩工部朝房。寅刻,皇后凤舆至,前列画凤玻璃灯数十对,马百余匹,午门鸣钟迎入乾清门。复偕诸子坐内阁直庐,待旦而出。”(第 16 册《荀学斋日记》癸集下,11979—11980 页)

《缘督庐日记》:“阴,大风。再同约赴内廷观大婚礼……是日观者甚众,见仲弢、子佩昆季、李仲约少詹、端木子畴中翰。”(《沈曾植年谱长编》,102—103 页)

《江标日记》:“晨起,即午饭。同子涵、张子虞预、褚伯雅成博、朱子修坐车至西长安门,步行进端门,再进太和门,适以火灾后未及重造,皆以布搭竹木伪为之。上太和殿,见中设龙坐,坐前台基下设立一案,上安一节,以黄绢作桶式蒙之。左案陈金册,以黄绸袱盖之;右案设金宝,亦以黄绸盖之。殿上皆铺花毡毯,甚敞。自殿楹下起直至大清门中道,皆铺棕毯。此时殿上下至端门,观者如堵,孩童仆侍戴大冠者,皆得进看。须臾,听鞭爆声甚远,知皇上至慈宁宫行礼。稍定,殿上官哄间人下殿,余与子涵立殿东廊下静候。忽听乐作东廊下,知皇上即升殿,赞礼郎作满语,静鞭三响,蒙古王公俱西上立殿,廷下行九叩首礼。殿上作满语,读册文毕，敕正副使持节跪，并册宝。下殿，乐复作，皇上已进内矣。皇上坐后一御前大臣，西首一御前太监，皆立，馀无一人也。与子涵随节出端门，立西首，见正副使坐朝马前行，排设仪仗，继设五辂，系三车，皆驾以马。两轿并行，皆黄缎织云象，甚轻薄。辂后排列掌扇数十，皆花绣。再后皆提明角宫灯百馀，又明角手灯百馀，灯尽，金提炉十馀对。毕即凤舆，以二十馀人穿红袖袍抬之。舆亦用黄缎，左右有绿纱窗可启，制不甚大。舆后随马十馀匹，过毕，一无所有矣。仪仗之后，尚有两黄亭，即抬册宝者。大婚典礼不易逢之，此次适得见及，亦一快事，故特详记于此。"(351—352 页)

正月二十八日（2 月 27 日） 李慈铭来柬，约二月初二日宴。

《越缦堂日记》："书柬帖二十余事，分致同人，约初二、初三分日宴客，皆以酬去年为寿雅意也。"（第 16 册《荀学斋日记》癸集下，11980 页）

正月二十九日（2 月 28 日） 晚，过李慈铭谈。

《越缦堂日记》："弢夫、仲弢来夜谈。"（第 16 册《荀学斋日记》癸集下，11984 页）

二月初二日（3 月 3 日） 晚赴李慈铭寓饮，与庞鸿书、杨崇伊、王仁堪、王仁东、刘家立、刘家荫、殷萼庭、徐定超、张预、杨晨、王彦威、濮子潼、吴品珩、沈曾桀、沈曾植、徐琪等在座。

《越缦堂日记》："傍晚，邀劬庵、莘伯、可庄、旭庄、建伯、樾仲、萼庭、班侯、子虞、定甫、弢夫、仲弢、紫泉、佩葱、子承、子培、子封、花农集寓斋，张灯设饮，惟子封以事不至，胡枚良自通州来，亦留之饮，至夜二更后散。"（第 16 册《荀学斋日记》癸集下，11986 页）

二月初四日（3 月 5 日） 江标来访。

《江标日记》："午后出门拜黄仲韬太史绍箕，即至琉璃厂。"（353 页）

二月初八日(3月9日) 赴王懿荣、黄国瑾之招饮松筠庵,与李文田、王仁堪、刘恩溥、张人骏、盛昱、袁昶、沈曾桐、王仁东、冯文蔚、王锡藩、叶昌炽、汪鸣銮、江标在座。

《江标日记》:"晨起出门,拜叶听松增涛,即出城至松筠庵,赴王廉生、黄再同之招,同坐李、王二师外为刘博泉恩溥、张安圃人骏、盛百熙、袁爽秋昶、沈子封、王旭庄仁栋、冯联堂文蔚、王济桥锡藩、黄仲弢绍箕、叶师、郎丈同坐谏草堂额为何子贞篆,即杨椒山先生故宅。"(354页)

二月十三日(3月14日) 诣老墙根吊唁刘家立、家荫兄弟,晤袁昶、李慈铭。

《越缦堂日记》:"诣老墙根唁刘建伯、樾仲兄弟,晤爽秋、仲弢小坐。"(第16册《荀学斋日记》癸集下,11996页)

二月十四日(3月15日) 招同人雅集,与文廷式、张謇、王仁东、吴保初、郑孝胥等在座。出示《隋龙藏寺碑》《隋河东舍利塔》等拓片。

《郑孝胥日记》:"午后,赴仲弢之约,在坐者芸阁、季直、旭庄、彦复等。仲弢出示《龙藏寺》佳拓,及《隋河东舍利塔》尤佳。"(第一册,136页)

二月十八日(3月19日) 赴王颂蔚之饮,李慈铭、袁昶、沈曾植、沈曾桐、冯煦在座。

《越缦堂日记》:"晚诣万福居赴芾卿之饮,坐为爽秋、子培、子封、梦花、仲弢诸君。夜二更归。"(第16册《荀学斋日记》癸集下,12001页)

二月二十日(3月21日) 与陈冕、叶昌炽襄助潘祖荫校《通鉴辑览》,得观青铜拓本及埃及古文字,并云近购得吴式芬家藏金器拓本百余通。

《缘督庐日记抄》:"复造郑盦丈处校《通鉴》一卷,陈冠生殿撰、黄仲弢太史亦来助校。郑盦丈见贻新得□鼎拓本一通出示，古铜造像共数十龛，皆六朝、唐时物，精妙不可思议。又见埃及古文，其石在法国巴黎斯城，高不可拓，以影照法缩于片纸。其文有如鸟者，有如兽者，有如刀者，有如弓矢者，皆三代以前象形字……仲弢云，以京钱五千文得吴子苾家金器拓本百余通。”（卷五，第54叶）

二月二十五日（3月26日） 江标来访，不值。

《江标日记》：“晨起，未为一事。午后出门，拜黄仲弢，不值。见王旭庄仁东、黄叔雍绍第，戊子同年。”（360页）

二月二十九日（3月30日） 邀同人至长椿寺雅集，祝盛昱、沈曾植四十岁生日，与王懿荣、沈曾桐、陈与冏、王彦威、张华奎、王仁堪、王仁东、郑孝胥在座。

《郑孝胥日记》：“午后，黄仲弢邀至长椿寺，在坐者盛伯希、王莲生、沈子培、子封、陈弼臣、王弢甫、张蔼卿及可庄、旭庄。是日为伯希、子培四十初度。”（第一册，138页）

二月 因恭办光绪皇帝大婚典礼保奏加侍讲衔。

《清代官员履历档案全编》：“因恭办大婚典礼保奏加侍讲衔。”（第五册，632页）

三月初四日（4月3日） 李慈铭来函。夜访郑孝胥，同观《石鼓》《圣教序》拓片。

《越缦堂日记》：“作书致仲弢。”（第16册《荀学斋日记》癸集下，12019页）

《郑孝胥日记》：“夜，黄仲弢来，观《石鼓》《圣教序》。”（第一册，138页）

三月初九日（4月8日） 李慈铭来访，不值。

《越缦堂日记》：“诣潄丈、仲弢乔梓，诣花农，俱不值。”（第16册《荀学斋日记》癸集下，12024页）

三月十五日(4月14日) 过李慈铭。

《越缦堂日记》:“黄仲弢来。”(第16册《荀学斋日记》癸集下,12027页)

三月十六日(4月15日) 赴王仁堪邀饮,郑孝胥在座。

《郑孝胥日记》:“(会试)出场,归已暮。可庄邀饮,仲弢在坐。”(第一册,138页)

三月十九日(4月18日) 访宗源瀚。

《宗源瀚日记》:“晴,无风。午前张安圃来谈许久。午后黄仲弢编修绍箕来谈。仲弢在京有文名,人亦温栗,爽秋云其心术甚厚也。”(《宗源瀚日记》(凤凰出版社,2020年版,195页)

三月 与王仁堪过袁昶寓,观宗源瀚旧拓本《刁遵墓志》。

孙之梅整理本《袁昶日记》:“宗湘翁旧拓《刁遵》在敝斋中,欲观者多,今夕可庄、中弢往过,政如村老园内忽生异花,虽罗浮老蝶,亦寻踪而至,可发一笑。”(797页)

三四月间 致函周珑、周拱藻兄弟。

“伯龙、仲龙两弟足下:去秋闻捷音,为之距跃三百。发春扫榻以待,叔弟到,始知从者暂未北来。今秋伯弟得科,明春同应会试,得一叙积年契阔,尤所望耳。比维舅母大人起居康健,阖潭佳胜如恒,定如臆祝。吾邑公车中试文,已见者小木姻丈、叔林表弟,文均极佳。翰臣文平稳,舍弟亦可望,馀均未见。首二场闱题颇好。仲容世叔不来,殊可惜也。杨仲愚事,部中札学政提全案,颇费周折。此事当时详册系缘事饬审,向例缘事斥革者,开复时须详叙案由,若但注饬审则否,部札改饬审为斥革,词气甚厉,显系有意挑剔。连日家君及兄均与瞿子久学士晤商,瞿学士云,拟函致潘峄琴前辈,乞其向温州府取一详文,据以覆部。府详内只说当时平邑童生杨某因寓中失窃,向典史衙门勒赔,互相口角。廪生杨某等不能约束,暂行斥革。嗣绅士某等呈称杨某等绩学能文云云,覆查是实,详请开复大意如此,丝毫不及闹考。瞿学士虑潘峄翁向府取详文,府中或游移推诿,乞家君致函。福郡尊刻甚忙,又此信须觅妥人方可寄,祈先将上情节密告仲颂世叔,托妥人在府中打听,如潘学院果有意嘱府具详,必须设法成全为妙,但万万不可声张,至要至要!此须部札,极可诧异,窃疑是彼教作祟,礼部仪制司詹辅廷鸿谟正当事,系彼教同乡雅故也。几事不密则害成,即仲愚等并不使知亦无妨,俟办成再告之也。桐侄将来必成大器,须善教之。家君自到京后,一切安好。兄旧恙时偶一发,但眠食如常,当无大碍。近应酬颇多,又考差在迩,不免为抱佛脚之计,草草不及多述。肃请侍安。兄绍箕顿首。舅母大人前祈叱名请安。姨母大人钧安。"(《黄绍箕集》,336—337 页)

按,信中提及"吾邑公车中试文,已见者小木姻丈、叔林表弟",小木指王岳崧,于光绪十五年中进士,故此书作于是年。又提及"首二场闱题颇好"和"考差在迩",会试在三月,"考差"一般在四五月,故将此札放在此处。

四月十九日(5 月 18 日) 过李慈铭。

《越缦堂日记》:"仲弢来,心云来……是日闻散馆,阅卷为尚书李鸿藻、潘祖荫、孙毓汶侍郎……"(第 16 册《荀学斋日记》癸集下,12063 页)

四月三十日(5 月 29 日) 赴冯园雅集,与李慈铭、王彦威、王仁堪、王仁东、黄绍第、沈曾植同游。

《越缦堂日记》:"弢夫来时日加辰,偕出广宁门……午抵小屯邨,园外榆柳成林……可庄、旭庄兄弟及仲弢、叔容、子培俱已至。历览园中草木,循畦入篱,佳趣无尽。日昳设饮,至晡罢酒。"(第 16 册《荀学斋日记》癸集下,12071 页)

五月初十日(6 月 8 日) 与黄绍第邀赵冲甫为李慈铭谈相。

《越缦堂日记》:"仲弢、叔容兄弟邀一善相者——闽人赵冲甫

来,为余谈相,心云同来。”(第16册《荀学斋日记》癸集下,12080页)

五月十二日(6月10日) 赴李慈铭招饮,与黄绍第、王彦威、陶浚宣等在座。

《越缦堂日记》:“夜治馔请塾师及仲弢、叔容、蔡臞客、陈孝兰、胡伯荣、弢夫、心云饮斋中,至夜三更散。”(第16册《荀学斋日记》癸集下,12083页)

五月二十一日(6月19日) 鲍临、王仁堪分别出任福建、广东乡试副考官,即将出京,与同人公饯于长椿寺,与李慈铭、王彦威、徐定超、王懿荣、王仁东、冯煦、王颂蔚、袁昶、沈曾植、沈曾桐、叶昌炽在座。

《越缦堂日记》:“上午诣长椿寺,偕弢夫、仲弢、子培、班侯,同饯敦夫、可庄也,廉生、旭庄作陪客。子培、子封兄弟更偕爽秋、芾卿、冯梦花作一筵亦饯敦夫、可庄。而别有它客两席,偕设于西廊。日晡酒毕,入佛殿观明孝纯刘后画像。”(第16册《荀学斋日记》癸集下,12089页)

《越缦堂日记》五月十二日:“邸钞:命宗人府府丞徐致祥江苏嘉定,庚申为福建正考官,编修鲍临浙江山阴,甲戌为副考官。内阁学士李端棻贵州贵筑,癸亥为广东正考官,修撰王仁堪福建闽县,丁丑为副考官。”(第16册《荀学斋日记》癸集下,12083页)

六月十二日(7月9日) 父署都察院左副都御史。

《越缦堂日记》六月十二日:“邸钞:命通政司使黄体芳、太常寺卿钱应溥俱署理都察院左副都御史。”(第16册《荀学斋日记》癸集下,12106页)

六月十五日(7月12日) 过李慈铭。

《越缦堂日记》:“仲弢来。”(第16册《荀学斋日记》癸集下,12108页)

六月二十七日（7月24日） 赴先贤祠雅集，为黄遵宪、郑孝胥、文廷式饯行，与张华奎、沈曾植、王仁东、袁昶在座。

《袁昶日记》："与霭青、子培、旭庄在圻辅先贤祠置酒，为黄、郑、文三君饯行，中弢亦在坐。诸君各出难端，是非蜂起，多有名言。然名言信美矣，犹滞于象数形名，未若微言之有味也。吾尤佩子培之能微言也。"（《沈曾植年谱长编》，108页）

六月二十八日（7月25日） 李慈铭为黄绍第画扇面，题诗，并致函谱主，谱主复之。

《越缦堂日记》："为黄叔容绍第扇面画'倚杖柴门外，临风听暮蝉'诗意，略用黄鹤山樵兼石田法，作两童叟尤有意……更为叔容扇面书昨诗，即作书致仲弢送去，得复。"（第16册《荀学斋日记》癸集下，12121页）

六月 访袁昶。

孙之梅整理本《袁昶日记》："仲弢过舍，云苏龛有叔祖工草隶八分，临池有数十年之功，殊有所得。"（812页）

七月初三日（7月30日） 过李慈铭。

《越缦堂日记》："仲弢来。"（第16册《荀学斋日记》癸集下，12124页）

七月初八日（8月4日） 与父及王仁堪等谋为李慈铭捐试俸，考御史。李慈铭嘱王彦威转告谱主等打消此议。

《越缦堂日记》："弢夫来，言漱丈、仲弢乔梓与可庄、敦夫谋为余捐试俸，为考御史地。向例进士补官无试俸，荫生及捐纳者则有之……昔年伯希、仲弢、介唐、可庄、子培、弢夫诸君已有此议，余力止之。今诸君不以告余，先自集赀，俟今日试差已竣，即具呈户部……坚属弢夫为告漱丈、仲弢，亟寝此议。"（第16册《荀学斋日记》癸集下，12128—12129页）

七月初十日（8月6日） 馈李慈铭鲜荔枝一盒。

《越缦堂日记》:“仲弢馈鲜荔枝一合。”(第16册《荀学斋日记》癸集下,12132页)

七月二十五日(8月21日) 将张荫桓从美国寄回的古埃及石刻三方交给潘祖荫。

《潘祖荫日记》:“仲韬交到樵野寄石三方。”

《潘祖荫日记》:“七月二十四日戊辰,樵野埃及不到。”

潘祖荫藏翻刻古埃及卡诺普斯碑圣书体拓片,左侧有刻款:“埃及石碑同治五年出土,光绪十五年二月南海张太仆得之美利加华盛顿博物院,寄赠吴郡潘大司空鉴藏。刑部郎中崇安彭光誉记。”

八月十五日(9月9日) 往访李慈铭,晡后李慈铭回访。

《越缦堂日记》:“仲弢来……晡后复出门,答陆莲史,又至槐市斜街答仲弢而归。”(第17册《荀学斋日记》,12182页)

八月二十日(9月14日) 父亲生日,李慈铭、王彦威等来贺。

《越缦堂日记》:“上午拜漱兰通政生日,馈酒两坛、烛一对。漱翁留小饮,出近日所上言开铁路借洋债利弊疏,通计近年所借洋款本利之数,户部筹还之期,限各省厘金、洋税之出入,其言至为详尽,有旨该衙门知道。该衙门者,盖海军衙门、总理衙门及户部也。”(第17册《荀学斋日记》,12187页)

《王彦威日记》:“今日为李若农、黄漱兰师生日,晨起赁舆诣署,巳刻散衙。先诣若师,次诣漱师,越曼先生亦至,遂留午饭。席间漱师以昨日所上折子稿见示,盖为铁路发也。大略谓铁路之事,朝廷自有权衡,臣亦不敢妄议,惟洋款则万不可借。自光绪十一年起共借洋款二千一百万,连年所还已不下千万,而结款尚须二千万之数,盖利息甚重,虽陆续拨付,但了本年之利,于成本仍一豪不动,以二十年为期,至光绪三十年方始清款,若再商借,则

中国利源有限，将何以应其求，恐利未见而害已随之云云。是真言人所不敢言者矣。”（17册，695页）

八月二十一日（9月15日） 往访李慈铭。

《越缦堂日记》：“仲弢来。”（第17册《荀学斋日记》，12190页）

八月二十二日（9月16日） 往访王彦威。

《王彦威日记》：“黄仲弢来。”（17册，696页）

八月二十四日（9月18日） 王彦威拟为友人谋书局一席，与谱主协商。

《王彦威日记》：“得䓲五书，知范聘席调帘到省，䓲五相从到济南，顷寓子沅处，属谋书局一席，因往与仲弢商之。”（17册，702页）

九月初三日（9月27日） 在温州会馆，王彦威来访。

《王彦威日记》：“诣温州馆，晤孙伯陶、黄仲弢。”（17册，721页）

九月初四日（9月28日） 赴王继香招集畿辅先哲祠，李慈铭、潘遹、王彦威、沈曾植、沈曾桐等在座。

《越缦堂日记》：“子献邀饮畿辅先哲祠。上午赴之，僧喜随行，坐有伯循、弢夫、子培、子封、仲弢，坐绿胜龛小憩。下午，饮于北学堂。晚，步过一花厂前，偕诸君看落霞，望西山，殊有佳致，夜归。”（第17册《荀学斋日记》，12198页）

《王彦威日记》：“午诣子献之招于畿辅先哲祠，莼师、仲弢、潘伯循、子培、子封、杨宁斋同坐。”（17册，721页）

九月初七日（10月1日） 徐定超母金太恭人六十寿辰，谱主为之篆书六十寿序屏。序为李慈铭撰，屏十二幅，每幅六行，行十四字。书法浑厚遒劲，直追冰斯，时人称其为篆书杰作。

《越缦堂日记》：“诣温州馆拜班侯太夫人寿，即归。”（第17册《荀学斋日记》，12199页）

《王彦威日记》：“班侯太夫人六旬开贺，邀往陪客，晨赴之，旁

晚孩子伯沄亦到,入夜而归。”(17 册,722 页)

九月初八日(10 月 2 日) 王彦威来访。

《王彦威日记》:“晨起诣署,巳刻散衙,访徐亚陶年伯,乞画《秋灯课诗图》。访沈鹿苹,不值。访王芾卿、曾君表、黄仲滔、张次青,均晤。”(17 册,722 页)

九月十四日(10 月 8 日) 赴下柳门之招,与王仁东、王彦威同坐。

《王彦威日记》:“午在潄兰师处饭。出赴卞柳门之招,仲弢、旭庄同坐。”(17 册,724 页)

九月十七日(10 月 11 日) 赴陶然亭徐定超之饮,与李慈铭、沈曾植、沈曾桐、王仁东、吴品珩等在座。

《王彦威日记》:“午赴班侯之招于陶然亭,越师、子培、子封、旭东(庄)、仲弢、佩蕙同坐。”(17 册,725 页)

《越缦堂日记》九月十八日(10 月 12 日):“弢夫来,午偕诣陶然亭,赴徐班侯之饮,坐有子培、子封、旭庄、仲弢、吴佩蕙、沈伯祥,肴馔甚精,谈谐致畅,流连至日落而归。”(第 17 册《荀学斋日记》,12210 页)

九月十八日(10 月 12 日) 赴畿辅先哲祠姐弟张黄楼、白泉之招,与父亲、王彦威、温州同乡在座。

《王彦威日记》:“晚诣畿辅先哲祠,赴张黄楼、白泉之招,潄师及温州诸君同坐。”(17 册,725—726 页)

九月二十三日(10 月 17 日) 王彦威来访,偕往祝潘河阳尚书夫人生日。夜赴袁昶小集,沈曾植、沈曾桐、张预、缪祐孙、吴品珩、徐定超在座。

《王彦威日记》:“晴。晨起诣署,巳刻散署,诣徐亚陶年伯谈。出顺治门诣班侯小坐。诣仲弢,告以潘河阳尚书师夫人生日,偕往贺之。出诣君表、子培谈归寓。”(17 册,727 页)

《袁昶日记》:“夕招子培昆季、仲弢、子虞、柚岑、佩璁、班侯小集。二更散。”(《沈曾植年谱长编》,113页)

九月二十八日(10月22日) 李慈铭来函。

《越缦堂日记》:“作书致仲弢,取浙江官板题名录阅之。”(第17册《荀学斋日记》,12225页)

九月二十九日(10月23日) 往访李慈铭,言蔡世新所绘《王文成公小像》长卷为黄国瑾所得。晚上王彦威来访。

《越缦堂日记》:“仲弢来。”(第17册《荀学斋日记》,12227页)

《越缦堂日记》十月初一日:“昨仲弢言明蔡少鏊所绘《王文成公小像》长卷,贵筑黄国瑾编修新以百二十金得之。后有吾乡王龙溪、朱越峥南雍诸先生题赞。”(第17册《荀学斋日记》,12229页)

《王彦威日记》:“晴。夜诣仲弢谈。沈鹿苹来,陈亮伯来。”(17册,756页)

十月初一日(10月24日) 李慈铭作柬约谱主与父初四日午饮。

《越缦堂日记》:“是日作柬约黄漱丈乔梓、季士周、王旭庄、徐班侯、沈伯祥、子献、弢夫、介唐、杨定旉、徐亚陶初四日午饮。夜得士周书,以事辞。旭庄以赴天津辞。”(第17册《荀学斋日记》,12229页)

十月初四日(10月27日) 午赴李慈铭招饮,徐宝谦、王彦威、徐定超、杨晨、吴讲、王继香等在座。傍晚,与王彦威、杨晨赴温州会馆夜饭。

《越缦堂日记》:“斋中治具请客,漱翁以入署不到,到者亚陶、弢夫、班侯、定旉、伯祥、介唐、子献、仲弢,午后设饮,晡散。”(第17册《荀学斋日记》,12231页)

《王彦威日记》:“晴,莼师邀饮寓斋。旁午,班侯来,偕赴之,徐亚陶年伯宝谦、沈百祥、黄仲弢、王子献、吴介唐、杨定夫同坐。

旁晚,偕中弢、定夫诣温州馆夜饭,戌刻归寓。"(温州市图书馆藏稿本)

《王彦威日记》:"班侯来,偕赴莼师之招,徐亚陶年伯,百祥、仲弢、子献、介唐同坐。夜同仲弢诣温州馆谭。"(17册,776页)

十月初五日(10月28日) 夜赴陈子遴招饮,王彦威、徐定超等在座。

《王彦威日记》:"夜,陈子遴邀饮,姚菊仙编修、仲弢、班侯同坐。沈子封编修来。"(温州市图书馆藏稿本)

十月初六日(10月29日) 潘祖荫六十生日,与同人往拜。

《越缦堂日记》:"上午诣伯寅尚书,拜其六十寿。晤芾卿、弢夫、子培、子封、仲弢诸君,同敬观慈禧皇太后御绘临宋人刘仲之墨梅大幅、敬临章皇帝着色蒲桃大幅、着色荷花、朱画松树、淡墨山水,凡十余幅,苍秀雄深,天然葩艳,古今所未有也。旋晤漱翁、亚陶、瞿子玖、王廉生、徐花农、黄再同。午后观赐寿御书扁〔匾〕曰'霄汉松乔'及楹联福寿字、如意、表里金铜玉佛,皇太后御画苍松大幅,下午归。"(第17册《荀学斋日记》,12232—12233页)

《王彦威日记》:"偕子培、子封诣米市胡同贺潘吴县师六十正寿。"(17册,776页)

《王彦威日记》:"是日为潘尚书师六旬正寿,偕子培、子封往贺。"(温州市图书馆藏稿本)

十月十六日(11月8日) 过内弟贺其迁居,遇王彦威等。

《王彦威日记》:"诣署。出诣张黄楼、白泉昆季迁居,仲弢亦至,遂留夜饭。"(温州市图书馆藏稿本)

十月二十二日(11月14日) 过王彦威久谈。

《王彦威日记》:"晴,仲弢来谈,久而去。"(温州市图书馆藏稿本)

十月二十五日(11月17日) 王彦威来谈。

《王彦威日记》:“诣仲弢谈。”(温州市图书馆藏稿本)

十月二十六日(11月18日) 往访李慈铭。

《越缦堂日记》:“仲弢来。”(第17册《荀学斋日记》,12258页)

十月二十七日(11月19日) 往访王彦威,不值,得王彦威来函。是日,致函李慈铭,言盛昱约十一月初二日招饮于意园,观《睢阳五老图》并留宿,李慈铭作复辞之。

《王彦威日记》:“仲弢来,以小出未值。致仲弢、旭庄、紫泉书。”(温州市图书馆藏稿本)

《越缦堂日记》:“夜得仲弢书,言伯羲祭酒约初二日饮其意园中,观《睢阳五老图》,夜宿于园,次晨入试。即复辞之。”(第17册《荀学斋日记》,12258页)

十月二十八日(11月20日) 再致函李慈铭,为初二日饮并宿意园事。李慈铭仍作复辞之。

《越缦堂日记》:“夜得仲弢书,得伯羲书,俱坚初二日饮宿之约,皆作复辞之。”(第17册《荀学斋日记》,12259页)

十月二十九日(11月21日) 过王彦威。

《王彦威日记》:“晴,诣署,巳刻散衙,答拜郭观察不值归寓。仲弢来。”(温州市图书馆藏稿本)

十月 从文廷式转写得宋薛季宣《地理丛考》残帙,出自《永乐大典》。并作《跋地理丛考残卷后》。后寄示孙诒让:

“右薛艮斋先生《地理丛考》,萍乡文舍人廷式从《永乐大典》卷一万四千三百八十五‘冀’字下录出,余从舍人转写得之。

谨按:先生此书,《宋史·艺文志》著录一卷,而本传不载。陈文节撰《行述》,吕成公撰《志》,具列所著书,亦无此目,惟《行状》称《九州岛图志》止若干卷,余未就;《志》亦云《九州岛图志》稿方立而未究。今观此册所载,上起虞夏,下讫唐宋,而皆不出古幽、冀之域,意他州义例亦必如是,盖当时最录以备《图志》之要。

《志》《状》所云《图志》未就之稿,其即此书,灼然无疑矣!

《浪语集·答君举书一〔二〕》云:‘八州地图,别后都不暇料理。’《答君举书三》云:‘州图纳去荆州、南交二纸,抄毕早希寄示。扬、冀草具未补,梁州和夷未曾释地,岐、雍都未下手。幽经却备,幸而不为事夺,一两月间冀可成矣。’今按:此册合幽、冀为一,与《答陈文节书》略殊,殆其后重经移道他州,或未及理董成编,而先生遽殁,故止以草稿传世耳!

明杨士奇等编《文渊阁书目》,字号第一厨有《地理丛考》一册,张萱等《内阁书目》无之,然则正统中此书当存,至万历乃亡。今虽从《永乐大典》录出,而止及幽、冀,余皆阙如。幽、冀说存,而图亦尽佚,兹又重可惜已。又,按《永乐大典》例,以书名依韵编录,此册在‘冀’字下,意当时所据原书《地理丛考》之外,必别有冀州标题。焦竑《国史经籍志》有《幽州图经》一卷、《冀州图经》一卷,不书著撰人,疑即此书。杨《目》以书合为一册,焦《志》以图分为二卷,或一书兼具二名,《地理丛考》为大题,《冀州图经》为小题,亦未可知。惜原书已亡,无从质证。翰林院所藏《永乐大典》散佚,仅存五百余册,幽、冀以外,他州有无遗说,亦无可钩索矣。

先生于学无所不通,而尤邃于舆地。集中书札,论兵事、水利,皆凿然可见诸施行。宋自绍兴南渡,国势日蹙,此册所载尽为异域,庙堂之上,视若固然,而先生独综揽边远,条贯古今,沿革形胜,了如锥画,虽厥施不竟,书亦未就,而远志闳略,按籍可推,又岂第为考古而已哉!

移幅既毕,深喜乡先哲之遗著仅而得存,而感念往事,抑又累欷不置也。

光绪十有五年冬十月,瑞安后学黄绍箕谨识。”(《黄绍箕集》,66—68页)

十一月初二日(11月24日) 致函李慈铭,借新调墨盒,得李慈铭复函。与王彦威拜访李慈铭。

《越缦堂日记》:"得仲弢书,以新调墨合见借,即复……弢夫来、仲弢来、子培来。夜留弢夫、仲弢小饮。"(第17册《荀学斋日记》,12263页)

《王彦威日记》:"阴寒,仲弢来,偕诣越师,夜饭后归。"(温州市图书馆藏稿本)

十一月初三日(11月25日) 是日考御史。王彦威来访,留午饭,同至中左门,候李慈铭考差。

《越缦堂日记》:"清晨接卷入试保和殿……日加未缴卷,偕爽秋裴回殿上,逾时始出。弢夫、仲弢在中左门相接,遂同出东华门,坐车归。"(第17册《荀学斋日记》,12264页)

《王彦威日记》:"大风,是日考御史,午诣仲弢饭,同入东华门,至中左门,未刻越师交卷而出。盛伯希祭酒邀饮,辞之。"(温州市图书馆藏稿本)

十一月初四日(11月26日) 致函李慈铭问考御史事,得李慈铭回复。

《越缦堂日记》:"得仲弢书,即复。"(第17册《荀学斋日记》,12265页)

《王彦威日记》:"闻御史全单已见,王莲生第二,越师第一,庞禥莽第三……袁爽秋第六。"(温州市图书馆藏稿本)

十一月初五日(11月27日) 往访李慈铭。

《越缦堂日记》:"仲弢来。"(第17册《荀学斋日记》,12265页)

十一月初六日(11月28日) 过王彦威。

《王彦威日记》:"晴,仲弢来。郭月楼观察自江南来。"(温州市图书馆藏稿本)

十一月初七日(11月29日) 过王彦威。

《王彦威日记》:"仲弢来。"(温州市图书馆藏稿本)

十一月初八日(11月30日) 李慈铭来谈,与父、沈曾植在座。

《越缦堂日记》:"诣漱翁、仲弢乔梓,子培亦至,谈至夜而归。"(第17册《荀学斋日记》,12269页)

十一月十六日(12月8日) 王彦威来谈。回访王彦威。

《王彦威日记》:"诣子培、莼师、仲弢谈。均甫同年自山东以道员入都引见过我。仲弢来,漱师来。"(温州市图书馆藏稿本)

十一月二十一日(12月13日) 过王彦威。

《王彦威日记》:"仲弢来。"(温州市图书馆藏稿本)

十一月二十二日(12月14日) 往访李慈铭。

《越缦堂日记》:"仲弢来。"(第17册《荀学斋日记》,12285页)

十一月二十三日(12月15日) 王彦威于畿辅先哲祠设饮,李慈铭、施补华、盛昱、王懿荣、沈曾植、端方等在座,而谱主以已应徐桐之招不至。

《王彦威日记》:"晴。觞孙佩兰、施均甫、盛伯希、李越师、王莲生、柯风孙、端午桥、沈子培于畿辅先哲祠。惟仲弢以已应徐相国之招不至。"(温州市图书馆藏稿本)

《越缦堂日记》:"午前力疾答客数家,诣畿辅先哲祠,赴弢夫之饮,坐有均甫、伯羲、廉生、子培、仲弢,日旰始设,晚归。"(第17册《荀学斋日记》,12287页)

按,王彦威日记中黄绍箕未出席,而李慈铭日记中有出席,不知孰是。

十二月初二日(12月23日) 过郑孝胥谈,同观包世臣对联。

《郑孝胥日记》:"夜,仲弢来谈,观包慎伯对。"(第一册,150页)

十二月初七日(12月28日) 过郑孝胥。

《郑孝胥日记》:"仲弢来。"(第一册,151页)

十二月初八日(12月29日) 李慈铭来访,不晤。晚,赴刘家立招,与郑孝胥、沈曾植、袁昶、刘家荫在座。

《越缦堂日记》:“诣漱丈、仲弢乔梓,晤漱丈。”(第17册《荀学斋日记》,12300页)

《郑孝胥日记》:“夜归,赴刘健伯之约,子培、爽秋、仲弢皆在坐。”(第一册,151页)

《袁昶日记》:“晚,东邻二刘君招集。”(《沈曾植年谱长编》,115页)

十二月初九日(12月30日) 过郑孝胥。

《郑孝胥日记》:“仲弢来。”(第一册,151页)

十二月十四日(1890年1月4日) 过郑孝胥。

《郑孝胥日记》:“夜归,月极明,仲弢、叔珩、晋贤、健伯、越仲皆来。”(第一册,153页)

十二月十五日(1月5日) 赴李慈铭宴集,与缪祐孙、王仁堪、王仁东、王彦威、沈曾植、徐琪等在座。

《越缦堂日记》:“傍晚,均甫来,缪仲英封翁来,缪右臣来,可庄、旭庄来,弢夫来,子培来,仲弢来,花农来。夜点灯设饮,至二更罢,月皎如昼。”(第17册《荀学斋日记》,12307页)

十二月十七日(1月7日) 王仁堪为王晋贤饯行,与陈与冏、刘家立、刘家荫、丁立钧等在座。

《郑孝胥日记》:“晨,邀梧冈饮致美斋,听春台戏。归,适可庄为王晋贤饯行,二陈、二刘、叔珩、仲弢皆在坐。”(第一册,153页)

十二月二十二日(1月12日) 过郑孝胥,借以《王荆公集》,并借走《元太仆》及《跳山石刻》拓片。

《郑孝胥日记》:“午后,仲弢来,假余《王荆川[公]集》,览拓本中携《元太仆》及《跳山石刻》去。”(第一册,154页)

十二月二十六日(1月16日) 与同人设宴为李慈铭祝寿,徐宝谦、施补华、吴讲、袁昶、张预、徐定超、王颂蔚、王仁堪、王仁东、沈曾植、沈曾桐、缪祐孙、徐琪、濮子潼、王彦威等在座。

《越缦堂日记》:“缪仲英丈、徐亚翁、均甫、介唐、书玉、爽秋、子虞、班侯、芾卿、可庄、旭庄、子培、子封、右臣、花农、仲弢、紫泉、弢夫十八君,合馈牡丹两盆,碧桃两盆,越酿四坛,巨烛一双,燕席双筵,为余生日之寿。犒使十千。”(第 17 册《荀学斋日记》,12315 页)

十二月二十七日(1月17日) 拜李慈铭六十寿。

《越缦堂日记》:“戊戌。晴龢如春。余生日……均甫来,子培来,紫泉来,郦甥祝卿来,蓉曙来,莘伯来,芾卿来,萼庭来,爽秋来,介夫来,君表来,可庄来,介唐来,佩蕙来,弢夫来,周式如及其郎邦翰来,子敦来,缪仲英丈来,右臣来,班侯来,伯循来,周生澄之来,刘生条甫来,谢赞臣来,徐亚翁来,黄漱丈来,子莼来,花农来,子虞来,仲弢来,旭庄来,慧叔弟来……夜与诸君合宴听事中,花农力推余居首坐,固辞不得,牵挽甚苦。亚陶以居内城先去,缪丈上灯后行。余别治筵,觞子莼、伯循、萼庭、宁斋、慧叔、祝卿于室,作书邀君表,不至。一更后室中酒毕,更出听事,与均甫、子虞、紫泉、旭庄、仲弢、子培、弢夫饮,招霞芬、梅云、素云侑觞。二更后散。”(第 17 册《荀学斋日记》,12316—12317 页)

十二月 充会典馆图上帮总纂官。(《清代官员履历档案全编》第五册,632 页)

是年 收藏《明世宗实录》钞本编年纪事。

《瑞安五黄先生系年合谱》:“收藏《明世宗实录》钞本编年纪事,略具原委及谕对语,不似今例之仅录起居注、上谕奏章也。”(《孙延钊集》,262 页)

是年 得潘咏《宁寿古鉴》稿本。

是年 袁昶有《以诗问仲弢近业何事》,曰:“不独永嘉学,兼喜永嘉禅。永嘉多胜流,清辉被山川。所居涂虽局,尘鞅缺周旋。遥知西窗下,潭思易玄研。道心无磷缁,世事日推迁。开予社栎

槁,真妄两希捐。”(《安般簃诗续抄》,116 页)

孙之梅整理本《袁昶日记》己丑八月:“居士《赠黄仲弢诗》云:‘不独永嘉学,兼喜永嘉禅。身心如槁木,真妄两希捐。’盖深有味乎,古德之言也。”(821 页)

光绪十六年　庚寅（1890）　三十七岁

正月初一日（1月21日）　袁昶来访。

《袁昶日记》:“至漱丈、仲弢、止潜、莼老、子培、佩蕙、子修诸处。”(《沈曾植年谱长编》,116页)

正月初七日（1月27日）　赴黄国瑾之约,与盛昱、瞿鸿禨、王懿荣、李慈铭同观蔡世新所绘《王文成公小像》手卷。

《越缦堂日记》:“午赴再同之饮,其寓在宣武门内拴马庄,有海棠两树,大数围高出屋外,百余年物也。老杏一株,亦数十年物。坐客为伯羲、子玖、廉生、仲弢,同观南康蔡少壑世新所绘《阳明先生小像》横卷,峨冠深衣,坐一木椅,左有童子鞠躬奉书,作趋庭状,旁为树石,皆淡墨为之,极萧澹之致,先生貌清癯而髯……下午设饮,晡后散。”(第17册《荀学斋日记》,12323—12324页)

正月十七日（2月6日）　访郑孝胥。

《郑孝胥日记》:“夜,仲弢来。”(第一册,159页)

正月十八日（2月7日）　李慈铭来函。

《越缦堂日记》:“作书致仲弢。”(第17册《荀学斋日记》,12333页)

正月十九日（2月8日）　访郑孝胥、李慈铭。

《郑孝胥日记》:“晨,作白折。仲弢来。”(第一册,159页)

《越缦堂日记》:“仲弢来。”(第17册《荀学斋日记》,12334页)

正月二十五日（2月14日）　访郑孝胥。

《郑孝胥日记》:“晚,仲弢来。”(第一册,160页)

正月二十六日（2月15日）　下午,赴王彦威之饮,座有吴讲、濮子潼、许玉瑑、程志和、钱骏祥等。

《越缦堂日记》:"下午赴弢夫之饮,坐有介唐、书玉、资泉、梓泉、仲弢、许鹤樵刑部玉瑑、程工部志和、钱庶常骏祥,晚归。"(第17册《荀学斋日记》,12343—12344页)

二月初一日(2月19日)　得桐城张祖翼贻赠的埃及古墓石椁残片拓本。而后,以此拓本转赠潘祖荫。是晚,赴刘家立邀饮义胜居,郑孝胥、顾儒基在座,言及孙诒绩去世之事。

张祖翼《石椁残片拓本跋文》:"岁丙戌,随使泰西,驻英国之伦顿〔敦〕都城,有美国人士斐尔士者侨寓于英,金石古器甚夥。祖翼曾偕同侪赴宴其家,见有残石二片,颇类上古籀篆,甚异之,询知为埃及国古墓石椁残片,四千余年物也。主人甚珍重之,匣以坚木、罩以玻璃。遂属通言者假拓之,始而不允,谓恐损其石,继又与言中华石刻皆用此法,于石无损,而并能广其流传,岂非艺林盛事,始勉强许之。惜所携纸甚少,而洋纸又坚厚不受拓。而所拓者至江皖间又皆为友人索去,昨至京师,犹存其二,适仲弢仁兄见而爱之,敬以分赠。然其文字无有能译之者。据斐尔士云,此文犹在希腊之前,埃及古石若此者甚夥,近皆为好古之士搜寻无遗。即彼处士人亦无能识之者。斯亦洪荒以来未见之奇文也,合之岣嵝、红崖可称三绝。光绪十六年岁次庚寅二月朔,弟张祖翼海外归来持赠并识。"

《缘督庐日记抄》五月廿七日:"见郑盦师新得埃及残石拓本,美国斐尔士所藏,张祖翼逖先游泰西主其家见之,乃古时石椁,仅存残石二片,文字奇古,尚在希腊以前四千馀年物也。张君欲打本,斐尔士恐损石,初拒不允。张君告以中国碑版所以流传甚远者,皆毡蜡之功,始拓得十余通。此本黄仲弢从张君乞得,以转赠郑盦师者也。"(卷六,14叶)

《郑孝胥日记》:"夜,刘建伯邀饮义胜居,仲弢、聘耆并在坐。

仲弢言:孙蕖田之子字仲彤,惊才早夭,卒时才二十四岁,尝以联挽之云:'慈明素有无双誉;辅嗣生才廿四年。'盖仲彤兄弟八人,而仲彤最良也。余亟赏之。夜归。"(第一册,160 页)

二月初二日(2 月 20 日) 以《明徵君碑》嘱郑孝胥题跋。

《郑孝胥日记》:"仲弢以《明徵君碑》属跋其后。"(第一册,161 页)

二月初三日(2 月 21 日) 往访李慈铭。

《越缦堂日记》:"仲弢来。"(第 17 册《荀学斋日记》,12352 页)

二月初四日(2 月 22 日) 李慈铭为谱主题梅清《憺园图》,作片致谱主并还图,谱主即回复。下午,访郑孝胥,并邀同王仁东观《憺园图》。

《越缦堂日记》:"为仲弢题梅氏所画《憺园图》,即作片还之。……得仲弢复……《徐健庵尚书憺园康熙乙卯新落成时宛陵梅瞿硎清所绘同年黄仲弢编修属题次卷中潘稼堂诗韵四首》……"(第 17 册《荀学斋日记》,12355—12356 页)

《郑孝胥日记》:"午后,与可庄同车归。仲弢来,示余所作挽联,为顾聘耆书春联……仲弢邀旭庄观其《憺园图》,即同往。憺园,徐健庵园也。图是梅清渊公所作,清妙沉厚,题四律,亦佳。后为梅庚耦长题,亦四律,又有潘稼堂题七律四首,莼客后题亦用潘韵。"(第一册,161 页)

二月初五日(2 月 23 日) 郑孝胥为谱主题《明徵君碑》。

《郑孝胥日记》:"为仲弢题《明徵君碑》。"(第一册,161 页)

二月初十日(2 月 28 日) 赴郑孝胥招饮广和居,与沈曾植、沈曾桐、冯煦、王仁堪、王仁东在座。

《郑孝胥日记》:"晨,诣弼臣,遂至广和居,邀汪述亭、二沈、冯、黄、二王,饮甚酣。"(第一册,162 页)

二月十四日(3 月 4 日) 郑孝胥还《王荆公集》。

《郑孝胥日记》:“令王镛出城,向子培借吴让之屏四幅,并还仲弢《王荆公集》。”(第一册,163页)

二月十六日(3月6日) 与沈曾植、沈曾桐同访郑孝胥。

《郑孝胥日记》:“午后,背书。二沈及仲弢来,坐谈久之。”(第一册,163页)

二月十九日(3月9日) 继母生日,郑孝胥、李慈铭等来贺。

《郑孝胥日记》:“午后……诣中书程祖福贺续娶,复过仲弢贺堂庆,遂反故斋。”(第一册,163页)

《越缦堂日记》:“午后诣下斜街,拜黄漱翁夫人生日,晤仲弢。”(第17册《荀学斋日记》,12372页)

二月二十日(3月10日) 与盛昱、王仁堪、袁昶为格根祖饯。

《袁昶日记》:“至长春寺,伯羲、可庄、仲弢与予为格根祖饯,至晚始散。”(《沈曾植年谱长编》,119页)

二月二十二日(3月12日) 往访李慈铭。

《越缦堂日记》:“仲弢来。”(第17册《荀学斋日记》,12374页)

二月二十四日(3月14日) 李慈铭函约二十九日宴集。

《越缦堂日记》:“作书致伯羲,约二十九日午饮,并作简约子培、莘伯、再同、爽秋、可庄、君表、芾卿、仲弢同饮,以是日为伯羲、子培、莘伯生日也。三君同年月日生,而伯羲、莘伯庚午同举,莘伯、子培庚辰同成进士,亦异事矣。”(第17册《荀学斋日记》,12376页)

二月二十八日(3月18日) 袁昶来访。

《袁昶日记》:“晤子培、苏龛、仲弢。”(《沈曾植年谱长编》,119页)

二月二十九日(3月19日) 赴李慈铭招集,祝沈曾植、盛昱生日,与黄国瑾、袁昶、王彦威、王颂蔚、曾之撰、杨崇伊、沈曾植、盛昱共十人在座,同观《睢阳五老图》,约分韵赋诗纪之。

《越缦堂日记》:“黄再同来,爽秋来,芾卿来,君表来,莘伯来,仲弢来,子培来,伯羲来。下午设饮,伯羲携《睢阳五老图册》来观,傍晚始散,约诸君分韵赋诗纪之。”(第 17 册《荀学斋日记》,12380 页)

《袁昶日记》:“莼老招集,伯羲祭酒携来所藏宋《睢阳五老图》。”(《沈曾植年谱长编》,119 页)

闰二月初二日(3 月 22 日) 招同人雅集,郑孝胥、朱铭盘、刘可毅在座。

《郑孝胥日记》:“与旭庄同出至下斜街,观黄小松临《西狭颂》。遂赴仲弢之招,朱曼君、刘葆真皆在坐。”(第一册,167 页)

闰二月初十日(3 月 30 日) 郑孝胥来访。

《郑孝胥日记》:“晨,入城,晤仲弢。”(第一册,169 页)

闰二月十三日(4 月 2 日) 下午赴王仁堪招饮,先晤郑孝胥,后与李慈铭、恽彦彬、曾之撰、杨崇伊、袁昶等同饮。晚又赴万福居饮,王仁堪、王仁东、郑孝胥等在座。

《越缦堂日记》:“下午赴可庄之饮,坐为李少詹、恽学士彦彬、曾君表、杨莘伯、爽秋、仲弢,晚归,微月在林。”(第 17 册《荀学斋日记》,12398 页)

《郑孝胥日记》:“步出城,至下斜街,与可庄谈久之。仲弢亦至。可庄宴客,客既至,余诣懋轩、丹曾坐。傍晚,与懋轩同车至万福居,懋轩邀剑泉饮,有顷,可庄、旭庄、仲弢、季鸿、宣甫皆来,并呼诸伶。既散,月明,可庄、仲弢、宣甫先去,五人同过熙春,余呼素云备酒。”(第一册,169 页)

闰二月十八日(4 月 7 日) 李慈铭来访。

《越缦堂日记》:“下午答客数十家,晤仲弢,傍晚归。黄叔容

来。”(第17册《荀学斋日记》,12403页)

闰二月二十一日(4月10日) 午后,赴李慈铭招饮,黄绍第、杨晨、张预、徐树铭、徐宝谦、徐琪等在座。

《越缦堂日记》:“午后,仲弢来,叔容来,定甹来,朱志侯来,子虞来,徐寿蘅侍郎来,亚陶来,日昳设饮,酒初行,花农来,畅谈至日落,偕诸君小游花圃后散去。”(第17册《荀学斋日记》,12407页)

三月初三日(4月21日) 邀饮同仁于义胜居,郑孝胥、张謇、文廷式、刘树屏在座。

《郑孝胥日记》:“坐车至下斜街,晤可庄。旋赴仲弢之邀于义胜居,季直、芸阁、刘葆良皆在坐。张、文约同谒常熟翁尚书,遂归,易服而往,阍者拒焉。”(第一册,172页)

三月十六日(5月4日) 设宴于寓,郑孝胥、刘可毅、刘树屏、文廷式、张謇、孙诒让等在座。

《郑孝胥日记》:“出闱。仲弢张席于寓,牡丹甚盛,二刘、文、张皆在,复有温州孙仲容者,善三礼,亦在坐。”(第一册,174页)

三月二十一日(5月9日) 上午,至小屯村冯氏怡园,赴王仁堪、仁东兄弟之招,与父、弟绍第、孙诒让、徐定超、李慈铭同饮。

《越缦堂日记》:“上午出西便门至小屯村冯氏怡园,赴可庄、旭庄兄弟饯牡丹之饮,黄漱丈、孙仲容、徐班侯、仲弢、叔容俱已至……晡后回。”(第17册《荀学斋日记》,12435页)

三月 钱塘吴士鉴进京参加会试,与谱主订交于京师,时吴年方二十三。

吴士鉴《含嘉室自订年谱》十六年庚寅年:“三月会试榜发不售。得见袁忠节公昶、王文敏公懿荣、黄仲弢丈绍箕,皆忘年相交,时时引重之。”(民国铅印本,6页)

三月 为翰林七贤王仁堪、洪思亮、吕佩芬、蒋艮、周克宽、曹鸿勋、张百熙小楷《屈原赋二十五篇》题签,落款为“瑞安黄绍箕谨依汉艺文志署检”。

线装石印本《屈原赋二十五篇》,光绪十六年庚寅春三月退想斋付印。

四月二十日(6月7日) 访王仁堪,郑孝胥、张謇在座。

《郑孝胥日记》:“午后,步至下斜街,有顷,季直来,仲弢亦来。”(第一册,179页)

五月初三日(6月19日) 往访李慈铭。

《越缦堂日记》:“仲弢来。”(第17册《荀学斋日记》,12469页)

五月二十五日(7月11日) 访郑孝胥。

《郑孝胥日记》:“午后,背书数册。仲弢来。”(第一册,184页)

五月二十六日(7月12日) 缪荃孙来访。

《艺风老人日记》:“甲午,晴。饭后拜客,晤潘师、王可庄、黄仲弢、白崑圃、徐子静、徐季和、季士周、周立可。”(271页)

五月二十九日(7月15日) 晚赴王仁堪招饮,与缪荃孙、沈曾棨、沈曾植、沈曾樾、黄绍第、郑孝胥在座。

《郑孝胥日记》:“阴雨。晚,可庄以车来迎。可庄邀客饭,在坐缪小山荃孙、二黄仲弢、叔颂,四沈子培兄弟,唯子封不至。”(第一册,184页)

《艺风老人日记》:“丁酉。早,大雨……晚,王可庄招饮,沈子诚曾棨、子培、子林曾樾、黄仲弢、叔颂绍第、郑苏堪同席。”(272页)

五月 二充教习庶吉士。(《清代官员履历档案全编》第五册632页)

六月初七日(7月23日) 赴文廷式招饮庆和堂,与缪荃孙、蒯光典、黄绍第、沈曾植、江标、曾广均等在座。

《艺风老人日记》:“乙巳,阴……赴文芸阁庆和堂之约,蒯履卿、黄仲弢、叔颂、沈子培、江建霞、曾颂伯广均、余□□同席。”(274页)

《缘督庐日记》："阴。公请王心斋夫子及道希招饮，皆在庆和堂。见陈玉苍、沈子佩、吴蔚若、饶从五、礼卿、可庄、仲弢、建霞。"（《沈曾植年谱长编》，123 页）

《江标日记》："午赴十刹海文芸阁之招，熟人甚多。"（407 页）

六月十二日（7 月 28 日） 往访李慈铭。

《越缦堂日记》："黄仲弢来。"（第 17 册《荀学斋日记》，12506 页）

六月二十四日（8 月 9 日） 往访李慈铭。

《越缦堂日记》："仲弢来。"（第 17 册《荀学斋日记》，12519 页）

六月二十七日（8 月 12 日） 赴冯煦、王颂蔚约饮江苏馆，与程秉钊、文廷式、黄绍第、费念慈、缪荃孙同席。

《艺风老人日记》："乙丑，晴……冯梦华、王苇卿约江苏馆小酌，程蒲孙、文道希、黄仲弢、叔颂、屺怀同席。"（280 页）

六月二十九日（8 月 14 日） 诣下斜街全浙馆，赴殷鸿畴之饮，与徐定超、吴讲、李慈铭等同席。

《越缦堂日记》："午诣下斜街全浙馆，赴莩庭之饮……是日，坐有班侯、介唐、仲弢诸君及不识姓名者两人，晡后归。"（第 17 册《荀学斋日记》，12522—12523 页）

六月 得观王懿荣藏光绪九年施补华监拓本《龟兹左将军刘平国摩崖》，并有题记："恭振夔将军自关外归，携此石，精拓极夥，尽为亡友周季譻编修取去，读此不胜山阳怀旧之感。光绪庚寅六月黄绍箕识。'直建'二字见《王莽传》。"（仲威：关于《龟兹左将军刘平国摩崖》王懿荣藏本，《东方早报》2013 年 1 月 7 日，上海图书馆藏原拓本）

六月 吴县潘祖荫以克鼎及其精拓本出示孙诒让。孙诒让举鼎中"扰远能执"一语，证以《诗》《书》，谓以"扰"为"柔"，"执"为"迩"，为声近假借。谱主见之，则为举《尚书》"执祖"即"祢祖”,以证其义。读“参回”为“縿䌹”。

光绪癸卯六月孙诒让《古籀余论后叙》:“继余以资郎留滞春明,时吴县潘文勤公藏彝器最盛,与潍县陈寿卿编修埒。而宗室盛伯熙、福山王文介两祭酒,元和江建霞、阳湖费赅怀两编修,同邑黄仲弢学士,皆为兹学。每有雅集,辄出所藏金文,辨证难字。适文勤得克鼎,文学奇瑰,属王、江诸君为正其读,考跋累累,装成巨册。公以示余,俾别择其是非。余辄举鼎中‘扰远能执’一语,证以《诗》《书》,谓以‘扰’为‘柔’,‘执’为‘迩’,为声近假借。仲弢见之,则为举《尚书》‘执祖’即‘祢祖’,以证其义。文勤亦以为致确。京雒缁尘,萃此古欢,致足乐也。未几,余省亲南旋,而文勤治振畿辅,官事倥偬,犹驰书以新得《井人残钟》拓本寄示,属为考释。比余答书未及达,而文勤遽薨逝,余亦自是不复至都,意兴销落,此事几辍。”(《孙诒让全集》之《籀庼述林》,168—169页)

夏秋之间 南通范钟来函:

“去岁在都得亲丈席,趋陪颜色,以慕以惭。非有相如入室之才,窃叨君子过庭之训,遂微太傅自传之业,而牒司农滥厕之名,私独彷徨,用为大恨。倚装一别,匆匆南旋,度岁里门,俟家兄病体略全,遂以新正来鄂。五月中得闻叔颂兄馆选消息,欢跃可知。方值四方殚蔽之秋,外辱内忧,棘焉待理,人才日殉于风气,大祸既积,一旦熸然而不复可支。以此忧思,不无叹愤。吾师嘉猷亮节,终始不渝,丰采隐然,天下系望。而伯霜仲雪,继起都声,入秉庭谟,出膺国干,从容盛烈,不其伟哉?若其著述一家,词赋君子,其诚固有,靡得言焉。钟三十之年,依人落拓,今春来鄂,得暇稍可读书,又吾师吾友蔚为都会。而五月以后,主人与南皮颇有龃龉,意将北去,钟亦且自此行也。南皮再四相招,而柴池不可得一面。吾身终不当以饿死,寄颜忍愧,何苦而然?或吾师邂逅因缘,为之留意,亦有其冥冥者为之,非所敢予计也。前属乞廉师寸楷,顷独盈纸写成耳。十月中有友人解饷之京,届时当并名刺字附去。音敬寥阙,五内主臣,幸甚恕之,非所敢望。”(《黄绍箕集》,847页)

七月十二日(8月27日) 往访李慈铭。

《越缦堂日记》:“仲弢来。”(第17册《荀学斋日记》,12537页)

七月十六日(8月31日) 与黄绍第约郑孝胥于长椿寺九莲殿吃斋。

《郑孝胥日记》:“午后,步出城,赴仲弢、叔颂之约,于长椿寺九莲殿中吃斋。”(第一册,191页)

七月二十五日(9月9日) 晚过刘宅谈,与郑孝胥、王仁堪、王仁东、沈曾植在座。

《郑孝胥日记》:“夜散,叔衡去,子培等复同过刘寓,并呼仲弢,谈至十二点始去。”(第一册,193页)

八月十五日(9月28日) 下午,访王仁堪,郑孝胥、刘树屏、刘可毅在座。晚,谱主复访王仁堪,郑孝胥在座。

《郑孝胥日记》:“午后,怡书约同往下斜街,久不来,可庄以车迓余,仲弢、二刘皆来……晚,欲入城,可庄固留,坐新辟小院廊下,谈久之。夜饭,余为举酒一杯。仲弢复来,语至夜分。”(第一册,195页)

八月十八日(10月1日) 赴同人招饮长椿寺,与父、李慈铭、王仁堪、王仁东、沈曾植、沈曾桐、濮子潼、吴品珩、王彦威、黄绍第、郑孝胥等十七人在座。

《越缦堂日记》:“至长椿寺赴可庄、旭庄、子培、子封、紫泉、佩蕙、弢夫诸君之招,晤漱翁、仲弢、叔颂乔梓。饮于西偏之毗庐,丈室中供明庄烈帝母孝纯刘太后绘像……傍晚归。”(第17册《荀学斋日记》,12573页)

《郑孝胥日记》:“午后,出城至下斜街,与可、旭同诣长椿寺,

二席,坐中凡十七人。李莼客亦在坐……席散,已日落。”(第一册,196页)

八月二十日(10月3日) 父亲生日,郑孝胥、李慈铭等来贺。晚上,作柬邀李慈铭饮。

《郑孝胥日记》:“午后,同贻书出城,至全浙会馆贺仲弢堂庆。前后厅屋尽悬浙人书画,有毛西河、朱竹垞二小像,是重临本矣。又有四扇面,朱竹垞、应潜斋、陆稼书、姜西溟,皆有诒晋斋印,西溟自书己诗,词翰特妙。”(第一册,196页)

《越缦堂日记》:“上午诣全浙馆拜漱翁生日……夜,仲弢再来邀饮,作书辞之。”(第17册《荀学斋日记》,12576页)

八月二十一日(10月4日) 午诣王彦威招饮,与樊增祥、黄绍第、濮子潼、李慈铭等在座。

《越缦堂日记》:“黄叔容庶常绍第来辞行……午诣弢夫之饮,晤云门、叔容、仲弢、伯循、紫泉,谈至傍晚归。”(第17册《荀学斋日记》,12576—12577页)

八月二十二日(10月5日) 赴同人招饮,为黄绍第饯行,与王仁堪、王仁东、刘家立、刘家荫、沈曾植、沈曾桐、郑孝胥等在座。

《郑孝胥日记》:“遂诣畿辅先哲祠,二王、二刘为黄叔颂饯行,二黄、二沈皆在,又有许小严者,亦浙人而居南京者。夜谈甚剧。”(第一册,197页)

八月二十三日(10月6日) 往访李慈铭。

《越缦堂日记》:“仲弢来。”(第17册《荀学斋日记》,12581页)

八月二十六日(10月9日) 赴王颂蔚约饮义胜居,携带《礼记附记》手稿四册。叶昌炽等在座。

《缘督庐日记抄》:“至义胜居赴蒿隐之约,见仲弢携示翁苏斋《礼记附记》手稿四册,仅存自七至十卷。余笑谓:‘诸君是当刻石

不可锓本也。'"(卷六,第18叶)

九月初七日(10月20日) 与丁立钧约同人陶然亭雅集,郑孝胥、林开謩、沈曾植、沈曾桐、刘家立、刘家荫、冯煦、袁昶、王仁堪在座。是日,孙诒让来函,推荐黄庆澄随许景澄出使欧洲。

《郑孝胥日记》:"饭后,同怡书至陶然亭,赴仲弢、叔珩之约,在坐二沈、二刘、孟华、爽秋、可庄也。风日清朗,西山如画。散已将晚。"(第一册,199页)

《袁昶日记》:"仲弢招集陶然亭,预作登高之会,日西方散。"(《沈曾植年谱长编》,125页)

孙诒让来函:

"中弢仁兄姻大人阁下:前贡两书,亮已次第达览。秋风戒寒,惟摄卫咸宜为祝。兹有恳者,平阳黄茂才庆澄,学识兼人,勇于任事,前因其业师杨中愚兄考事被累,屡荷鼎力拂刷,感激无似。前年从金稚莲兄治经,于汉宋途径,皆能讨核。嗣至申江,从张经甫谈经世之学,深相投契,经甫延充梅溪书院教习。近治西学,亦有心得。自维乡居岑寂,慨然有远游之志。刻闻许竹筼侍读重使欧洲,而舍妹婿宋燕生亦经张香帅荐充幕僚,渠意欲附骥,一扩闻见,而无由自达。弟与竹筼虽同岁而十年不见,笺牍疏阔,未便辄为荐士之书。再四商酌,拟求老兄代为推挽,倘蒙延纳,同乘槎西渡,则于彼中政学,均可随时咨讨,为益无方,而竹筼兄亦可收指臂之助,斯亦□□□切闻也。弟与渠数年至交,深知其志行大略,谨为贡其私忱,诸祈惠赐提携,幸甚幸甚!倘荷金诺,祈即早贶复音,感同身受。匆匆奉恳,即请闱安不戬。姻小弟诒让顿首,九月七日。

前奉求赐录怀米轩宋器款识,便中希早惠寄。拙稿已写定,专候此款识补入写刊也。

寄京都下斜街长椿寺对门信。"(《黄绍箕集》,789—790页)

九月初八日(10月21日) 约同人陶然亭小饮,与樊增祥、黄国瑾、叶昌炽、缪祐孙、王懿荣、王颂蔚、蒯光典、缪荃孙等在座。

《艺风老人日记》:"乙亥,晴。录宁国府金石。黄仲弢招饮陶然亭,樊云门、黄再同、叶鞠裳、柚岑、王廉生、王芾卿、王松溪、蒯履卿同坐。"(302页)

九月二十日(11月2日) 往访李慈铭。

《越缦堂日记》:"仲弢来。"(第17册《荀学斋日记》,12609页)

九月二十九日(11月11日) 赴李文田之招吃鱼生,与龚颖生、王仁堪、刘世安、费念慈、缪荃孙在座。

《艺风老人日记》:"丙戌,晴……顺德师招吃鱼生,龚颖生、王可庄、仲弢、静阶、屺怀同席。"(309页)

秋 收得元刊本郭茂倩《乐府诗集》,内有明补版。(孙孟晋《瑞安五黄先生系年合谱》,《孙延钊集》264页)

十月初二日(11月13日) 赴缪荃孙招饮,与樊增祥、张预、袁昶、沈曾植、叶昌炽、王颂蔚在座。

《艺风老人日记》:"戊子,晴。录沅州金石,读碑。约樊云门、张子虞、袁爽秋、黄仲弢、沈子培、叶鞠裳、王茀卿小饮,李莼客、濮子潜不至。"(309页)

《缘督庐日记抄》:"晴……夜,筱珊前辈招饮,见樊云门、张子预、袁爽秋、黄仲弢、蒿隐、子培。筱珊出示南宋刊《新唐书》,有季振宜、汪士钟藏书印。又涂祯刊《盐铁论》,即张刻之祖本。又游明本《史记》残本、广东崇德书院本《汉书》、传是楼钞《孝经》,楮墨清朗,与毛钞无异。"(卷六,第20叶)

十月初四日(11月15日) 往访李慈铭。

《越缦堂日记》:"仲弢来。"(第17册《荀学斋日记》,12622页)

十月初七日(11月18日) 赴缪祐孙招饮江苏馆,与陈宝箴、唐景嵩、钱绍桢、王仁堪、王仁东、缪荃孙在座。

《艺风老人日记》:“癸巳,晴。录永州金石。叶伯皋来。柚岑招赴江苏馆,陪陈右铭、唐春卿、钱鸣伯、王可庄、旭庄、黄仲弢小饮。”(310 页)

十月二十七日(12 月 8 日) 叶昌炽作《埃及古残石歌一首·题黄仲弢前辈所藏拓本》。

《缘督庐日记抄》:“作埃及古残石歌一首题黄仲弢前辈所藏拓本。夜校《盐铁论》。”(卷六,第 21 叶)

十月三十日(12 月 11 日) 潘祖荫病逝,年六十一。

《缘督庐日记抄》:“晴。郑盦师疾剧。傍晚,常熟师来问疾,同入视,已不能言,仅手书‘痰声如锯不治也’七字,亦模糊不可辨。延至酉刻,竟逝。”(卷六,第 22 叶)

《越缦堂日记》:“一更后闻潘伯寅尚书以酉刻卒,为之惊怛,走使问之,则凶仪已设矣。”(第 17 册《荀学斋日记》,12642 页)

十一月初二日(12 月 13 日) 公吊潘祖荫。

《越缦堂日记》:“傍晚走吊伯寅尚书,哭之甚恸。晤漱兰丈、仲弢、弢夫、子培、子封、冯梦花、李若农师、可庄诸君。夜初更,偕诸君送其焚纸马而归。都中丧礼,所谓接三送三也。”(第 17 册《荀学斋日记》,12649 页)

十一月初四日(12 月 15 日) 赴李慈铭邀饮,与父、王仁堪、樊增祥、鲍临、吴讲、沈曾植、蒋其章同饮。是日,张謇写信致谱主。

《越缦堂日记》:“是日邀漱兰丈、可庄、云门、敦夫、介唐、子培、仲弢及蒋子相其章晚饮,姬人等亦觞……夜二更后始散。”(第 17 册《荀学斋日记》,12652 页)

《张謇日记》:“与仲弢讯、濂亭师讯,请写先太宜人墓志盖、柳西草堂。”(318 页)

十一月十一日(12 月 22 日) 过李慈铭视其疾,沈曾植、樊增祥、王彦威在座。

《越缦堂日记》:"病甚,竟日喘嗽,喉舌枯竭,惟时以龙井茗润之,而胸膈咳逆,不能受水,殆不济矣。子培来,云门来,弢夫来,仲弢来。"(第17册《荀学斋日记》,12655—12656页)

十一月十二日(12月23日) 过李慈铭视疾,并作书致李肇南,请其明日来李寓就诊。

《越缦堂日记》:"病甚,嗽喘如故,惟身热稍退。漱翁来,弢夫来,子培来,仲弢来,云门来,濮紫泉来,可庄来,敦夫来,介唐来,爽秋来。"(第17册《荀学斋日记》,12656页)

《越缦堂日记》十一月十三日:"仲弢昨夜为作书致滇南李编修肇南乞诊,今日命车至城内大佛寺胡同迎之。"(第17册《荀学斋日记》,12657页)

十一月十三日(12月24日) 过李慈铭视疾,与王彦威、沈曾植、樊增祥留到晚上始回。

《越缦堂日记》:"漱翁来,子培来,弢夫来,仲弢来,云门来……是日气喘略平,能强倚床小坐对客,而嗽如故,且痰逆不思食,肺胃之气上攻,口中苦恶,时时以茗漱之。弢夫、子培、云门、仲弢皆留至夜初更始去。"(第17册《荀学斋日记》,12657—12658页)

十一月十五日(12月26日) 过李慈铭视疾。

《越缦堂日记》:"翁叔平师来,敦夫来,介唐来,弢夫来,子培来,仲弢来,书玉来,陆渔笙来。"(第17册《荀学斋日记》,12659页)

十一月十六日(12月27日) 过李慈铭视疾。

《越缦堂日记》:"弢夫来,仲弢来,子培、子封来。"(第17册《荀学斋日记》,12661页)

十一月十七日(12月28日) 过李慈铭视疾。

《越缦堂日记》:"李若农师来诊。仲弢来,子培来,弢夫来,云门来,介唐来,萼庭来,班侯来,漱翁来。"(第17册《荀学斋日记》,

12662 页）

十一月十八日（12 月 29 日） 赠李慈铭西洋牛乳一瓶。

《越缦堂日记》："仲弢馈西洋牛乳一瓶，以余苦干渴而不能进茗饮，若师、干廷皆言可以乳代之，然不敢遽饮也。"（第 17 册《荀学斋日记》，12663 页）

十一月二十二日（1891 年 1 月 2 日） 沈曾植来访。

《恪守庐日录》："过仲弢，略谈。"（《沈曾植年谱长编》，130 页）

十一月二十五日（1 月 5 日） 至会典馆，遇沈曾植、蒯光典、冯煦等。

《恪守庐日录》："晴。早出过佩葱、虞裳，在虞裳处饭，偕入馆。遇仲弢、礼卿、梦花、黄豪伯，略谈即穿朝出。"（《沈曾植年谱长编》，131 页）

十一月二十七日（1 月 7 日） 李慈铭以病起诗三首柬谱主等友人。

《越缦堂日记》："作病起诗五律三首柬诸同志。

《病起柬漱兰丈敦夫介唐弢夫子培云门仲弢诸君子三首》：

"强自扶筇起，南荣一晌欢。朝阳能我待，残雪偎人看。裘敝偏知重，帘垂不隔寒。有身应有触，翻羡舍支兰。

无恙庭柯在，相看倍有情。支离同我瘦，偃蹇待春晴。宛尔山林意，欣然鸟雀声。巡檐应有日，莫厌守柴荆。

寂寞同岑友，时时裹饭来。一朝隐机坐，相喜素书开。摩诘灯无尽，尸陀肉未灰。岁寒窗下竹，还约共尊罍。"（第 17 册《荀学斋日记》，12667—12668 页）

十一月 补会典馆书上帮总纂官。

《清代官员履历档案全编》："十一月补会典馆书上帮总纂官。"（第五册，625 页）

十二月初一日（1 月 10 日） 至会典馆，晤沈曾植等人。是日,李慈铭来函,感谢代写潘祖荫、孙诒经二公挽联。即复函。

《恪守庐日录》:"早诣馆,遇春卿、礼卿、仲弢、梦花、曾焕如鉴。"(《沈曾植年谱长编》,132 页)

《越缦堂日记》:"作书致仲弢,谢其代写潘、孙二公挽联,得复。"(第 17 册《荀学斋日记》,12673 页)

十二月初三日(1 月 12 日) 李慈铭来函。夜,过李慈铭谈。

《越缦堂日记》:"作书并诗致漱翁。作书并写病起三诗及昨束伯羲诗致仲弢……仲弢来,夜谈。"(第 17 册《荀学斋日记》,12679 页)

十二月初四日(1 月 13 日) 吊潘祖荫之丧,晤沈曾桐、江标等。

《江标日记》:"下午吊潘文勤之丧,见仲弢、子封两前辈。"(418 页)

十二月初六日(1 月 15 日) 送潘祖荫灵车。往访李慈铭。

《缘督庐日记抄》:"晴。风止。文勤师发引,余执绋。至半途,先赴河东馆,会诸同年。路祭后,送至龙泉寺,见可庄、仲弢二前辈。闻子寿师薨于鄂,骇极欲涕。"(卷六,第 23 叶)

《恪守庐日录》:"巳正发引,同人会送者百余人,步至粉坊琉璃街南口登车。至观音院,吊朱小堂妻丧。过莼老谈。复至虎坊桥,迎文勤师灵輀,步随至洪洞馆癸酉路祭,到者廿余人。礼毕,自醋张胡同西口乘车,先至龙泉寺,申正安灵,礼毕乃归,到寺会送者约二百人。"(《沈曾植年谱长编》,133 页)

《越缦堂日记》:"弢夫来,仲弢来。"(第 17 册《荀学斋日记》,12683 页)

十二月十四日(1 月 23 日) 李慈铭来函,问谱主父疾。往访李慈铭。

《越缦堂日记》:“作书致仲弢,问漱丈疾,以昨见邸钞请假五日也。得漱翁复,言前夜偶感寒,今已愈,并和前日奉酬诗一首……仲弢来。”(第17册《荀学斋日记》,12697页)

十二月十五日(1月24日) 李慈铭命嗣子僧喜来谢谱主父子,并来函,拟与谱主、沈曾植兄弟合送挽幛给徐琪,以吊其从兄之丧。

《越缦堂日记》:“又命僧喜诣漱翁、仲弢谢……作片致仲弢,以花农为其从兄开吊,不便送钱为礼,拟与仲弢及子培兄弟合送挽幛一轴。”(第17册《荀学斋日记》,12698—12699页)

十二月十六日(1月25日) 复函李慈铭,得李慈铭回函。

《越缦堂日记》:“得仲弢书,言已办矣。即复。”(第17册《荀学斋日记》,12699页)

十二月十九日(1月28日) 潘祖荫终七,赴龙泉寺礼忏。

《缘督庐日记》:“阴,微雪。郑盦师终七,在龙泉寺礼忏。见子培、子封、仲弢、子英、彦和。”(《沈曾植年谱长编》,135页)

十二月二十二日(1月31日) 赴全浙老馆消寒第三集,与父、沈曾植、沈曾桐、樊增祥、丁立钧、王彦威在座。

《恪守庐日录》:“晴……未正至全浙老馆,消寒第三集。余与五弟为主人,漱丈、云门、叔衡、弢甫、仲弢,酉末散。漱丈谈甚畅,不到者王氏昆仲、爽秋。散后,偕云门诸君同往视可庄。”(《沈曾植年谱长编》,135页)

《樊山集》卷十五《腊月二十三日子培昆仲招同叔衡爽秋仲弢陪黄副都丈饮全浙旧馆即席赋呈》作“二十三日”,疑误记:

“有美堂中金屈卮,清言名饮各相宜。郎官列宿通三署,爽秋以户部,子培以刑部,俱直译署。台阁生风此一时。司命也同今夕醉,侏儒谁信我曹饥。自怜惯把杯螯手,去学王郎板倒持。”(《樊山集》卷十五,18—19页)

十二月二十五日(2月3日) 与袁昶、丁立钧、沈曾植、周福清吊丧于法源寺,访寺中碑石。

《恪守庐日录》:"早阴。吊徐箴甫之丧,即在法源寺饭,偕爽秋、叔衡、仲弢、周稼甫访辽幢,观寺中所有诸碑。"(《沈曾植年谱长编》,136页)

《袁昶日记》:"澉上徐公有长子之丧,往吊。与子培、仲弢、叔恒、介孚游愍忠寺,观云麾残石。又在培兄斋中观顺治拓《刁惠公志》。"(《沈曾植年谱长编》,136页)

十二月二十七日(2月5日) 李慈铭生日,往祝,与陆廷黻、鲍临、吴讲、沈曾植、沈曾桐合作一筵为寿。午后,饮于李寓。晚上复饮于杏花香雪斋,与陆廷黻、鲍临、吴讲、王彦威、樊增祥、沈曾植、沈曾桐、李慈铭共九人在座。李慈铭有诗纪之。

《越缦堂日记》:"余生日,得弢夫书,言与渔笙、敦夫、介唐、子培、仲弢、子封今日合作一筵为寿,并馈酒两坛,烛一对。复书力辞之,受其酒……介唐来,敦夫来,萼庭来,爽秋来,子莼来,弢夫来,渔笙来,书玉来,子封来,吴佩蕙来,陈梅坡来,杨寿孙来,漱翁来,可庄来,旭庄来,伯循来,子培来,仲弢来,刘生曾枚来,族侄珣来,云门来。午后以所诒馔具邀渔笙、敦夫、介唐、子培、子封、仲弢、弢夫小饮。夜复治具,设于杏花香雪斋饮,八君并余为九老之会,谈宴甚畅,赋长歌纪之……三更散去。《庚寅十二月二十七日余生日觞渔笙敦夫介唐弢夫云门子培子封仲弢于杏花香雪斋张烛至夜分始散作诗纪之》……"(第17册《荀学斋日记》,12719—12721页)

十二月二十九日(2月7日) 往访李慈铭。

《越缦堂日记》:"仲弢来。"(第17册《荀学斋日记》,12724页)

光绪十七年　辛卯（1891）　三十八岁

正月初三日（2月11日）　父亲招饮，与李慈铭、樊增祥、王彦威、沈曾植、沈曾桐、袁昶、徐定超、王仁东、朱怀新、吴品珩在座。

《越缦堂日记》："下午出门，答客三十余家……诣漱翁，并晤仲弢及云门、弢夫、子培、子封、爽秋、班侯、旭庄、朱苗生、吴佩蕙，以漱翁今日设客也，谈至晚归。"（第17册《荀学斋日记》，12727—12728页）

正月初七日（2月15日）　陆廷黻为李慈铭补作生日，与鲍临、吴讲、王彦威、樊增祥、沈曾植、沈曾桐在座。

《越缦堂日记》："渔笙移厨傅来，为余补作生日，邀敦夫、介唐、弢夫、云门、子培、子封、仲弢同饮绿香馆，子培最后至，席已散矣。"（第17册《荀学斋日记》，12732—12733页）

正月初八日（2月16日）　是日值金危危。一时同人诗咏甚踊跃，谱主亦有诗记其事。

《今年正月八日直金危危戏效俗例设祭并纪以诗用去年可庄赠子培诗韵七首》，其中二首曰：

"内外刚柔不用占，供笾无事荐形盐。西方白帝儒家纬，北宿玄天道笈签。招宝吉星明历朔，明洪武选择历书，载壬寅金危日，诸吉神有天宝、明星、金匮、五富等日。解祠胜日汉仪添。黄羊祠腊东京例，莫笑南人鬼事严。—

脏神夜诉触藩占，玉女逡巡为荐盐。银穴他年归禄籍，金官上界拜除签。日游喜直三星次，天宝还兼五富添。盛服祓除更月建,岂如国俗背灯严。满洲有背灯祭,若祭者见不祥,则须更月建方得入祭室。见《钦定满洲祭神祭天典礼》。二”

《越缦丈有祭金危危诗八叠前韵》:

“垣西执法应星占,老忆莼羹未下盐。韩愈送穷传戏笔,王充诘术付疑签。朝朝如愿探囊具,岁岁长恩著录添。相祀千官资纠肃,上风越祝未须严。”

《云门前辈有祭金危危诗九叠前韵》:

“凫舄新闻侯吏占,西行重食玉华盐。闲吟鹤背腰缠贯,亲作蝇头手署签。宝乞黄瓶从此聚,香知红袖夜来添。雍郊汉畤迷烟草,太息君才似马严。”

《去年九月七日子培祭金危危神未几而其弟子林盐大使在粤有摄事之信可庄戏以诗贺之今读越缦丈及得云门前辈诗叙似未详其缘起因十叠前韵聊证明之他日采本事诗者或有取焉》:

“沈林学易阮辞占,诗思尤如水著盐。几日操蹄劳野祝,一家开口发邮签。裁笺喜动朋侪问,举烛翻令故实添。却笑王阳廉更侈,黄金别有秘方严。”(《黄绍箕集》,422—424 页)

正月十二日(2 月 20 日) 三十八岁生日,袁昶赋《仲弢太史初度以小诗奉侑》七绝四首以贺:

“第一番风第一花,雁湖囊取赤城霞。香山乐府香光笔,代嬗光芒有作家。白文公正月二十日生,董文敏以十九日生。

春华秋实久分途,公欲兼通所挟殊。文圃仙心笒东马,史家通例发南狐。

重颖灵根不可倪,本朝地望重刘嵇。诸城、锡山。清门谁识崇名德,不数鸣珂带有犀。

永嘉诸老典刑存,乳穴融成水碧温。刖有至人丹诀在,不随时辈撷卮言。”(《黄绍箕集》,722—723 页)

正月二十日(2 月 28 日) 赴翁同龢招饮,与盛昱、王懿荣、郑杲、费念慈、王颂慰等在座。

《翁同龢日记》:“午邀诸友饮,晚散……盛伯羲、蔡松甫、王莲生、郑东甫、黄仲弢、费屺怀、王绂卿。”(第五册,2427页)

正月二十三日(3月3日) 赴樊增祥寓斋雅集,与父、李慈铭、张预、王彦威、沈曾植、沈曾桐、濮子潼在座。

《越缦堂日记》:“午后答客一二家,赴云门之招,漱翁、子虞、弢夫已至矣。子封、仲弢继至,子培后来,紫泉到最后。肴馔精洁,谈谐畅洽。食单有龙井茗、瀹鸡丝,清隽有风味。傍晚席散后,复纵阅所得书画。”(第17册《荀学斋日记》,12749—12750页)

樊增祥有《正月廿三李爱伯师黄漱兰丈子培子封止潜子虞韬父仲弢小集寓斋酒竟复纵观书画爱师赋诗见惠十九叠韵奉酬》,曰:“长者车来不动尘,翦蔬斟酌瓮头春。茶琴玉局诗中物,巾拂龙眠画里人。中序霓裳同日咏,东风木笔一时新。斑丝褥上重开卷,金盏兰膏故未贫。”(《樊山集》卷十六,17页)

正月二十五日(3月5日) 赴濮子潼招饮全浙馆,与父、李慈铭、王仁堪、王仁东、樊增祥、张预、沈曾植、沈曾桐在座。

《越缦堂日记》:“诣全浙馆,赴紫泉之饮,坐有漱翁、仲弢乔梓,可庄、旭庄昆季、云门、子虞、子培、子封。肴馔丰美。观壁门所悬乡先正书画,金冬心《松树直幅》,为卢雅雨画者,气力雄厚。梁文定公《行书绝句直幅》,笔势超秀……饮至夜,小设灯烛,回廊皆悬花卉画灯,映带朱阑,亦成佳观。谈至二更始归。”(第17册《荀学斋日记》,12751—12752页)

樊增祥有《廿五日止潜招同可庄旭庄仲弢子虞子培子封陪爱师漱丈饮全浙馆二十叠韵》。(《樊山集》卷十六,18页)

二月初四日(3月13日) 京察一等引见,未记名。

《越缦堂日记》:“是日闻圈出京察一等引见人员,书玉、子虞、仲弢皆被落。”(第17册《荀学斋日记》,12761页)

《越缦堂日记》正月廿六日:“邸钞:上谕,此次京察引见,三品以下京堂各官,大理寺少卿廷禧,年力就衰,步履维艰,着以原品休致,余照旧供职。”(第17册《荀学斋日记》,12755页)

二月初六日(3月15日) 赴江苏馆同人雅集,与王颂蔚、冯煦、王仁堪、沈曾植、江标在座。

《江标日记》:“王茀卿、冯梦华两前辈招饮于江苏馆,同坐可庄师、黄仲弢前辈、沈子培主事。仲弢言,近有人以汪容甫旧藏《云麾碑》押于端午桥主事(方)处,得五百金,后有王梦楼跋,极诋容夫,至书其字曰‘庸夫’,且云玉玲珑山馆物皆汪一人稗贩而出。”(430页)

二月初八日(3月17日) 赴紫藤精舍雅集,饯樊增祥、王仁堪、蔡右年,与李慈铭、沈曾植、濮子潼、吴庆坻、王仁东在座。

《袁昶日记》:“晡后饯云门、可庄、千禾于紫藤精舍,坐有莼老、子培、止潜、子修、仲弢、旭庄,是日午暖晚寒,月上时始散归。”(《沈曾植年谱长编》,141页)

二月初九日(3月18日) 午赴李文田招饮粤东馆,与父、王懿荣、袁昶、沈曾植、沈曾桐、王颂蔚、费念慈、江标、刘岳云、蒯光典、缪祐孙、叶昌炽在座。

《缘督庐日记》:“午刻,仲约侍郎招粤东馆,见漱兰丈乔梓、廉生、爽秋、子培、子封、芾卿、屺怀、建霞、佛青、礼卿、柚岑。”(《沈曾植年谱长编》,141页)

二月十二日(3月21日) 赴全浙馆李慈铭招饮,与父、陈彝、冯煦、王颂蔚、杨崇伊、吴庆坻、袁昶、沈曾植、沈曾桐、王仁堪、王仁东、樊增祥、陆廷黻、张预、徐定超、王彦威、濮子潼在座。谱主出示和金危危日盐字韵诗九首。李慈铭、樊增祥均有诗纪之。

《越缦堂日记》:“上午诣下斜街浙馆,于紫藤精舍设席侍客。东席陈六舟宗丞、黄漱翁通政、冯梦花、王芾卿、杨莘伯、吴子修、爽秋、子培、子封；西席可庄、旭庄、云门、渔笙、子虞、班侯、弢夫、紫泉、仲弢。余主东席，命僧喜主西席，主宾共二十人。是日本以春序正中，百花生日，故遍邀同志，共写嘉辰，就槐市之花街，聚月园之精舍。既多吴越知名之彦，兼作樊、王饯别之筵……坐间仲弢出所和金危危日盐字韵诗九首，隽思典语，层出不穷。晚归，月下有风，颇寒，得诗四首。《辛卯春分适直花朝置酒槐市斜街浙馆紫藤精舍邀陈六舟中丞黄漱兰侍郎陆渔笙冯梦花张子虞杨莘伯吴子修沈子封黄仲弢七翰林袁爽秋王芾卿徐班侯三户部濮梓泉兵部沈子培刑部王旭庄舍人集饮并饯王可庄修撰出守镇江樊云门庶常补官陕右是日大风叠春字韵四首》。”（第17册《荀学斋日记》，12771—12772页）

樊增祥有《辛卯花朝日适值春分爱伯师招同陈六舟黄漱兰两中丞丈可庄旭庄子培子封爽秋芾卿子虞班侯渔笙仲弢梦华集浙馆紫藤精舍爱伯师赋诗赠行二十八叠韵奉酬前二首记是日游宴后二首则出都叙别之作云尔》。（《樊山集》卷十六）

二月十九日（3月28日） 于全浙馆为母祝寿，李慈铭、袁昶、江标等人到贺，堂内遍悬所藏及所借浙江名宿书画。

《越缦堂日记》：“晡，诣下斜街全浙馆，仲弢为其母夫人称觞于此也。馆有堂三，仲弢尽出所藏吾浙名宿书画，且遍借士大夫家珍秘悬之。坐间其最佳者有赵子昂《山水》、管仲姬《墨竹》、王叔明《夏日山居》、吴仲圭《芦汀渔舫》，柯敬仲《竹石》、徐天池《牡丹》，皆直幅墨笔；次则倪文贞《山水》、王遂东《山水》、项孔彰《雀蟹》，亦佳品也。其余乾嘉名士若厉樊榭《草书五言楹联》，杭堇浦《墨梅直幅》、金冬心《真书宋高宗女史箴》、黄小松《临郙阁颂》、奚铁生《山水》，皆直幅，亦疏隽可观。是日同人毕集，夜饮至一更余，先散。”（第17册《荀学斋日记》，12782页）

《江标日记》：“祝黄漱兰夫人寿。”（431页）

孙之梅整理本《袁昶日记》:“拜黄母生日,仲弢设宴于紫藤精舍,张壁多名画,云:遍搜长安旧家所藏之菁英,成此伟观。主人斡济之略,于此亦可见矣。计所见:赵文敏《鸥波亭图》、管道升《风雨丛竹》、王书明《夏山图》、柯敬仲《竹》、吴中圭《江村小景》、倪文贞《山水》。似以鸥波舅甥二作为最佳。”(下册,907页)

二月二十日(3月29日) 李慈铭来函,借观赵孟頫、王蒙、吴镇、柯九思四家画。即复函,以今日有宴客,先送赵孟頫《鸥波图》来。是日,招同人全浙馆雅集,出示所藏赵孟頫山水、柯九思竹石、徐渭牡丹等书画,供客人品赏。

《越缦堂日记》:“作书致仲弢,借观松雪、黄鹤山樵、梅道人、丹丘生四家,得复,以今日方宴客,先送《鸥波图》来。”(第17册《荀学斋日记》,12783页)

《缘督庐日记抄》:“仲弢招全浙馆,观赵子昂山水、管夫人墨竹、柯丹丘竹石、徐青藤牡丹及王叔明、吴仲圭山水、朱竹垞、应潜斋、陆清献、杭大宗、厉樊榭、张叔未诸先生墨迹。”(卷六,第26叶)

《江标日记》:“竟日出门拜客。晚赴黄仲弢之招于全浙会馆,壁悬书画皆精品,有黄鹤山樵《夏日山居图》,吴仲圭《渔舟汀芦图》、柯丹丘《墨竹》、倪文正《山水》两轴,徐青藤《墨牡丹》挂幅,皆精品也。”(431页)

二月二十一日(3月30日) 往访李慈铭,并以吴镇《山水》、柯九思《竹石》二幅画送阅。

《越缦堂日记》:“仲弢来,以吴仲圭《山水》、柯丹丘《竹石》两幅送阅。”(第17册《荀学斋日记》,12784页)

二月二十二日(3月31日) 往访李慈铭。晚饭后差人送王蒙画给李慈铭,得复。

《越缦堂日记》:“仲弢来。夜饭后仲弢更以《黄鹤山樵》画一

轴送阅,即复。”(第17册《荀学斋日记》,12787页)

二月二十三日(4月1日) 李慈铭来函,以所借观画送还。

《越缦堂日记》:“作书致仲弢,以画四幅悉还之,暂得纵观,亦老来眼福矣。”(第17册《荀学斋日记》,12789页)

二月二十九日(4月7日) 赴宜胜居晚宴,与王彦威、杨崇伊、李慈铭同席。

《越缦堂日记》:“晚诣宜胜居,弢夫已至,莘伯、仲弢相继来。可庄以入城,子培、子封以侍其太夫人疾,皆不至。四人畅谈,僧喜侍坐,颇深得饮中趣。夜二更后始归。”(第17册《荀学斋日记》,12797页)

三月初八日(4月16日) 往访李慈铭。

《越缦堂日记》:“仲弢来。”(第17册《荀学斋日记》,12806页)

三月初十日(4月18日) 往访李慈铭,嘱为其父撰六十寿序。

《越缦堂日记》:“仲弢来,属为其尊人漱翁撰六十寿序。”(第17册《荀学斋日记》,12807页)

三月十四日(4月22日) 赴法源寺公祭黄国瑾,袁昶、王懿荣、沈曾植、沈曾桐、吴庆坻、叶昌炽、江标皆至。

《缘督庐日记抄》:“晴,大风,午后雨。法源寺公祭再同,见爽秋、仲弢、莲生、子培、子封、子修。”(卷六,第27叶)

《袁昶日记》:“同人为亡友黄君设奠于愍忠寺,往预祭。”(《沈曾植年谱长编》,143页)

《江标日记》:“晨起,至法源寺公祭黄再同前辈。盖再同以奔丧至鄂,到后即去世,父子二人于百日中同亡,可云哀矣。”(434页)

三月十九日(4月27日) 李慈铭来函,托谱主邀潘少彭往李寓诊治,谱主即复。

《越缦堂日记》:“作书致仲弢,托转邀潘按察骏章之子少彭往

诊,得复。”(第17册《荀学斋日记》,12814—12815页)

三月二十日(4月28日) 请潘少彭拟药方。

《越缦堂日记》:“慧叔之子珣持潘少彭药方来请裁定,其方尚平稳,恐力薄不能济耳。”(第17册《荀学斋日记》,12816页)

三月二十八日(5月6日) 赴全浙馆紫藤精舍雅集,坐有陈彝、钱应溥、徐琪、朱福诜、沈曾植、袁昶、濮子潼。

《袁昶日记》:“未刻,与潜兄招同六舟、子密二丈,子培、花农、桂卿、中弢四公,小集紫藤精舍。将夕,满天黄晕如廿五日,或云此主大风,筵散时已夕。”(《沈曾植年谱长编》,143—144页)

四月初六日(5月13日) 赴沈曾植、沈曾桐兄弟招饮全浙馆,与蔡右年、王彦威、袁昶、吴庆坻、吴品珩、李慈铭在座。

《越缦堂日记》:“午诣下斜街全浙馆,赴子培、子封兄弟之饮,坐有松甫、弢夫、爽秋、仲弢、吴子修、吴佩蕙,设于紫藤精舍,坐客七人,分贯杭、湖、绍、台、金、严、温七郡,主人则嘉兴也。是日热甚,不能御酒肴。晡后席散,偕爽秋诣漱丈谈,傍晚归。”(第17册《荀学斋日记》,12830页)

四月十一日(5月18日) 往访李慈铭,请为其父撰六十寿序,并以节略见示。

《越缦堂日记》:“仲弢来,乞为其尊人漱丈撰六十寿序,以节略两通见示。”(第17册《荀学斋日记》,12839页)

四月十四日(5月21日) 考差进城,遇李慈铭,并馈食物。

《越缦堂日记》:“晡后,子培来,必强余入试……子培恐余中道却回,坐车自后送之,抵东华门已暮矣。敦夫、介唐、介夫、子献皆寓宿内阁之满本堂,已饭毕矣。仲弢来,子封来,余寿平来,子培仍驱车出城,仲弢馈食物。”(第17册《荀学斋日记》,12842—12843页)

四月十五日(5月22日) 与王懿荣、李慈铭、费念慈等一同考差,试题有四书文"强恕而行,求仁莫近焉",经文"雷雨作而百果草木皆甲坼"、赋诗"水面初平云脚低,得湖字"。

《越缦堂日记》:"是日与试者三百四十余人,翰林至二百六十人,可谓人才极盛矣。辰刻接卷入保和殿,偕仲弢、廉生接席坐,絅堂诸君为解筐囊,树桌几,悯其老也。上命题四书文:强恕而行,求仁莫近焉;经文:雷雨作而百果草木皆甲坼;诗赋得:水面初平云脚低得湖字。"(第17册《荀学斋日记》,12844—12845页)

费念慈致缪荃孙书札一百零一:"前日考差,三百五十余人,廊下皆满。拙卷幸无错落,不知能否有望。廉生、仲弢皆得意,当不致落寞矣。弟如不得差,八月中必归省,或可与兄偕行,惟长安居真不易……四月十七日。"(《艺风堂友朋书札》上册,《中华文史论丛》增刊,上海古籍出版社1980年版,369页)

四月十六日(5月23日) 往访李慈铭。

《越缦堂日记》:"仲弢来。"(第17册《荀学斋日记》,12846页)

四月十九日(5月26日) 诣台州馆赴王彦威招饮,与王懿荣、陆廷黻、吴讲、王继香、沈曾桐、李慈铭在座。

《越缦堂日记》:"午诣慧叔视疾,诣台州馆赴弢夫之饮,坐有廉生、渔笙、介唐、子献、子封、仲弢,晡散。"(第17册《荀学斋日记》,12849页)

四月二十日(5月27日) 赴安徽馆庚辰科团拜,与翁同龢、麟书、庞鸿文、庞鸿书、朱福诜、王懿荣、徐琪、沈曾植、李慈铭在座。

《越缦堂日记》:"上午诣安徽馆,赴庚辰科团拜,演小丹桂部,每人率资一金二钱。晤翁、麟两尚书师及絅堂、劬庵、桂卿、廉生、花农、子培、仲弢诸同年。夜呼僧喜往观灯剧,至二更后归。"(第17册《荀学斋日记》,12850页)

《翁同龢日记》:"出城至安徽馆应庚辰通家之约,麟公同坐观

剧,未正至酉初三刻。”(第五册,2444 页)

四月二十七日(6 月 3 日) 往视李慈铭疾。

《越缦堂日记》:“剧嗽,再服桂卿方……仲弢来。”(第 17 册《荀学斋日记》,12856 页)

四月二十九日(6 月 5 日) 李慈铭来谈。

《越缦堂日记》:“诣漱翁不值,晤仲弢,久谈。”(第 17 册《荀学斋日记》,12858 页)

四月三十日(6 月 6 日) 上谕,准父开缺致仕。

光绪十七年四月三十日上谕云:“黄体芳病,请解任,允之。”(《光绪朝东华录》,2899 页)

《越缦堂日记》:“邸钞:通政使司通政使黄体芳奏病尚未痊,恳请开缺,许之。”(第 17 册《荀学斋日记》,12858 页)

五月初二日(6 月 8 日) 作《今年五月初二日又直金危危一岁两直向所罕觏廉生丈以未及祭为惜十一叠前韵简之》七律一首:“来年镜听得祥占,忍把妍书比嫫盐。丈应试,书绝工,而自言似一妇人。讯日订讹应有说,《论衡》有《诘术》《讥日》《調时》等篇。会天校历竟无签。余藏影钞宋宝祐四年《会天历》,竟一岁无直金危危者。且欣春去朱明至,莫遣金成白发添。粗服乱头饶大嚼,何如斋沐诵楞严。”又有《历书于日直金危危多注云宜祭祀疑即俗例所自起盖建除家所谓神在之日凡祭皆宜不必专指祈富言也今用越缦丈〈立春日〉诗章推广祝词语涉贪痴见者当发大噱也》七律一首,曰:“堂上颐龄协斗占,殿前顷刻赋熬盐。藏幗时得铭心品,债券从无押尾签。经案本生符卯壮,图参天德报丁添。《妇人良方》有产图。并行《集圣历》正月‘天德在丁’云云。持铅幸与辅轩使,掎摭冬烘不要严。”(《黄绍箕集》,425 页)

五月初五日(6 月 11 日) 往访李慈铭。

《越缦堂日记》:"仲弢来。"(第17册《荀学斋日记》,12863页)

五月十三日(6月19日) 过李慈铭谈,至夜一更始归。

《越缦堂日记》:"仲弢来,谈至夜一更后去。"(第17册《荀学斋日记》,12877页)

五月十四日(6月20日) 致函李慈铭。是日,李慈铭致函王彦威,提及谱主。

《越缦堂日记》:"得仲弢书。"(第17册《荀学斋日记》,12877页)

李慈铭《致王弢甫书》:"闻子培言,前在龙泉寺为黄松泉陪吊,老弟以仲弢诗语之谣明告仲弢,众见仲弢颜色顿异,甚觉难堪,皆深怪老弟何以如此,兄闻之亦深为仲弢邑邑,此皆人情所不能免也。仲弢年倍幼于兄,又曾得四川之差,日下隆隆,向上有保举南斋之兆,以视兄之穷途耄齿,生路久绝,何啻霄壤!吾弟亦何忍不令冰山雪窖中延一丝虚妄之春气,而必令嗒焉若死灰之不复然,亦诚可异矣。仲弢之事亦未必真,吾弟虽明告仲弢,而尚恐令漱翁知之,诚以漱翁方移病致仕,得此更增不快。然兄亦人也,虽位卑身贱,万不敢望漱翁,而年则加长,遇则加穷,境则加迫。老弟思之,兄之一生,岂有一事之如意?一日之及人耶?……慈铭顿首,五月十四日。"(沈云龙主编,近代中国史料丛刊续编第十七辑《越缦堂文集》卷五,162—163页)

五月十七日(6月23日) 李慈铭来函。

《越缦堂日记》:"黄漱翁来,莩庭来。作书致仲弢。"(第17册《荀学斋日记》,12880页)

五月二十七日(7月3日) 往访李慈铭。

《越缦堂日记》:"仲弢来。"(第17册《荀学斋日记》,12892页)

六月 充会典馆图上总纂官。

《清代官员履历全编》第五册六二五页:"补会典馆图上总

纂官。”

《清代官员履历全编》第五册六三二页:“充会典馆图上总纂官。”

七月初二日(8月6日) 赴王彦威招饮广和居,李慈铭、吴庆坻、沈曾植等在座。

《越缦堂日记》:“晚,赴弢夫广和居之饮,坐有子蒓、子修、子培、仲弢。夜二更后归,有微雨。”(第18册《荀学斋日记》,12936页)

七月十一日(8月15日) 赴财盛馆全浙同乡团拜会。

《越缦堂日记》:“赴才盛馆全浙同乡团拜,演四喜部,兼传别部……是日,以谭文卿尚书钟麟及浙人之为外吏将出都者陶子方中丞等为客,许尚书以疾不至,晤徐、钱两侍郎及吴季卿、郭少兰、子虞、爽秋、花农、子培、子封、紫泉、弢夫、仲弢、子修、佩蕙、冯心兰、徐班侯、渔笙、介夫、子蒓诸君。夜,偕潄翁同席……三更后归。”(第18册《荀学斋日记》,12942—12943页)

七月十六日(8月20日) 沈曾植母韩太夫人生日,设席粤东馆,与同人往拜寿,李慈铭、沈曾棨、沈曾植、沈曾桐、王彦威、濮子潼、张预、吴庆坻、王仁东在座。

《越缦堂日记》:“子培太夫人生日,傍晚诣粤东馆拜寿,送酒十斤,烛一对。子承、子封固留夜饮,与弢夫、紫泉、仲弢、子虞、子修、旭庄诸君同席。”(第18册《荀学斋日记》,12945—12946页)

七月二十七日(8月31日) 李慈铭为父体芳撰写六十寿序讫,致函谱主。

《越缦堂日记》:“下午力疾撰潄老寿序讫,凡千数百言,中以宋之范蜀公为比,蜀公以礼部试第一人登第,以知银台通进司致仕,与潄翁正同,平生大节亦颇相似也。命僧喜录稿讫,即作书致仲弢。”(第18册《荀学斋日记》,12958—12959页)

七月二十八日（9月1日） 访李慈铭，出示父所作《六十自述》诗。

《越缦堂日记》："仲弢来，以其尊人六十自述七律十章见视。"（第18册《荀学斋日记》，12959页）

八月初三日（9月5日） 李慈铭来访。

《越缦堂日记》："午后诣李若农师，贺喜久谈。诣傅子莼，问其行期。诣爽秋、旭庄皆晤。诣漱翁、仲弢乔梓，已上灯矣，谈至夜一更归。"（第18册《荀学斋日记》，12963页）

八月初十日（9月12日） 赴王颂蔚招饮广和居，与沈曾桐、蒯光典、叶昌炽、缪荃孙在座。

《艺风老人日记》："辛丑，晴……王茀卿招饮广和居，沈子封、黄仲弢、履卿、鞠裳同席。"（387页）

八月十八日（9月20日） 往访李慈铭。

《越缦堂日记》："巳刻出闱，傍午抵家……仲弢来。"（第18册《荀学斋日记》，12973—12974页）

八月十九日（9月21日） 在皮库营四川馆演剧，为庆祝父亲明日六十大寿。翁同龢、李慈铭等来贺寿。

《翁同龢日记》："出城拜黄漱兰六十寿，驰归。"（第五册，2468页）

《越缦堂日记》："黄漱翁明日六十生辰，今日在皮库营四川馆演剧，送以红呢金字寿幛一轴，酒两坛三十斤，红蜡刻花寿烛一对，金绣扇袋一，眼镜韬一，又针黹两事，桃面两合，下午往拜，观剧至夜一更后归。"（第18册《荀学斋日记》，12974页）

八月二十日（9月22日） 父六十大寿。是日，往访李慈铭。

《越缦堂日记》："仲弢来。"（第18册《荀学斋日记》，12975页）

八月二十三日（9月25日） 李慈铭来访，不值。

《越缦堂日记》："下午……诣爽秋、仲弢，俱不值，漱翁以小病谢客。"（第 18 册《荀学斋日记》，12978 页）

八月二十七日（9 月 29 日） 缪荃孙来访。是日，谱主保送南书房，与王懿荣、张冶秋、陆宝忠、陈冕等于九月初二日入试。

《艺风老人日记》："戊午，晴。拜黄仲弢、夏闰枝、秦佩鹤。"（390 页）

《越缦堂日记》："是日闻翰林院保送南书房，廉生、仲弢、张冶秋百熙及编修陆宝忠、修撰陈冕，以九月初二日入试。"（第 18 册《荀学斋日记》，12986 页）

九月初二日（10 月 4 日） 与陆宝忠、张百熙、王懿荣、陈冕参加南书房考试，题为"弓矢喻政赋"，以"木心正则发矢直"为韵；"登高能赋得能字"五言八韵。

《翁同龢日记》："是日考南书房。五人：陆宝忠、张百熙、黄绍箕、王懿荣、陈冕。题'弓矢喻政赋'。以'木心正则发矢直'为韵；'登高能赋'五言八韵。在大内南斋考。"（第五册，2470 页）

九月初三日（10 月 5 日） 李慈铭来函问昨日考南书房消息，即复函，告之试题。袁昶来访。

《越缦堂日记》："作书致仲弢，问其昨试南斋消息……得仲弢书，知昨上命题'弓矢喻政赋'，以'木心正则发矢直'为韵；'登高能赋，得能字'五言八韵。'弓矢喻政'四字出焦弱侯《养正图说》，用《贞观政要》中语。'木心正则发矢直'七字亦出《政要》也。"（第 18 册《荀学斋日记》，12991—12992 页）

孙之梅整理《袁昶日记》："仲弢太史昨应召试，顷往候之，尚俟诏除也。"（下册，927 页）

九月初四日（10 月 6 日） 南书房考试名位第四名。往访李慈铭。

《翁同龢日记》："照常入，得见考南斋之作，枢廷已列甲乙也

陆、王、陈、黄、张。”（第五册，2471页）

《越缦堂日记》：“仲弢来。”（第18册《荀学斋日记》，12992页）

九月初五日（10月7日） 午前，李慈铭来访，不值。傍晚，李慈铭作书邀谱主至宜胜居，饮，王咏霓、王彦威、鲍临、胡经一、朱福诜等在座。

《越缦堂日记》：“午前走送子莼行。诣漱翁、仲弢，俱不值。午后归。傍晚诣宜胜居，子裳、弢夫、敦夫、子献、俞子新、胡鉴生经一、桂卿先后至，并作书邀仲弢，作片邀子虞饮，至夜二更后始散。”（第18册《荀学斋日记》，12992页）

九月十三日（10月15日） 诣江苏馆，赴王颂蔚招饮，座有李文田、左绍佐、缪祐孙、朱福诜、袁昶、李慈铭。

《越缦堂日记》：“晚诣江苏馆，赴芾卿之饮，坐有李侍郎及左笏卿、缪右臣、桂卿、爽秋、仲弢诸君。夜一更后归。”（第18册《荀学斋日记》，12999页）

九月二十日（10月22日） 与父亲招饮友朋于浙江会馆紫藤精舍，王咏霓、袁昶、朱福诜、王彦威、沈曾桐、冯煦、李慈铭在座。

《越缦堂日记》：“午诣浙馆紫藤精舍，赴漱翁、仲弢乔梓招饮，坐有子裳、爽秋、桂卿、弢夫、子封、冯梦花，晡后便道送花农行，遂归。”（第18册《荀学斋日记》，13006页）

九月二十五日（10月27日） 往访李慈铭。

《越缦堂日记》：“仲弢来。”（第18册《荀学斋日记》，13013页）

九月二十六日（10月28日） 为杨模乞李慈铭书团扇。

《越缦堂日记》：“为江苏拔贡杨蛰盦模书团扇，仲弢所转乞者。”（第18册《荀学斋日记》，13015页）

九月二十七日（10月29日） 李慈铭来函，并送来为杨模所书诗扇。

《越缦堂日记》:“作书致仲弢并诗扇送去。”(第 18 册《荀学斋日记》,13016 页)

九月二十九日(10 月 31 日)　上午诣龙泉寺,送濮子潼母殡,晤李慈铭等人。

《越缦堂日记》:“上午诣龙泉寺送紫泉母夫人殡,晤恽次远少詹、张少原给谏、郭少兰、吴子修、陈芰生、吴佩葱、盛圣怀、弢夫、仲弢、王友松诸君,午后归。”(第 18 册《荀学斋日记》,13018 页)

九月底　好友陈与冏(弼宸)去世,为之写墓志盖。

《郑孝胥日记》十月廿六日:“得苇杭十九来信,信云:‘弼臣于上月底卒于京寓。’”(第一册,252 页)

《郑孝胥日记》光绪二十四年(1898)三月初六日:“叔衡言,忍盦、缄斋皆以四十五岁卒。”(第一册,648 页)

《致丁立钧书》:“弼宸志盖奉上,内‘翰’字、‘陈’字皆写坏,已令松竹别画一纸,今晚必可再写送呈,谅可稍待入石也。肃上叔衡三兄同年大人阁下。弟箕顿首。”(《黄绍箕集》上册,287 页)

十月初二日(11 月 3 日)　诣龙泉寺吊濮子潼,晤李慈铭等人。

《越缦堂日记》:“傍晚诣龙泉寺吊紫泉,晤弢夫、仲弢、吴子修、盛伯羲、张少原、何润夫诸君。”(第 18 册《荀学斋日记》,13021 页)

十月初五日(11 月 6 日)　夜赴王咏霓、王彦威邀饮宜胜居,座有袁昶、朱福诜、陈先第、李慈铭。

《越缦堂日记》:“子裳、弢夫邀夜饮宜胜居,坐有爽秋、桂卿、仲弢、梅坡。二更归。”(第 18 册《荀学斋日记》,13024 页)

十一月初七日(12 月 7 日)　上午,李慈铭来访。

《越缦堂日记》:“上午出门答客,问漱翁、仲弢乔梓、桂卿、圣怀、介夫、紫泉疾,晤敦夫、子献、徐研芙,晡后归饭。”(第 18 册《荀学斋日记》,13065 页)

十一月二十一日（12月21日） 往访李慈铭。

《越缦堂日记》:“仲弢来。”（第18册《荀学斋日记》,13081页）

十二月初三日（1892年1月2日） 夜赴王颂蔚招集,与袁昶、李慈铭、沈曾植、朱福诜在座。

《袁昶日记》:“向夕,蒿隐先生招同莼老、子培、仲弢、叔基寒夜小集,敬观明孝宗武宗朝太傅王文恪公历仕小像,公自赞云:‘愿希首阳之拙,不欲为柱下之工;愿效知止之疏傅,而不为济变之姚崇。’殆自寓与茶陵李文正公异趣邪?图本王惕甫所藏,今展转归蒿隐,文恪乃蒿隐远祖……此卷有王百谷、汪退谷、何屺瞻跋,莼老作一跋尾甚佳。二更散。”（《沈曾植年谱长编》,148页）

《越缦堂日记》:“夜诣芾卿家赴饮,坐为爽秋、桂卿、子培、仲弢。肴馔甚精,谈谐复畅。坐间悬魏正光四年《鞠彦云碑》朱拓本,甚佳。二更后归,有风甚寒。”（第18册《荀学斋日记》,13094—13095页）

十二月初八日（1月7日） 赴袁昶招饮全浙馆,与父、李慈铭、王颂蔚、左绍佐、朱福诜、吴庆坻、沈曾植、沈曾桐在座。

《越缦堂日记》:“傍晚,诣全浙馆紫藤精舍,赴爽秋之饮,坐有漱翁、仲弢乔梓、芾卿、笏卿、桂卿、子修、子培、子封。夜二更归。”（第18册《荀学斋日记》,13099页）

《袁昶日记》:“晚在紫藤精舍消寒小集,会者十人,漱丈、莼老、笏卿、叔基、子修、子培、子封、蒿隐、中弢,烛酒一斛,围棋一枰,至二更始散。”（《沈曾植年谱长编》,148页）

十二月十七日（1月16日） 赴王彦威招饮黄岩馆,与父、李慈铭、朱福诜、沈曾植、徐定超在座。

《越缦堂日记》:“傍晚,答客两家,赴弢夫黄岩馆之饮,坐有漱翁、仲弢乔梓、桂卿、子培、班侯诸君。夜一更后归。”（第18册《荀学斋日记》,13112页）

十二月十八日(1月17日) 父亲招宴全浙馆,为李慈铭预作生日,并为朱福诜、王彦威作五十寿,与李慈铭、朱福诜、王彦威、袁昶、沈曾植、沈曾桐、朱怀新、吴品珩在座。

《越缦堂日记》:"午答客两三家,诣全浙馆赴漱翁之招,漱翁为余豫作生日,并为桂卿、弢夫作五十寿也。坐有爽秋、子培、子封、苗生、佩葱及仲弢,肴馔甚精,饮至夜归。"(第18册《荀学斋日记》,13112页)

十二月二十二日(1月21日) 与沈曾植、沈曾桐、吴庆坻招饮全浙馆,为李慈铭、朱福诜、王彦威、王仁东作生日。

《越缦堂日记》:"夜,诣全浙馆赴子培、子封、仲弢、子修四君之招,坐有桂卿、弢夫、旭庄,亦为余及三君作生日也。二更归。"(第18册《荀学斋日记》,13115页)

十二月二十七日(1月26日) 李慈铭生日,往贺。

《越缦堂日记》:"余生日,漱丈来,馈缎绸两卷、羲腈两肩及桃面、烛、酒,固辞缎、腈不得。弢夫来,秦孝廉达章来,馈酒腈,受酒及腈。芾卿来,蓉曙来,苗生来,杨寿孙、德孙来,佩葱来,萼庭来,梅坡来,秦芝孙来,旭庄来,爽秋来,子封来,桂卿来,仲弢来,旭庄来,班侯来,子培来,书玉来,资泉来,介唐来,敦夫来,子献来……夜即偕诸君饮。是日午间设酒面三席,夜设肴醴三席,至三鼓始散。"(第18册《荀学斋日记》,13118—13119页)

十二月三十日(1月29日) 往访李慈铭。

《越缦堂日记》:"仲弢来。"(第18册《荀学斋日记》,13121页)

是年 于厂肆购得丹邱道人何白书册——《临怀仁〈集王圣教序〉》,以谓笔意与米海岳绝相近,其源盖出于唐高宗书《李英公碑》云。

书何丹丘《临虔礼〈书谱〉》卷后:"往岁于厂市得丹丘道人书册《临怀仁〈集王圣教序〉》。"

是年 为汪康年作《汪母关宜人六十寿颂并序》。(《黄绍箕集》,200—202页)

是年冬 致函李盛铎,索要《江南乡试录》、古钟拓片:

"一、顷匆匆一晤,未及畅谈为歉。辛卯科《江南乡试录》敬求惠赐一册,即交来手携下为幸。肃请木斋仁兄同年大人简安。弟绍箕顿首。

二、前辱枉临,失迓歉甚。江南闱墨名作如林,仰见鉴衡精当,拜服拜服。贵同乡熊经仲编修所藏古钟,闻执事曾遣人精拓多分,敬求惠赐一分,感幸无量。弟卧病甫愈,尚畏风,不敢出门,稍迟容走谒。肃请木斋仁兄同年大人开安。弟绍箕顿首。"(《近代史所藏清代名人稿本抄本》第一辑140册,451、453页)

按,光绪十七年六月,李盛铎出任江南乡试副考官,两函中均提及"江南乡试录""江南闱墨",故系于此。

光绪十八年　壬辰（1892）　三十九岁

正月十二日（2月10日）　生日,李慈铭馈赠食物四盒,并有书信。下午李慈铭来访,未晤。

《越缦堂日记》:"仲弢生日,馈以食物四合,作书致之。下午诣爽秋不值,诣漱文、仲弢,俱不晤。"(第18册《荀学斋日记》,13132页)

正月十三日（2月11日）　访李慈铭,久谈。

《越缦堂日记》:"仲弢来久谈。"(第18册《荀学斋日记》,13133页)

正月二十九日（2月27日）　赴王颂蔚、冯煦招饮,与父、李慈铭、王懿荣、李盛铎、费念慈小集。

《袁昶日记》:"蒿隐先生、梦华太史招同漱文、莼老、廉生、仲弢、木斋、屺怀小集。"(《沈曾植年谱长编》,149页)

《越缦堂日记》:"午诣江苏馆,赴梦花、芾卿招饮,坐有漱翁、弢夫、廉生、仲弢、爽秋、李木斋盛铎、费屺怀,肴馔颇精,傍晚归。"(第18册《荀学斋日记》,13146页)

二月初九日（3月7日）　赴江标招饮寓斋,与袁昶、沈曾桐、冯煦、刘岳云在座。王懿荣、沈曾植、费念慈不至。

《江标日记》:"午招袁爽秋昶、沈子封曾桐、黄仲弢绍箕、冯梦花煦、刘佛青岳云饮于寓斋。约王廉生懿荣、沈子培曾植、费屺怀念慈,不至。"(482页)

二月十一日（3月9日）　李慈铭来函约明日晚饮,复函辞饮。

《越缦堂日记》:“作书致介唐,致子培、子封,致仲弢,作片致敦夫,致介夫,致弢夫,俱约明日晚饮。得弢夫、仲弢复,俱辞饮。”(第18册《荀学斋日记》,13153页)

二月十三日(3月11日) 患足疾,李慈铭作函来慰问。

《越缦堂日记》:“作书致仲弢,问其足疾。”(第18册《荀学斋日记》,13155页)

三月初一日(3月28日) 下午,李慈铭来谈。

《越缦堂日记》:“下午诣杨莘伯谈,诣漱翁、仲弢乔梓谈,夜归。”(第18册《荀学斋日记》,13173页)

三月初四日(3月31日) 傍晚赴李盛铎处饮,与王懿荣、王颂蔚、冯煦、刘岳云、刘世安、江标同座。

《江标日记》:“竟日未出门,亦未为一事。薄暮至木斋处饮,同坐有廉生、芾卿、仲弢、梦华、佛卿、静皆。”(487页)

三月初五日(4月1日) 往访李慈铭。

《越缦堂日记》:“仲弢来。”(第18册《荀学斋日记》,13178页)

三月 充武英殿总纂官。(《清代官员履历全编》第五册,六三二页)

四月十六日(5月12日) 在王懿荣日光室,与盛昱同观何白《临孙过庭〈书谱〉》手卷,并有题记:

“往岁于厂市得丹丘道人书册《临怀仁〈集王圣教序〉》,笔意乃与米海岳绝相近,其源盖出于唐高宗书《李英公碑》。岂以叙后记笺,皆高宗作,意势遂尔关通,抑离形得似,又别有冥解耶?

此卷《临虔礼〈书谱〉》,心貌两合,开帙灿然。观跋语,知作书在卜居东渚之后,册跋不署年月,而云‘为孙辈临’,殆又在其后矣。

明初书势尚沿松雪馀波,至文徵明而一变,至董思白而大变,众靡成风,略可千纸一类。丹丘与思白并时,而下笔必规唐风,不涉二家庭户,其志趣高远,即此可见。

叔方姻丈寄示索题,因为书此。是夕宿东安门外王丈廉生编修日光室。同观又有前辈宗室伯羲祭酒。

光绪十有八年四月十六日,瑞安黄绍箕,试初颐园磨性砚,洪北江著书墨,并记之。

伯羲祭酒藏朱文公自书《秋日怀友诗》,是吾乡叶文修公家故物,至明中叶有石公回者跋语,述其家藏弆原委綦详,而郡、县志均无其人。叔方丈留意乡邦文献,此尤关叶氏故实,其稽之家牒,具以告我,当为双钩入《永嘉帖》中,因睹何氏真迹,牵连及之。仲弢。"(《黄绍箕集》,153—154页)

四月二十日(5月16日) 张謇来访。

《张謇日记》:"意园师、仲弢见过。"(344页)

四月二十八日(5月24日) 访张謇。

《张謇日记》:"仲弢来谈至漏三下。"(345页)

五月十三日(6月7日) 赴翁同龢寓所观书画碑拓,与李慈铭、袁昶、陶浚宣、沈曾植、沈曾桐、费念慈在座。

《翁同龢日记》:"晴……邀数客饮,看画谈碑,今年第一乐事……李莼客、袁爽秋、陶心耘、沈子培、子封、黄仲弢、费屺怀。"(第五册,2525页)

《袁昶日记》:"虞山尚书师园斋置酒,命同莼丈、心云、子培、仲弢、屺怀、子封宴集。获观《秘阁帖十三行》《乐毅论》《画赞》《黄庭》诸拓本,有苏斋翁阁学跋。笔势分行布白,绝似《穆子容》《唐邕》诸石刻,不类世间流传本。又观王麓台侍郎模黄大痴《富春山图》长卷。又王耕烟模燕肃《长江万里卷》,皆伟观也。又观明拓《砖塔铭》,章法完好,是砖未断裂时整拓也。'十地翘勤','翘'字点画未漶可辨。屺怀所得。"(《沈曾植年谱长编》,152页)

五月二十一日(6月15日) 赴冯煦广和居之约,与黄绍宪、蒯光典、文廷式、袁宝璜、叶昌炽、缪荃孙在座。

《艺风老人日记》:“戊戌,晴。发松云、眉卿信。出赴广和居梦华之约,黄仲弢、叔融绍宪、蒯履卿、文芸阁、袁渭渔宝璜、叶鞠裳同席。”(454页)

六月十三日(7月6日) 过叶昌炽谈,见《百峰山诗石刻》。

《缘督庐日记抄》:“仲弢来谈,见示《百峰山诗石刻》,廉生以为乡人伪造,又云伯希新得绍熙本《礼记注疏》,出自微波榭孔氏。廉生以五百金得一古玺的真傻子。”(卷六,46叶)

六月二十四日(7月17日) 孙诒让来函:

“中弢仁兄姻大人侍史:违教三载,钦溯莫名。中龙诸君旋里,询悉上侍万福,甚以为慰。尊公姻丈周辰大庆,优游邸第,兴居安顺,无任欢忭。《会典》巨编,闻已十得六七,精博度远迈旧帙,应、胡汉仪,欧、苏宋礼,非雅裁不足以综厥成也。弟年来家事多菲,怀抱甚恶,中年哀乐,强自排遣,不足奉陈。《礼疏》亦时有校改,讹文剩义,扫叶复生,殆无已时,如何如何!伯龙家居,撑撑不易,仍欲觅一西槎差遣,非徒矜壮游,亦冀裨私计,兄能一为嘘植否?拙刻顷印成颇多,兹交陈玉樨孝廉带上廿册,乞分饷同好。《宋器考》前见潘文勤评阮识,与鄙见略见,惜不及以此遍质之。盛祭酒、王编修所弆铜器,及前见某旗友所得周敦,有‘扰远能执’四字者,便中乞为致一拓本。李氏宋刻《礼疏》当有绝佳处,惜无从校读,思之徒有哂笑耳。手此陈臆,顺叩侍安不僩。姻小弟诒让顿首,六月廿四日。前属中龙奉求赐书拙著封面,便中祈擿下为幸。”(《黄绍箕集》,790—791页)

六月二十九日(7月22日) 袁昶先公生忌日,与同人奠醊。

《袁昶日记》:“先公生忌日……乃蒙沈子培、沈子封、黄仲弢、吴子修诸公枉助奠醊,各致生刍,诸先生之厚意乃极可感也。”

(《沈曾植年谱长编》,152 页)

六月 嘱陶浚宣为所藏旧拓《隋龙藏寺碑》题签,友人题跋甚多。

日本西东书房昭和十三年(1938)发行《旧拓隋龙藏寺碑》题签:"隋龙藏寺碑,光绪十八年长夏,中弢属浚宣题。"

闰六月初九日(8 月 1 日) 缪荃孙来访。

《艺风老人日记》:"乙丑,晴……出拜曹邃翰、袁渭渔、王茀卿、叶伯臯、汪穰卿、柯逊庵、黄仲弢、袁爽秋、黄慎之、毛笃斋世兄玉麟、何润甫、何寿轩、王季樵、曾蜀才。"(465 页)

闰六月十八日(8 月 10 日) 赴李文田招饮天宁寺,与李慈铭、王懿荣、志锐、王颂蔚、蒯光典、冯煦、陈遹声、沈曾植、沈曾桐、刘岳云、费念慈、叶昌炽、刘世安、文廷式、李盛铎、江标、缪荃孙、缪祐孙在座。

《艺风老人日记》:"甲戌,晴热。诣闰枝谈。顺德师招饮天宁寺,黄仲弢、王莲生、志伯愚、王茀卿、蒯履卿、冯梦华、陈蓉曙遹声、沈子培、子封、刘佛青、费屺怀、叶鞠裳、刘静阶、文芸阁、李木斋同席。"(468 页)

《缘督庐日记抄》:"晴。仲约侍郎招天宁寺,偕蒿隐、佛青、梦花、礼卿、道希、建霞、西蠡、木斋、静偕、仲弢、子培、子封、艺风、柚岑。秋暑甚酷。席散,徘徊至日昳始进城。天宁寺在彰义门外,乔木千章,浮图百尺,幽旷之致,较龙泉、悯忠诸刹为胜。"(卷六,第 47 叶)

闰六月二十五日(8 月 17 日) 赴沈曾植招饮广和居,与沈曾桐、陶浚宣、王咏霓、朱福诜、叶昌炽在座。

《缘督庐日记抄》:"阴晴,酷暑。夜,子培、子封招广和居,同心箕、仲弢、王子裳、朱桂卿。子培、心箕熟于碑版之学,畅论源流,欣合无间。"(卷六,第 47 叶)

七月初三日（8月24日） 往访翁同龢。

《翁同龢日记》："黄仲弢来，闻甘督奏新疆坎巨提为英所踞，帕米尔俄兵来争，并言陶抚足胜吏事，未娴兵事，请派大臣往新疆，批该衙门知道。此前六七日事。"（第五册，2541页）

七月十五日（9月5日） 赴王咏霓招饮黄岩馆，与父、王颂蔚、沈曾桐、陈延益、王彦威、缪荃孙在座。

《艺风老人日记》："庚子，晴。编西安金石。王子裳招饮黄岩馆，黄漱兰、仲弢、王芾卿、沈子封、陈蓉叔、王弢甫同席。"（475页）

八月初六日（9月26日） 访江标，赠孙诒让所撰《古籀拾遗》。

《江标日记》："黄仲弢前辈来，手贻孙仲容所撰《古籀拾遗》，末附《宋器考》，似多经人道语，其病在南方少见闻古吉金，故坐此病也。"（503页）

八月十五日（10月5日） 往访李慈铭。

《越缦堂日记》："漱兰丈来，敦夫来，萼庭来，子献来，余寿平来，并馈节礼八金，仲弢来。午出门答贺客数家，旋归。"（第18册《荀学斋日记》，13201页）

八月二十四日（10月14日） 将谢灵运《石门诗刻》两种、孙诒让《古籀拾遗》一册送缪荃孙。

《艺风老人日记》："己卯，晴……仲弢送谢康乐《石门诗刻》两种、《古籀拾遗》一册。"（485页）

八月二十九日（10月19日） 赴王仁东招饮广和居，盛昱、丁立钧、沈曾植、江标在座。

《江标日记》："下午至琉璃厂，见王旭庄世叔，招饮广和居，有盛伯羲、丁叔衡、黄仲弢、沈子培诸公。"（508页）

八月三十日（10月20日） 赴沈曾植、沈曾桐、袁昶招饮，与父、李慈铭、王咏霓、吴庆坻、王彦威、王仁东在座。

《袁昶日记》:“食时,奉陪漱兰丈、爱伯先生集紫藤书屋会食,座有子裳、仲弢、子修、弢夫、旭庄,主人则子培、子封及不佞也,晡始散。”(《沈曾植年谱长编》,154页)

九月初三日(10月23日) 李慈铭来函,并赠《周易小义》《周易二闾记》。赴江标邀饮寓中,与费念慈、王咏霓、王仁东、沈曾植、沈曾桐在座。

《越缦堂日记》:“作书致子培、致敦夫、致仲弢,赠以茹氏《周易小义》《周易二闾记》各一册。”(第18册《荀学斋日记》,13205页)

《江标日记》:“偕屺怀、王子裳并约王旭庄、黄仲弢、沈子培、子封饮于寓中,上灯始散。”(509页)

九月初四日(10月24日) 致李慈铭函,示以《魏法师碑》拓本。夜访李慈铭。

《越缦堂日记》:“晴。得仲弢书。以《魏法师碑》拓本见视,即复……仲弢来夜谈。”(第18《荀学斋日记》,13206页)

九月初七日(10月27日) 赴吴庆坻招饮,与父、李慈铭、沈曾植、沈曾桐、袁昶、王彦威、王咏霓、徐定超在座,同观曾鲸所绘《张卿子小像》。

《越缦堂日记》:“赴吴子修之饮,坐有漱丈、仲弢乔梓,子培、子封兄弟,爽秋,弢夫,子裳,班侯,观曾鲸所绘前明遗老仁和张卿子名遂辰小像,巾褐俨然,神清以穆,有乾隆中杭人丁敬身、周穆门、杭董浦诸家题诗,谈至晚归。”(第18册《荀学斋日记》,13207页)

九月初十日(10月30日) 赴郑士抡广和居宴集,与李慈铭、沈曾植、沈曾桐在座。

《越缦堂日记》:“晚诣子培兄弟谈,晤仲弢,同诣广和居,赴郑鹿门招酒饮,一行而归。”(第18册《荀学斋日记》,13212页)

九月十一日(10月31日) 诣黄岩馆王彦威之饮,座有父亲、吴讲、王继香、王咏霓、李慈铭。

《越缦堂日记》:“诣黄岩馆赴弢夫之饮,坐有漱丈、仲弢乔梓、介唐、子献、子裳诸君,僧寿随往,晚归。”(第18册《荀学斋日记》,13214页)

九月十二日(11月1日) 致函李慈铭,得复函。

《越缦堂日记》:“夜得仲弢书,即复。”(第18册《荀学斋日记》,13214页)

九月十六日(11月5日) 李慈铭来函。

《越缦堂日记》:“作书致仲弢。”(第18册《荀学斋日记》,13218页)

九月十七日(11月6日) 致函李慈铭。

《越缦堂日记》:“得仲弢书。”(第18册《荀学斋日记》,13220页)

十月初六日(11月24日) 父亲招消寒第一集,与沈曾植、沈曾桐等在座。

按:《越缦堂日记》十月九日(11月27日)云:“《漱兰侍郎为消寒第一集以是日为先大母忌不往赋诗奉柬》。”(第18册,13243页)《杏花香雪斋诗》壬集题作《壬辰十月六日漱兰侍郎为消寒第一集余以是日为先大母忌辰不至赋此奉柬》十月二十日(12月8日)云:“《再柬侍郎约为消寒第二集》:沈家棠棣君乔梓,佳话千秋想此风。谓子培、子封昆季及令嗣仲弢,皆与是集。”(第18册《荀学斋日记》,13259页)可见消寒第一集先生当与焉。

十月二十三日(12月11日) 赴李慈铭招消寒第二集,与父亲、冯煦、王彦威、吴庆坻、沈曾植、沈曾桐、徐定超、王仁东在座。

《越缦堂日记》:“是日邀漱翁、梦花、弢夫、子修、子培、子封、班侯、伯希、旭庄、仲弢作消寒第二集。惟伯希以书来告小疾不至。午后设饮于轩翠舫,至夜始散。”(第18册《荀学斋日记》,13263页)

十一月初四日(12月22日) 往访李慈铭。

《越缦堂日记》:"仲弢来。"(第18册《荀学斋日记》,13270页)

十一月初九日(12月27日) 缪荃孙来访。

《艺风老人日记》:"癸巳,晴。录萧山金石。拜乔茂谖、黄仲弢、袁爽秋、黄慎之、刘搏云、毛石君。"(502页)

十一月十一日(12月29日) 访江标。

《江标日记》:"午,屺怀来,仲弢前辈后至。"(519页)

十一月十六日(1893年1月3日) 赴全浙馆同人宴集,与缪荃孙、沈曾植、沈曾桐、文廷式、徐建寅、志锐、李盛铎在座。

《艺风老人日记》:"庚子,晴……沈子培、子封、文芸阁约小饮全浙馆,徐仲虎、志伯愚、黄仲弢、李木斋同席。"(503页)

十一月二十日(1月7日) 徐定超招消寒第四集于谱主父亲寓所,与李慈铭、冯煦、袁昶、沈曾植、沈曾桐在座。

《越缦堂日记》:"午后诣漱翁家,赴班侯消寒第四集,自漱文乔梓及主人外,到者梦花、爽秋、子培、子封而已。晚归。"(第18册《荀学斋日记》,13284页)

十二月初五日(1月22日) 与李盛铎、文廷式、沈曾植、沈曾桐、江标公请冯煦,蒯光典、王颂蔚、志锐、徐仲虎在座。

《江标日记》:"午,木斋、芸阁、仲弢、子培、子封五人与余公请梦花,同坐蒯厉卿、王苇卿、志伯愚、徐仲虎,上灯始散。"(521页)

十二月初十日(1月27日) 往访李慈铭。

《越缦堂日记》:"仲弢来。"(第18册《荀学斋日记》,13306页)

十二月十一日(1月28日) 李慈铭来函。

《越缦堂日记》:"作书致仲弢。得介唐复。阅《睢阳五老图册》,以伯希质之李在铦太守,得二百金,将以购宋椠《周礼纂图互注》也。昨属仲弢来取甚急,故今日细阅一过,将跋而归之。"(第18册《荀学斋日记》,13307页)

十二月十二日（1月29日） 往吊王彦威父丧，晤李慈铭、袁昶、徐定超等人。

《越缦堂日记》："弢夫为其尊人开吊，午后往吊，送奠仪八金，晤仲弢、爽秋、班侯、鹿门、子修、紫泉诸君。"（第18册《荀学斋日记》，13309页）

十二月十六日（2月2日） 袁昶招消寒第六集于谱主寓所，与父、李慈铭等十人在座。

《袁昶日记》："是日，在仲弢太史家作消寒第六集，侍撰漱丈、莼老杖履，会者十人，洵有村社鸡豚风味也。"（《沈曾植年谱长编》，156页）

《越缦堂日记》："晡诣漱翁家，赴爽秋消寒第六集，夜归。"（第18册《荀学斋日记》，13313页）

十二月十九日（2月5日） 上午，李慈铭来访，下午回访。是日张謇来函。

《越缦堂日记》："上午答客数家，晤仲弢及孙师郑，午归……仲弢来。"（第18册《荀学斋日记》，13315页）

张謇来函：

"仲弢贤兄同年足下：归卧江滨，百不置意，独于宣南师友，时时梦想及之。读书临事，意有所得，欲一倾怀相证而不可得也。堂上气体如何？自文恪之丧，吾师又失一老友，举步出门，谁可语者耶？足下坐困于贫，弥复可念。謇今岁所有薄田，因旱减收。八月叔兄权贵溪，虽赙赠前令供差谢客费，所得十之七，而援军可望，危城之中气以一振。九月省兄西行，喜兄甚耐劳苦，理积牍，日以五六计。又令民理不得直者，许原、被并于告期投诉，随以剖决，不复签差，民颇安之。赋入应时，过于比额，以是知州县可为，民可与为治。溥阁学按临，所至尽闭丁役，诸弊悉绝，待士极宽，惟所取之士有不熟四子书者，又责士不严，未免彼得而此失。意园师为属荐崇明书院,至今徒有此说,尚无关聘意,亦听之。常熟竟不退,济宁竟不出,台谏说不关紧要事,亦但有楚人,均可叹也。献岁贵溪县试,仍拟一往,当即旋里。岁晚天寒,北望增结,谨寄十六金,聊为吾师一尊之献,尚非贪泉,想不见却。伏承侍奉康胜不具。年世小弟謇顿首,十二月十九日。夫子年伯大人前叩安。”(《黄绍箕集》,840—841 页)

十二月二十日(2 月 6 日) 李慈铭来函,并赠河南百合一盒。

《越缦堂日记》:“作书致仲弢,诒以河南百合一合,是前日族弟小圃自大梁所寄者。”(第 18 册《荀学斋日记》,13315 页)

十二月二十一日(2 月 7 日) 往访李慈铭。

《越缦堂日记》:“仲弢来。”(第 18 册《荀学斋日记》,13315 页)

十二月二十二日(2 月 8 日) 李慈铭来函。

《越缦堂日记》:“作书致仲弢。”(第 18 册《荀学斋日记》,13317 页)

十二月二十四日(2 月 10 日) 与父亲、徐定超、王仁东、朱福诜、袁昶、沈曾植、沈曾桐、冯煦、吴庆坻为李慈铭作生日。

《越缦堂日记》:“诣漱文家,以今日漱文乔梓偕班侯、旭庄、桂卿、爽秋、子培、子封、梦花、子修为余作生日也。夜饮至二更归。”(第 18 册《荀学斋日记》,13319 页)

十二月二十八日(2 月 14 日) 往访缪荃孙。

《艺风老人日记》:“甲申,晴。黄仲弢来。”(514 页)

是年 黄遵宪有《寄怀仲弢先生》七绝一首:“娓娓清谈玉屑霏,仲宣体弱不胜衣。十年面壁精勤甚,多恐量腰减带围。”(《孙延钊集》,270 页)

年底 张之洞来函。

“仲弢贤侄婿阁下:久未作书,甚念!明年恩科,星轺豫卜,此时计当摩厉以须矣。会典馆事已得几分？舆图到者几省？近见馆文催图，楚省图因求精，故不能速，大约须明年夏间也。新疆边界事如何？再，帕米尔事，景卢刊图虽失之粗率，然较之崇事相去甚远想已备知。此公在总署尚能知外省情形，知外国情形，力争硬抗者颇多。关涉楚事者即不少不仅周汉一案，为总署多年所罕见。洋务若如此办法，以后尚可望有转机，京师或不能尽知，有洋务省分乃知之耳。他年若得薛、许回华，俱入总署，与此公同心协力，中国洋务必大改观而中肯矣薛好极，尤胜。景卢与某公不协，故某公极力毁之，似不宜令景卢败也。都下士大夫恐未能尽知骨里消息但论一节，必力攻景卢不止，故特剀切言之，关系不小也。闻已召毅帅，确否？陶子方或当量移耶。此间事体繁而且窘，至年底为尤甚。铁厂事尚费筹画，此事成否自关乎天，天若欲为中国成此大举，虽北洋不借款，亦尚可徐筹办法。布局已成，明春可大举纺织，气象颇好。沥此，敬问侍福并贺年喜。洞拜手。侄女好。”（《黄绍箕集》，823—824页）

光绪十九年　癸巳 (1893)　四十岁

正月初四日(2月20日)　赴李文田招饮粤东馆,与张荫桓、袁昶、王颂蔚、沈曾植、沈曾桐、冯煦、刘岳云、蒯光典、王懿荣、江标、李盛铎、缪荃孙、缪祐孙、叶昌炽、费念慈在座。

《艺风老人日记》:"戊子,晴……顺德师招饮,张樵也、袁爽秋、王芾卿、沈子培、子封、冯梦华、刘佛青、黄仲弢、蒯礼卿、王廉生、江建霞、李木斋、柚岑同席。"(516页)

《缘督庐日记》:"晴,仲约前辈招粤东馆。同爽秋、蒿隐、子培昆仲、梦花、礼卿、佛青、筱珊、木斋、柚岑、仲弢、屺怀、建霞。"(《沈曾植年谱长编》,157页)

正月初七日(2月23日)　张謇来函。

《张謇日记》:"与子培、新甫、止潜、仲弢、君肙讯,并上常熟、意园讯,交书箴寄沪。"(360页)

正月初八日(2月24日)　赴吴庆坻招消寒第七集,与父、李慈铭、沈曾植、沈曾桐、盛昱、冯煦、袁昶、徐定超在座。

《越缦堂日记》:"傍晚,答客一二家,诣子修消寒第七集,到者漱丈、仲弢乔梓,子培、子封兄弟,伯希,梦花,爽秋,班侯。夜二更归。"(第18册《荀学斋日记》,13336页)

《袁昶日记》:"晚,同社消寒第八〔七〕集。在子修太史家,至三更始散。言多气苶,颇以为病。"(《沈曾植年谱长编》,157页)

正月初九日(2月25日)　李慈铭来函。

《越缦堂日记》:"作书致仲弢。"(第18册《荀学斋日记》,

13336 页）

正月十一日（2月27日） 赴安徽馆宴请李文田、袁昶，与沈曾植、沈曾桐、蒯光典、王颂蔚、刘岳云、王懿荣、叶昌炽在座。是日作书致李慈铭。夜，李慈铭在寓所为谱主四十生日做寿，与父、从弟绍第、鲍临、吴庆坻父子等在座。

《缘督庐日记抄》："同子培昆仲、礼卿、梦花、蒿隐、佛青、仲弢、廉生，在安徽馆请仲约、重黎两公。席散游厂。"（卷六，第57叶）

《袁昶日记》："会典馆同官廉生、中弢、缘督、梦华、蒿隐、礼卿、子培、子封、佛青招陪祖饯，芍师陛辞出棚开考矣。"（《沈曾植年谱长编》，157页）

《越缦堂日记》："得仲弢书，即复。作书致介唐约今夕饮，得复。漱文来，敦夫来，介唐来，仲弢、叔容来，子修、絅斋乔梓来，刘樾仲之子霞士来。夜设饮于轩翠舫，以明日仲弢四十生日，故为之寿也。二更时散。"（第18册《荀学斋日记》，13337—13338页）

正月十二日（2月28日） 四十生日，李慈铭遣从子往拜寿。

《越缦堂日记》："仲弢生日，命僧喜往拜。"（第18册《荀学斋日记》，13339页）

正月十三日（3月1日） 午后，赴缪荃孙招饮，与李慈铭、沈曾植、沈曾桐、王颂蔚、庞鸿文、叶昌炽在座。后又往贺李慈铭。

《越缦堂日记》："午后，诣濮紫泉谈，即赴缪筱珊之饮，集者子培、子封、仲弢、王芾卿、庞絅堂、叶菊裳昌炽，晚散归……爽秋来，仲弢来。是日来贺者六人。"（第18册《荀学斋日记》，13339页）

《艺风老人日记》："丁酉，晴……请李莼客、黄仲弢、沈子培、子封、王芾卿、叶鞠裳、庞絅堂小饮。"（518页）

《缘督庐日记》："晴，阴。筱珊招，未刻同莼客先生、絅堂、蒿隐、仲弢、子培昆仲。"（《沈曾植年谱长编》，157页）

正月 书黄绍第所撰《张母林太孺人七十寿序》,为张子蕃母亲七十大寿祝贺。

《张母林太孺人七十寿序》落款:“赐进士出身翰林院侍讲本衙门撰文姻侄黄绍箕顿首拜书,光绪拾玖年岁次癸巳律中太簇月谷旦。”(温州博物馆藏原稿)

二月初四日(3月21日) 袁昶将赴天津,来函。

《袁昶日记》:“与培老、中弢小札。”(《沈曾植年谱长编》,158页)

二月十九日(4月5日) 是日继母生日,李慈铭来拜寿,晤谈。

《越缦堂日记》:“下午诣下斜街浙馆拜漱翁夫人生日,送酒烛桃面,晤仲弢谈逾时,归途答客数家。”(第18册《荀学斋日记》,13365页)

二月二十二日(4月8日) 往访李慈铭。

《越缦堂日记》:“仲弢来。”(第18册《荀学斋日记》,13367页)

二月二十七日(4月13日) 叶昌炽、李盛铎、文廷式、费念慈、江标等招饮江苏会馆,谱主辞不至。

《缘督庐日记》:“晴,贺芑生、伯颖,偕木斋、静皆、道希、建霞省馆宴客。王季樵、志伯愚、袁爽秋、缪小珊、丁叔衡、陆伟庭、宋芸子、陈荣曙、冯梦华、左笏卿、柯巽庵、周伯晋、蒿隐、礼卿、子培昆仲,共十六人。仲弢昆仲、佛青、柚岑、柯凤孙皆先辞,端午桥、盛伯希不辞亦不到。”(《沈曾植年谱长编》,159页)

《江标日记》:“今日约菊师、木斋、芸阁、静皆、屺怀公请同人,共二十余人,为王季樵锡蕃、缪筱珊荃孙、沈子培曾植、沈子封曾桐、王莲生懿荣、陈蓉曙通声、丁叔衡立钧、左笏卿绍佐、宋允滋育仁、王笏卿颂蔚、袁爽秋昶、吴子修庆坻、冯梦华煦、陆蔚庭继煇、柯巽庵逢时、周伯俊锡恩、蒯荔卿光典、志伯愚锐,未到者缪柚存祐孙、黄仲弢绍箕、叔颂绍第、盛伯兮昱、端午桥方、柯凤生绍忞,于江苏会馆。”(526页)

三月初一日（4月16日） 赴江标招饮寓中，与陈田、陈榘、沈曾桐、王同愈、丁立钧、缪荃孙在座，并观书画、唐人写经。

《艺风老人日记》："癸未，朔，晴。王季樵来还银四百两。建霞、子封招小饮并观书画，见赵文度左山水卷二、石谷山水卷一、石涛山水卷一、南楼老人山水册一、蒋南沙花卉册子、唐人写经两卷，均绝佳。陈崧山、衡山、丁叔衡、黄仲弢、王胜之同席。"（530页）

《江标日记》："是日请陈崧山、衡山、沈子封、黄仲弢、王胜之、丁叔衡、缪筱珊于寓中，各出书画相赏。石谷卷、赵文度《溪山无尽卷》、石涛僧诗、孟福卷为丁叔衡藏，《嵩洛访碑图》为屺怀藏，筱珊带来陈南楼山水十开册、蒋南沙水墨花草小册，唐人写经为陈氏昆季带来。"（527页）

三月初四日（4月19日） 李慈铭来函。往访李慈铭。

《越缦堂日记》："作书致仲弢。仲弢来。"（第18册《荀学斋日记》，13377页）

三月初九日（4月24日） 午后，李慈铭来访，不晤。夜，在全浙馆，与朱福诜、沈曾植、沈曾桐、徐定超、王仁东、缪荃孙等公饯袁昶，父亲、李慈铭作陪。

《越缦堂日记》："晡后诣子修、仲弢，俱不值。送叔容诗集一部。诣浙馆，赴桂卿、子培、子封、班侯、旭庄、缪筱珊、仲弢诸君之饮，坐有漱翁、爽秋。夜二更归。"（第18册《荀学斋日记》，13381页）

《艺风老人日记》："辛卯，晴，风……公饯袁爽秋，约莼客作陪。"（533页）

《袁昶日记》："仍风，旦极寒。出门告行于常所来往……夜，小珊、叔基、子培、子封、仲弢、班侯、旭庄招陪漱丈、莼老宴集，叙軷道意迟，伯希祭酒不至。是夕觉有离群索居之意，二更乃归。"（《沈曾植年谱长编》，160页）

三月十四日（4月29日） 夜过袁昶，适沈曾植、曾桐送袁昶北齐造像一龛。

《袁昶日记》："子培、子封送北齐造象一龛，期我归依净业。时已三更，仲弢适在座，同证斯言。"（《沈曾植年谱长编》，160页）

三月二十五日（5月10日） 往访李慈铭。

《越缦堂日记》："仲弢来。"（第18册《荀学斋日记》，13393页）

三月 袁昶在离京前，因感激故旧亲朋为其送行，作诗感谢。

《袁昶日记》："《致仕前侍郎黄莼隐丈李爱伯侍御缪小珊同年盛伯羲祭酒沈子培秋曹叶缘督黄仲弢吴子修王廉生朱叔基文云谷六太史亲家王蒿隐枢部先后在城西祖帐为平原十日之饮率赋为谢》。"（《安般簃集诗续》癸《致仕前侍郎黄漱兰丈李爱伯侍御缪小珊同年盛伯羲祭酒沈子培秋曹叶缘督王廉生黄仲弢吴子修朱叔基文云谷六太史亲家王蒿隐枢部先后在城西祖帐为平原十日之饮率赋为谢》）

四月初一日（5月16日） 梁鼎芬子龙驹殇。谱主闻讯后，作《挽梁童子学蠡兼慰节庵同年》诗，曰：

"病衰无赖望童髦，绝爱君家有凤毛。世世移山真忖汝，騃騃度坂已倾曹。霜凋雹碎谁能料，月黯风凄但一号。稍幸季方堪奉杖，强扶公起语犹豪。"（《黄绍箕集》上册，426页）

四月初三日（5月18日） 过李慈铭夜饮，与王继香、沈曾植、吴讲、陈学良等在座。

《越缦堂日记》："作书约子培、仲弢夜饭。傍晚子献来，仲弢来，介唐来，子培、啸梅侄来，皆衣冠过贺，杯盘草草，殊不称也。珊园、颢斋诸侄皆至。夜点灯小饮，至三更始散。"（第18册《荀学斋日记》，13400页）

四月初七日（5月22日） 游厂肆，晤缪荃孙。

《艺风老人日记》："己未，晴。游厂，晤屺怀、仲弢。"（539页）

四月初九日（5月24日） 往访李慈铭，赠紫毫笔两枝，意劝李慈铭仍考试差。

《越缦堂日记》："仲弢来，馈紫豪〔毫〕管两枝，意欲劝余仍考试差也。"（第18册《荀学斋日记》，13403页）

四月十六日（5月31日） 李慈铭来函，送还所赠紫毫笔。

《越缦堂日记》："作书致仲弢，还所赠紫豪〔毫〕笔两枝。"（第18册《荀学斋日记》，13413—13414页）

四月十七日（6月1日） 往访李慈铭。

《越缦堂日记》："仲弢来。"（第18册《荀学斋日记》，13415页）

四月二十日（6月4日） 赴刘树屏招饮广和居，与沈曾桐、黄绍第、徐仁铸、缪荃孙在座。

《艺风老人日记》："壬申，小雨。刘宝梁招饮广和居，沈子封、黄仲弢兄弟、徐彦甫同席。"（542页）

四月二十一日（6月5日） 李慈铭来访，不晤。

《越缦堂日记》："诣吴子修，诣漱翁乔梓，皆不值，遂归。"（第18册《荀学斋日记》，13420页）

四月二十九日（6月13日） 赴殷萼庭招饮，与李慈铭、沈曾植、沈曾桐、庞鸿文、黄绍第在座。

《越缦堂日记》："萼庭设饮漱翁家，招同子培、子封兄弟、子修、䌹堂乔梓，仲弢、叔容昆季午饭。今日本不出，以萼庭意在余，不得已赴之。晡归。"（第18册《荀学斋日记》，13429页）

五月初四日（6月17日） 往访李慈铭。

《越缦堂日记》："黄仲弢来，叔容来。"（第18册《荀学斋日记》，13433页）

五月十二日（6月25日） 往访李慈铭。

《越缦堂日记》："仲弢来。"（第18册《荀学斋日记》，13438页）

六月十八日（7月30日） 作书致李慈铭，约二十日饮长椿寺。

《越缦堂日记》:“夜得仲弢书,约后明日饮长椿寺。”(第18册《荀学斋日记》,13463页)

六月二十日(8月1日) 父招饮长椿寺,与李慈铭、王彦威、杨晨、郑士抡、沈曾植、沈曾桐、王仁东在座。

《越缦堂日记》:“诣长春寺,赴漱丈之招,花树清幽,窗几凉爽,坐有弢夫、定甹、鹿门、子培、子封、旭庄、仲弢。饭后复坐转经殿东室,久谈而归。”(第18册《荀学斋日记》,13465页)

六月二十六日(8月7日) 李慈铭来函约二十八日饮江苏馆。

《越缦堂日记》:“作书致漱翁、弢夫,俱约二十八日饮江苏馆。又写单约鹿门、定甹、莼庭、子培、子封、仲弢诸君饮。”(第18册《荀学斋日记》,13471页)

六月二十七日(8月8日) 赴杨士骧、蒯光典、冯煦招饮安徽馆,与李文田、志锐、费念慈、叶昌炽、李盛铎、江标、刘世安、沈曾桐、刘岳云等同席。

《艺风老人日记》:“戊寅,晴。拜钱念劬。杨廉甫、蒯礼卿、冯梦华招饮安徽馆,李仲芍师、志伯愚、寿子年、费屺怀、叶鞠裳、李木斋、江剑霞、刘静皆、沈子封、黄仲弢、刘佛青同席。”(561页)

六月二十八日(8月9日) 赴李慈铭招饮江苏馆,与父、王彦威、郑士抡、沈曾桐等在座。

《越缦堂日记》:“午诣江苏馆,漱翁、莼庭、弢夫、鹿门、子封、仲弢先后至。晡后归。”(第18册《荀学斋日记》,13471—13472页)

七月十四日(8月25日) 赴郑士抡招饮黄岩馆,与父、徐定超、王彦威、杨晨、李慈铭在座。

《越缦堂日记》:“诣黄岩馆赴郑鹿门之饮,坐有漱翁、仲弢乔梓、班侯、弢夫、定甹诸君,晡后归。”(第18册《荀学斋日记》,

13482 页）

七月十六日（8 月 27 日） 夜，与李慈铭、吴品珩、吴士鉴、刘家荫同饮。

《越缦堂日记》："夜偕仲弢、吴佩蕙、吴絅斋及樾仲诸君饮，二更后始归。"（第 18 册《荀学斋日记》，13484 页）

八月初二日（9 月 11 日） 招饮同人浙江馆看山楼，与盛昱、钱恂、汪大燮、汪大钧、叶尔恺、沈曾植、沈曾桐、孙宝琦、缪荃孙在座。

《艺风老人日记》："黄仲弢招饮浙江馆看山楼，盛百熙，钱彦劬，汪伯唐大燮，仲愚大钧，叶伯高尔恺，沈子培、子封，孙慕韩宝琦同席。"（570 页）

八月初三日（9 月 12 日） 李慈铭来，不值。

《越缦堂日记》："晡后诣漱翁、仲弢、子培、子封，俱不值。"（第 18 册《荀学斋日记》，13498 页）

八月初五日（9 月 14 日） 往访李慈铭。

《越缦堂日记》："仲弢来。"（第 18 册《荀学斋日记》，13498 页）

八月二十六日（10 月 5 日） 赴义胜居雅集，与沈曾植、盛昱、王仁东、沈曾桐、丁立钧、刘家立在座。

《缘督庐日记》："夜，子培、仲弢偕伯羲前辈在义胜居，约往谈，并见旭庄、子封、丁叔衡、刘兼伯。"（《沈曾植年谱长编》，164 页）

九月初八日（10 月 17 日） 次女生。

九月十二日（10 月 21 日） 往访李慈铭。

《越缦堂日记》："是日揭榜……仲弢来。"（第 18 册《荀学斋日记》，13527 页）

十月初三日（11 月 10 日） 李慈铭来访。

《越缦堂日记》："是日答拜絅斋、姚舍人、赵聪甫县令，晤漱丈、仲弢乔梓。"（第 18 册《荀学斋日记》，13545 页）

十月十一日(11月18日) 致函叶昌炽。往访李慈铭。

《缘督庐日记》:“仲弢、子培柬约明日陪顺德师。”(《沈曾植年谱长编》,165页)

《越缦堂日记》:“仲弢来。”(第18册《荀学斋日记》,13553页)

十月十二日(11月19日) 赴全浙馆雅集,与王仁东、沈曾植、沈曾桐、李文田、柯逢时、王颂蔚、叶昌炽、李慈铭、缪荃孙在座。

《艺风老人日记》:“王旭庄、黄仲弢、沈子培、子封招饮全浙馆,陪顺德师。柯逊庵、王茀卿、叶鞠裳同席。”(590页)

《缘督庐日记》:“晴。子培昆仲、仲弢、旭庄招全浙馆。先访巽庵、渭渔略谈,而后赴之。巽庵亦同局,并见芍农前辈、莼客侍御、蒿隐、艺风。”(《沈曾植年谱长编》,165页)

十月二十日(11月27日) 王仁堪卒于苏州知府任,年四十六。谱主闻讯后作挽联:“自少为阳湖陆奉直高第门生,共术同方难再得;望君是林胡两文忠一流人物,有才无命欲何如!”

梁节庵《与江生逢辰伍生铨粹书》:“十月二十日子时,王苏州竟以急疾不救,伤何可言。”(《梁节庵遗稿》卷三)

《王苏州年谱》:“光绪十九年十月十八夕赴宴回署,疝气加剧,腹痛大作……二十日子时弃而长逝。”(《王苏州遗书》,民国铅印本,卷首年谱,十一页)

十一月十五日(12月12日) 父招消寒第一集,与李慈铭、盛昱、王继香、沈曾植、沈曾桐、徐定超、林开謩、缪荃孙在座。

《艺风老人日记》:“黄漱兰丈约消寒,李莼客、盛百熙、王子香、沈子培、子封、徐班侯、林诒书、仲弢同席。”(599页)

十二月初七日(1894年1月13日) 赴叶昌炽招饮,与黄绍第、李盛铎、王颂蔚、费念慈、缪荃孙等在座。

《艺风老人日记》:“乙卯,晴……拜黄叔颂、冯申甫、夏闰枝。

鞠裳招饮,李搏霄、黄仲弢、叔颂、李木斋、刘静安、苐卿、屺怀同席。"(605 页)

十二月十八日(1 月 24 日) 赴鲍临招消寒第三集,与父、盛昱、李慈铭、沈曾植、沈曾桐、丁立钧、王继香、徐定超、缪荃孙在座。

《艺风老人日记》:"丙寅,晴……鲍敦夫约消寒,伯熙、莼客、漱丈、子培、子封、叔衡、子香、班侯、仲弢同席。"(608 页)

十二月二十八日(2 月 3 日) 缪荃孙还公分(炭敬)。

《艺风老人日记》:"丙子,晴。还杨虞裳公分,还黄仲弢公分。"(610 页)

是年 与林旭孝廉相识于京师。林时年甫十九。

《瑞安五黄先生系年合谱》:"鲜庵先生始与林孝廉旭相识于京师。孝廉,闽人,时年甫十九,新领乡荐第一,倜傥负奇气,诗词骈散文皆工,先生惊异之,与折节为忘年交。"(《孙延钊集》,273 页)

是年 樊增祥作《寄仲弢编修》,曰:"黄童内门足熙怡,花萼楼前自画眉。妾是珊瑚郎玉树,兄为鸑鷟弟长离。经传北海门成市,砚授东坡父即师。二宋二刘俱侍从,星轺使节会双持。"(《樊山集》卷十九,12 页)

是年 作《赠中宪大夫忠义潘卿云先生祠记》。(《黄绍箕集》,236—238 页)

光绪二十年　甲午（1894）　四十一岁

正月十一日（2月16日）　填词第一稿《齐天乐》,有序:

“王幼遐给谏假余所藏旧钞宋元词,辑刻见贻,赋此柬之。彭文勤藏汲古阁《宋未刻词》,见《知圣道斋读书跋尾》,余藏本行款悉合,盖出一源。彭跋又云:合李西涯辑《南词》一部,又《宋元人小词》一部,于已刻六十家外得六十二种,安得好事者续镌后集云云。幼遐所刊,适得其半,他日当相助访求,系之篇终,以当息壤。光绪甲午正月十一日,瑞安黄绍箕初学倚声第一稿。

绛云销歇金风谢,虞山秘储星散。渔笛腔边,樵歌谱外,花草飘零无算。春回雪案。忽双白仙人,笑呼俦伴。拟为君图,乌丝红烛校词馆。

平生耽玩古翰。苦删除绮语,偏被情绊。粱梦留凄,荷心卷悴,幻出玉锵金灿。风骚一瓣。料词客英灵,未应枯烂。剑合他年,补南昌一半。”(《黄绍箕集》,460页)

正月二十六日（3月3日）　赴沈曾植、沈曾桐约消寒第六集,与父、李慈铭、徐定超、王继香、盛昱、林开謩、丁立钧、鲍临、缪荃孙在座。

《艺风老人日记》:“子培、子封约消寒第六会,黄漱文、仲弢、李莼客、徐班侯、王子献、盛百熙、林书诒诒书、丁叔衡、鲍敦夫同席。”(618页)

正月　得于谦《镇河铁犀铭》拓本。

吴庆坻《蕉廊脞录》:“光绪甲午正月,黄仲弢前辈得于忠肃公《镇河铁犀铭》拓本,凡八行。第一行‘镇河铁犀铭’五字。铭六行，文曰：'百炼玄金，镕为真液。变幻灵犀，雄威赫奕。填御堤防，波涛永息。安若泰山，固如磐石。水怪潜形，冯夷敛迹。城府坚完，民无垫溺。雨顺风调，男耕女织。四时循序，百神效职。亿万闾阎，措之衽席。惟天之佑，惟帝之力。尔亦有庸，传之无极。'铭凡六行，铭前一行'镇河铁犀铭'五字，末一行'正统十一年岁在丙寅五月吉旦浙人于谦识'十八字。后有道光戊申七月既望刘师陆跋。"（中华书局1990年版，卷六，175页）

二月初七日（3月13日） 赴消寒第七集，与父、李慈铭、盛昱、沈曾植、沈曾桐、林开謩、缪荃孙在座。

《艺风老人日记》："消寒第七局，黄漱兰、仲弢、李莼客、盛伯希、沈子培、子封、林诒书同席。"（621页）

二月 京察一等，奉旨记名以道府用。

《清代官员履历全编》："京察一等，经吏部带领引见，奉旨记名以道府用。"（第五册，632页）

《清代官员履历全编》："二十年，京察一等，奉旨记名以道府用。"（第六册，386页）

二月十六日（3月22日） 赴盛昱招消寒第八集，与父、黄绍第、鲍临、王继香、沈曾植、沈曾桐、林开謩、缪荃孙在座。李慈铭来函。

《艺风老人日记》："盛百熙约西爽阁消寒，黄漱丈、仲弢、叔融、鲍敦夫、王子鑫、沈子培、子封、林贻书同席。"（623页）

李慈铭来函：

"比日苦于吏事，自十二日自西至极东，验城三处，十三日晚出朝阳门，夜侍跸路，迎上诣日坛，又幸东岳庙，凡跕道三次，往返庙中六次。次日班侯兄作消寒七集，惫不能到。昨又自极西至极南，验城九处。今日又坐城决事，日夕方能了。云山别墅消寒八集须夜方可赴，希谕伯羲同年，如作夜饮，必当趋赴，否则鉴谅为

幸。前在紫藤精舍本约十七日也。此上仲弢仁世兄同年太史。弟慈铭顿首,大花朝次日。二月十六日

昨日覆觐,必记名矣。年伯大人前先道喜为幸。比只明日有一天暇,十九日极拟赴佩蕙兄湖南馆之饮,而是日六科五城在湖广馆团拜,向例吏科为政,而街道作主人,遍请前任五城街道,终日应酬,极为苦事。年伯母寿辰亦恐不能趋叩也。又拜。”(瑞安市博物馆藏原稿)

二月十九日(3月25日) 继母生日,孙宝瑄来贺。

《忘山庐日记》:“余晨观史。即诣下斜街,黄师母生日也。”(孙宝瑄著,上海人民出版社2015年,上册,43页)

三月初二日(4月7日) 赴丁立钧、林开謩招浙江馆消寒第九集,与父、李慈铭、沈曾植、沈曾桐、鲍临、盛昱、黄绍第、缪荃孙在座。又赴江苏馆同人雅集,与叶昌炽、缪荃孙、王颂蔚、费念慈、江标、沈曾植、吴士鉴、陆树藩、端方、李经畬、李盛铎、刘世安、张孝谦、刘可毅、孙宗翰、孙诒让、文廷式、刘岳云在座。

《艺风老人日记》:“丁叔衡、林诒书约浙江馆消寒,黄漱丈、李莼老、沈子培、子封、鲍敦夫、盛伯熙、黄仲弢、叔颂同席。”(628页)

《缘督庐日记》:“赴省馆,偕艺风、蒿隐、西蠡、师许宴客。黄仲弢、沈子培、吴絅斋、陆洵伯、端午桥、李新梧、李木斋、刘静皆、张巽之、刘葆真、孙问清、孙仲容、文芸阁、刘佛青,共十四人。廉生、巽庵诸君皆未到。”(《沈曾植年谱长编》,168页)

三月初三日(4月8日) 与沈曾植、沈曾桐邀缪荃孙湖广馆观剧。

《艺风老人日记》:“又赴沈子培、子封、黄仲弢之招,观剧湖广馆。”(628页)

三月二十六日(5月1日) 是日翰詹大考。

《翁同龢日记》:“是日翰詹大考,点名尚早,共实到二百零八

人。赋题:‘水火金木土谷’,以‘九功之德皆可歌也’为韵。论题:‘书贞观政要于屏风’;诗题:‘杨柳共春旗一色’,得林字,七言八韵。”(第五册,2686页)

三月二十七日(5月2日) 大考阅卷大臣派定。

《翁同龢日记》:“阅大考卷:崑冈、孙毓汶、孙家鼐、陈学棻、志锐、王文锦、李端棻、龙湛霖、徐会沣、梁仲衡。”(第五册,2687页)

三月二十八日(5月3日) 翁同龢、张之万、徐桐为复看大考卷大臣。

《翁同龢日记》:“寅正至朝房,始知奉派复看大考卷,张之万、徐桐及臣龢也。”(第五册,2687页)

春 张之洞来函。

“仲弢贤侄婿阁下:去腊一椷,想入览。所商拟令大儿借住尊寓,就近受尊公教督,是否可行?廉老日内东行,城内亦无益也。如足下亦不便为之评阅,则令其从他师改文,足下但时常劝导激励之,为益亦已多矣。甚至文亦不作,然朝夕有亲友觉察,不致游荡无节,损友缠扰,亦非无益也。此次为堂上书寄阁㔩〔匾〕一纸,如表时尽可裁接申缩也。入春以来,堂上精神兴会当尚如前,望将详细情形示知为慰!杨范夫才气健爽,现请为西席,并为兼一馆地。会典馆事近来仍认真否?楚省舆图展限两年,欲其不舛误贻笑耳。他省已有赍上者否?手此,敬颂侍福并候开祉。洞再拜。问侄女好。”(《黄绍箕集》,824—825页)

四月初八日(5月12日) 翰詹大考名单公布,名列二等四十七名,奉旨照旧供职。

《清代官员履历全编》:“三月大考二等四十七名,奉旨照旧供职。”(第五册,六二五页)

《清代官员履历全编》:“二十年三月大考,二等。”(第六册,三八六页)

《翁同龢日记》:“始见大考升降单,并谕旨一道。一等前三皆学士,四五庶子,六侍读;二等前二侍讲,馀中赞,至二十名,惟张百熙侍讲;三等五十名外开坊者多降一二级用,惟少唐、黄卓元未降;四等一名罚俸四年,一名降中书,无出衙门者。”(第五册,2689页)

《郑孝胥日记》四月十八日(5月22日):“阅《申报》……大考翰詹:一等文廷式、秦绶章、陆宝忠、戴鸿慈、陈兆文、王懿荣六人,二等王荣商以下七十七人,三等柯逢时以下一百二十三人,四等二人:王继香、雷在夏。叔衡、梦华、仲弢等皆列二等……题为‘水火金木土谷赋’,以‘九功之德皆可歌也’为韵,‘书《贞观政要》于屏风论’,赋得‘杨柳共春旗一色’,得‘林’字五言八韵。”(第一册,411页)

四月二十二日(5月26日)　瑞安项崧参加会试时,曾托谱主照料,谱主以未派差辞。是日殿试后,在保和殿左门,复遇项崧。谱主应丁立钧之邀为张謇照料,并补书张謇卷中刮而未补之“郡”字。

《张謇日记》:“殿试,第一策‘河渠’,次‘经籍’,次‘选举’,次‘盐铁’。酉正纳卷。”(378页)

《项申甫日记》丙申十二月十一日:“甲午四月礼闱揭晓,季直获□〔隽〕,都下知其必得状头,盖其人久负重名,为时流要津所倾倒也。时余以楷法谬为人所称……殿试日,余晤黄仲弢编修,托其照料,渠以未派差辞。迨试毕出至保和殿左门,则编修故在,盖是日丁叔衡编修立钧派弥封差,邀其来此为季直照料也。时已日晡,见余出,喜甚。且嘱与叔林同年少待,允为翻阅,或有误笔须改。叔林以倦甚先归,余立以俟,俄见殿内发卷数十本,则余与叔林二卷皆在焉。案置一单,书姓名,余名独识一规,缴于殿门外而弥封所即在其旁,收卷者略为翻阅,故事殿试卷有副本,乃合为一束转送弥封。仲弢嘱余先归,将至弥封所,再为检视。迨余归至会典馆寓所,而仲弢踵至,告余曰叔林卷已见,尚无错字,君卷则遍觅不得,或为人所乱矣。因问知好各卷。则曰季直卷已见大半日,且中有‘郡’字旁刮而未补,幸已补书之矣。胪唱日,张果得元……张无仲弢,必不得元。张即得元,而无丁之上下其手,则沈君必得鼎甲。”(温州市图书馆藏稿本)

五月初三日(6月6日) 缪荃孙来访。

《艺风老人日记》:“己卯,晴……拜吕镜宇、盛百熙,并晤黄仲弢、屺怀。”(643页)

五月十四日(6月17日) 孙诒让来函,略云:

“弟事亲治经,荒陋如故,《礼疏》八十卷已得十之五六,顷立程课,期以三年成之,未识能如愿不。近又写成《〈周官〉贾、马、干三家佚注》一卷仿汪集《国语》三君注例,并为一帙,校马玉函本增三之一。前闻尊意欲遍访近儒所辑佚书,未知马本外别有精集本不?便中希惠教为幸。刻永嘉谢君文波醵刊《六书故》,已成数卷,惜为写官移改,其行款未为佳本,然多一刻版,亦足广流播,所据底本即敝斋所藏李鼎元本,刓缺甚多,无从核校。兹属渠开具别纸,寄奉清览。春明故家或有旧印精本。元椠不可得,能得明张萱初刻印本便佳。卷首撰人姓名下,有岭南张萱校一行,前曾见之。能为拾补寄示,尤所幸也。”(《黄绍箕集》,791—792页)

五月二十六日(6月29日) 孙诒让来函,托黄庆澄赴京乡试时代交。

“检示至感至感!平阳黄君虞初客秋从倭旋,兹复薄游台海,秋间将便道入都应试。渠志趣甚高,夙荷盛眷,到时诸祈赐教。闻竹篔同年刻届瓜期,未审代者何人?虞初仍欲为海外之游,令亲少云侍郎,译署领袖,倘能仰藉鼎力,陶铸一差,俾得光附使槎,一扩闻见,亦不费之盛惠也。兹附渠北上之便,肃此奉恳,顺叩开安,伏惟荃察不赐。姻小弟孙诒让顿首,五月廿六日。尊公姻丈

前乞叱名请安。"(《黄绍箕集》,792—793页)

夏 孙诒让所著《墨子间诂》交苏州毛上珍以聚珍版印行,谱主为之详校一过,举正十余事,复识跋于后。

六月初四日(7月6日) 往访翁同龢。

《翁同龢日记》:"门人喻兆蕃庶三来见。黄仲弢、李子丹先后见。"(第五册,2705页)

六月二十六日(7月28日) 晤张謇等,谈及北洋舰队被日军突袭之事。

《张謇日记》:"卯刻诣太保殿,恭行朝贺礼。晤叔衡、止潜、仲弢。知中国兵东渡,为日突击,坏二船。"(381页)

六月二十七日(7月29日) 晤张謇。

《张謇日记》:"上常熟书。晤子培、仲弢、叔衡。"(381页)

七月初一日(8月1日) 中日宣战。

七月十七日(8月17日) 与张謇谈。

《张謇日记》:"与子培、子封、叔衡、仲弢、道希谈。"(382页)

七月 康有为所著《新学伪经考》遭给事中余联沅弹劾,与同人设法营救,最终令自行焚毁《新学伪经考》,而保全其人。

汪叔子编《文廷式集》:"康有为以所著《新学伪经考》遭劾,朝命粤督查究禁毁。因偕沈曾植、盛昱、黄绍箕等驰电广东学政徐琪营救。"(中华书局2018年,第四册,1956页)

《康南海自编年谱》:"七月,给事中余晋珊劾吾惑世诬民,非圣无法,同少正卯,圣世不容,请焚《新学伪经考》,而禁粤士从学。沈子培、盛伯熙、黄仲弢、文芸阁有电与徐学使琪营救,张季直走请于常熟,曾重伯亦奔走焉,皆卓如在京所为也。以电文'伯熙'字误作'伯翊',徐花农疑为褚伯约之误也。时褚方劾李瀚章,而余之奏实乡人陈景华贿褚为之,李畏褚,遂令自行焚毁,粤城谤不可闻。"(清钞本,58页)

康有为《重刻伪经考后序》:“当《伪经考》初出时……于是御史褚成博草疏,交给事中余联沅劾于朝,请焚《伪经考》,革举人,且禁吾讲学。比于太史公之诛华士,孔子之诛少正卯。章下粤督李瀚章查办。李文忠公、翁文恭公及故人黄绍基仲弢、文廷式道希两学士、沈郎中曾植子培,与夫曾编修广钧重伯,多为余缓颊,乃仅得免,然犹烧版。”(《新学伪经考》,生活·读书·新知三联书店,1998年,402页)

九月初五日(10月3日) 与张謇、沈曾植、丁立钧谋联络英、德两国。

《张謇日记》:“与子培、仲弢、叔衡申议联络英、德。六日,定联络英、德之议。”(384页)

九月初七日(10月5日) 与同仁上奏《请罢斥李鸿章坚持战备折》。(《黄绍箕集》,1—6页)

九月初九日(10月7日) 与同仁上奏《奏请密连英德以御倭人折》。(《黄绍箕集》,7—8页)

《张謇日记》:“由芸谷领衔合翰林院四十二人上奏。”(384页)

九月十五日(10月13日) 过张謇谈时局,与沈曾植、丁立钧、沈曾桐在座。

《张謇日记》:“叔兄与彦升出都。诣常熟。归后子培、叔衡、仲弢、子封来谈。”(385页)

九月十七日(10月15日) 缪荃孙来谈。晚,与张謇、丁立钧过沈曾植,议进兵朝鲜事。

《艺风老人日记》:“诣张君立、黄仲弢、沈子培、子封、陈聘臣谈。”(676页)

《张謇日记》:“晚诣子培,与仲弢、叔衡议,请分道进兵朝鲜。”(385页)

九月二十三日(10月21日) 与沈曾桐、叶昌炽等在松筠庵集议上疏之事。

《缘督庐日记抄》:“午后至松筠庵集议,见仲弢、子封诸公,戴少怀前辈领衔主稿,改于廿七日递。闻内廷诸公寄孥者为钟、安两侍御所劾。又闻本月十四日枢臣某嗾其乡人联衔递议和说帖于恭邸,为瑞景苏前辈所劾。又闻廷旨撤卫、叶统领,其军归聂功庭接带,聂以畏合肥不奉命。”(卷七,第8叶)

九月二十七日(10月25日) 与同仁上奏《豫阻和议公疏》。(《黄绍箕集》,10—15页)

十月初七日(11月4日) 赴沈曾植、沈曾桐招饮义胜居,与王颂蔚、叶昌炽、丁立钧、费念慈、缪荃孙在座。

《艺风老人日记》:“子培、子封招饮义胜居,王芾卿、黄仲弢、叶鞠裳、丁叔衡、费屺怀谈。”(680页)

《缘督庐日记》:“午后,赴子佩、子封之招义胜居,见蒿隐、艺风、西蠡、仲弢、叔衡。”(《沈曾植年谱长编》,171页)

十月十一日(11月8日) 访缪荃孙。后赴王颂蔚招饮广和居,与沈曾植、沈曾桐、刘显曾、冯煦、叶昌炽、屠寄、缪荃孙在座。

《艺风老人日记》:“吴柚农、黄仲弢来。王芾卿邀广和居小饮,沈子培、子封、黄仲弢、刘诚甫、冯梦华、叶鞠裳、屠静三同席。”(681页)

《缘督庐日记》:“午后,蒿隐招广和居,同子培昆仲、仲弢、艺风、梦花、屠竟山、刘诚甫。闻金州不守,旅顺告急。又闻大连湾开仗,两军死伤甚多。”(《沈曾植年谱长编》,172页)

十月十三日(11月10日) 次子曾詺(字厚卿)生。

十月二十日(11月17日) 孙衣言在家去世,享年八十。

十月二十二日(11月19日) 访叶昌炽,丁立钧、沈曾桐在座,共议封奏领衔事。

《缘督庐日记抄》:“叔衡、仲弢、子封三公来,招佩老议封奏领衔。”(卷七,第9叶)

十一月初二日(11月28日) 与同仁一起上疏弹劾海军提督。(《黄绍箕集》,16—17页)

十一月十一日(12月7日) 与同仁上《进呈地营图说公疏》,推荐滇军地营图说。(《黄绍箕集》,18—20页)

十一月二十四日(12月20日) 李慈铭病卒,年六十六。挽以联语:“操尚本无俦,岂徒诗史成编,身系南江文献统;侍游真不再,终是经师多福,生当中国盛强时。”

平步青《掌山西道监察御史督理街道李慈铭传》:“今年夏,中日启衅,败问日至,知君者颇讶何以无所论效。盖君戌削善病,至是独居深念,感愤扼腕,咯血益剧,遂于十一月二十四日竟卒。”(张桂丽著《李慈铭年谱》,上海古籍出版社2016年,360页)

蔡元培《自写年谱》:“冬十一月二十四日,莼客先生病故,承侯辍读,我移居南半截胡同之山会邑馆。”(浙江教育出版社1998年《蔡元培全集》第十七卷,432页)

十二月初二日(12月28日) 与同仁上《阻议和遣使公疏》。(《黄绍箕集》,21—25页)

十二月 充会典馆书上总校官。(《清代官员履历全编》第六册,386页)

是年 致函汪康年,提及请为黄绍第作《江南乡试录后叙》等事。

“穰卿仁兄世大人阁下:昨走谢,值从者他出,甚怅!兹有恳者:舍弟《江南乡试录后叙》,敬求大笔代作一篇,弟戊子年曾为可庄前辈代作一篇,今夏舍弟临行时,弟又允为代作。近来心绪极乱,前日略构思,拟说本朝士大夫之学问、词章,一切风气,大概皆江南人主之,上而至于圣学圣治,无代无江南人密赞,故江南科举尤为重要云云。但未及下笔而辄为他事所援。现在敬请捉刀,不拘如何说法,以速为妙,务求于三日内赐下大约须于榜前寄到,至感至感!附上舍弟去年《湖南乡试录》一册,聊见官样如此,不必如此录后叙之长也。迫促能事,殊抱不安,务求勿却勿延,万幸万幸!肃请著安。弟绍箕顿首。”(《黄绍箕集》上册,302—303 页)

光绪二十一年　乙未（1895）　四十二岁

正月初八日（2月2日）　赴蒯光典安徽馆招饮，与王颂蔚、冯煦、沈曾植、沈曾桐、文廷式、费念慈、叶昌炽在座。散席后，同游厂肆。

《缘督庐日记》："晴。礼卿招安徽馆，同蒿隐、梦花、仲弢、子培昆仲、道希、屺怀。席散，同游厂肆……闻威海南岸炮台失守。又闻倭以四百人守海城，我军不能攻。"（《沈曾植年谱长编》，173页）

正月　充会典馆图上帮提调官。（《清代官员履历全编》第六册，386页）

二月初七日（3月3日）　与丁立钧、陈遹声、沈曾桐、徐世昌、王安澜、检讨阎志廉等上《豫争和款割地公疏》，认为"兵败求成，亏损固不能免；然即以偿费论，国家岂能竭有限之脂膏，填无穷之溪壑？为数过巨，断不能迁就曲从。至于割地之举，则尤有必不可行者"。（《黄绍箕集》，26—29页）

二月二十三日（3月19日）　李鸿章抵达日本马关。

二月二十四日（3月20日）　中日双方在春帆楼会见，正式开启和谈。是日，谱主与丁立钧、丁仁长、陈荣昌、陈遹声、徐世昌、冯煦、检讨阎志廉等上《统筹和战事宜请开廷议公疏》，建议持久抵抗，严密守备，届时"再议修和，断不至如目前亏损之盛"。（《黄绍箕集》，30—34页）

三月初五日（3月30日）　中日停战条约生效。

三月初六日（3月31日）　致函胡宝仁，认为"东事外误于北洋，内误于政府"并提及"日内绍箕即拟乞假，去官侍奉，暂赴汴梁,以了今年课程。俟秋冬间再图南返”。

“……详例中应划一者甚多,此事非有学会断不能定,曾屡言子,亦未及行也。侄编书馆局,颇多赋闲,所喜舍弟连得两差,惟归囊有限,家累太繁,终不免有长安不易居之叹耳!

东事外误于北洋,内误于政府,败坏决裂,遂致不可收拾。现在议战无方略,议和无界限,议迁无章程。当轴处置军事,料惴敌情无一不极昏谬,虽恭邸及高阳、常熟均参密,而亦少补救,如此情形,非有大变不足以应之。家君迩岁遥主信陵讲席,日内绍箕即拟乞假,去官侍奉,暂赴汴梁,以了今年课程。俟秋冬间再图南返。吾乡会试公车,仅及十一人。舍弟稍迟亦拟与诸君结伴还乡。现在沿江沿海人心惶惶,惟蜀可为乐土。每忆邵康节《戒子》之言,窃以为古今一致,惜道远不能西谒花封,一亲杖履为怅耳!……”(《黄绍箕集》,338—339 页)

三月 请假回籍修墓,侍父南归。出都前一日,冯煦招饮两浙馆,并拍照合影留念。文廷式、盛昱、沈曾植、沈曾桐、丁立钧、冯煦诸先生各有词赠别,丁立钧复为之图。旅途中,填词十阕,自题副稿曰《潞舸词》。

《清代官员履历全编》:“三月请假回籍修墓。”(第六册,386 页)

《潞舸词·征招寄答蒿庵编修,用赠词韵》原注:“出都前一夕,君招饮浙馆。”“是日用泰西法拍照志别。”

《潞舸词》:“光绪乙未三月,绍箕奉家大人出都,由潞河南下趋汴。”

木兰花慢泊头舟中寄都中饯别诸君

耕桑留恋意,回首望、只云烟。算昨夜燕沽,今宵赵泊,明日齐川。并时不逢李广,更看谁射虎了残年?书罢闲参打桨,吟馀静听鸣舷。

篮舆稳度好春还，美酒载盈船。正处处碧波，村村绿碧，树树青天。梦中，风涛奇诡，乍推窗镜月枕边圆。去住知谁主客，思量孤负华筵。

木兰花慢潞河舟中寄答鹤泉检讨，兼简菊人编修

啼鹃杨柳岸，谁念我，一征篷。怅接毂趋晨，连茵话夕，相见匆匆。素衣缁尘万斛，料向人倚醉耳常聋。铁齿金眸说虎，东鳞西爪谈龙。

古来燕赵易悲风。愁恨美人同。正系马将归，旅思缄素，蜡泪销红。孤云，去天一握，听琅璈无恙绕层空。为问伊人似玉谓菊人，何年尊酒重逢？

木兰花慢寄答乙庵刑部、同叔编修两同年，用乙庵赠词次阕韵

结交年少日，信金石，转波流。愿寸草春晖，绿杨明月，岁岁皇州。浔阳秫田未办，被东风吹落五湖舟。往日论碑读画，寻常都入清愁。

腰支瘦损去年秋。剪烛数宵游。有缚帚痴情，撮尘幻想，时上心头。城南，牡丹依旧，怕等闲烂漫等闲休。遥念送春风雨，看山几度登楼。濒行，屡与诸君宴浙馆，登楼望西山，君赠词及之。

木兰花慢寄答恒斋编修同年，用赠词次阕韵

晚春风骤急，人意倦，鸟声欢。怜榆荚杨花，都无才思，但解漫天。空中柔丝一缕，任千回百转总成烟。几叠青山赠我，落红和泪毫巅。君写图赠别题词。江南，景色渐阑珊。云树望君还。愿料理图书，早营焦麓，闲泛吴船。相如、文君寂寞，拼明珠三斛买婵娟。沉恨尽教万劫，浮欢聊送残年。

金缕曲寄答道希学士，用恒斋赠蓉曙韵

逸轨骧天衢。早安排、蓬莱峰上，十年借汝。宝笈丹经空拄腹，坐看奔鲸嘘雾。把左股、神山拾去。夜凉自抱孤云宿，怕高台大室多风雨。暂离别，思君苦！

愁来不觉前尘抚。便江南、莺花如织,匆匆迟暮。日月诸天百千万,世界恒河沙数。著一点、浮沤何处?身似芭蕉坚不坏,云应无所住,云何住?愿珍重,聊容与。

征招寄答蒿庵编修,用赠词韵

莎衫桐帽斜街住,几年采莼期误。片叶载书船,便将春归去。西山笼宿雾。看流水滔滔东注。昨夜今宵,梨花一样,月明两处。出都前一夕,君招饮浙馆。时园梨作花,月影在地。至潞河两岸,梨开尤盛。

一卷小离骚,怜謇謇、灵修美人迟暮。官烛自雠书,太凄凉辛苦。迟君江上鹭,只秋晚、怎禁风露?他年忆,雅集西园,剩画图如许。是日用泰西法拍照志别。

兰陵王寄意园祭酒,兼示乙庵、道希。意园向有卜邻广昌之约,濒别云有词见赠,迄未写寄,梦中握语,醒而凄然

紫鸾翮。我愿追翔穹碧。而今却,游戏人间,万里思从海鸥白。十年袖中策。肠断明珠消息。铁如意,闲煞无缘,椎碎珊瑚一千尺。

梦中促离席。道细沉粗文,画友寥寂。卜邻旧诺君还责。指巨马波润,韭狐山好,悲回风兮惜往日。起看斗南北。

颜色。异金石。便君谱訸钟,我笺翠墨。消磨鬓雪非容易。望静里观化,空中寄忆。蓬莱清浅,复几许镇脉脉。

夜行船灯下覆棋图

人世苍黄空尔许,付敲枰、黑风白雨,茗乳新调,灯花细剪,闲阅沧桑几度。　　得失寸心争累黍。便国工、那堪救误。乍起沉吟,痴儿娇女,乱点繁星无数。

青玉案忆下斜街浙馆看山楼

凤城霞起西山晓。更绿遍、斜阳道。未觉朱查风韵渺。画帘栊翠,银灯照暝,珠玉霏尘表。

雕阑能得几时好。不独凭阑人易老,用坡诗句。李后主词:"雕栏玉

砌应犹在，只是朱颜改。”坡诗盖翻用其意。只恐凭栏人再到。雕栏半陊，朱颜犹在，何处倚晴昊？

浣溪沙自临清稍折而西入卫河，两岸村落稍稀，而居人益朴静

系马槐荫长水痕，维鸡乳犊恋柴门，麦花成刺杏成丸。

藉草传杯无主客，绕林携手有翁孙。人间何处少桃源。

四月十九日（5月13日） 在道口舟中，为自作《潞舸词》题跋：

“光绪乙未三月，绍箕奉家大人出都，由潞河南下趋汴，期以仲秋旋里。都中二三素心，各制词赠别。解维北望，所怀万端，公私烦忧，惘惘如梦。既卧起累月，旁眺风物，俯阅逝波，稍豁襟抱。顾余舟殊狭小，左对孺人，右顾稚子，盈尺之几，劣容笔砚，取诸君赠词复读之，欲依声属和，辄愀然以悲。然意绪稍复能自理矣！向不习填词，昨岁始一为之。行箧中携有《乐府雅词》《绝妙词选》等书，及国初人词集数种，侍酒覆棋之外，日讽览二三十阕，乃知其中善者体物缘情，冥合古义。盖沨沨乎风人之支裔，骚客之附庸也。因勉效为之，约得十阕，取乙庵同年赠词‘无情通潞舸’之语，题曰‘潞舸词’。劳者自歌，聊示知我。陶征士有言：‘此中人语云，不足为外人道也。’四月十九日，道口舟中，穆琴记。”

四月 奉父至汴梁，与许振祎河帅相见，以诗唱和，共得七律十六首。

和奉新年伯赠家大人诗原韵选三首

中兴圣相范希文，宾府罗贤夙所闻。谓湘乡曾文正公。彭蠡迢迢接湘水，魁儒岳岳挺人群。早腾捷步锋横发，晚郁奇蕤笔自耘。谈笑从容风义远，故应平揖信陵君。一

京华挟策幼随亲，私识儒林有丈人。挂壁龙骞惊伟迹，入门鹤立见长身。高轩一自辞青琐，优诏频看下紫纶。仍岁安澜民气静，岂徒兖豫颂公仁？二

广雅堂深夜漏催,往承玉屑洒蓬莱。颜、徐旧法争悬腕,刘、邓名书辨夺胎。己卯岁与年丈、张南皮师寓斋侍坐,闻丈与师极论古今法书源流,至漏三下。几日风尘围宴坐,百年柱石仗公才。凄迷惟有毗陵路,回首师门剧可哀。绍箕少事陆阳湖师最久。六

再次家大人诗韵呈奉新年伯选三首

恒河沙数界微尘,尘里微茫着此身。生是堂堂中国地,家承浩浩累朝仁。如何鳌极敷天戴?坐见蟆精蚀月新。圜则九重斡焉系,灵均呵壁岂无因。一

侍宴所陪北海樽,从游数集又西园。燕怀故社将归翼,蝶恋馀春定去魂。苦雨登楼云黯黮,狂风吹户树翩翻。榴花落尽音书少,极目长河走广原。抵汴后,初得舍弟讯。七

高会清歌动洛伊,劈柑分酒胜听鹂。双亲幸遂归田计,一命庸忘济物私。天佑羲轩终雪耻,岳生申甫未嫌迟。湘乡友谊公魁硕,早晚当枢翊圣慈。八(《黄绍箕集》上册,426—428 页)

闰五月初六日(6 月 28 日) 端方来函,提及"自款局成,事变种种。俄虽代索辽南,然挟势借给一万万,我尚未有以应也","人谓中倭战事此为结局,吾谓天下大乱,此其见端也"等内容。

"仲弢大哥世大人如手:今日奉惠书,欣闻师驾安抵梁园,孺怀极慰!自款局成,事变种种。俄虽代索辽南,然挟势借给一万万,我尚未有以应也。俄、倭为朝鲜相持,至倭派兵筑垒,我尚无以备也。英人责我以滇界饵法,势其汹汹,我又无以谢也。周督、刘将军有电,刘永福近两获大捷,如果得力,台北疑可复。人谓中倭战事此为结局,吾谓天下大乱,此其见端也。伯希在此,夜谈书画,填词已就,尚未写出,允必续寄,当代促之。寄示唐石拓本,而系唐初文字,皆在其中,卅两请为我留之,能省更好。《隋姓前主簿志》,弟未见拓本,或见而忘之,如字体清晰,二三十金可收。均先求垫款,即日寄还。辇至京师,则请觅便,否则存尊处,弟自能设法搬运也。

此外如遇佳品，幸设法为购致，汉魏六朝，斯为上上，但物精价廉，举可代购，无须往返函商也。吉甫捐赈陕西，张少预见否？于晦若辞合肥南去矣！钟德祥近因出售奏疏，为一宗室崇姓所持，有赃有证，崇姓在都察院控告，因案关言官纳贿，咨交刑部。钟君家奴今在白云司，其事不了，亦异闻也。河南四会五达之地，见闻颇不落寞否？附寄所得《兰台令史议郎》等字残石一本，乞品次，按碑所称官阀，皆参与前、后《汉书》，其篆法与《韩仁》《郑固》等额相类，决然为后汉时物。《三公》《三阙》而外，篆书殆不多见，是又可宝也。拓上求为考论及之。出青州府城南二十里，房家锡店文从何日言归？使便幸随时寄我数行，至为盼望，肃请侍安。如弟端方叩头，闰五月初六日。夫子大人座前万福，伯希属候。弟现在一切不买，而远闻佳石，犹自心喜，幸大力赞成之。”（《黄绍箕集》，905—906 页）

六月十七日（8 月 7 日）　沈曾植来函。

《沈曾植日记》：“丙戌。晴。晚甚热……作中弢书数纸。”（《沈曾植年谱长编》，174 页）

七月初一日（8 月 20 日）　王颂蔚病逝，年四十八。

王季烈《先考芾卿府君事略》：“竟于乙未七月初一日，骤染时疫，殁于京师。”（《写礼庼遗著》卷首）

《缘督庐日记抄》：“蒿隐卯刻溘然长逝。”（卷七，第 19 叶）

七月初九日（8 月 28 日）　林开謩来函。

“仲弢老前辈世大人赐鉴：别来三月，积思成悔，每读《潞舸词》十阕，辄神游左右久之。亟欲作答，惘惘不知所云。辰维侍奉曼福，著作益宏，慰如所祝！台南消息差强人意，所虑者中秋节后海涌渐平，船能拢岸，外援既绝，终恐不支，然较之风闻逃溃者已有霄壤之别。济宁、嘉兴为常熟所排，南海监生亦有岌岌之势。合肥昨始覆命，闻有新法数条将次举办。恒、同二公复联衔劾之，圣明颇为所动,而根叶太深,未必即行罢斥。时局一误至此,即使新法可行,数年之后亦复废弛,究何益哉!都下时疫盛行,王黻卿前辈亦染此症而殁,实堪惋惜。老钱入枢密即病,公事糊涂,更不能得力。旭庄近有诗来,在鄂尚好,日与道羲唱和,惟心境太窄,总未能舒展耳。侍明日南旋,顺道拟赴粤一游。初随春殿之班,便作秋风之客,可笑可笑!附寄朱卷,敬烦转呈夫子大人诲政。闻深秋即拟返棹,或于沪上相遇未可知也……”(《黄绍箕集》,850—851页)

秋 奉父至皖,凤阳守王咏霓邀寓郡斋,作《子裳老丈邀寓郡斋出日记命观敬赋长歌》,曰:

“六潭丈人儒学吏,拄腹干奇不一试。谈天胸隘外九州,剖流指穷古六艺。睥睨大却惜牛刀,聊绾郡符施小技。我侍归棹沿清淮,父老欢呼使君至。固知庄生喜足音,无奈车子病脚气。小山丛桂重留人,黾俯将车忘颠踬。舟行十日厌儿号,觅枣索鱼聒清寐。有如楞严说水观,那耐童曹掷瓦戏。官斋寂静如僧寮,解袜登床百无事。郡将兼资文武才,濠州旧是战争地。读书东发见日抄,问事庐陵多手记。夕竟觞咏朝簿书,家思弦歌户仓积。岂肯惊鱼使水浑,要当驯虎为山卫。惜哉神妙活国方,洞垣见症苦处剂。阳浮大宅蹶然兴,枉使病夫坐奋袂。南皮尚书今国工,欲发墨守针痼废。斟酌文质中尊攘,期公共理春秋义。绍箕尝谓:中国为文家,西人则近质家,彼当质家之方盛,而我处文家之积衰,此所以势常不敌,而不可不亟思,所以持其后也。我今拟作逍遥游,焉得远超人间世。他年赤手鞚奔鲸,尚欲从公树一帜。”(《黄绍箕集》,430页)

王咏霓作《黄仲弢同年枉过赠诗依韵奉答》,曰:

“读书不成学作吏,铅刀美锦轻一试。衙斋寂寞如广文,月课诸生老讲艺。下士闻道亦已晚,文章敢薄雕虫技。长安故人缺音问,瀛舟忽耳高贤至。宵分策蹇亟行露,朝来相见挹爽气。悬榻生尘手拂拭，倒屣出户足忘蹶。安车况侍丈人行，心写平生喜不寐。留宾有约具鸡黍，清暇得陪作象戏。别后征鸿已四更，酒阑扪虱谈时事。去年转战徒丧师，今年行成耻割地。三韩始末奚忍论，拾闻试访甲乙记。杼柚东方室已悬，疮痍满野居无积。兵戎乍解辽阳城，玉帛未归威海卫。和戎岁币病悉索，大农仰屋苦调剂。陇右回羌又揭竿，台南壮士空投袂。补瘠那得医国手，坐使痿痹成疾废。君今瑰玮抱奇质，陈诗太史古六义。胡不待诏金马门，江湖惓惓宁忘世。愿向青云早致身，只手擎天立赤帜。"(《黄绍箕集》,691页)

谱主又作《王凤阳丈以吏事巡县联舟泛淮阻风罗家口即次其〈龙兴寺宴集〉韵》，曰：

"淮流有支渠，凤山乏丛櫖。贤守席未暄，动作百年虑。丈到官即上议大吏疏浚水道，并谕民以树艺之法。庸音久塞耳，瑶瑟乍一御。芸芸苦輖饥，兹意已足饫。脉水秋阔澄，衔舟夜语絮。排荡思神功，坊潄资人助。夕阳明远村，千樯戢如箸。房湖与苏堤，爱思有楬署。甘棠民勿剪，嘉树客犹举。岂知仁人心，忧劳不自恕。颇闻袁安治，清静信殆庶。王乔跨仙凫，退飞怯良驭。谓大令王小牧丈，闻例当得真除，而不果授，现权知望江事。平生素心人，落落星向曙。所嗟咫尺违，迫此言归遽。凌晨阻风泊，短棹有长处。霜肃终回飙，流清不忧污。奉手聊盘桓，目数征帆去。"(《黄绍箕集》,429页)

王咏霓作《渡洪泽湖至山阳高良涧送潄丈仲弢归浙东六叠前韵》，送谱主与父归浙东：

"洪湖吞淮流，龟山带霜櫖。菱波浩无垠，茨防昔所虑。五坝跨周桥，六飞记宸御。蓄清资敌黄，旧闻徒耳饫。侵晨凌层澜，沫若雪舞絮。鹢首落山阳，鸿毛遇风助。鲁酒薄堪酌，江鱼肥入箸。送公还故林，万卷手待署。有如汉二疏，高尚得嘉誉。去德日以远，疚咎孰予恕。青青松与竹，岁寒盟或庶。脂车悬夕驾，汽船息飙驭。月明雁荡寒,日照龙湫曙。入梦想有因,暂合别胡遽。相望隔千岭,停车在何处?况兹行路难,新洲易成淤。极目数帆樯,劳燕东西去。”(《黄绍箕集》,692页)

八月初一日(9月19日) 王懿荣来函,讲述这半年来的经历。

“仲弢吾弟同年:远离颠倒梦想,得书如获拱璧,敬悉年伯大人南归在即。吾弟向来不能远游一步,到家如何是好。天下虽大,无一处容我辈穷人住的地方,自古为然。然于老亲在堂,侍奉须人之日,益复不堪,兄岂不自知,惟君自知。是以尤知吾弟之境之难也。登州终非乐土,海上竟无一兵将足恃纯是败军之余,收合而成,白日骚扰,毫无忌惮,李东抚当今纯臣第一论君心地,兄之所佩,例当今罕见者也,亦只长于吏治而已,非治兵复仇之才不讲形势,安有布置?且亦病得不堪。香涛生平为世故所拘,亦少侠气,每一盱衡,仰天浩叹而已。兄在东四月,下旬接奉廷寄,和议已成,无庸招募,既乞假两月,登时即将所借营哨勇目一概遣散,部拨十营月饷一文未动,仍在省库,附折缴完。自赔五六百金,以慈亲金饰与长妇首饰了之。八年未归,五月朔日抵里,得南电,家母携全眷于四月廿八日由南起身,初八日可抵烟台,兄故杜门不出,侍奉两月,是以未至南京。此番已厚扰香涛,势出于不及料也。假满以六月二十日覆命,即奉敕纂《承华事略》,补图四十段,兄一人为之,一月未及拜客。近复奉敕诣天穹殿查点清理书籍见四宋刻暨西清续鉴全部,每日诏以午正始许散,归即昏。昨不便再能作别事,自夜间三钟即起也。压房借瑞生祥及送当铺将质满之物利息,昼生夜长,约两万有奇,弟思之重思之。舍弟信卿烟台馆局已散,又须顾家,幸兄心路尚宽,不管许事,且赊古董而已。承寄各件收到还发,匆匆肃复,即请侍安双福。懿荣顿首,八月朔日。年伯父母大人尊前叱名叩安。内子儿孙随叩。合潭清福。”(清《潘祖荫王懿荣致黄仲弢尺牍册》,台

北故宫博物院藏）

九月 奉父至金陵。

九月二十一日（11月7日） 在两江总督府，缪荃孙来访。

《艺风老人日记》："戊申，晴……闻张世兄苏卿溺于池，进督署慰香帅。拜黄漱丈、仲弢、宋芸子、龙松岑。"（785页）

九月二十三日（11月9日） 赴梁鼎芬招饮，与宋育仁、陈三立、况周颐、蒯光典、刘世珩、徐乃昌、王德楷在座。

《艺风老人日记》："庚戌，晴。晚，心海招饮，宋芸子、黄仲弢、陈百年、况夔生、蒯礼卿、刘聚卿、徐积余、王木斋同席。"（786页）

九月 康有为到江宁后，说服张之洞开强学会。奉张之洞命，参与上海强学会的创办，同议章程。

《梁节庵先生年谱》："康长素在上海开强学会，九月十五日至江宁，谒张香涛，与先生及黄仲弢议章程，合请香涛为发起人，香涛颇以自任，首捐银一千五百两为开办费……长素在江宁，留居二十馀日，香涛与之隔日一谈，每至夜深，然香涛不信孔子改制，频劝长素勿言此学，又托先生言之，长素未许也。"（吴任撰，艺文印书馆1979年，114页）

九月底 张之洞来函。

"昨承尊大人赐颋儿挽联，惶恐悲感，足令地下不朽矣。敬谢！又足下见惠夏峰先生墨宝两巨册，姚文僖联语，真希世之珍也。谨领拜谢！

何令亮棨已为筹得一位置之所，十月内外必有分晓。再，陈翰林光宇今晨来，适仆头痛，未得延接。此君素行极为物论所薄，致越缦劾之，江南人皆知之，殊难代为设法。且各处书院皆无空席，亦是实情也。以上两事均望转禀堂上为幸。歉甚！无如何耳。洞又及。"（《黄绍箕集》，825—826页）

十月初十日（11月26日） 与梁鼎芬、康有为联名开强学会的电报通过两江总督署发出：

“诒在京师，与洪右丞、沈子培、杨叔峤诸君开强学会，专讲中国自强之学，朝士集者百数。今来金陵，与南皮言，南皮力主之。顷分设沪局，集天下贤士夫，刊布公启，必欲得公名，以光此举，立候电复。金陵督署绍箕、鼎芬、祖诒。”

十月 梁鼎芬来函：“长素未刻朱卷。《续艺舟双楫》在书堆寻出，再奉上。今所苦何似，念极！诗评大字是伯严，眉批沈君泽棠也伯愚、仲鲁之师。中弢同年。鼎芬顿首。”谱主得梁鼎芬所赠康有为《广艺舟双楫》后，适患足疾，为遣怀而读之，随笔评论，得七十余则。并有跋以记其事：

“节庵同年以此书见诒时，适患足疾，倚枕读之，愚管所及，随笔识于上方，约七十馀则，聊遣病怀。曩所阅碑拓书评，多省意不具，不能尽也。光绪乙未十月初七日，曶斋居士黄绍箕记于金陵寓馆。”(《黄绍箕集》,125 页)

十月 上海开强学会于张园，推张之洞主持，与父亲、梁鼎芬、康有为、张謇、黄绍第等列名。参与议定《上海强学会章程》及《强学书局章程》。

《张謇日记》十月十日(11 月 26 日)：“得梁星海约兴强学会电。初十日下午九点钟宁局电。张状元：现与中弢、长素诸君子在沪开强学会，讲中国自强之学，南皮主之，刊布公启，必欲得大名共办此事，以雪国耻。望速复。鼎芬。蒸。”(396 页)

《啬翁自订年谱》乙未十月：“节庵约与康长素、黄仲弢列名开强学会，南皮为会长。”(《张謇全集》第 8 册，上海辞书出版社，1010 页)

十月 以《潞舸词》属冒广生题。

《冒鹤亭先生年谱》光绪二十一年冬十月：“先生作《长亭怨

慢·黄仲弢伯舅以〈潞舸词〉属题》:又还作、江湖羁旅。宫烛凄迷,水窗情绪。贝阙琼楼,人间天上渺何许?鹭僝鸥愁,如证我、烟中语。说落到杨花,容易化、漫空飞絮。　　凝伫。望灵修不见,只见白云春暮。舼棱日远,算犹有、梦魂寻路。念别后、玉砌雕栏,总闲煞、东风无主。且分付回波,寄个断肠词去。”(冒怀苏编著,学林出版社1998年,72页)

十月二十日(12月6日)　李文田卒,年六十二。

《顺德李文诚公行状》:“十月二十日戌时,病终官舍,年六十有二。”

《缘督庐日记抄》十月二十二日(12月8日):“闻李仲约前辈作古,虽未著弟子籍,雅有知己之感,即往哭之。”(卷七,22叶)

十月二十九日(12月15日)　梁鼎芬致电康有为,表示有关上海强学会的事务,可与谱主联络,由谱主负责上报张之洞。

上海泰安栈康长素:“群才荟萃,不烦我,请除名。捐费必寄,日内往鄂,一切函电可由中弢商壶公。节。”(茅海建《张之洞与〈财务报〉〈昌言报〉——兼论张之洞与黄遵宪的关系》,《中华文史论丛》2011年第2期,4—5页)

冬　为上海强学会事,梁鼎芬屡来函商讨:

“一、两书皆诵悉,周妥诚切,真人才也。陈来函已允,屠亦必允已致书局,二名不必删。康函及章程皆在南皮处。孙件亦然,甚恐陆沈。穆琴同年。鼎芬顿首。

二、二函均送南皮,未知何时发也。弟明日赴鄂即回,欲赶及初七送行。一函到沪时收回捐款记写收条,至要至要!穆琴我兄同年。鼎芬顿首。

三、康函阅毕,即交信局。由兄处发局可也。致大函好,过快!章程内何以不及新说及招集门徒二条,应否列入?又康电奉览。穆琴我兄同年。鼎芬顿首。诗二本,叶临公大庄所阅与陈公子有异,同并呈。

四、长素所苦,与兄相同,有服药否?日间本拟请年丈酒叙,待兄能来乃定期。鼎芬。崇义祠碑,容生曾赠之否?

五、久欲一谈,闻所苦未平,未可奉扰,年丈与名一事,面谈乃细,能见我否?欲来屡止但能下床便得。云书奉阅。昨致康电并呈,请复我。昨书未即答,本欲到谈,以困于卷事未果也。穆兄。芬顿首。

六、屠电奉阅,阅毕还我寄康。《周礼注疏》学海堂本二部,一在家,一为人假去。今检石印本有阮答本,不欲借,得毋笑其吝邪?并沐香奉上穆琴同年。鼎芬顿首,望日。"(《黄绍箕集》下册,876—879页)

十一月十六日(12月31日) 缪荃孙来访。

《艺风老人日记》:"壬辰,晴。陈善余来。拜黄漱丈、仲弢、沈艾苍、蒯履卿、章成铭、杨锡祉、余寿平。"(802页)

十一月二十一日(1896年1月5日) 缪荃孙来辞行。

《艺风老人日记》:"丁酉,晴。谒南皮师辞行。拜丁老师、周玉厂、李小轩、黄仲弢、恽心云。得鄂电,即复。"(803页)

十一月二十八日(1月12日) 由康有为主持的《强学报》第一号在上海刊行,刊登《上海强学会章程》,由黄体芳、黄绍第、屠仁守、汪康年、康有为、邹代钧、梁鼎芬、黄遵宪、黄绍箕、左孝同、蒯光典、志钧、张謇、沈瑜庆、乔树枏、龙泽厚等人共同发起。(《强学报》,1895年第1期,5A—8A页)

十一月二十九日(1月13日) 致电、致函康有为。

参十二月初九日黄绍箕《致康有为书》:"于廿九日电请少留,即发函,并酌定章程奉览。"

十二月初三日(1月17日) 《强学报》第二号出版。

十二月初五日(1月19日) 康有为离沪回粤,为母寿。

十二月初八日(1月22日) 侍父乘威靖轮船从南京抵达上海。

参十二月初九日黄绍箕《致康有为书》:“弟昨晚侍行抵沪。”

十二月初九日(1月23日) 在威靖轮船上,致函康有为,提及《强学报》之事。

“长素仁兄大人阁下:弟昨晚侍行抵沪,闻从者已于初五日回粤,为老伯母大人六十寿。弟未得登堂拜谒,一进兕觥,怅歉无似。弟在金陵疮疾未愈,又患头晕气逆之证。比稍差,闻执事将归,于廿九日电请少留,即发函,并酌定章程奉览。嗣奉复电复书,略不一及,岂竟未接到耶?另报纸二叶已诵讫,首列孔子卒后年月日,此为学西法,仍未毕肖,则责以违国制,已无可辞。于实事无丝毫之益,而于吾党恐有丘山之损。推尊孔子诸论,执事可著书,不必入报。前议章程略及之,复电亦既允从之矣。廷寄之件,止可云得之传闻。今直书某日军机字寄云云,一似有所受之者。家君在都,每闻人述时政,自诩为秘密消息,辄深恶之。况此竟列入会报,将来果有秘密消息,亦谁复肯以告我,以重其刺探漏泄之咎乎?至于报中全不翻译西报,并不译列中事,而但发空言,与局刊章程显然不符。执事术学,素所钦仰,岂敢妄议高深,惟既在同会之列,即有共主之权。家君系老病乞退之身,素性耿介,不能随人俯仰,又岂肯违心曲从,重累斯会,兼以累执事乎?已告局中停报勿出,并议暂废此会,日内当即有公函奉达。先布区区,肃请侍奉年喜,惟鉴不宣。弟黄绍箕顿首,腊九日威靖轮船书上。”(《黄绍箕集》上册,406—407页)

十二月初十日(1月24日) 在上海,胡调元、宋恕一同至普济轮访谱主父子。

宋恕《乙未日记摘要》:“蓉村约至普济访江夏父子,俱晤。”(胡珠生编《宋恕集》,中华书局,1993年版,下册,936页)

胡调元《黄仲弢提学殁于鄂垣顷以灵榇道沪余闻信往奠为赋二律挽之》句注:“乙未冬,君随先侍郎师由江宁道沪,适余以江南漕务从事于兹,君在此停舟二日,与余游宴甚欢。"

十二月十二日(1月26日) 《强学报》停办。离沪回里。

《强学停报》:"昨晚七点钟,南京来电致本馆云:自强学会报章,未经同人商议,遽行发刊,内有廷寄及孔子卒后一条,皆不合。现时各人星散,此报不刊,此会不办。同人会启。"(《申报》,第二版)

康有为《致何树龄、徐勤书》:"仲弢云:十二出沪。接信此时想已过。此君通达实心,惜二子不能与之谈,不能自白也。"(《康有为全集》第二集,100页)

十二月中旬 全家抵瑞安。抵里后,与孙诒让、黄绍第、项芳兰申甫,后改名崧、周拱藻仲龙、洪锦标叔琳、王恩埴雪璞、鲍锦江稚琴、杨世环笑沧共九人,聚商创办瑞安算学书院。经多方讨论,由孙诒让主稿,九人联名具牍,分向府、县署申请立案。院址在县前桥下直街卓公祠。于次年改名学计馆,三月初一日开学,聘请林调梅和叔任馆长,功课有数学、物理、化学等。

是年 作《范西屏、施定庵二先生年表》,前有言:"昔阎百诗以黄龙士为十四圣人之一,与黄南雷、顾亭林诸大儒并称,若范、施二先生之于弈,盖犹人伦之有周、孔乎!西屏少颖悟,而定庵自幼性拙,及其成功一也,顾定庵自言非弈人。志称其工诗善琴,沈归愚有二十五孝之目。而毕弇山之称西屏也,曰'倜傥任侠,潇洒不群',袁随园又以'醰粹拟之,所好者道也,进乎技矣,岂不亮哉'。余独惜二先生之轶事不概见,稍刺取其可考者为表如左,其不能确定为何年者姑檃括,前后书之,而辨其诬罔之说,附之下方。起康熙季年,讫于乾隆之中叶,于时物阜人和,异能间出,览者将有感于斯焉。"(《黄绍箕集》上册,219—220页)

是年 作《光绪乙未和菊潭年伯八秩双寿自寿诗三章原韵》七律三首:

“婆娑老福世间稀，槎使星明护少微。拔萃先声名已宿，临文馀技道能几。从容诗酒顾三雅，师表经人蔡二希。岂独玉虹书势妙，萧然物外写天机。丈稿书极似曲阜孔谷园舍人，而神味淡然过之。一

聪强眼耳地行仙，偕老中闺礼法传。一室自游安乐境，四朝亲见太平年。河阴树接家园近，洛下花争社里鲜。欲侍耆英追雅集，画图重仿李龙眠。二

将图千里感鳏生，仕学蹉跎两未成。托契幸知家法合，延年从识物缘轻。新荫桃李充庭盛，雏翼鹓鸾指日鸣。官阁课孙如课子，夜灯犹录读书程。三”(《黄绍箕集》上册，430—431 页)

是年 孙诒让组织兴儒会，撰《兴儒会略例》二十一条并叙，并录示谱主。

孙孟晋按语：“此廿一条，家藏原稿已摧毁，故初未见。庚午冬，延钊客沪上，于黄仲弢哲嗣厚卿所，觅得副稿，盖当时录示仲弢者。窃喜此副稿尚存于世，即以移录入谱，俾后人有所考焉。”(《孙衣言孙诒让父子年谱》，269 页)

光绪二十二年　丙申(1896)　四十三岁

正月　丁立钧来函,托郑孝胥转交。

《郑孝胥日记》一月十三日(2月25日):"归寓,得叔衡来书及与黄仲弢书。"(第一册,545页)

《郑孝胥日记》一月十四日:"得星海柬,称南皮约余游匡山,且索叔衡与中弢书。"(第一册,545页)

《郑孝胥日记》一月十五日:"送叔衡致中弢信于星海。"(第一册,546页)

正月十六日(2月28日)　三女季才出生,后适林久都(1895—1969,字叔永,林开謩三子。新中国成立后任福州海关副关长,福建省第二、三届政协委员等)。

二月十三日(3月26日)　瑞安苏县令就算学书院之事下谕略云:

"现议于本邑城内,创设算学书院,挑选聪颖子弟,身家清白、质地端谨、粗通文理者入院,按期轮班肄业,延聘院长,晨夕到院,日讲指画,设立课程簿、功过簿各一册,考工计程,随时勘验。现因经费未充,规模粗立,收纳学徒额数,以三十名为准。限于十日内,开具三代、年貌、籍贯、住址来院报名注册,由司事等查访无异,给予凭单,准其进院肄业。诸学徒务期志趣远大,不域于小就,由是而格致之理,制器尚象之法,兼综条贯,因材授学,数年之后,必有瑰异者出乎其中,以副朝廷破格求才之至意。第事属创始,立法宜详,粘呈章程,公请出示晓谕等情到县。据此除批示外,合行出示晓谕为此,示仰合邑士民人等知悉,尔等如有聪颖子弟，年十三岁以上二十岁以内，愿习算学者，照章先期开列三代、年貌、籍贯、住址送院注册，倾单入院谒师肄业，各宜遵照毋违，特示。光绪二十二年二月十三日给。”（《黄绍箕集》上册，139—140 页）

三月初一日（4 月 13 日） 学计馆开馆。

《瑞安新开学计馆序》：光绪乙未，东事甫定，中国贤士大夫始盡然有国威未振之惧。于是京都及南洋皆有强学书局之举。而瑞安同人亦议于邑城卓忠毅公祠开学计馆以教邑之子弟，皆以甄综术艺，培养人材，导厥涂彻，以应时需，意甚盛也。夫时局之艰难，外变之环伺而沓至，斯天为之也。然人材之衰茶，学艺之不讲，朝野之间，岌焉有不可终日之虑，则人事或不能无过矣。

瑞安褊小，介浙闽之间，僻处海滨，于天下形势，不足为重轻。然储材兴学，以待国家之用，而出其绪馀以泽乡里，则凡践土食毛者皆与有责焉，固不容以僻远而自废也。

学计馆之开，专治算学，以为致用之本。盖古者小学六艺之一端，而造乎其微，则步天测地，制器治兵，厥用不穷。今西人所为挟其长以雄视五州者，盖不外是。

吾乡自宋元迄有明，惟忠毅精通历算，而未有传书。道咸而后，几山项先生芳兰先王父、菊潭陈先生始研治宣城梅氏之书，以通中西之要。迩来颖伟之士，又广涉代微积之学，以究其精妙，盖彬彬盛矣。设馆以教，俾后生小子，有所津逮，以启发其智慧，群萃以广其益，积久而通于神，则魁杰雄卓之材，或出于其间，尽人以胜天，而不以惰窳隳其志气，斯固贤士大夫之所乐也。至于中材谨士，志域凡近，理财习艺，以自殖其身家，则小试小效，固亦若操左契，斯又无俟于扬搉已。丙申三月。

瑞安黄绍箕、黄绍第、孙诒让、项芳兰、周拱藻、洪锦标、王恩埴、鲍锦江、杨世环。（《黄绍箕集》上册，138—139 页）

三月 观《董香光真迹书册》并有题跋，定为中年用意之作。

《跋董香光真迹》:“香光晚年得意之作,笔涩而意淡。然随方酬应间,亦不免率尔操觚。此册以字里金生,行间玉润之姿,并层台缓步,高谢风尘之致,行草导北海而出以虚和,临兰亭乃参用颍上黄庭法,当是中年用意之作。莲舫兄竺嗜名书,藏弆甚富,精于鉴别。书此奉贺,亮不河汉斯言。光绪丙申三月黄绍箕获观并识。”(《黄绍箕集》上册,155 页)

三月 以曹奎辑刻怀米山房《吉金图》石刻拓本赠孙诒让。

孙诒让《吉金图》题记:“光绪丙申三月,黄君仲弢以此二册见赠,饮庐衔恤,索居无憀,校读一过,足代皋苏矣。”(《孙衣言孙诒让父子年谱》,277 页)

三月 以吴式芬《攟古录》金文新印本赠孙诒让。孙诒让以新得麦鼎拓片示谱主。

孙诒让《攟古录》题记:“此册据摭极博,而考释多精确,远胜吴氏筠清馆金文,信可宝也。黄仲弢编修以新印本见诒,因校阅一过,记之。孙某某。”(《孙衣言孙诒让父子年谱》,277 页)

孙诒让《麦鼎拓本跋》:“今春薄游永嘉,偶获此鼎,爱其文字精雅,暇事毡蜡,藉用瘳忧,持示仲弢,亦复欣赏不已。适以南皮尚书之招赴鄂……”

三月 应张之洞之邀赴湖北,途经上海时,遇费念慈。

费念慈致缪荃孙书札一百三十三:“审悉顺德师之丧,三月十五到沪……穰卿在沪,中弢亦相遇,适赴鄂也……如弟念慈顿首。四月五日小舟灯下。”(《艺风堂友朋书札》上册,385—386 页)

三月二十九日(5 月 11 日) 孙诒让以新得麦鼎手拓本附考跋寄示。

孙诒让《麦鼎拓本跋》:“诒让自孤露以来,读礼暗庐,杜门息影,索居无憀,殆将逾岁。去腊,仲弢仁兄侍其尊公通政公南旋,握谈近事,益复忧愤填胸,既衔家恤,又遘时艰,中年意兴索然尽矣。今春薄游永嘉，偶获此鼎，爱其文字精雅，暇事毡蜡，藉用瘳忧，持示仲弢，亦复欣赏不已。适以南皮尚书之招赴鄂，未得细与商榷奇字也。别来逾旬，积雨初晴，南窗无事，偶手一纸，似尚清晰，又新悟得'纡录'两字，颇自喜其有征，辄为小跋，附缀拓片之后，邮寄鄂中，以质仲弢，冀理董其疏谬也。至于嗜古忧今，悁结靡已，此情亮复，彼此同之，然则此廿九文者，非第望同珍璧，倘亦足代皋苏乎。三月二十九日记，诒让。

三月　文廷式到汉口，与梁鼎芬、志钧、顾印愚、纪钜维、张权作琴台宴集。

《梁节庵先生年谱》："三月，文芸阁至汉口，与先生及黄仲弢绍箕、志仲鲁钧、顾印伯印愚、纪香骢钜维、张君立权作琴台宴集，芸阁有诗。(118 页)

四月　请张之洞书题瑞安"学计馆"三字校牌。

四月　孙诒让手拓周麦鼎一本，寄谱主。

孙诒让《周麦鼎考》："丙申四月，手拓一本，寄黄君中弢。中弢精鉴绝伦，而又妙擅篆势，辄复举此奉质，不知以为何如也。"(《孙诒让全集》《籀庼述林》，中华书局 2010 年，231—232 页)

五月十四日（6 月 24 日）　致函汪康年。

"穰卿仁兄世大人阁下：屡奉惠书，敬悉一切。久阙不报，歉悚实深。比维起居佳胜！报馆即日开办，章程便中求赐示为幸。经费除电局一款外，共集若干，闻公度肯相助办理，当可不至竭蹶。沪上位置一节，南皮师前，节庵说三次，弟说两次，据云已离南洋，实不愿与上海道通信，无可设法，若到鄂当谋一安顿处，节庵信中已具达矣。惠教归心耶苏〔稣〕之患，此正鄙人所私忧窃虑者，世变之大，殆不可思议，奈何奈何！闻电旨促林甫早归，不审何故？南皮师议设武备、储材两学堂，尚未开手，大约经费亦尚未筹足。念劬在沙市与倭人未开议，亦未归。弟湿疮迄未就痊，数日略见轻减。课卷压积甚多,猝不能了。《万国公报》承代购,极感!匾、联裱价止六角,何如此便宜,是否有误脱字,便祈示及。弟寓八旗奉直馆,节龕新移寓长塘多公祠间壁,并附闻。公度、卓如两兄代乞致意,晤怡卿、木斋并道候为感。外附《札选》二部,一奉赠,一请转致木斋。肃请大安。令弟均此奉候。弟绍箕顿首,十四日。”(《黄绍箕集》上册,303—304页)

六月十三日(7月23日) 致函汪康年,提及“欲于此间兴学会”,并恳代购书籍等事。

“穰卿仁兄世大人阁下:初闻兄尚须盘桓数日,比初九晨往探,则驺从已东发矣,为之怅惘。盖弟欲于此间兴学会,拟就兄商议而未及。现已拟一大略章程,大旨主于简约易行,暂且不多约人。此间闻官办译书,沪上有兄创之报馆,可以左右采获,筹款亦无须过巨,章程顷已交钱、姚、叶三君审订,俟定稿时寄请兄与公度、卓如两公裁夺。此事已奉旨准行,拟即仿京师之例,名曰书局。殿书兄如尚在沪,并希酌阅。吾兄及黄、梁两公所知有心地朴诚,真能考求者,望示知,以便公请入局。或称时务书局,如在自强学堂或即名自强学堂官书局,俟再酌。又有数事奉恳:两湖书院增试时务,而书籍太少,弟曾请南皮师多购,师应允,谓须分别要否购置?或多或少。请兄与卓如兄就格致书室书单祈多取数张寄赐上其最要者上加三圈,以资递减。沪局刻者上加一‘△’,他处官刻者望标明某处,此外新刻书不见于此单者,并祈添入。敝同乡林君调梅,现为敝县算学馆主讲,颇嗜格致之学,曾依所见书仿造洋烛已成,但光焰稍短,未解其理。闻念劬兄言《洋务辑要》中工作类有造洋烛法,请饬胥抄赐,以便转致,至恳至恳!抄价若干,示知照奉。弟眩晕之证,时止时发,西洋有磁石带束腰,能愈此病,极灵效,请饬人向亨大利洋行一问,如无之,可否托人转向外国寄购?又,附书单一纸,敬乞代购,以上共价若干,示知即照送交尊寓,不至延误。前字画裱价因为数不多，且恐有误，故迟迟始奉上也。兄去年所刻学会章程，弟回家后多为友人携去，请寄赐数份。又既在此间设时务书局，则本地人必须邀请三人入局为合，弟到此未久，且多病，少见人，兄所知院生于此事有意思者何人，望示一二。弟报馆中捐款，仓猝未应手，容续寄上。刻拟请南皮定章，时务课有两次考列前三名者，即令入局。外附致刘襄孙函，敬求加封转寄。肃请怡安。同馆诸公均候。弟绍箕顿首，六月十三日。

再，以上奉托各件均可从缓，不必汲汲，惟格致书室书单分别加圈一节。书单务求多取几分见赐。敬求作速寄赐为幸。其不在单之各书并乞别纸开示，并注何处可购，价格若干。缘拟亟请南皮师置办，以备院生考览，辗转间已殊费时日也。卓如所拟题目，并求饬胥抄赐一纸，至恳。再上穰公。弟绍箕顿首。"(《黄绍箕集》上册，305—307页)

六月十五日（7月25日） 姚锡光来访。

《姚锡光江鄂日记》："出门拜客……至顺直会馆答拜黄仲弢太史。"（中华书局2010年版，136页）

六月 致函汪康年，言收到《时务报启》。

"正拟遣人走领报启，明日发信与台州友人，托其劝人看报，而尊纪并报启适至，甚慰甚慰！经学会续议。前月底忽由素不相识之南汇闵君寄来一大包，见大名在上，甚诧异，及阅之，乃即学会旧稿也，可谓善于舞文矣。明后日从者如在自强学堂，望遣人来招，当往会谈。穰兄阁下。弟箕顿首。"(《黄绍箕集》上册，304—305页)

七月初一日（8月9日） 《时务报》创刊。设《论说》《恭录谕旨》《奏折录要》《京外近事》《域外报译》《西电照译》等栏目。汪康年任报馆总理，梁启超为主笔。

七月十二日（8月20日） 姚锡光来访。

《姚锡光江鄂日记》:"随冒雨出门,往拜刘铁云太守、黄仲弢太史、范仲木孝廉,皆畅谈。"(147页)

七月十四日(8月22日) 致函汪康年,提及捐时务报馆等事。

"穰兄足下:累书均诵悉。芸子到即来晤,却未提及尊书,顷由汉口移寓省城,新访得其寓处,今日即往视之。弟前数日左股坐处又生一湿疮,难于着席,不能赴督署。昨日见达师,所谕书捐一节,可照办。代购书籍收到,其价目当时从《申报》随手录出,未存底单,不能记忆。兹先由浩吾处交尊府五元。又弟捐时务报馆卅元一并交去。又孙仲颂诒让捐百元,敝县左营守备阎仪韶麟趾捐十金皆在弟处,容续寄。八月初间必寄上。弟前函致舍弟及台州王弢甫工部,嘱其劝人看报,舍弟复言已募得十馀分,大约当径由舍弟函知贵馆,或到沪面告。弢甫复言愿看者不多,未言几分。西书目早接读,感谢之至!卓如兄前祈致意。学会改书局,本不可训,当为达师谈及此事。师以弟下半年须进京,念劬、石荃公事颇忙,止浩吾一人不能独理,因以三言见赠曰:'各自考求,随方联络,遥为声援。'其言似为近理,暂且不开办。要之此事志在必成,当再与兄共举之也。星海浪游,闻将至沪,已相见否?数日前大热经旬,近得雨解。课卷又多积压。家君日内携舍弟到沪赴鄂,或可一见。磁带暂不置亦可,手边亦尚无馀项也。即颂大安。弟箕顿首,十四日。"(《黄绍箕集》上册,308—309页)

七月 致函汪康年,提及收到《时务报》,大喜。

"第一次报敬捧读,至美至美,大喜大喜。此间官场有数处,弟可劝看,不审已托人否?第一、二次报馀存必多,请封寄二十分,使之见景生情,或可应弦赴节。因公启前多分寄温、台两处,存者不多也。再请近安。寄浩吾书已交。公度、殿书诸君,均此致候。弟箕顿首。"(《黄绍箕集》上册,309—310页)

七月二十九日（9月6日） 缪荃孙来访。是日，与梁鼎芬有合照。

《艺风老人日记》："壬戌，晴。拜岑尧阶、李竹虚、谭仲修、李雨农、黄仲弢、王雪丞、宋芸子、恽心云、梁心海、瞿荔生。"（875页）

梁鼎芬《致黄绍箕书》："年丈安到上海，喜极慰极，八月朔侵晓当至汉皋。与君廿九日渡江并办一小照寄京，是夜同觅宿处。近泊船乃及早。先订，复上主一主人，鼎芬顿首。"（《黄绍箕集》下册，879页）

八月初二日（9月8日） 到总督府祝张之洞六十大寿，与父、蒯光典、宋育仁、黄绍第、汪康年、缪荃孙在五福堂同饮。

《艺风老人日记》："甲子，晴。诣督署祝寿，与漱芳〔兰〕、礼卿、芸子、仲弢、叔容、汪穰卿同饮五福堂。"（876页）

八月初三日（9月9日） 到总督府拜寿。后赴恽祖翼招饮，与谭献、梁鼎芬、蒯光典、恽祖祁、缪荃孙在座。

《艺风老人日记》："乙丑，晴。发家信。诣督署拜寿。拜黄漱兰、仲弢、叔颂、顾印伯、汪穰卿、钱彦渠、叶浩如。松云招饮，谭仲修、梁心海、黄仲弢、蒯礼卿、心云同席，馔极佳。"（876页）

八月初四日（9月10日） 赴梁鼎芬招饮，与父亲、谭献、蒯光典、黄绍第、缪荃孙同席。

《艺风老人日记》："丙寅，晴……心海招饮，漱兰、仲修、礼卿、仲弢、叔颂同席。"（877页）

八月 张之洞六十大寿，撰《广雅尚书南皮张公寿言》，并代谭继恂作《张南皮尚书六十寿序》。

八月 致函汪康年，提及阎守备及孙诒让捐时务报馆款于月底经上海面交等事。

"穰卿仁兄世大人阁下：《时务报》二册收到。阎守备十两，藉使奉上，祈察入。仲颂之百元，因家君来鄂时川资无出，暂行挪用,月底弟必亲自带沪面交也。社兄画扇拜领,以如此著书妙境惠我,则我宁做仲弢不做穆琴矣。复请两兄怡安。舍弟过江未回。弟箕顿首。"(《黄绍箕集》上册,310页)

八月二十一日(9月27日) 访姚锡光并辞别,云二十五日入都。

《姚锡光江鄂日记》:"午后,黄仲弢太史来拜并辞别,云于廿五日入都。"(163页)

八月 范钟客次武昌,谱主往访,范钟作《从自强学堂移寓吴文节祠黄仲弢枉顾奉诒三首》:

"冷麦荒苗一径青,乍从江汉得伶俜。千山酒醒风横笛,八表秋光月在棂。岂有友心招鹫雁,未宜无患戏蜻蜓。飘残万籁人天后,隐几萧条只倦听。

寂寂时危念数贤,冥冥生事与孤悬。空疑麟凤嘲三古,坐阅鲲鹏笑大年。径欲垫巾风雨外,不须扬袂海山前。神州亦有浇愁地,袖手逢君意惘然。

东望沧溟意若何,北来秋色送人多。燕歌纵酒无千日,狗曲为儒尚一科。孤馆日斜蜚蝠乱,晚芜云卷断鸿过。登楼赋罢还高枕,记取闲心长薜萝。丙申八月武昌客次。"

八月二十五(10月1日) 离鄂入京。

八月底(10月上旬) 途经上海,致函汪康年,请约晤谈。

"前日走候,值从者他出,甚怅!今日午后如在寓,拟趋诣,如不得暇,请便道过我一谈,至盼至幸。统祈示我。字画裱价并公报资附上。肃请穰卿仁兄世大人台安。弟绍箕顿首。"(《黄绍箕集》上册,307页)

九月初一日(10月7日) 梁鼎芬来函。

"此别匆匆,何日到京?廿六日过菱湖与年丈饮,极乐。今日又来茗华室面话□志同坐。兄所愿闻也。相片已足分用否?不足再寄。伯希体气如何？记得告我。闻老桧已到天津，此十日内天地异色，不知有何举动也。敬颂中弢同年伉俪万福。鼎芬顿首，九月朔日。”（《黄绍箕集》下册，881页）

九月 抵京，销假到署。（《清代官员履历档案全编》第七册，636页）

九月二十一日（10月27日） 与王国宾、季厚焘、蔡锡勇、罗丰禄、黄遵宪等访翁同龢。

《翁同龢日记》：“午拜客，皆未晤，广锡三亦未晤，送菜。归后客来络绎。王国宾号鹿门，蔼堂师之孙，来京觅事、季厚焘号寅山，君梅之次孙，浙盐大使、黄绍箕仲弢，甫从浙来，有疥疾，此三人先后来。蔡锡勇毅若，湖北道员办铁厂，张、谭力保，仲弢亦言其人清介细致、罗丰禄稷臣，道员，随李相出洋甫回，李保出使，人甚聪明、黄遵宪公度，道员，新加坡领事，举人，诗文皆佳，新从江南来，江南官场不满，此三人后至，皆与剧谈。”（第五册，2945页）

九、十月间 致函父亲，提及各国“大有瓜分中国之势”。

《项申甫日记》丙申十月廿三日：“晚至黄漱师处手谈，得见仲弢、叔颂家书。”（温州市图书馆藏稿本）

十二月十一日（1897年1月13日） 叶昌炽来访，将孙诒让所托《墨子间诂》一部转赠。

《缘督庐日记抄》：“访仲弢，携归孙仲容所著《墨子间诂》一部，仲容见诒也。”（卷七，第38叶）

是年 尝见德国人著《武梁祠画象考》刻本一巨册。

《瑞安五黄先生系年合谱》：“鲜庵先生又尝见德国人著《武梁祠画象考》刻本一巨册，博采乾嘉间金石家说，如翁正三、阮芸台、黄秋盦、武虚谷诸先生，其姓皆用汉字，余皆德文，惜不能读云。”（《孙延钊集》，288页）

是年 父归里后，日与乡人士流连诗酒，因而商于王岳崧、胡调元等，拟醵金建造话桑楼于邑之小东门外莲湖左，为觞咏之地，楼下设神龛栗主,供奉邑之历代诗人。于戊戌年开工,己亥年初夏落成。谱主题楹两联。

是年 跋盛昱所藏《阙特勤碑》拓本。

“意园跋尾极精博,乙庵申证‘阙’字益坚确,碑题云:‘故阙特勤’,犹免碑之称‘故某官也’。文云‘君讳阙特勤’者,沿常语书之,避不成词耳。第六行‘积厚德于上’,‘积’字;十行‘发挥遐壤’,‘壤’字,重黎释文皆缺,盖石本模粘致然,此本二字皆可识,纸拓之视布拓固较胜也。瑞安黄绍箕识。”(《黄绍箕集》上册,56页)

是年 题王幼霞《秋窗忆远图》七古一首图为某君寄江总栖霞寺断碑作。

“凉蟾窥户天欲霜,草木黄落雁南翔。所思远道不可见,尺素中有球琳琅。南朝令仆儿戏耳,文字翩翩差可喜。缺碑盘木昔所嗟,丹青不渝今复尔。去年将车钟阜侧,过江名士多于鲫。酒酣说剑无留行,念君萧条扫破墨。去秋,余侍家大人至金陵,时节庵主钟山,筱珊、芸子、季直、礼卿、伯严皆会焉。严飙飒飒违清尊,芰荷落尽风漪痕。青山一发江南路,我亦凄神虞道园。”(《黄绍箕集》上册,431—432页)

是年 题《为陈啸沧丈题戴文节公熙楹帖残幅》七绝一首,曰:

“品画论泉亦半痴,岁寒方见后凋姿。九苞片羽人知贵,早识公生数不奇。”(《黄绍箕集》上册,432页)

是年 题徐世昌编修《北江旧庐图》,曰:

“卷施之门如铁立,百辈伸头不容人。用《北江集》诗句。藕花开落经百霜,晚得徐君掇其实。先生直节高岧峣,大名上答慈母劳。疾雷崇朝洒苦雨,至今萝竹干云霄。徐君抗古生苦后,哀哀劬劳亦有母。出门横览归大息,梦睹英灵一奉手。乾嘉鼎盛多文儒,摹写馨逸心自殊。北江京华屡僦居,君亦一宿犹蘧庐。画图文字皆寄耳,万事迁贸神明居。萧然四壁皆六合,欲与斡运元黄初。

涉江南征及徂暑,旧是先生经行处。道逢佳卉似图中,诏我种作庭前树。”(《黄绍箕集》上册,451 页)

按,沈曾植《题徐菊人编修北江旧庐图》作于丙申年(1896),故置于此。

是年 常与张元济、文廷式等聚会交谈。

张元济《戊戌政变的回忆》:“丙申年前后,我们一部分京官,常常在陶然亭聚会,谈论朝政,参加的一共有数十人。当时并没有会的名称,只是每隔几天聚会谈谈而已。在一起聚会的人……有文廷式瑾妃、珍妃的老师,时任侍读学士、黄绍箕、汪大燮、徐世昌、沈曾植刑部官员、沈曾桐翰林院编修等。”(《张元济诗文》,商务印书馆 1986 年,232 页)

光绪二十三年　丁酉（1897）　四十四岁

正月　山东即墨县文庙孔子像突然被德国兵丁摧毁,作《圣像被毁宜速责德使惩办折》,请清政府速与德国使臣严切论理,责令将犯事兵丁赶紧逐出,置之重典。

二月十六日（3月18日）　京察一等,奉旨记名以道府用。

《清代官员履历全编》第六册三八六页:"本年京察一等,二月十六日经吏部带领引见,奉旨记名以道府用。"

二月二十日（3月22日）　张之洞致杨锐电报中,就延聘徐世昌事,嘱杨锐与谱主商酌办理。

"张之洞致杨锐电:京。乔:密。徐菊人太史现想在京,鄂省两湖、经心各书院去腊久已订妥,星海皆知。前电言徐君来必有位置者,谓请至署内,由敝处送脩金耳,并无他席也。望婉商。如不来鄂,亦当每年寄送干脩六百金,似可省跋涉之费。如愿来,亦照此局面。祈与仲韬商酌,速覆。钝。号。"

二月二十七日（3月29日）　梁鼎芬来函。

"匌斋我师同年左右:前月奉诲帖,又得乙盦尺书小照,新年至乐事,已裁笺分答。忽闻蕃弟之变,星夜奔赴,水陆兼程,今始返,一切不及详。痛乱忧郁,无以日解,何以教我。赴请分致,至谢。敬颂轺安。期鼎芬顿首,二月廿七日。

两湖书院三月初可启馆,分教诸君姓氏列后:

经学:(正)陈宗颖、(正)曹元弼　曹乃经学大师,不云帮教,但所请有先后耳。

史学:(正)姚晋圻、(帮)陈庆年。

天学:(正)华蘅芳、(帮)未定。

地学:(正)马贞榆、(帮)罗照沧。

理学:周桃模,不请。

总稽查:蒯光典。

监督:梁鼎芬。”(《黄绍箕集》下册,881—882页)

三月二十四日(4月25日)　致函丁立钧,提及在会典馆旁租一小屋,准备考差,父亲主安庆敬敷书院讲席及嫁妹等事。

“恒斋三兄同年世大人阁下:前伻来,奉读手书尊函惟说誊录事一札未奉到,即拟裁复,而人已先发。外间又纷传有局号均不收信之说,因循延搁,以迄于今,歉仄无似。闻尊履违和颇剧,寻复即安,此非独沂郡之幸也。前从乙公处奉诵详函,具见批却导款,目无全牛。刘道士遂被擒治,此在公仅小试其端,然已毅然有武健之风,奸宄当稍知敛迹矣。弟眩晕之证尚时时复作,图馆办法一切谨守萧规,书上已于二月十五进呈,图上本拟于八九月之间进呈,不知来得及否。延三有意与鄙人为难,所有图上应行事件,均阁下行,而东海虽知其无状,意终护之,颇生烦恼,不能不服公之处置得宜也。弟近于会典馆旁赁一小屋大约半月出城,半月进城,一面料理馆务,一面稍习考差功夫,折楷永不入格。公虽长材短驭,然已惠泽及人。仆方以老丑之姿与三五少年辈竞东涂西抹之技,愧叹何已。家君近已抵皖,主敬敷讲席,昨奉手谕长笺五幅,述家常事,纤悉具详,藉谂起居康健,堪以仰慰注存。归妹之期定于四月廿六日,不能不稍稍料理奁具,几于刻无暇晷,草草布复,敬请勋安。三嫂夫人坤安。弟绍箕顿首,三月廿四日。

舆卫图目录清单稿本遍检不得,如尚在尊箧中,务求赶速寄赐,切恳切恳。”(西泠印社二〇一九年春季拍卖会图录)

四月初五日(5月6日)　诣翁同龢,谈《会典》图事。

《翁同龢日记》:“黄仲弢来谈《会典》图事,刚公又欲预闻,何

也?”(第六册,2994页)

四月十二日(5月13日) 考差名单公布。

《蔡元培日记》:“吏部送考试试差人员名单,凡宗人府三,内阁十五,起居注一,翰林院百九十九,詹事府十二,国子监三,科六,道二十一,吏部十五,户部十八,礼部九,兵部四,刑部二十三,工部六,凡三百三十五人。”(王世儒编,北京大学出版社2010版,63页)

四月十五日(5月16日) 考差。

《蔡元培日记》:“晴。试于保和殿,题为《经正则庶民兴》《孟子》,三曰《举贤》,四曰《使能》《礼记·大传》,《赋得方流涵玉润》得方字。日入缴卷出城。”(63—64页)

四月二十四日(5月25日) 荣庆、王同愈等贺谱主嫁四妹,适徐用仪子徐士恒。

《荣庆日记》:“早,贺黄仲韬嫁妹。”(谢兴尧整理,西北大学出版社1986年版,27页)

《栩缘日记》:“王〔黄〕仲弢前辈嫁妹,送礼四千。”(《王同愈集》,上海古籍出版社1998年版,236页)

五月二十一日(6月20日) 从弟黄绍第任福建乡试副考官,原谢佩贤改差。

《蔡元培日记》:“八月戊午朔,提督学政题名”条:福建:葛宝华,黄绍第(编修,庚寅,浙江瑞安,二十一日改派)。(72页)

王同愈《栩缘日记》:“福建副考官谢味余佩贤,江西被御史王梅生廷相奏参,以上届十九年癸巳恩科甘肃试差,归途过山西境滋扰,交晋抚胡奇生聘之查奏,副考官改派黄叔颂绍第。”(《王同愈集》,240页)

六月初四日(7月3日) 收到大姨母初三日来电,于晚上复电。

参考六月廿六日《致父亲书》。

六月初五日（7月4日） 将复电送交电报局。是日张之洞电杨锐，提及谱主考差事，欣喜。

参考六月廿六日《致父亲书》。

张之洞是日电："京。乔：徐菊人回京否？何时来鄂？仲韬高取，欣盼。高阳步履渐好否？钝。歌。"

六月十二日（7月11日） 出任湖北乡试正考官，熊亦奇为副考官。

《翁同龢日记》："湖北：黄绍箕、熊亦奇。"（第六册，3014页）

《蔡元培日记》"八月戊午朔，提督学政题名"条：湖北：黄绍箕编修，庚辰，浙江瑞安，熊亦奇编修，癸未，江西新昌。（73页）

王同愈《栩缘日记》："湖北正为黄仲弢太史绍箕，副熊与波太史亦奇。"（《王同愈集》，243页）

六月十三日（7月12日） 拜谒翁同龢。访蔡元培。

《翁同龢日记》："黄仲弢来晤。"（第六册，3014页）

《蔡元培日记》："晴。得步云书。仲弢前辈来。"（70页）

六月十九日（7月18日） 蔡元培按《群经平义》为谱主拟策问。

《蔡元培日记》："晴，晚大风以雨。壬辰公祭张文达师，赴之。问汉师今文之学，蕴蕴久矣。其源流分合，尚可考见。为仲弢前辈拟策问。为徐侍郎拟策问，皆按《群经平义》为之。"（70页）

六月 赴任湖北乡试主考官前，入内请辞，光绪帝谕之："卿此去，极宜留意抡才，为朕得可用之人。"

《清稗类钞·帝德类·德宗论黄绍箕抡才》："瑞安黄仲弢提学绍箕，初以湖北主考陛辞请训，德宗谕之曰：'现在百姓困苦已极，皆朕不德所致，然卿辈亦不能辞咎，朝政非更张不可。卿此去，极宜留意抡才，为朕得可用之人。'"（徐珂著，商务印书馆印行，第二册，39—40页）

六月二十五日(7月24日) 从京师启行赴湖北,夜宿良乡。是日,李鸿藻逝世。

参六月二十六日(7月25日)上父亲禀"男廿五日辰刻启行"。

《翀缘日记》六月二十六:"长班来报高阳师于廿五丑刻薨于位,年七十八。"(《王同愈集》,249页)

六月二十六日(7月25日) 行抵涿州,夜宿。在涿州作上父亲禀,于二十八日寄安庆敬敷书院。

"男绍箕跪禀父亲大人膝下:谨禀者:前发安禀后,随接延儿来函,诵悉一切。前姨母大人来电,系初三日所发,初四午后送到。男时尚在城内小寓中考差后间或宿城内,上灯时回寓,随拟复电,交下人译写码字,于初五午前送局。得延儿函乃知初七方到,电局办事本不认真,于私电尤多压搁,真可恨也。前与伯羲、乙盦诸君晤谈,皆云男使鄂。父亲七月底恐未必赴武昌,未知然否?大臣赐寿向由敬事房太监奏明请旨,不关军机处。王廉生托端午桥转托立山见敬事房太监,嘱其于七月初一日奏请,闻故事多于前两月请旨,不知何以延搁?外任大臣有子侄在京者,赐寿即由其代领,否则,即由驿递颁发,不派专使。男廿五日辰刻启行,昨宿良乡,今日宿涿州。熊馀波编修系男己卯同年,人极本色,与男相处谈论甚畅,不拘形迹,见闻亦尚不陋,场中当可和衷共事……前站用诒书家一,多年旧人向跟书房中,非江苏学署之用人也,令朱发与之合办,假以面子而已!子穆想尚在鄂,敬求谕嘱若川速作一函,劝其少见人,少说话。若川之亲家寿联已写就,申甫觅使寄南,男兄弟皆无暇,即托写礼联之人代书,较自书更胜。近年主考多招闲话,嫌疑之语不可不慎也……"(《黄绍箕集》上册,383—385页)

七月十二日(8月9日) 渡黄河,宿荥泽县,作致父亲禀,寄安庆敬敷书院,提及病后身体康复,"到汉口约在廿八九日,进省城总在朔日。今日渡黄河,宿荥泽县”,熊余波同年谈论甚相得等事。

“男绍箕跪禀父亲大人膝下:谨禀者:六月廿八日在涿州寄呈安禀,未审何日可到?近想父亲起居康健如恒,不胜驰慕。男前数日偶患腹泻,盖途中水不甚净及夜卧受凉之故,刻已全愈矣。在直隶界内遇两次大雨,颇觉行路之难。幸滹沱河及漳河均经稳渡,尚无阻滞,刻计到汉口约在廿八九日,进省城总在朔日。今日渡黄河,宿荥泽县,以后站头无甚大者,虽遇雨水,当亦不至耽搁也。若川弟当赴杭应试,书院课卷当日增无减,乡试期迫,想亦渐少。男出场后想父亲当在鄂中,否则,必亟乞假赴皖。达师于此等处,必早深察下情也。叔弟揭晓后亦拟乞假借兵轮回瓯。今年若考御史,渠年内尚拟晋都,但以未传到之人数计之,或不至遽考耳!馀波同年谈论甚相得,其勤敏远过于男。沿途所过州县均无信局,此系托荥泽令陆乾夫兄名廷桢,前年在汴相识专人送省交局转寄。自此至鄂恐无便寄禀矣!肃请万福金安。男绍箕跪禀,七月十二日荥泽县发。姨母大人福安。延儿好。”(《黄绍箕集》上册,385—386 页)

七月底 抵达汉口。

八月初一日 王同愈任湖北学政。

《栩缘日记》:“奉上谕:湖北学政着王同愈去。钦此。”(《王同愈集》,253 页)

八月初 抵达武昌。

八月 主持湖北乡试,首场题有:“因民之所利而利之,斯不亦惠而不费乎,择可劳而劳之,又谁怨”《论语·尧曰》、“语小,天下莫能破焉”《中庸》第十二章中句、“水由地中行”《孟子·滕文公下》,赋得水上青山如削铁得山字等。二场题有:“为日”“浮于江沱潜汉”“敦弓既坚四鍭既钧舍矢既均序宾以贤”“秋郳黎来来朝庄公五年”“天子设四学当入学而太子齿”。

(中朝掌故:各省乡试首场题《万国公报》第105期,1897年,40—41页)

是月 手改部分举子试卷。

黄绍箕《丁酉典试湖北改墨原稿》(温州博物馆藏手稿)

八月间 致函袁昶。

袁昶致缪荃孙札十三:“顷奉到八月初十日手札……年小弟昶顿首,(九月)十四日。顷得黄漱丈、仲弢书,仲弢已入闱矣。”(《艺风堂友朋书札》上册,96—97页)

九月 乡试揭榜,共取举人六十一名,副榜九名。

“湖北乡试同年录(共六十一名):

王葆清(江夏附)、何焜阁(蕲水附)、丁保树(江夏廪)、陈登庸(芝江廪)、张鸣珂(黄冈廪)……后(略)。

副榜同年录:

陈应昌(东湖廪)、李纪昉(荆府附)、余景芳(汉阳廪)、刘起霈(宜都廪)、张国干(蒲圻廪)……后(略)。”(湖北乡试官板题名全录,《益闻录》第1716期,1897年,472页)

秋闱后 自序《湖北乡试录》,略云:

“臣惟古者取贤敛才之法,德进、事举、言扬而兼及曲艺,后世取士专以言,而所谓言者,又一寄之于文字,积久而弊生,必然之势也。国朝科举沿明制,用四书文,又再三试之经艺、策问,以觇其学识,立法郅详,故文体虽屡变而不离其宗,名臣硕儒,肩项相望。比年风气日新,士务速化。于是,有为支离怪诞之词以希弋获者,议者龂龂焉,思返之于清真雅正。臣窃以为支离怪诞者,空疏庸滥之变态也,欲洁其流,不澄其源,此又必不可得之数也。臣尝恭读圣祖仁皇帝《西苑试士诗》,有曰:‘文章随世转,经史得人安。’至哉言乎!斯诚操业之科绳,衡文之准的矣!当康熙盛时,圣神天纵，垂精典籍，网罗百家，承学之士，翀然向风，道术昌明，群材辐辏，殊方并进，囊括八荒，兹非经史之效之大，彰明较著者哉！

湖北为古荆州之域，江汉炳灵，代产英杰，晋习凿齿叙论人物，欲抗青齐而上之。臣往观楚国钟鼎彝器文字，瑰玮恢奇为诸国最。近年以来，省会之中，横舍林立，峨峨俊彦，吐辞闳丽，称其山川，盖数千年磅礴郁积，久而常新，地势然也。今海宇多故，时事孔艰，视康熙之治固已远矣！朝廷经纬万端，必以楚地为神州赤县之枢纽，将欲陶冶学术，檃括人心，翳士大夫实赖。然则乘辅轩，操三寸弱翰，翘秀旌异而进之京师，其恶可以浮伪无实之徒充其列乎？

臣谨遵圣祖试士之旨，自'四书五经'文外，发策皆依于经史，大义终之于理学，而归之于自强。凡空疏庸滥，与夫支离怪诞之文悉屏不录。诸所甄拔，其用力于六籍群史，益亦有浅深之不同要，必尝稍涉览焉，睹其由此扩充随方以致用耳矣！虽然专以文字取士，而谓可以尽天下之人才，此非智者所敢任也。况臣之愚陋，又恶足与于知言之选，惟冀朝廷忧勤惕厉之精神，与士林愧愤激发之志气，隐相感召，庶几有魁垒奇杰为国桢干者出乎其中。此则臣所不敢期，必而日夜祷祀求之者尔！"(《黄绍箕集》上册，142—145 页)

冬　湖北乡试竣后，至安庆，随侍父归里。途出鸠兹，与徽宁池太广道袁昶等盘桓旬日，赭山中有德星聚见之乐。

黄绍第亦于闱后乞假回籍展墓。两人道出皖城省亲，有行装侍立照像，时人题诗以张其事："辅轩昆季同时出国门，都人士啧啧艳羡。"

袁昶有诗《漱丈自武昌还敬敷中弢弟典试事竣乞假侍还有寄》：

“从雁南征丈北来,讲堂新辟瓈公台。罢持黄鹄仙宫节,还侍白云亲舍怀。想见鲤庭桃李拜,待迎跫谷藿蓬开。将枉顾陶塘,留连旬日,遂遣弁相迎。蟹黄橘绿深卮倒,宛似城西社里陪。”(《黄绍箕集》下册,723 页)

《陪致仕纳言黄丈暨仲弢叔颂两星使登小九华宴坐是晨风日清朗有表里江山凭眺之胜薄暮乃归作诗即题丈六十六岁行看子》:

“去年尚书持节过姑孰,山雨滂沛阻移樽。涪翁病蹇楗竹户,敬谢枉驾烟岚昏。似云畸人猿鸟性,无补将略云电屯。壶公方任天下重,何事来看黄绮园。今年纳言试笠屩德星,随侍双星轩既揽。闽丹沙与楚竹箭,来游撰杖妍冬暄。涪翁邑喜风日霁,群峰献状如儿孙。壁存勤敏襕衫亦宗望,滴翠轩壁间有黄左田尚书石刻小像。何况黄山黄海亦以公。家疏族论扫衡山云海市务,韩苏犹诧精爽开天门。涪何后恭而前倨,一笑故事山中存。丙申正月十九日南皮督部师道出陶塘,携宾从欲游赭山,大雨滂沱,遂不果往。入山亦视胜缘机契否?人生遇合要作如是观。是日凭栏发深慨,落日野鹘浮图蹲。深杯屡注银凿落,题字待伐苍崖根。江南江北望不极,无数翠栝丹枫村。书生空抱马革志,诸帅谁靖犀毗蕃。丈人颜如紫芝好,国之三老梯几将?乞言仲叔廉谨善事国,一封轺传文衔恩。江山氛昏待洗涤,龙蛇溓杂浸浊烦。方当诏征黄绮用一扫,腐吓鸱雏喧丹邱。黄海之神抚掌作左证,微公无所发我之狂言。”(《黄绍箕集》下册,723—724 页)

陈祖绶作《莼师六十六岁小像中弢叔颂二星使行装侍立》大人命作:

“龙湫雁荡开云烟,南戒山水雄大千。独钟文福冠天下,一纸足享五百年。使星合璧皖江上,抠衣讲舍同琅嬛。人间几人匠石觉,梦梦世界闪萤爝。龆丱缔交今雪髭,相期九还觅大药。君家传钵在瀛洲,风骨崚峥肉食羞。天骄欲柬凤麟识,地舆有比豻虎投。富虽则弱农则朴，奋豫思为雷鼓作。未能蹈海声，金戈犹味乐，登堂宣木铎。逃酒飘然径拂衣，家无十棱将何依？君来我惯迟作答，君去我复愁相思。旌节双双欢绕膝，岁朝归饱海红橘。有此竹林兰玉，轮囷而纷郁，飞盏贺君宾出日。”（《黄绍箕集》下册，696页）

十一月初九日 从安庆启行。

参十一月十五日黄绍第《致冒广生书》：“直至初九日自皖启行。”（《冒广生友朋书札》，黄绍第五，28页）

十一月十四日（12月7日） 抵上海，与父、从弟寓虹口义昌成记。

参十一月十五日黄绍第《致冒广生书》：“直至初九日自皖启行，又为袁爽秋观察挽留三日，昨日午后始抵申江。仆与家兄侍奉季父寓虹口义昌成记。”（《冒广生友朋书札》，黄绍第五，28页）

十一月十五日（12月8日） 往访郑孝胥，不值。

《郑孝胥日记》：“黄仲弢来，不值，闻与漱老同至，居义昌洋行。”（第二册，631页）

十一月十六日（12月9日） 郑孝胥来访，与黄绍第在座。

《郑孝胥日记》：“午后，诣访黄仲弢，见叔颂，亦从安徽来。”（第二册，632页）

十一月 与黄绍第、陈虬、洪炳文、周拱藻、章献猷、郭凤诰、池虬、许金镛、林调梅、陈范、王恩植、杨世环、鲍锦江、洪锦麟、伍恭寅等，先后加入上海务农会为会员。谱主助银三十圆。

《农会续题名》：“黄绍箕，字仲弢，浙江瑞安人，庚辰翰林；刘崧英，字小云，福建侯官人，丁酉拔贡；陈试，字晓岚，福建安溪人，优贡生。”

《捐款姓氏续登》：“赵静涵大令助银二十圆，黄仲弢太史助银三十圆。”（《农学报》1898年，第28期，58页）

十一月下旬 乘瓯轮离沪回瑞。

参十一月十五日黄绍第《致冒广生书》:“瓯轮已于昨日开行,在此间尚须羁留十日。”(《冒广生友朋书札》黄绍第五,28页)

十二月初二日(12月25日) 三子曾武生。

十二月 在瑞安,与同里诸同志集资,组织瑞安务农支会,订立章程,禀官立案。手撰《瑞安务农支会序》:

“士农工商为四民,此古今之通义也。商之用多资于工,而农又为工商之根本。若夫明理创法,非士不能。汉、晋以降,占毕之儒,大率高者空言义理,卑者沉溺词章,视农工商之事懵然漠然,若参商、胡越之渺不相属。嗟乎!吾上览古在昔,而旁考之外九州岛,盖不如是矣!《周礼·大司徒》‘以土会之法辨五土之物生’。自余掌原野、山林、稼穑、树艺之官,率以上中下士为之,《草人》《柞氏》所言化士使和美之法,纲要略存,今博识者不能尽通其说也。周衰,官司分散,农官之属派别为农家者流。暴秦燔书愚民,兼及百家语,种瓜骊山,期诸儒集议而坑之。汉兴,稍采辑农书,著之《录》《略》,今其佚,时见于他说。然则周盛时所司之具有成法,至精且备,抑可知也。自时厥后,公私研涉,就所见闻,代有甄叙。农民不能读,学士亦鲜究心者,积千有馀年。而泰西勃兴,学术竟盛,农学之家特立大会,由国家主持,以大臣领其时,萃一时才俊之士博考潜思,一切新理新法,日出而愈精,推用而不竭。其言地所受太阳之热,若尽其力,每一英里可养一万六千人。法国饶饫之菜圃,每亩岁产有值银七千五百两者。乃至沙漠弥望,能种深根之野草而变为膏腴;水患累年,能植沿山之茂林而消其涨溢。瓜果当风雨飘荡之时,能用人工而使之实;芙蕖值冰雪凌兢之候,能筑暖房而使之花。神奇变化,不可方物。实则有理可究,有法可循。日本一海岛小国耳,锐意西学,仅二十年,而我国线茶大利没为所夺。凡此非农夫能为之也,皆习农学之士之为之也。

光绪丁酉三月,江浙诸君子创农学会于沪上,裒录中外农籍为报以诒承学,而译东西洋书报为尤详。自海宇多故,荐绅先生始言兵,次言商,又次言工。久之,瞿然求本富之术。嗟乎！史公之传《货殖》,中垒之录农家,微旨深识,夐绝近古,学者至今日乃稍稍知之也。

吾郡南去赤道二十七度太半至二十八度有奇,地质多胶泥、植物泥、灰泥及沙相杂之泥,凡温带内之植物何生不育。瑞安一邑为四五十馀万亩,濒海沙涨荡业亦不下三千馀万亩。野无惰农,山巅水涯无荒土。然而中稔之年裁足自给,稍有歉征,人心惶遽,懦者析粒而忍饥,强者攫食而煽乱,其至此何也?曰:不辨土质也,不考热力也,不察物性也,不讲肥料也,选种不精也,取材不广也,利用之器不备也,防害之法不周也。笃哉嵇氏之论曰:'谓商无十倍之价,农无百斛之望,此守常而不变者也。'查上年《洋关税册》,温州一口以进出货值银相抵,计多进货三十七万馀,实银之数,计多出口四十三万馀,循此以往,纵复年岁屡丰,海波清晏,民穷财尽,何以聊生?

昔者樊迟请学稼圃,其语不可详。观孔子'襁负而至'之训,殆其时赋役烦扰,民散田荒耳。若夫赋轻役简,地辟人满,既庶矣,不加之富,教将焉施。孔子之为乘田也,曰'牛羊茁壮长'。夫畜牧之学亦农家者流也。且周公,圣相也,以明农诞保;卫文,贤侯也,以训农中兴。使古圣贤处今日,补救之法将奚先?亦岂有他术乎?吾邑同志诸君有见于此,议于戊戌之春设立务农支会,匄资试办,势孤力薄,日暮途远,汤年一溉,何补时艰。虽然,天佑中夏,俾得从容讲求,积微成著,人思取法,则小用小效,其于沿海民生之计必有裨益。如其不然,则有一日姑尽一日所能为之事,使农学不绝于世,他日奇杰诞生,欲得所藉手以为富国强种之助,其必自兹始,断断无疑也。是则我同人区区之志也。

光绪丁酉十二月黄绍箕叙。”(《黄绍箕集》上册,150—152 页)

是年 文廷式为谱主题《吴彩鸾骑虎图》,作《摸鱼儿》一阕:

倚苍岩翠藤无路,琅玕芝草谁问?天风忽振疏林外,睹此烟鬟雾鬓。斜日冷,倩白虎从容远上匡庐顶,松花满径。看银汉回波,石梁飞瀑,一啸万山应。

吾家事,千古风流仙境。何人搴入金粉?箫声可似秦楼凤?甲帐瑶台偕隐,环佩整。羡儿女痴情,也有神仙分。清贫自哂;买十幅云笺,唤谁彩笔,为我写唐韵?”(《文廷式集》下册,汪叔子编,中华书局,1993 年,1419 页)

是年 与蒯光典辑《海昌二妙集》刊行。

《清代中国围棋大事年表》:“光绪二十三年,黄绍箕、蒯光典辑《海昌二妙集》刊行。”

是年 作《题薛慕淮母萱闱课读图》七律一首,曰:

“少年雒诵许昌文,侍御世丈有《制义》一册行世,家大人曾举以授绍箕为程序。唐薛能登会昌进士,有《许昌集》,因借以为喻。方雅门风夙所闻。一自乌台扃疏草,多姿绛缦衍书芬。史裁经法传家学,灯影书声念母勤。此去泷冈行树表,显荣褒大预期君。”(《黄绍箕集》,432 页)

光绪二十四年　戊戌（1898）　四十五岁

正月初一日（1月22日）　康有为《孔子改制考》正式刊行。

正月二十五日（2月15日）　光绪帝下诏开办京师大学堂。

光绪帝诏谕："京师大学堂，迭经臣工奏请，准其建立，现在亟须开办。"

初春　与绍第联名致函浙江布政使恽祖翼，请转陈浙江巡抚并商盐运使，于温郡盐局近年增解项下拨款四千金补助瑞安学计馆经费。

"瑞邑于丙申三月设立学计馆，由绍箕兄弟与诸同志鸠资创办，止听绅民乐输，未尝勉强勤派，故收数不多，赖前署任宗湘文观察捐廉提倡，府、县尊亦各有资助，幸得集事。然统计所集银元仅一千有馀，每年提息应用，虽省之又省，断断不敷，不得不动用资本。前闻旌盖移莅武林，曾属梁节庵同年转恳鼎力玉成，当承俯允，感佩无涯！现在经费奇绌，撑拄维艰，若竟中道而废，于地方利害所关非细，请为我大公祖详晰言之：

今天下之通弊有二：曰固陋，曰浮夸。非扩充见闻而又实事求是，则人心不静，人才不成。泰西各种学问，皆发源于算学，此事有实据而无实谈。少年以此为初基，则心思自然静细，以后涉及政治、兵、商等务，亦必探求实际，不敢率尔大言。

瑞邑学计馆开办仅两年，学生按班到馆，月仅九日，然其中聪俊有志趣者，于中西算术已得门径。常课之外，兼令讲阅各种书报，颇有会心。若多购图器以资研求，俾得积力专精，将来成就大小不可知，其不至无用可决也。

近来乡人多阅各报,皆由馆中代办,知识较前稍觉开通。闻时务报馆言,除省城及大郡之首县外,凡一县中阅报者,以瑞安为最多,其故由于院长、司事随方劝导者半,由于学生私相诵述者亦半,此实学计馆之力也。

至今日不测之患尤莫甚于教案,一发虽细,动掣全身。古腊洋人购定城内房屋一所,为传教之地,道路已啧有烦言,绍箕等逢人开导,凡曾阅各报者韪其言。惟见闻素狭者,虽舌敝唇焦,终多扞格。盖愚民之识议多随士类为转移,但使于中外大势、交涉利害,粗和梗概,即不敢逞一时之忿,以贻大局之忧,乃悟迩年教案叠见,多起于边僻州县,至省城及大郡则皆无之,甚矣,见闻不广之为祸烈也。

今学计馆薄有成效。自前学院于此事不甚措意,馆中又苦费绌,既不能优奖英异以励中材,更不能渐图扩充以求实用,故现在似反不如上年之踊跃。然馆生之已涉津途,及未入馆之有意实学者,志坚气锐,必欲从事于斯。绍箕兄弟近与邑人试办务农会,力量绵薄,实难兼顾。瑞邑富户极少,亦有愿讲农务,不甚主张算学者,势不能挹彼注兹。再四焦思,无可设法。

查温郡盐局解款向系六万有馀,上年增解二万,伏祈大公祖于谒见中丞世丈时,缕述下情,并转商鹾使,恳请于此项中赐拨四千金,交学计馆具领,存典生息,每月八厘计,四千金岁得息银三百八十馀金,撙节经理,便可久远支持。倘蒙鉴允,速赐复谕,由绍箕兄弟及邑绅向县禀乞,具详请给,并予声明每年止用息银,不动官本,将来学计馆万一废罢,仍将官本邀还。如此办理,于公款所损不多,而于地方造就人才、消弭隐患之计,为益甚大,岂独不邑感荷无穷!闻杭州新设算学书院、蚕务学堂,皆拨官款;开办处州书院,经费亦曾由省拨给。瑞邑僻小,何敢仰视会垣,而地在海滨,较处州似为稍要,且开馆两年,丙申冬、丁酉夏三次课卷评定,皆经呈县出榜，业有征效可观，与先请官款始行试办者不同，所请给款又在本郡增解数内，想中丞世丈及大公祖明见万里，与杭、处两郡一视同仁，当无轩轾厚薄之见于期间也。

邑中有卓公毅公祠，祀先哲明卓惟恭侍郎敬。自瑞安学计馆开办，即以祠堂为馆。漱兰先生为撰楹联以示后学：

吊公屡过石头城，知与陈铁侯张毛郭胡□诸祠同寿名山，毅魄岂唯光故土；肆业犹留江上寺，至今天官舆地律历兵刑之学谁延宗派，追踪应复得传人。"（《黄绍箕集》，343—345 页）

春 致函王小朴，邀至卓公祠共商瑞安务农支会事。

"小朴仁兄姻世大人阁下：献岁发春，敬维兴居纳福，上侍绥和为颂！会事甫在发端，而股金未收，应种何物，共若干种，尚未有定议。春作在即，此数日内最为吃紧之时。今日午后请兄至卓公祠，与同事诸君面酌，务须从速拟出实在办法，以后大会时再加详定，便可开手。此事必须兄主持，振作诸同事，方能齐心协力，仰仗甚殷，故敦促甚切。迟数日后诸君或有它务，不能如现在之宽闲，局务稍涣散，则邑中闲话必多。此向来积习，执事所素知也。极知尊况颇忙，但譬如有人求医，亦不能不往应之。此举为医地方之大病而立，现时正当极紧要关键，须立刻处方配药，将来有起色，则功德无量，皆兄之赐也。勿以戏言视之万幸，少迟即走贺，肃请喜安。弟绍箕顿首。"（《黄绍箕集》，288 页）

二月 瑞安务农支会举行首次会员大会，被推举为正会长，黄绍第为副会长，孙诒让为研究部长，洪炳文为试验部长兼采访，项芳兰、周拱藻二人为总司收支，许黻宸、陈范、王镜澄、林向藜四人为总司账务，洪锦淮、吴诒寿、戴庆良、杨世环四人为总司种植。会址设县前街卓公祠，东郊神农庙为郊外办事处。（《孙衣言孙诒让父子年谱》，上海社会科学出版社 2003 年，285 页）

春 离瑞赴京。

三月十二日(4月2日) 途经上海,赴王仁东约饮一品香,郑孝胥、黄绍第、文廷式、志锐、罗振玉、蒋斧等在座。

《郑孝胥日记》:“过义昌,仲弢、旭庄皆已出,晤樊时勋。午后,赴旭庄之约于一品香,在席者仲弢、叔颂、芸阁、仲鲁、叔蕴、伯斧、叔海、司直。过公司,又过叔衡。旭庄与叔衡约至张园照相,候仲弢不至。”(第二册,650页)

三月 以《会典》成书过半请奖,奉旨遇有五品坊缺,开列在前。

《清代官员履历档案全编》:“二十四年三月,会典馆成书过半请奖,奉旨遇有五品坊缺,开列在前。”(第七册,636页)

三月二十七日(4月17日) 保国会在京广东会馆成立,谱主亦参与,并被推举为常议员兼宣讲员。

《冒鹤亭先生年谱》光绪二十四年三月:“康有为等人因二月俄人继德人租用胶州湾之后,强迫清廷租旅顺、大连,奕䜣、李木斋(名盛铎)以及伯外舅黄仲弢等十馀人乘会试期内集各省公车召开‘保国会’于广东会馆,到者数百人。继又再集嵩堂草堂,三集于广州会馆,声势嚣张,颇为流俗所惊诧,谤议渐兴,言官亦交章弹击……隔两日,而茶会之邀柬至,被邀者约五百人,发起人为李木斋、梁卓如,地点在南横街粤会馆,至则门首已大书特书‘保国会’字样,章程约印就……会散,余与仲弢伯岳至南半截胡同外舅叔颂编修家,座未定,有人来告变,言先一日,徐荫轩相国名桐知此事,召木斋至邸,深斥之,木斋是以不敢来。”(93—94页)

闰三月初五日(4月25日) 张之洞电张彬,提及将电文内容告之谱主。

电云:“京。楼:奉旨陛见,闻慈圣意及上意若何?政府有何议论,众人有何议论?速电闻。经手要事太多,似二十日后行。初到京时,西苑门外附近有何处可住?速看定。事毕后,住化石桥宅。我衰病日甚,此行于时局必无益。拟事毕后即告病。权、检、彬同览,并告仲韬、叔乔。壶。歌。”(茅海建《戊戌变法期间张之洞之子张权,之侄张检、张彬的京中密信》,55—56页)

闰三月十八日(5月8日) 张謇来访。

《张謇日记》:“晤仲弢、叔颂、木斋、寿平、雨辰。”(445页)

闰三月二十六日(5月16日) 张之洞致张彬电,并嘱张彬将此电内容告诉谱主与杨锐。谱主获悉电文,即与杨锐、张彬复电张之洞。

张之洞电文:“急。京。楼:昨在沪奉电旨,因沙市事,饬令折回,俟此案办竣,地方安静,再行来京。接鄂电,沙市现已无事,谭已屡奏。我到京于时局无益,回鄂甚愿,沪上有要事,两三天后即回鄂。日来都下系何情形,鉴园病如何?速覆。并告韬、峤诸君。覆电加急字寄沪。壶。宥。”

黄绍箕等回电:“电悉,即告韬、峤。既奉旨,祈速回鄂,迟必有谣言。回鄂日期速电奏。事毕速请旨,令来京否?势成骑虎,能来方好。法因粤西教案要梧州。德王昨觐见,动静未闻。鉴园病痊。韬、峤、楼。宥。”(茅海建《张之洞与杨锐的关系》,《中华文史论丛》,2010.4,总第一〇〇期,144页)

四月初九(5月28日) 作《祝荫轩中堂夫子八旬寿》七律二首,祝吏部尚书徐桐八十大寿:

“擎天宰相读书人,左右三朝迪德身。道远同源无异派,时危一发系千钧。昭昭日月丹铭旧,凛凛风霜白简新。自有独居深念事,万缘何处扰清神?一

天钟纯懿翊皇纲,作育英才首玉潢。持正广平肠似铁,筹边晋国鬓如霜。斗山望早尊天下,启沃心还侍帝傍。坐镇朝端终有恃,台垣常祝辅星光。二”(《黄绍箕集》上册,433页)

按,《翁同龢日记》同治七年四月初九日:“祝荫轩五十生辰,即出。”

王同愈《栩缘日记》光绪二十三年(1897)四月初九:“掌院徐荫轩相国、座主昆筱峰相国寿。”(《王同愈集》,233页)得知徐桐生日在四月初九日。

四月二十三日(6月11日) 诏更新国是,变法自强,先举办京师大学堂。命督抚保举人才。

四月二十七日(6月15日) 翁同龢被开缺回籍。

《翁同龢日记》:“恭读朱谕:协办大学士翁同龢近来办事多不允协……著即开缺回籍,以示保全。”(第六册,3134页)

四月二十八日(6月16日) 光绪皇帝召见工部主事康有为、刑部主事张元济,命康有为在总理各国事务衙门章京上行走。

四月 补授翰林院侍讲。(《清代官员履历档案全编》,第七册,636页)

五月初二日(6月20日) 光绪帝召见康有为后四日,张之洞发电张检,速询谱主、杨锐,问康有为召对情形。

“京。张玉叔:急。速询仲韬、叔峤,康有为召对详情如何?政府诸公赏识否?康与荣有交情否?派在总署,想系章京,上谕系何字样?到总署后是否派充总办?有主持议事之权否?现议变法,所急欲变者何事?张元济用何官?都下诸公、湖南京官有议论否?速覆。壶。沃。”(茅海建《戊戌变法期间张之洞之子张权,之侄张检、张彬的京中密信》,《中华文史论丛》2010.3,47—48页)

此外张之洞亦有电张检,命其查黄绍箕的传闻:“急。京。化石桥。张玉叔:密。十五日电想达,速覆。再,黄仲韬近时闻有人指摘之否;并用急电确覆。慎。敬。”(茅海建《戊戌变法期间张之洞之子张权,之侄张检、张彬的京中密信》,《中华文史论丛》2010.3,48页)

五月初 接到继母陶氏从上海来信。

参五月初六日(6月24日)上父亲禀:“月初奉到沪上母亲来谕。”

五月初六日（6月24日） 上父亲禀，提及“虞山被逐”“徐子静前辈疏请定国是”“《会典》保举请封，现有二缺，而男列第五，恐未能得”等事。

“……赐示《二木叹》，锄奸砭顽，可称诗史。坡翁所谓‘虽无尺棰与寸刃，口吻排系含风霜’也，已广属同志诸人属和。男近仍寓郡馆，叔弟移寓后孙公园一宅子，月租十金，俟拔贡朝考后即拟合居。虞山被逐，大约慈圣之眷本已渐衰。而自于次丈疏劾后，王幼霞又继之，谓其与张荫桓共得借洋债之中金二百馀万，此实莫须有之事，众口一词。张实有之，闻已拟查抄，又欲交刑部，已而寂然。而荣、刚两阁老素与之不协，意必合谋攻之。而上月翁在上前争论数事甚激切，语秘不可闻，以此遂不得安其位。电召裕禄甚急，当以枢轴处之。闻众论谓其人颇清慎而太近平庸。刚则素有廉名而糊涂，又极自是，时有‘刚溲名臣’之目，刚自任刚愎，而误读‘愎’为‘溲’，传为笑柄。王本庸庸，而近更暮气，恐一蟹不如一蟹。达师恐遂不得入觐。此乃气运，无如何也！徐子静前辈疏请定国是，谓‘如守旧则宜专用守旧之人，欲开新则宜专用开新之人’。上于大局情势极明白。而是日慈圣适召见荣禄，亦言须先定主意，然后有办法。故有举行新政、趣立大学堂之谕。惟当事必须实力奉行，方有成效耳！《会典》保举请封，闻亦有限制：编修不得请二品封典，大约明后年全书告成时，当可请也。男升侍讲不足夸，但冀得一讲官，稍效一得之愚。现有二缺，而男列第五，恐未能得。四妹近曾两次出城，但未住下，闻徐亲家太太说，秋间当令多住数日，请母亲一切放心。男前患腹泻已愈，后乃复作，近已全痊。数日内在寓静养不出门，觉饮，食渐渐复常。男媳所患已霍然，惟气弱不能任劳。詻儿尚顽适，惟胎疝之病，迄今未愈，长大时为累不浅。武儿较前结实。三女孩亦妥顺。命致节庵函，当即遵写寄去……”（《黄绍箕集》，386—389页）

五月初八日(6月26日) 偕张謇诣翁同龢。

《张謇日记》:"与仲弢诣瓶师。"(448页)

《翁同龢日记》:"黄仲弢绍箕、张季直謇来,留面长谈。"(第六册,3136页)

五月初九日(6月27日) 刘绍宽到京后来访。康有为来访。

《厚庄日记》:"到台处湖三州会馆拜谒。夜晤黄仲弢、徐班侯两先生,得聆雅教。仲弢先生推尊西学,以为暗合三代之治,且言时文改为策论,仅可以为过峡文字,必须整顿学堂为要。又云康、梁谈及时事,去人不远,惟学术终乖,不可为据云云。小顷康长素来会,遂退。"(《刘绍宽日记》第一册,197页)

五月初十日(6月28日) 访刘绍宽。

《厚庄日记》:"黄仲弢先生来,言昨江建霞编修标、李木斋侍郎盛铎、张季直殿撰謇、梁卓如孝廉启超,同商新政。梁出学堂章程一册,已粗阅过,呈军机处覆旨。事缘初八上谕催覆学堂章程,大小军机议无所出,张侍郎荫桓等询及卓如,卓如乃呈此册,甚为喜悦,不日当为具奏矣。又述康有为昨来,言荷圣眷优隆,不能遽去,而实为守旧诸臣所挤,恐不能大有所为,刻已向堂官告辞云云。康之得召见,实张侍郎之力居多,而康颇感激翁常熟,以为实得其力。康前与仲弢先生论学不合,致相争执,此来颇有修好求助之意,仲丈亦识其意。据弢丈之言,似有改变各庙产为学堂之意,又欲设禁烟会,拟立章程。又言东方之事,至于主战,实由于合肥之因循误事。合肥管领北洋二十八年,言听计从,而无一兴举,此次出洋而回,并不曾携外国一纸图、一册书,但夸言某国风景之胜,优礼之隆,与京中全不解事之员无异,庸臣误国,咎无可逭。"(《刘绍宽日记》第一册,197—198页)

五月十三日(7月1日) 翁同龢回籍,与于式枚、张謇等同仁送行。

《翁同龢日记》:"寅初起,盥洗告辞祠堂,并北向叩头。寅正一刻乘轿出前门、永定门,回首抓棱,能无依恋。六刻抵马家堡,言西山、朱闰生先在,门人送者庚辰黄绍箕、于式枚、庞劬庵、丁象震、何乃莹、杨福臻,壬辰谭启瑞、刘燕冀、刘福姚,乙酉张謇,朝殿刘树屏等约四五十人,此不过就所记者言之耳。"(第六册,3137页)

五月十四日(7月2日) 与汪曾武秉烛夜谈。

汪曾武致冒广生函札三:"(光绪二十五年)五月十四日,得瑞安黄仲弢翰读超迁学士之讯。回忆去年今夕,高斋话别,秉烛倾心,忽忽一年,离思尘积,爰填此解,邮寄贺之。调寄《喜迁莺》。"(《冒广生友朋书札》,347页)

五月十五日(7月3日) 光绪帝正式下令,批准设立京师大学堂。大学堂章程成立,任命孙家鼐为管理大学堂事务大臣。

五月二十三日(7月11日) 张謇写《留别仲弢》七律,曰:

"拂衣去国亦堪哀,辛苦男儿草莽来。直分儒冠称沟壑,何知人海战风雷?嵚崎似我归犹得,禄养怜君气益摧。闽县已亡丁、沈散,更谁相煦脱嫌猜?"

《张謇日记》:"写留别仲弢诗"。(4495页)

五月二十六日(7月14日) 张之洞发电张检、张权,询问谱主的情况。

"京。张玉叔、张君立:急。分何司?即电告。前交邮政局寄《劝学篇》一本,当早接到。有何人见过?议论如何?康、梁近日情形如何?仲韬、叔峤与之异乎?同乎?众论有攻击之者否?即覆。壶。宥。"(茅海建《戊戌变法期间张之洞之子张权,之侄张检、张彬的京中密信》,《中华文史论丛》,2010.3,总第九十九期,8—9页)

五月二十九日(7月17日) 孙家鼐上谕,谱主被提名为京师大学堂稽查功课提调。

据光绪二十四年五月二十九日军机处《上谕档》，孙家鼐提出的名单是："刑部候补主事张元济任总办；翰林院修撰骆成骧、编修黄绍箕、朱祖谋、余诚格、李家驹任稽查功课提调；詹事府左庶子李昭炜任藏书楼兼官书局提调；工部候补郎中周暻任仪器院提调；户部候补员外郎涂国盛任支应所提调；工部员外郎杨士燮、户部候补郎中王宗基任杂务提调；翰林院编修朱延熙、田庚、田智枚、段友兰，翰林院庶吉士寿富、章际治、胡浚，内阁候补中书王景沂任分教习；翰林院侍读学士瑞洵、刑部学习郎中刘体乾，比照提调。"（北京大学、中国第一历史档案馆编《京师大学堂档案选编》，北京大学出版社2001年版，43—45页）

五月三十日（7月18日） 与黄绍第、徐定超、喻长霖、王彦威、刘绍宽等公请温、台、处三府同年于全浙会馆。

《厚庄日记》："午刻，黄仲弢侍讲、叔颂太史、殷鹤亭中郎、徐班侯农部，同台州京官喻子韶太史长霖、王弢甫彦威、郎伟臣知州廷杰，处州高昕斋大令焕然、黄德甫侍卫殿魁，公请温、台、处三府同年于全浙会馆……张香涛保举十八人，闻黄仲弢侍讲列荐首。又闻侍讲于明日召见，寿富、张亨嘉亦召见。叔庸太史言朝廷变法，根源未清，当先求剔弊，后言兴利。其欲裁京官一节，统计京官俸钱仅二十万，所裁无几。而颐和园搭一凉棚，费至四十万，太后每日须费银二万，皇上亲至颐和园，每费银一万，度支如此，而仅裁外费，何足以抵？据此则知'正朝廷以正百官，正百官以正万民'，古人非虚语矣。"（《刘绍宽日记》第一册，200—201页）

五月 三充教习庶吉士。（《清代官员履历档案全编》，第七册，636页）

五月 浙江巡抚廖寿丰将谱主列入保举名单。

六月十八日张元济《致沈曾植书》："大学堂开，寿州枉顾，殷殿下问，欲以济充总办。初颇心动，旋知所派提调除仲弢、柳溪外，都不相习……总办、教习暨各提调已载报章，计当见之……浙抚复保仲弢、燮君、伯茀，堪膺使命，已交署记名矣，近日发电召令入都。(《沈曾植年谱长编》,203—204 页)

五月 赠吴昌硕浅绛彩碗一套四件，上有款“时次戊戌仲夏月以应俊卿仁兄大人清玩，黄绍箕敬赠”。

“此茶碗一组四件，敞口，圈足。浅绛彩绘构图优美，笔力潇洒，设色清丽，雅致脱俗。灰褐树干，旁枝丛生，淡赭点点，鸟雀栖息于上，蕴生清雅淡泊之境。”(西泠印社 2016 年秋季拍卖会)

六月初一日（7 月 19 日） 入对，呈进张之洞著《劝学篇》二十四篇。

许同莘《张文襄公年谱》:“黄绍箕入对，光绪帝面谕，近来议论，于中西各有偏见。黄绍箕即奏言，湖广督臣张之洞撰有《劝学篇》，持论近实平允，尚无流弊。于是进呈。”

《郑孝胥日记》六月九日(7 月 27 日):“阅报，黄仲弢进呈南皮《劝学篇》，奉旨，颁行各省。”(第二册,668 页)

六月初三日（7 月 21 日） 张之洞电张检、张权，嘱以《劝学篇》百本交谱主。随后谱主取去一百七十余本。

“京。化石桥。张玉叔、张君立:急。折差寄《劝学篇》三百本，以百本交仲韬、百本交叔乔，百本自留，亲友愿看者送之。康气焰如何？黄、乔、杨与康有异同否？户部难当，只可徐作改图。堂官已见否？前电久未覆，闷极。速覆。壶。”(茅海建《戊戌变法期间张之洞之子张权，之侄张检、张彬的京中密信》,9 页)

“仲弢共取去一百七十馀本。”(六月十二日张权致张之洞禀)

六月初七日（7 月 25 日） 光绪帝颁布上谕，称赞《劝学篇》。

《张之洞年谱长编》:“翰林院侍讲黄绍箕呈进《劝学篇》。”(吴剑杰编著，上海交通大学出版社 2009 年版,553 页)

《厚庄日记》:“上谕,本日翰林院奏侍讲黄绍箕呈进张之洞所著《劝学编》,据呈代奏一折,原书内外各篇,朕详加披览,持论平正通达,于学术、人心大有裨益。着将所备副本四十部,由军机处颁发各省督抚、学政各一部,俾得广为刊布,实力劝导,以重名教而杜卮言。钦此。”(《刘绍宽日记》第一册,202 页)

六月初八日(7 月 26 日) 与徐定超、刘绍宽等同游竹林。

《厚庄日记》:“殷鹤亭姻丈邀诸同年午饮于福隆居……夜游竹林,仲弢侍讲、班侯农部均在。”(《刘绍宽日记》第一册,202 页)

六月十二日(7 月 30 日) 张权致信父亲张之洞,信中提及谱主任大学堂教习之事:

“大学堂所派教习,除黄仲弢黄系提调、寿伯符外,多不惬人望……寿、黄、朱三人或就或辞,主意尚未定……仲弢闻王大舅言:张荫桓尚不甚妥,阴有退志,经济特科渠亦不保人矣。……《劝学篇》……仲弢共取去一百七十馀本。”(茅海建《戊戌变法期间张之洞之子张权,之侄张检、张彬的京中密信》,10—12 页)

六月十三日(7 月 31 日) 杨锐来函。是日,张之洞发电张权转给谱主,查黄遵宪、谭嗣同来京的背景,以及此中康有为的秘谋。

“仲弢先生大人座下:敬启者。昨得节盦武昌来电,知子培亦已到鄂,慰甚! 电中有重复之句,又有误字,想系学生粗疏之故。编书之事近日不知如何办法? 开馆纂辑,简派重臣,似难做到,请即由尊处复电,定稿交下,当译送君立处发去也。肃此奉布,敬请尽安。锐顿启,六月十三日。”(《黄绍箕集》下册,818 页)

“京。张君立:转韬、峤。急。佳、蒸、真三电未覆。昨有电旨催黄遵宪、谭嗣同迅速来京,系办何事? 必康秘谋。速覆。钝。元。”(茅海建《戊戌变法期间张之洞之子张权,之侄张检、张彬的京中密信》,39—40 页)

六月十四日（8月1日） 光绪帝下谕，将冯桂芬所著《校邠庐抗议》刷印，发交部院等衙门签议。谱主对各条逐一进行签议，认为“故中允冯桂芬此书，准古揆时，运心至密。惟是时势迁变，弊习日深，就办法观之，则其不可行者似不少；就用意审之，则其可行者又似甚多。往往紬绎再三，殊难以一言遽决其可否。即臣所见以为可行，其中办法尚有宜别择者，有宜变通者，有宜推广者，故论说不能不稍加详，既逐篇系说，复揭其大旨，标于目录之下，以期简明”。

《公黜陟议》：“臣谨案：此议立义甚古，近西国公举议员，即用此法。然利大而弊亦大，中国近来风气渐漓，是非或鲜定论，好恶尤多私情，断难仿行。惟有一事可以试办：朝廷锐意振兴商务，而商不信官，断难望有起色，拟请饬海疆督抚劝令富商各举一人，不拘现官绅士，择荐举最多者，奏明派充商务局督办，稍假以事权。如此则官商之情通，而商务可期振作矣。俟届三年，再行另举，如仍系原举之人，可令连任，行之有效。凡农务、工务皆可照办，或亦便民之一道。谨就原议别筹办法，似可试行。”

《汰冗员议》：“臣谨案：裁减冗员，当先综核名实，去其虚縻。最甚者海运行则漕督以下皆可废，治河以利漕耳。且河道皆系督抚辖境，是河督以下亦可裁，河漕弁兵可汰弱留强，归地方官管辖，督抚同城和衷者鲜裁并有利无弊，不独省费已也。关督、织造均宜归并督抚，以节浮费。然又有最要一义，自捐例盛行，每省道府以下少者数百，多几逾千，有不营缺而营差者，有缺之冗员可稽，无缺之冗员不可稽，蠹国殃民，莫此为甚。故正本清源，必以停捐为第一义。谨就原议酌举其要，似可行。”

《免回避议》：“臣谨案：定例教官止避本府，武员则并不回避。此议府厅州县选近省县丞以下，不出省，情形较熟，道路之费亦较省,公私尚为两便,似可行。”

《厚养廉议》:“臣谨案:嘉庆初年,仁宗睿皇帝谕:查州县陋规,明以予之。嗣以疆吏覆议不果行。同治年间,胡林翼抚湖北,沈葆桢抚江西,左宗棠抚福建,光绪七年张之洞抚山西,皆曾裁减陋规,明给公费,时论称善。惟他省未及仿行。至于京官满汉一品以下,每季俸银共止十万金,论者每谓帑项支绌,断不能议给养廉。夫阁部院寺为天下政治所总汇,今购一兵舰,动需百馀万金,足抵满朝文武六七年之俸项,传之外人,亦非政体。夫苟覆悚素餐,罢斥之可也。若俯仰不能自给,复安能专心竭力,思职趋公乎?此议所陈,关系非小,似可行。”

《许自陈议》:“臣谨案:捐输之例,可以自便者甚多,独于正途限制甚严,似非,所以昭平允。然过宽则又开趋避之门,拟请京官自部院司员以下,外官自府厅州县以下,生平有专习何学,长于何事者,许其自行陈明,请旨特派大员秉公察看,面加询考,再试以文字。如果言副其实,可调以对品相宜之职分。此程子所谓‘用人者问才之所长,不问志之所欲’是也。谨就原议酌加变通,似可行。”

《复乡职议》:“臣谨案:乡官之制,意美法良,隋文帝始罢之,自是官民隔绝矣。如汉啬夫,职听狱讼,收赋税。今听讼则投状,有费差传,有费审结,有费收赋税。则钱粮有耗羡,米折有盈馀,浮收私派,莫可究诘。游徼循禁盗贼,今州县规避处分,讳盗累民,汉以前无是也。

雍正七年,御史龚健飏请设乡官,为疆臣所驳。夫世变亟则必复古,现奉旨令在籍绅士开办学堂,已兼汉三老教化之责。似宜添设保甲局,附以自新所、戒烟局,择公正绅士督办,经费由官绅合筹,无乡官之名而有其实,庶查户口、除盗贼、儆游惰,事事不难责实,似可行。”

《省则例议》:"臣谨案:现已奉旨饬行,应无庸再议。"

《易吏胥议》:"臣谨案:吏胥之害,人人知之,而不能去者,以六曹无专门之学故也。此议改用幕友,量与出身。然今日幕友多与吏胥勾结,积习已深,骤难洗涤。窃谓新进士到部,向有学习三年之例,不过对本而已,档案并不得见。现奉明旨删减,则例似宜令各就所司,稽核旧牍,其有功课勤奋,能明习律令者,期满之后,由堂官优加委任。下科进士分部并外官到省试用,事同一律,均宜实力督课。如此则舞文弄墨之徒,无所施其技,以渐去之,不难矣。谨就原议酌加变通,似可行。"

《折南漕议》:"臣谨案:此事言者屡矣。揆之事势,自以折解为便。此议所条办法甚详晰,尚有二义,平时当讲农学以垦荒,则公私可以有备;偶歉当严海禁以杜漏,则招买不至为难,庶几无窒碍矣。似可行。"

《利淮鹾议》:"臣谨案:近来川盐质良,而价亦较廉,已侵淮界。且淮商屡次捐输,成本益重,疏畅为难。此议情形与今稍异,似不可行。"

《改土贡议》:"臣谨案:土贡折价解部,乾隆、咸丰中均曾行之,不为定例。近年山西绸绢纸张亦经奏准折解,惟各省情形及物料货色不能尽同,如有流弊,去其太甚可耳,若一律折解,恐多窒碍,似不可行。"

《罢关征议》:"臣谨案:此议欲以税入厘,盖发于厘捐未极弊之时,至今日而各省厘捐抽例纷歧,弊端百出,总税务司至议用三连单并厘捐入洋务,固由外人欲攘我利权,亦其极弊有以招之也。关征固宜整顿,然与其罢关征,不如裁厘捐较为简便。似不可行。"

《节经费议》:"臣谨案:拨闲田兴屯垦之法,往时富俊、孙嘉淦、武隆阿、英和诸臣皆曾言之。故大学士沈桂芬抚山西时,疏陈办法尤详切。现在西北铁路渐次推广,农学成法颇多,仿办亦易,拟请谕饬奉直山西各省大臣勘拨闲地,挑选旗丁之膂力不及格不能为兵者,给资迁往屯垦,准作世业,既开地利,兼纾国用,实为两便,似可行。”

《筹国用议》:“臣谨案:近年通海漏卮,为旷古之奇变。姑就光绪年间计之,以洋关税册进出货值相抵外,每年漏出银数有多至二千馀万者,而购船械、雇洋人及交涉偿款等数尚不在内。统计二十三四年中,漏卮总在五万万内外。循此以往,岂堪设想。日本自光绪四年至七年,此四年中,多出二千馀万,其后五年乃多进五千馀万,近更增至三倍馀,盖讲求农工商学之明效也。此议树桑、树茶、开矿,皆为急务,嗣后各省民间如有创立农学、工学、矿学学堂者,拟请谕旨明加奖励。学有成效,就其所长,破格录用,庶于国匮民穷,不无裨补。谨就原议酌加推广,似可行。”

《杜亏空议》:“臣谨案:亏空之弊,由于朦蔽。此议榜册示众,及飞骑侦察之法,仍恐别滋流弊。窃谓近来报馆既多,宜令州县各按所属都图造一细表,明注征收实数,登报传布,虽未能详尽,而要略已具,究不敢相去悬殊。至于豁免恩旨,尤宜及早登报,以杜压阁蒙征之弊。此至简至易,有利无弊之法也。谨就原议酌加变通,似可行。”

《复陈诗议》:“臣谨案:此议与设报馆之意同,现在官报、民报均奉旨允行,并得进呈御览。报纸之质实明畅,胜于陈诗之迂曲烦琐矣。似不可行。”

《变科举议》:“臣谨案:现已奉旨改定章程,应无庸再议。”

《改会试议》:“臣谨案:乡试中式后有磨勘覆试之例,此议恐有窒碍,似不可行。”

《广取士议》:“臣谨案:现已奉旨变通科举章程,又开特科以求才,设学堂以造士。取士之途已广,应无庸再议。”

《停武试议》:“臣谨案:现已奉旨饬议改章,应无庸再议。”

《减兵额议》:“臣谨案:现已奉旨饬行,应无庸再议。”

《严盗课议》:“臣谨案:复乡职则盗风自戢,否则必择吏得其人乃可耳。若仅严盗课,而谓吏不能讳,恐未必然也。似不可行。”

《制洋器议》:“臣谨案:南北洋之制造局,闽鄂之船厂、铁厂,业经先后开办,此议于今已验。惟官款支绌,扩充为难。拟请谕令海疆督抚,劝谕富商,自立工艺学堂,又制造必须机器。而制造机器之机器谓之机母,亦宜劝商设厂。凡事皆有本末,机器为制造之本,机母厂为机器之本,而工艺之学,又用机母以造机器之本也。谨就原议酌加推广,似可行。”

《善驭夷议》:“臣谨案:外交宜审大势,方有办法。近来欧洲思吞噬亚洲,与我同洲者断不能无唇亡齿寒之惧,日本是也。亚洲以外与我悬绝,而无越国鄙远之志者,美是也。至于欧洲,则俄国东跨亚洲上游,俄愈强盛,则商务最大之国必先受亏,英是也。故今日中国宜与联络者,首日本、次美、次英。虽然铁甲从谈,有言必我能自强,而后各强国始肯引与为伍,此真药石之忠言。否则彼日与美英于我岂有爱哉?此议情形略殊,而宗旨具合,似可行。”

《采西学议》:“臣谨案:化学、矿学、光学及种植、制造诸学,《周礼》已具。我圣祖仁皇帝采西法,改时宪、造仪器、制巨炮,皆列在《会典》。四十四年曾谕令翰林习外国语言文字,御纂《几暇格物》,编《数理精蕴》,于格致之学、几何之理,孜孜讲求。诚以凡事苟合于理,而适用于不能,以不出于我而屏斥之也。现既奉旨采新法开学堂矣,然有治法,尤贵有治人。曾国藩尝言:‘惟忠臣谋国,百折不回;勇士赴敌,视死如归。’此亘古不可变革者。至器械形势,正赖君子,因时变通,以匡不逮。此议云习其语言文字者多,必有正人君子、通达治体者出其中,知本之言,互为经纬。似可行。”

《重专对议》:“臣谨案:专对之选,当兼四事,一曰志虑忠纯,二曰才辨敏给,三曰熟悉外国情形,四曰能通语言文字。忠纯、敏给,在朝廷平时垂意访求。至熟情形、通语文,则由于学力,但能劝导栽培之,必可得矣。四者不可得兼,则宜择忠纯之人,使之讲求洋情,必可委任。此议所述吉尔杭阿之事,亦由实有忠心,故能据理以折敌气也。似可行。”

《变捐例议》:“臣谨案:欲汰冗员,当自停捐输始。现已奉旨饬部议奏,应无庸再议。”

《绘地图议》:“臣谨案:会典馆所集各省地图疏密亦不一律,盖办此者未必皆精于测绘之学也。此议立法诚简便,然究其实,总以能测天空经纬度数,能绘地面平视之图,始为合格。俟学堂办有成效,多测绘专家之才,方可大办。似可缓行。”

《兴水利议》:“臣谨案:水利最为急务,然往往未能兴办,即办亦鲜成效者,以测量之才难,而防浚之费巨故也。现在西人以种树为消水患之法,其理甚精微,而有实据。此事亦须俟水学、农学盛兴之后,方可大办。似可缓行。”

《均赋税议》:“臣谨案:此议与绘地图相因,似可缓行。”

《稽旱潦议》:“臣谨案:此议与绘地图相因,似可缓行。”

《改河道议》:“臣谨案:此议与绘地图相因,且今昔情形又稍不同,似可缓行。”

《重酒酤议》:“臣谨案:此议亦《周礼》‘靡者使微’之意,然酿酒为秫米,销路之大宗。近来鸦片盛行,若重酤之,恐有改业者。种秫米不愈于种鸦片乎?似不可行。”

《收贫民议》:“臣谨案:近来收贫民之最有成效者,一曰制造厂局也,一曰自新所也。自新所江宁、湖北皆有之,而前安徽按察使赵尔巽办理最为得法,无赖游手,皆勒令入其中,学习手艺,共分二十馀行。臣亲见之,乃知天下真无废材也。至沿江沿海各厂局,所用工人少者数百,多则千馀,皆受约束,绝少滋事,不独养民生,兼可静民气。谨就原议酌加推广,似可行。"

《劝树桑议》:"臣谨案:西人谓中国桑质之良,蚕力之大甲于地球。然近乃为意、法、日本诸国渐夺其利。盖种桑尚未尽其法,而不知防蚕病,受害尤深也。然无锡兴办蚕桑未久,丝逊湖产,而岁值已及四五百万元。近来易州试办,亦甚获利。拟请谕饬顺天府尹、直隶总督拨给官荒地亩,令京官中有志农桑之学者,自行鸠资,设立农会。现在轮船畅行,桑秧、蚕子购运甚便,中外精农学者延聘亦不难。行之有效,民间闻风取法,裨益非浅。似可行。"

《一权量议》:"臣谨案:民间沿习已久,若改画一,恐转滋烦扰。且通海以来,凡官所用器具,或以外洋权量计算,仍不能一也。似不可行。"

《稽户口议》:"臣谨案:此议与复乡职相因,似可并行。"

《崇节俭议》:"臣谨案:俭为美德,如为百姓除害兴利,自当不惜巨款,至不急之务,无名之费。朝廷必当首罢之,以为倡率臣民,未有不默化潜移者,不仅在区区规条之末也。谨就原议举其大要,似可行。"

《复宗法议》:"臣谨案:宗法最为要义,然世官世业之法久失,庶民迁徙无常,止能各就地方情形,随宜劝导,若一律行之,恐务虚名而鲜实际也。似可缓行。"

《重儒官议》:"臣谨案:现在奉旨令各省督抚,择在籍绅士品学兼优,能符众望者,经理学堂事务,若行之有效,此议不难举办。至移书院于明伦堂侧,实效不必在此也。似可缓行。"

《裁屯田议》:"臣谨案:海运畅行无弊,东南屯田多虚糜,少实济,自以裁撤为是。似可行。"

《寓兵于工议》:“臣谨案:此议为苏州一郡而发,苟善行之,亦备患之一道,惟他处恐不能一一照办也。似不可行。”

《通道大江运米运盐议》:“臣谨案:近来长江轮船运米,习以为常,但未运盐耳,将来必渐行之。此自然之势,似可缓行。”

《垦荒议》:“臣谨案:此议专就苏州言,近来当已垦熟,所云用利器以垦地,则近日农学之急务也。似可行。”

《上海设立同文馆议》:“臣谨案:上海早设广方言馆。近来京外讲此学者颇多,应无庸再议。”

《用钱不废银议》:“臣谨案:现在情形不同,似不可行。”

《以工巧为币议》:“臣谨案:工巧无过于洋法铸钱,然终以轻重论值,此议非通法也。似不可行。”(《黄绍箕集》,126—137 页)

六月十八日（8 月 5 日） 张荫桓读《劝学篇》,认为是救时良药,并认为西俗婚配数语有误,令汪大燮转告谱主,函令删削。

《张荫桓日记》:“香帅《劝学篇》精美无伦,救时良药也。只述西俗婚配数语为误,当请伯棠转告黄仲弢,函令删削。”(任青、马忠文整理,上海书店出版社 2004 年,549 页)

六月十九日（8 月 6 日） 张之洞发电张权转给谱主,让谱主与礼部侍郎唐景崇商议出面保举梁鼎芬。

“京。张君立:转仲韬。急。大用有期,欣贺。梁节庵忠悃长才,闲废可惜。请转商唐春卿侍郎,可否切实荐达。节庵近年讲求时务,绝不为迂谬守旧之谈,论事通达,才力敏果,而识趣极为纯正。方今朝廷锐意变法,若用此等人则有变通之利,无悖道之害,实于时局世道有益。徐致靖尚可保人,况名望如春卿?不能不以大臣荐贤之意望之也。但必以通达时务为言乃可。是否可行?速示覆。壶。效。”(茅海建《戊戌变法期间张之洞之子张权,之侄张检、张彬的京中密信》,40 页)

六月二十二日（8 月 9 日） 张权致张之洞函中,提及谱主未回信。

“大人与仲弢电，当即送交。是日渠正与其伯母开吊，未及细谈。日来亦尚未得渠回信。”(茅海建《戊戌变法期间张之洞之子张权，之侄张检、张彬的京中密信》，32 页)

六月 光绪帝有意复古宾师之礼，将开懋勤殿，择谱主与康有为、梁启超等人待制，燕见赐坐，讨论政事。

盛宣怀《虎坊摭闻》：“或言李端棻、宋伯鲁(旁注：约在七月二十七八日)皆请开懋勤殿，以康有为、黄遵宪、梁启超等入殿行走。于是传言选入殿行走者十人：康有为、康广仁、李端棻、徐致靖、徐仁镜、黄遵宪、梁启超、黄绍箕、张元济也。”(上海图书馆编《上海图书馆藏盛宣怀档案萃编》，上海古籍出版社 2008 年，177 页)

七月初五日(8 月 21 日) 协办大学士孙家鼐奏请以李盛铎充当大学堂总办。(《京师大学堂档案选编》，北京大学出版社，2001 年版，36 页)

七月十一日(8 月 27 日) 访林乔椿，并晤郑孝胥、徐仁镜等人。

《郑孝胥日记》：“午后，过张弼余、陈征宇、祁君肙、黄仲弢、林廉孙，于廉孙寓中晤仲弢、徐莹甫、陈幼海表叔及林梦秋等。傍晚归寓。”(第二册，673 页)

七月十三日(8 月 29 日) 郑孝胥来访，不值。

《郑孝胥日记》：“访仲弢，不遇而归。”(第二册，674 页)

七月十九日(9 月 4 日) 张之洞电张权，提及谱主拟辞京师大学堂教习之职。电文云：

“京。张君立。急。叔峤召见奏对如何？有何恩旨？闻仲韬辞教习，允否？许竹筠辞总教习，改派何人？湖南庶常熊希龄奉旨正速来京召见,系何人所保?谭嗣同到京召见否?岑春煊是否康保?康近日有何举动?制度局究竟议定开办否?汝名是否本部堂官已经谘送总署?速明晰覆。壶。效。"(茅海建《戊戌政变前后张之洞与京、津、沪的密电往来》,《中华文史论丛》2011.1,184页)

七月二十日(9月5日) 访郑孝胥,久谈。

《郑孝胥日记》:"黄仲弢来谈,久之。"(第二册,677页)

七月二十一日(9月6日) 郑孝胥来谈。

《郑孝胥日记》:"阴。余语仲弢曰:'今有数学子,视纲常名教为迂阔,裂冠毁冕,悍然不顾,究其实际,毫无根柢,可笑人也。此曹不能成气候,而兴乱则有余。君其待之,胥当不幸而言中矣。'……林暾谷昨谓余曰:'仲弢咎我,谓礼部堂官之去,实我于上前讦之。岂有是乎?'暾谷退,余乃哂曰:'阴若辩解,意实招摇,此之谓矣!'"(第二册,677页)

七月间 因京师大学堂事,沈曾植与梁鼎芬同发一电致谱主。

参十二月十二日沈曾植《与黄绍箕书》。

八月初五日(9月20日) 屡访康有为,均不晤。晚上,折简招饮康有为于浙绍会馆,劝其易装出山东,不要经过天津。

康有为《哭前翰林院侍读学士、湖北提学使黄君仲弢》:"仲弢走告密,一日数书并。时日相伊藤,约吾商国成。君来频相左,吾归视犹轻。仲弢更约宴,卓如促吾行……衔杯浙绍馆,泣语至深更。"(《康有为全集》第十二集,283—284页)

《康南海自编年谱》:"既夕出城,而见南海馆屋室墙倾覆,心窃怪之矣。黄仲弢饯我,戒以事变作,荣禄将谋害我,劝易装出山东,勿经天津。"(清抄本,140页)

八月初六日(9月21日) 慈禧太后下懿旨拿康有为,戊戌政变难作。

《郑孝胥日记》:“长班来报,九门提督奉太后懿旨锁拿康有为,康已出都,其弟康广仁及家丁五人已被拿获。”(第二册,681页)

八月初七日(9月22日) 访郑孝胥。

《郑孝胥日记》:“黄仲弢来。”(第二册,682页)

八月初九日(9月24日) 丑时,张之洞发电张权,转谱主。又在获悉杨锐被捕后,致电谱主,要求查明事情的原委。

电文云:“急。京。张君立:转仲韬。英俄战事又有续电否?宋伯鲁外,有黜革者否?速示。折差寄去绥字密电本,想收到。速覆。报费已告百川送。拙。庚。以后敝处密电署拙字,来电下款署何字?并示。或绥字亦可。”

又电云:“京。温州馆。黄仲韬侍讲:急。叔峤受累可骇。何以牵涉?有馀波否?速覆。拙。佳。”(茅海建《戊戌政变前后张之洞与京、津、沪的密电往来》,《中华文史论丛》,2011.1,188页)

八月十二日(9月27日) 子时,张之洞来电。丑时又发电张检转交张权,问及谱主情况,是否有为懋勤殿所累。随即再发电给张检,嘱面告谱主,直接找王文韶、孙家鼐,说明与康有为的分歧,以免受懋勤殿传闻之累。

“电云:急。温州馆。黄仲韬侍讲:绥。来电‘有’字下、‘至’字上共两字有误,再明晰示。此电及各处来往电,务即付丙。真。”(茅海建《戊戌政变前后张之洞与京、津、沪的密电往来》,《中华文史论丛》,2011.1,188页)

“电文云:急。张玉叔转交立:叔峤无他虑,有何端倪?想因查无与康往来字据耶?所云信件发还,想并未查封衣物耶?速明晰覆。再,闻有妄人保懋勤殿十员,有仲韬有内,确否?亟系甚。速询覆。黄遵宪有事否?宋伯鲁何以漏网?日来见廉舅否?有何议论?汝与各处来往电报,务即付丙。真。戌。”

“电文云:急。京。张玉叔:速面告仲韬,可见夔帅及孙相,陈明与康不同道,素诋康学,至要。杨崇伊方得意,恐其诬陷正人也。并嘱其各处函电,务宜付丙,必须格外谨慎。即刻覆。迂。真。”(茅海建《戊戌政变前后张之洞与京、津、沪的密电往来》,《中华文史论丛》,2011.1,189页)

八月十三日(9月28日) “戊戌六君子”谭嗣同、杨深秀、杨锐、林旭、刘光第、康广仁六人被杀于菜市口。

八月十四日(9月29日) 张之洞电张权,告谱主速覆有关英俄消息。

“电文云:急。京。立:迂。来电及绥电均悉。芝艾同焚,奇冤至痛。到部数日,所闻何供?峤曾劾康,想必供明。何以不理?何以昨日忽催泪?日来英、俄有何消息?并告绥速覆。绥即韬也。覆电以‘可’字或‘慎’字冠首,不必署于尾。即刻覆。盐。此电即付丙。”(《中华文史论丛》,2011.1,190页)

八月十五日(9月30日) 亥时,张之洞来电。

“电文:急。京。温州馆。黄仲韬侍讲:绥。前闻日本使改派李盛铎,确否?叔峤恐系为杨崇伊所谮害,望详加考究。黄遵宪实是康党,都人有议之者否?均速示。阅过即付丙。咸。”(《中华文史论丛》,2011.1,190页)

八月十八日(10月3日) 访林开謩,晤郑孝胥、徐仁镜。

《郑孝胥日记》:“午后,诣贻书,晤仲弢及徐莹甫。”(第二册,686页)

八月 被参。

《郑孝胥日记》八月廿一日(10月6日):“今日王稷堂言,有参黄仲弢、江建霞、张菊生及余者,又有言拿问张季直者。”(第二册,687页)

戊戌政变起,因谱主与康有为等深有交往,慈禧欲治之,时大学士徐桐以百口保谱主,慈禧始意解而得免。

八月二十三日(10月8日) 访林乔椿,晤郑孝胥、于式枚。

《郑孝胥日记》:"午后,出拜客,于廉孙处晤黄仲弢、于晦若。"(第二册,687页)

九月 补授左春坊左庶子。(《清代官员履历档案全编》第七册,636页)

十月十五日(11月28日) 刘绍宽收到谱主所寄法书两联及扇面。

《厚庄日记》:"得陈式卿信,已于初八日抵里,并云都中十分嘈杂。又寄到黄仲弢丈法书两联,及他书扇叶等。"(《刘绍宽日记》第一册,227页)

十月二十日(12月3日) 被协办大学士孙家鼐奏请派充大学堂总办。

《清代官员履历档案全编》:"十月充大学堂总办。"(第七册,636页)

孙家鼐片:"再,学堂总办李盛铎奉旨派充日本国二等侍臣,现学堂已经开办,总办尚未派人,查有稽察功课提调黄绍箕学问渊深,姿性明达,拟派充大学堂总办。诸遗稽察功课提调,查有翰林院编修李估元堪以充补,谨附片具奏。"(《京师大学堂档案选编》,北京大学出版社,2001年版,51页)

十一月初九日(12月21日) 为王恩垲写条查阅《康熙实录》。

《缘督庐日记抄》:"史馆堂期供事王恩垲持仲弢书来查《康熙实录》,已阙如矣。以权词答之。车中作七律一首、枕上一首。"(卷七,第77叶)

十一月初十日(12月22日) 为咸安宫官学出题。

恽毓鼎《澄斋日记》:"冬至节。巳刻至咸安宫,本日推仲弢前辈出题……同事者:景敦甫厚、伊仲平克垣、秦佩莩授章、陈梅村秉和、黄仲弢绍箕五前辈。"(浙江古籍出版社2004年,150页)

十二月十二日(1899年1月23日)　沈曾植来函。

"穆琴仁兄同年大人左右:奉别遂再更寒暑,违离之况,覼缕难穷。夏间曾肃寸缄,未奉还云,弥深怅忆。岁云暮矣,风雪凄其,羁旅江湖,徘徊畴昔。七月间因大学堂事,与星海同发一电,谅鉴入。即辰敬惟著祉多宜、潭祺集吉为颂。清班再转,云路齐骧,远道闻之,至深庆慰。学堂事繁否?会典馆谅仍常到。君立来略述近状,间及一二琐事,意触神驰,辄梦想謦咳不置也。竹筼侍郎、浙西京卿想常相见,文酒燕闲,风味何似?浙西诗兴闻尚佳,差可略洗筝琶耳。叔镛闻寓半截胡同,想即叶编修旧寓。年伯大人近日起居闻极清健,乡人传说,至用慰庆。班侯、弢甫各复如何?北望邈然,不意乙未相送,吴头楚尾之词,今日竟成语谶。不识诸君子对酒围炉,亦尚话及鄙人乎?弟十月中复回禾一转,料理明春办葬一切应先豫备事宜。去乡日久,期功强近,中外懿戚均寥落无人,仅族中疏远数君相助料理,丙舍去城又远,事无巨细,呼应不灵。现在粗举大纲,明春办事之时,佐理乏人,悬计情形,实深忧惴。禾中葬事风俗不为侈费,然约计所须亦当在千金以上,乡俗生疏,尤更不能节省也。十一月初复至此间,即在节署下榻。抱冰谈兴似减往时,无米之炊,此固最足耗人意气者。昔人称弱国之臣、贫士之妇,何有何无,黾勉求之,先生之谓乎?节盦书院中极忙,前月其郎入塾,请曹叔彦开蒙,自言此十六年来第一称心事。叔彦新著《孝经六艺大道录》,粹然儒言,有关世教,而此间名士多轻之、讪笑之者,汉宋之障,乃至此乎?今日世道之大患在少陵长、贱犯贵,其捄之术曰:出则事公卿,入则事父兄。《论语》开章首言学,举世知之;第二章重言孝弟,乃举世忽之。犯上之与作乱相去几何?而有子之言警切如此。夏间尝与叔彦言而太息,谓暇时当以弟字、顺字贯串作一文字，与渠书相为表里，初不料文字未成，而其言已不幸而中也。呜呼！抑吾于此益有味于夫子，亦有恶乎一章七事之指，凛然为百世龟鉴也。近日朝士猜疑略稍释否？康梁之说，邪说也；其行事，则逆党也。事状昭然，无可掩饰。彼且讳饰其邪逆，觍然自称曰新党。其狡狯之计，不过欲以此名强自解于天下，而又冀污染海内士流，误朝廷而断丧国家之元气。海上妄人沿而称之，都中士大夫亦沿而称之，岂非重堕其术中，而为逆徒之焰乎？彼其伎俩，东人近亦看破，闻有送诸美洲之议。弟尝谓，今日不能莅石厚，未尝不可锢栾盈，此于公法固无碍，惜无深思静气者为此事也。弟近体疲羸，不能饮食，素冠蕴结，漂泊江干，回首宣南，几成隔世。咯血幸已愈，脾泄则已经三月，药里无灵，只可委心任运，然较夏间固已略陈，陈莲舫所言，或冀其不遽验耳。封弟遂半年有馀无一字见寄，不知渠近状如何？思之至苦，兄若知其涯略，幸望惠示数字。弟月底回扬，明春在禾。如惠书，请由邮局寄上海江海新关文案处张屏之收，转寄不误。此请撰安不具。腊月十二日，弟制植稽颡。”(《沈曾植年谱长编》，210—211 页)

是年　以《劝学篇》初印本寄赠孙诒让，诒让阅后有笔记十三条。(《孙衣言孙诒让父子年谱》，上海社会科学院出版社 2003 年版，287 页)

光绪二十五年　己亥（1899）　四十六岁

正月二十七日（3月8日）　徐定超母寿诞，谱主往祝，晤叶昌炽，告以已辞京师大学堂总办一席。

《缘督庐日记抄》："徐班侯同年太君正寿，往祝，见仲弢，闻学堂一席已却聘，错愕劝驾。"（卷八，第2叶）

正月二十八日（3月9日）　叶昌炽来函，辞学堂馆。

《缘督庐日记抄》："致仲弢一函，辞学堂馆，告以亡儿化去，名心灰尽，中岁即有奔豚之疾，自经忧患，愈益支离，每发辄气火上升，达旦不寐，日旰尚未能起，日食勺米，而药饵无一日可离，室中仅有稚妾，门户炊爨皆须躬自照料，若以滥竽，必致贻误云云。"（卷八，第2叶）

二月　补授翰林院侍讲学士，充日讲起居注官。（《清代官员履历档案全编》，第七册，636页）

三月　充咸安宫总裁。（《清代官员履历档案全编》第七册，636页）

四月　告假省亲。（《清代官员履历档案全编》第七册，636页）

五月　转翰林院侍读学士。（《清代官员履历档案全编》第七册，636页）

五月初（6月）　闻父不豫，请假南归。

五月初七日（6月14日）　抵上海，因无开往温州的轮船，在上海逗留二日。

参五月十日（6月17日）樊棻复张之洞电。

五月初九日（6月16日）　樊棻（时勋）代借浙洋官轮送谱

主回瓯。是日,父卒于家。

参五月十日(6月17日)樊棻复张之洞电:“电谕悉。黄通政病,电嘱仲弢学士回。初七抵沪,适无瓯轮,昨代借浙洋官轮送瓯。致学士电,因瓯无电即备函转送。棻禀。”

《林骏日记》:“是日闻黄通政抱河鱼之疾,遽归道山,惜哉!”(上册,169页)

五月初十日(6月17日) 张之洞致电上海义昌成樊棻,谱主到沪时往晤,请来鄂。

电文云:“急。黄仲韬学士现在请假回浙省亲,日内必到沪,速往晤询。如黄学士愿来鄂,即由该委员垫送川资二百金,即汇还。速电复。鄂督院。佳。”

是日 张之洞再致电上海义昌成樊棻转交谱主,请偕尊大人来鄂。

《张之洞年谱长编》:“致电黄仲韬学士请偕尊大人体芳来鄂。”

电文云:“急。顷闻请假省亲回浙,想暂不回京。鄙意拟请阁下奉尊大人携全眷来鄂。于、梁、沈旧好皆在此,借可快聚忘忧。即请阁下主讲鄂省自强学堂。如不愿,即请阁下入敝署办笔墨。岁脩均千二百金,川资二百余。尊大人零用仆当另送。务请转禀,迅速随侍同来,以慰积思,切盼至祷。即电复。佳。”(588页)

五月十二日(6月19日) 到家。星夜南归,竟不及见父最后一面,为文祭告,誓终身不负所学,辄取《毛诗》“鲜民之生”句义,更字鲜庵。并作挽联:“出则思乡里,归则念朝廷,得意生平曾几日;病不侍汤药,殁不视含殓,衔哀从此到终天。”

《厚庄日记》五月二十一日:“丁卯,晴。章卜卿先生来,言黄仲弢侍读于十二日奔丧回里。”(《刘绍宽日记》第一册,247页)

周家禄彦昇有《唁黄学士》:“惊悉夫子大人于五月归道山,不胜惊恸。”

五月十四日(6月21日) 汪曾武得悉谱主迁侍读学士消息,调寄《喜迁莺》一阕以贺:“清华扬历。喜吉报莺迁,讲帷儤直。苏氏文章,柳公风矩,竞说一门三绝。莲炬光分左掖,星宿量移东壁。最难得,是封章依旧,以文以笔。　回忆。花落长安不见春,青眼谁相识。蜡泪涔涔,麈谈娓娓,犹记去年今夕。阮籍猖狂如故,季子形容非昔。尽凝望,问何时许我,重逢杨亿。”

汪曾武致冒广生函札三:“五月十四日,得瑞安黄仲弢翰读超迁学士之讯。回忆去年今夕,高斋话别,秉烛倾心,忽忽一年,离思尘积,爰填此解,邮寄贺之。调寄《喜迁莺》。”(《冒广生友朋书札》,347页)

五月二十三日(6月30日) 张之洞得悉谱主父亲逝世消息,致电上海义昌成樊棻托先垫汇三百金,并电转寄谱主。

《张之洞年谱长编》:致电温州黄仲韬学士。

电文云:“闻尊公仙逝,骇痛已极,旧友尽矣。阁下何日抵里。兹汇三百金,以助丧葬。今年能安葬否?祈示。并闻适徐宅令妹亦故,切望阁下勉节哀痛,以承先志。养。”(589页)

六月十二日(7月19日) 费念慈来函。

“中弢前辈世年大人苫次:前于春间作书,交舍侄彝训携入都,既而不果行,书亦未达。五月之晦于申浦见旭庄丈,始惊闻夫子大人骑箕之讣,相持而哭。先闻榕村言师忽断酒月馀,私衷以为不祥;寻复自解,南中卑湿,高年节饮,未可竟以为忧。孰意甫逾两旬,遽谢宾客。叔彦言:闻疾未革时,预知讳日。与先公同生英死灵,去来有自,非生天成佛所能尽也。前辈戴星而奔,犹及视敛,同是孤露馀生,不敢以泛语相慰唁。惟念世变之艰,门业之重,互勖道义,交励名节,保此家声,他日见两先人于地下耳。先公尝言:生平以未识吾师为憾,有‘将来为我求佳传’之语。念慈以年谱未刊成,有所待而师已偕返道山,此终身之隐痛也。附呈联幛,乞献几筵,临纸哽塞。先公墓志墨本并望鉴入,即承孝履。年侍制费念慈叩头,六月十二日。”(《黄绍箕集》下册,857—858页)

六七月间 致函曹元弼。

“叔毅仁兄世大人阁下:前奉手书,以绍箕惨遭大故,惠赐挽联,伏地泣读,感涕无从,视苏公之恸庐陵,殆远过之。执事覃心礼学,著有成书,所以维世教、正人心者,至大且远,继志述事,显亲扬名,无逾于此。至于绍箕,复何可言。学既无成,诡遇窃禄,又不足以养。自发春以后,日思告归,而先以二月末适徐舍妹产亡,触发旧疾,嗣又为大学堂事所牵率。曾有书奉恳高贤屈临讲席,以培植阖堂中西诸学之根本,径寄鄂渚,不审曾否转达台端。鄙意拟以歇夏期内乞假归省,明知学务成效致难,而区区之愚,必欲使粗有头绪而后去。比请急南下,入门匍匐,终天抱恨,万死莫追。自维有生之初,迄于今兹,仰托乾荫,虽年逾四十,忘其长大。俄而天崩地坼,茕茕无依,斩焉在衰绖之中,须发傫然,心神恍惚,志气颓丧,始自觉其衰病至此,殆将不久于人世。医用《金匮》《千金》‘奔豚’两方参治之,亦时效时不效也。终七之期,为告誓之文,达于先灵,觊以稍自戒饬,而羸弱不能自克。近大事粗毕,屏弃人事,稍稍养息,渐有转机,然终不任劳顿。若旦夕不即填沟壑,尚望大君子之有以振厉而扶翼之也。补呈哀启,伏祈矜鉴。肃谢稽迟,负疚无地。敬希涵宥,并望恕其草草不恭,万幸万幸。世小弟制黄绍箕稽首。

再,令兄及苏城诸位世兄,匆匆不及肃函,晤时敬乞代陈下忱。附上哀启二十分,并求饬代补送,衔感无极。绍箕又稽首。敬请道安。”(《黄绍箕集》,403—404页)

七月 续修《光绪会典》告成,奉旨赏加二品衔。

《清代官员履历档案全编》:"七月,会典告成请奖,奉旨赏加二品衔。"(第七册,636页)

七月底(9月初) 收到山东济南来函,得知陶外祖母于六月去世消息。

参九月初三日黄绍箕《致冒广生书》。

八月初八日(9月12日) 黄绍第在长椿寺为父发丧,同人来唁。

《缘督庐日记》:"漱兰丈殁,仲弢奔归,叔容借长春寺发丧,午后往唁。"

八月 沈曾植寄唁函。

参光绪二十六年二月初二日黄绍箕《致汪康年书》:"渠寄弟唁函系去年八月间所书,而今正廿一日才收到。"

九月初(10月上旬) 张之洞遣人来邀赴鄂。

参九月初三日黄绍箕《致冒广生书》:"南皮师昨遣人,约大事毕后赴鄂。"

九月初三日(10月7日) 致函冒广生。

"鹤亭贤侄婿阁下:前奉手书,以绍箕惨遭大故,惠赐楮仪,并荷慰唁周至,伏读感泣,不知涕之何从也。先严近年步履稍蹇,而精力尚强。绍箕今春定计归省,而以公私牵率,屡致愆期。追请急南下,入门匍匐,呼抢无从。平日不能侍奉菽水,博堂上高年之欢。病不尝汤药,殁不亲含敛,终天之恨,万死莫追。自乙未以来,有眩晕气逆之疾,时发时止。今年到家后,所患益剧,医有《金匮》《千金》'奔豚'两方参治之,时效时不效。近始略差,然稍劳辄复。自兹以往,在家为不孝之孤子,在世为无用之废人,殆终无望报答于万一矣。兹补上《哀启》一通,伏祈鉴及。堂上想康健如恒,敬乞代为陈谢。侄女及小孩当均平善。周姻伯起居何似?不胜驰仰。贱内来函,定于本月初六日挈眷南旋。兹谨诹十月初二日奉安窀穸。江庶母拟俟葬事毕后携侄男女北上。兹读致若川书,有前来会葬之说。千里跋涉,劳费殊甚,且天气渐寒,高堂侍奉需人,万望勿拘此礼节也。南皮师昨遣人,约大事毕后赴鄂。世业寒素,时局艰危,家食既难,乡居亦殊不易,度不能久守邱陇。若筋力稍任劳顿,早晚当往武昌。七月杪得济南书,陶外祖母亦于六月间弃养。家母自春徂秋,三遭变故,创巨痛深,莫此为甚。幸近来强自解譬,可冀勉抑哀怀。张皋文先生《墨经注》,以问颂丈云未接到,便乞函催寄赐为幸。病羸初起,裁谢稽迟,伏惟亮察。寒舍三房均平顺,增侄又举一男,并以附闻。即请侍奉福安,顺颂潭祉。绍箕稽颡,九月初三日。"(《黄绍箕集》,340—341 页)

九月十四日(10 月 18 日)　致函汪康年、张元济,拟为瑞安学计馆聘请一英文华教习。

"穰卿、菊生两兄大人阁下:绍箕五月初请急南下,匆匆由沪而甬而瓯,比抵家而先严已先于初九日亥刻弃养。终天之恨,万死莫追。兹奉上《哀启》两通,伏乞矜鉴。自去秋以来,国变家难,地坼天崩,心肝摧裂,志气颓丧。素有眩晕气逆之疾,自丁大故后,所患益剧,近服药稍愈,然稍劳辄发,栾心柴骨,几同废人。两兄狎沤海上,见闻料亦无佳况。近来眠食何似,不作驰系。手此,敬问起居,不尽欲言。弟制绍箕顿首,十四日。

敬再启者:敝县拟延一英文华教习,其经费出之公款,加以学生津贴为数不多,大约脩金年四百元按月分送。膳金并月费每月十元,节敬每节四元,川资通年三十元,下人膳金二十元。学生在十五人左右,年齿在二十以内,间有曾习英文者,工夫尚浅。如学生共十六人,则每日轮班八人,馀八人在家做中学功课。拟请两公代为物色一教习,须学非浅尝、教能善诱者,惟力量太薄,脩膳不腆,恐蹄涔枳棘,不足以容鲲凤。最好或有他馆局或好事之人以译书相委,携来带办。敝邑虽僻陋,然应酬较少,于译事颇尚相宜。如需笔述之人,则算学一门及记载时事并粗浅格致之书,敝处亦尚有胜此任者。若果能如此办法,似亦两便之道,此则全仗大力加意成全,想闻足音而喜者决不置之度外也。其功课则早八点钟起,十一点半止,下午一点起,五点止。敝邑前年旧章如此,倘随冬夏略有伸缩,暨别有变通之处,并开馆、解馆、歇夏、休息日期,统请卓裁酌定。其合同式样,闻菊兄在通艺学堂所定者最佳,亦乞酌仿开示,以凭照办。

弟近来万念俱灰,惟邑中尚有一二有志之士,少年弟子不乏聪俟可造之才,不得不仰恳格外费神,设法玉成,俾不至尽消磨沉没于尘昏烟雾之中,感激不浅。近事如有确闻,并希示及。应读何种英文书并详细功课,统求指示。再请大安。弟箕顿首,十四夕。”(《黄绍箕集》,310—312 页)

十月初二日(11 月 4 日) 父下葬。

黄绍箕《致冒广生书》:“兹谨诹十月初二日奉安窀穸。”

十月十九日(11 月 21 日) 江标卒于肺病,年四十。

唐才常《前四品京堂湖南学政江君传》:“未几返苏,遽以十月九日卒于里第。”

十一月十七日(12 月 19 日) 汪康年来函。

参十二月十三日黄绍箕《致汪康年书》:“上月十七日曾赐一函。”

十一月二十五日(12 月 27 日) 致函汪康年、张元济,催代延西文教习之事。

“穰卿仁兄世大人、菊生仁兄大人阁下:月中又奉一函,亮澈清览。敝县同人奉恳代延西文教习,诚为烦渎,惟事在必办,而至今未奉复教,焦灼万分。原函所陈功课章程,乃前年同人所拟定,当时曾试办一年,以费绌中止,其中是否不合抑或别有为难之处,以至延订迟迟,统求明白示复,无须客气。如以敝县子弟不屑教诲而置之不理,则度两公平日提倡西学造就人才之盛心,当不出此。惟同人中不免因望生疑,弟实无词回复。务请于此次轮船赴瓯时先行赐复数行,以慰众望,百叩百叩。前见《格致益闻汇报》上写一行,是否贵馆所书,若果有此事,殊切杞忧。日来有何新闻,务恳并示一一。弟拟于发春出门,道沪时再当泥谢,兼领教言。肃布即请台安。不胜迫切待命之至。弟制黄绍箕顿首,十一月廿五日。"(《黄绍箕集》,312 页)

十二月十三日(1900 年 1 月 13 日)　致函汪康年,请述推荐英文教习姚咏秋大略。

"穰卿仁兄世大人阁下:前数日奉读本月朔日手书,乃知上月十七日曾赐一函,迄今未到,而鄙人叠贡两笺亦未澈览,彼此均交时勋,大约时勋必因事他往,不在沪,故而延搁,真闷闷也。姚君咏秋,既经吾兄推毂,自必胜任愉快,即请代为延订,唯合同不知应如何写法。兹将敝处脩膳功课略章,属同人开具别纸呈览,望吾兄酌拟一底稿赐示,以便遵缮寄呈,请与菊生同酌寄示,至祷至祷!到馆计在明年正月下旬。川费当于开春寄请转交,并乞先代致意姚君,详细情况当在前函中,顷已向义昌成账房索取,惟恐或未应手,此信送到后务望立赐复教,并述姚君大略,以便转告同人,不胜厚幸,费神感谢无既。即请台安。菊生兄均候。弟制绍箕顿首,十三日。"(《黄绍箕集》,313 页)

十二月二十日(1900 年 1 月 20 日)　盛昱卒于京师,年五十。

杨钟羲《意园事略》:"十二月十四日,微吟六言诗云:'怕死作为已死,有生本是无生。纵然百有馀岁,不过多得浮名。'饰巾待尽,神明湛然。二十日丑时卒,年五十岁,葬广渠门外杨庄新阡。"(《意园文略》附《意园事略》,《续修四库全书》1567 册,262 页)

十二月二十四日(1月24日) 致函汪康年,提及英文教习姚咏秋已与同人议定,明年准时来校教授。

"穰卿仁兄世大人阁下:前由时勋处递到手书,具谂吾兄为敝处延访教习一事,劳费清神,不安之至。姚君咏秋已与同人议定,明年准请贲临教授。上次轮开曾奉一函,内附合同大略,未审已收到否?此次当有复教。敝县去郡水程仅一宿可达,而信局辗转送信往往轮开后始到,至时勋寄托函件最为妥速,而亦不免耽搁,至令鄙人前函有不谅贤者之语,至今思之,愧汗无地。来书嘱送关聘,而拙函前云合同,顷与同人公议,拟于合同外另加关聘,似为妥协。合同必须吾兄与菊兄酌定赐示,即当遵缮。此次若未赐复,来春头次轮船来瓯,似决不可缓也。即送普济轮船交王梅生先生转寄最妥。菊兄赐函并幛及书均收到,谢函容续奉,晤时祈先代道谢。肃复。叩请年安。弟制绍箕顿首,腊月廿四日。"(《黄绍箕集》,314页)

是年 许振祎卒。

是年 题赠冒广生《冒巢民〈鞠饮倡和诗卷〉》。

《冒鹤亭先生年谱》光绪二十五年秋:"是时,江建霞以其藏《冒巢民手书菊饮诗卷》赠与先生。"(102页)

冬 张元济发来唁函并挽幛。

参十二月二十四日黄绍箕《致汪康年书》:"菊兄赐函并幛及书均收到。"

是年 周家禄来函吊唁。

"彦复来,惊悉夫子大人于五月归道山,不胜惊恸。回忆鄂垣捧袂,如在目前,曾几何时,顿成长别。家禄在师门最为不才,然梗楠樗栎,受培植同,则感恩念旧之情不容不同。私窃以为,我师直声震天下,教泽在士林,清德贻后嗣,其于出处大节,在朝在野之词论风采,皆足追配古人,激厉流俗。今者易名之典未沛于朝章，则私谥之崇责在于后死，谓宜合及门之达者而共议之。家禄愚贱，非其人焉，而窃愿从诸君子之后也。足下纯孝性成，绵啜可念。但古人不以浚冲死孝为合礼，尚望顺变节哀，以尽大事。挽联一悬，不足尽我师盛德之万一，聊抒其哀痛而已。”（《黄绍箕集》下册，856 页）

光绪二十六年　庚子（1900）　四十七岁

正月　保荐董慕舒给平阳知县。

《厚庄日记》正月十三日:“丙辰,阴。往刘店,观迎神。夜吴伍芝来,言十一日与王志澂至古鳌头,闻仲芸中沮,志澂亦有倦意。十二日复与志澂至县,则县令已于初九日晋郡,禀稿不收。平阳已办文者,惟戴鸿恩一名。董玉如之子慕舒,经黄仲弢侍读甄别保荐,禀帖亦尚在门稿处。”(《刘绍宽日记》第一册,274 页)

正月十八日（2 月 17 日）　孙诒让与刘绍宽来访,周拱藻在座。同往飞云阁一游。是日,致函汪康年,请汪转致英文教习姚咏秋关书、合同等;并请代购《中外日报》等。

《厚庄日记》:“孙仲容先生与同诣黄仲弢先生,适周仲龙在座,因同肩舆至东门外飞云阁,阁临云江,四面开窗,眼界颇宽。阁原名‘话桑楼’,取‘把酒话桑麻’意,因‘桑’音不祥,改之。”(《刘绍宽日记》第一册,275 页)

致汪康年函:

“穰卿仁兄世大人阁下:去腊又奉一笺,谅澈清览,嗣又接读手书,具悉一切。献岁发春,敬维起居佳胜为颂。兹有奉托数事,条列于后:一、教习姚君关书一份,合同两纸,聘金四元,束脩四十元先送一月、川资十五元先送一半,敬请转致。其合同请姚君阅讫,于两纸中间骑缝加一印记,俟惠临敝邑时亲自带来为感。来瑞时请先到敝寓。一、奉上洋十元,请代购英文读本,浅者十份,深者五六份,洋笔、纸、墨水各若干,如洋不敷,望先代垫,赶即寄缴。此各件或即请姚教习费神代购,亲自带来尤感。临封函时又添寄六元,共十六元,所买各件附上清单一纸,请照购,如有馀请统买有格洋纸。一、奉上洋八元,祈代定购《中外日报》《格致益闻汇报》。今早接阅两报,系截至去腊除日止,续购请从今年元旦起。能赶于此次轮开时寄赐,至感!一、此信交戴生友莍奉呈。戴生系舍亲戴小泉之次子,敝邑学计馆学生之秀出者。习代数兼及微积,又曾学习英文详致菊生函中,欲赴南洋公学堂肄业。如尚未招考,恐坐守旷时,拟先到经正书院肄业。戴生聪俊有志向,人亦循谨,弟所深知,惟初次到沪,人地生疏,如公学堂及经正书院均需保人,拟请奉屈高贤代为作保,不胜厚幸。以上四事统求费神,感刻无似,专肃布恳,虔请大安。弟制绍箕顿首,新正十八日。"(《黄绍箕集》,315—316页)

正月二十一日(2月20日) 收到去年沈曾植发来唁函。

参二月初二日黄绍箕《致汪康年书》:"渠寄弟唁函系去年八月间所书,而今正廿一日才收到。"

正月二十五日(2月24日) 汪康年来函。

参二月初二日黄绍箕《致汪康年书》:"奉到上月廿五日手书。"

二月初二日(3月2日) 致函汪康年。

"穰卿仁兄世大人阁下:顷奉到上月廿五日手书,诵悉一切。前次发信后始接读初七日书,缘开春轮船十七日始到温郡城,由郡至瑞水程一宿,而信局又有耽搁,致菊兄寄来合同之底稿亦不及照用,可惜可恨!敝处所寄合同想已转交姚君,菊兄合同内有应补者,只好酌加入详细章程中矣。屡次费神,感谢之至!日来掀天之波当稍定,然衣冠之祻,恐未遂已。《申报》所言密拿某官正法,究系何人?如有所闻,务恳示我。经正书院移入租界,想乃照旧开设,望并及之。子培兄近在何处?前旭庄书言其欲往扬州,未知确否?计何时前往?渠寄弟唁函系去年八月间所书,而今新正廿一日才收到,弟早作一书欲寄,而恐有浮沉,至今未发,务乞一并示知,感不可言。姚教习此次轮开,想必来瓯,到时可请其寓郡城东阳春客栈,弟当遣人招呼也。晤菊兄望致意道谢,不及另函。手此,即请台安。弟制绍箕顿首,二月初二夕。"(《黄绍箕集》,316—317页)

二月中下旬 姚咏秋到瑞安,曾赴谱主寓一会,适谱主送眷到温州,只匆匆一面。

参二月廿七日黄绍箕《致汪康年书》:"姚教习到瑞,税驾寒舍,弟适送眷到郡,匆匆一面。"

二月二十五日(3月25日) 接到汪康年来函。

二月二十六日(3月26日) 接到汪康年来函。

参二月廿七日黄绍箕《致汪康年书》:"前昨又连奉两函。"

二月二十七日(3月27日) 致函汪康年,提及英文教习姚咏秋已到瑞安。

"穰卿仁兄世大人阁下:前昨又连奉两函,敬悉一切。关切之情,感刻无地。近事能作一收束则善矣。姚教习到瑞,税驾寒舍,弟适送眷到郡,匆匆一面,人颇安详,当可望浃洽也。捐书事当再转仲颂,迟早必有以报命。彼此要语,竟以交轮船为最速最妥。顷温已办电线。兰溪转折甚不便,兄月初两函先后两次皆与轮船各信同时接到,并不能早也。弟大约夏初方能出门,菊兄信已接到,晤乞道意。匆匆,即请台安。弟制绍箕顿首,二月廿七日。"(《黄绍箕集》,317页)

三月初九日(4月8日) 孙诒让致杨镜澄函中提及谱主"忧谗畏讥,心殊惨惨"。

《厚庄日记》三月初九日:"辛亥,阴,寒。陈雨亭来,言外间钩党之狱,浙江十人。孙仲容先生与仲愚母舅书,云仲弢忧谗畏讥,心殊惨惨。陈佑民中丞宝箴,有密谕极刑云云。看来大局不堪问

矣。”(《刘绍宽日记》第一册,278页)

春 在瑞安期间,曾致函蔡念萱,为调解田地问题。

“逸仲仁兄大人阁下:顷奉读致若川手书,具谂一切,费神,感佩无似!此事经友吾兄与足下酌三数,已是平允之至,犹复嫌少,意气未免太高。此田弟前年春路过时曾询之村人,佥云逼近江潮,无谷可收。去腊及数日前,两次勘过,皆谓仅值数元。现既开为河道,只得委曲将就,如议再加,虽为数无多,恐无以厌乡愚舆论,务请转致前途,仍照原议,于地方为成全善举,于自己亦斩尽葛藤,似为两便。至田号一切,当着景良与碎郎查明再覆,查核清楚,然后缴详,由友吾兄交尊处转致可也。累渎皇恐,伏惟鉴谅,虔请大安。弟制绍箕顿首,十四日。”(《黄绍箕集》,408页)

四月初四日(5月2日) 致函赵凤昌,感谢家眷来往上海时给予的照顾,并寄去柑四桶,请其转寄张之洞。

“竹君仁兄大人阁下:违晤甚久,敬维起居佳胜为颂。敝眷来往沪渎,屡蒙费神照料,并承厚惠兼假巨款,感泐之私,莫可言喻。兹寄去柑四桶,信一封,敬请觅妥转寄武昌督署,勿迟为幸。渎劳清神,容晤谢不尽,肃请台安。弟制黄绍箕顿首,四月初四日。”(《黄绍箕集》,346页)

四月十一日 梁鼎芬致沈曾植函中提及谱主现状,并言月底可来武汉。

梁鼎芬致沈曾植函:“顷见黄家旧仆,追念侍郎丈之丧,又嗟蓼绥近状之苦,对之不觉垂泪,悲不可言。蓼绥月底可来,盼公于归。郁华事先悉,但增悲耳。乙庵我师,鼎芬顿首,十一日。”(《函绵尺素——沈曾植往来信札》,中华书局2012年版,245页)

四月中旬 离开瑞安,在温州乘轮船往上海。

四月十六日(5月14日) 抵上海,寓虹口义昌成樊棻处。

《张謇日记》:“仲弢来,寓虹口义昌成樊时薰处。”(480页)

四月十三日沈曾植致夫人函(《海日楼家书》第七十八函):"本拟十六起身,因仲弢有十六到沪之信,不能不稍留,然亦不愿多留,极迟不过十八必行矣。过江阴访叔衡……回扬恐过二十矣。"(《沈曾植年谱长编》,227页)

四月十七日(5月15日) 将孙诒让所托《永嘉丛书》六十册、《易简方》一册、《周书斠补》一册及书信转交金武祥。

《冒鹤亭先生年谱》光绪二十六年:"春夏间,(冒广生)先生致金溎生书,略云:'十七日仲弢伯舅从瓯来,孙仲容丈托其带到寄丈一书,并《永嘉丛书》六十册,又近刻《周书斠补》两种。'"(108页)

孙诒让《与金溎生书》:"兹奉上敝刻《永嘉丛书》六十册,《易简方》一册,拙著《周书斠补》一册,藉求大教,敬乞检存。"(《孙诒让全集》之《籀庼遗文》下册,393页)

四月十八日(5月16日) 张謇来访,与沈曾植同登"大通"船赴武昌,而沈曾植赴镇江访丁立钧,同路。

《张謇日记》:"至虹口晤仲弢。晚与子培同车,送登'大通'。"(481页)

四月二十二日(5月20日) 到湖北。

《郑孝胥日记》:"黄仲弢来鄂。"(第二册,758页)

四月 在两湖书院任职。两湖书院规模宏大。

《栩缘日记》光绪二十五年(1899)八月廿六日条:"黎明,至两湖书院阅课。监督梁星海鼎芬前辈引至讲堂,堂极高大,可容二三百人……书院规模宏大,宇内罕有。入门有厅事两层,前一层为穿堂,后一层为正厅,皆五楹。院宇宽广,东西皆有别院。正厅北窗临湖,湖之宽东西约七八十丈,深南北百馀丈。濒湖植以榆、柳、桃、李、花果之属,回廊曲折而东、而北、而西,乃至讲堂。回廊之东,皆横舍也。缭以雕墙,间以复道,启一总门,以达于廊,与湖隔绝,其严静如此。讲堂三楹，名曰正学堂。高丈七八尺，深六丈馀，中楹宽二丈数尺，边楹宽丈有七八尺。外有游廊，宽七八尺，前楹三廊约丈许。南为广庭即露台，以石为之，再南降十五六阶级，复东西降五六级，而抵下层之露台，距湖面约三四尺矣。堂之中，屏四扇，蓝地金字，恭录懿旨，字大于斗。东西间列长条四层，可坐二百人。上有楼，高广一如下层，东西壁各启巨牖四，乃无深邃幽暗之虑。堂后北距六七丈，有厅五楹，为冠带会集之所。再北为楚贤祠，祠再北为荷厅，亦五楹。北面后湖，湖斜出西北，面积大于前湖，芙蕖一望无际，盛夏逭暑于此，亦复佳妙。绕后湖曲折而东、而北、而西，为操场，场后为分教讲堂者四，为退厅者一，而宽至八九楹，其全院之四偏及监督分教之院落，南北诸生之横舍，各执事之居室，均未能一一寓诸目也。”（《王同愈集》，323—325页）

四月 任职后不久，即商具保结，派遣学生黄轸（后改名黄兴）赴日本考察。

汪谦《黄兴留日与上师书》：“黄兴为革命巨子，初在湖北两湖书院肄业，名轸。黄仲弢学士绍箕为书院监督，轸乃首选，称为高才生，保送出洋留学。南皮张之洞允而未遣，仲弢不敢请，属余催之。南皮笑曰：‘仲弢肯出全家保结乎？’余深讶之。仲弢爱才如命，商具保结，始得派遣。初，不知南皮之意何在，未久，京师拳乱作，轸自日本上书。”（田伏隆主编《忆黄兴》，岳麓书社1996年版，178—179页）

五月十二日（6月8日） 沈曾植到湖北。

《郑孝胥日记》：“沈子培自扬州来。”（第二册，759页）

五月十三日（6月9日） 沈曾植嘱托谱主与梁鼎芬，转致谒见张之洞之意。

参五月十三日沈曾植致夫人函（《海日楼家书》第七十四函）：“初十日二钟搭江永船，十二日十钟抵鄂，暂寓纱局，姚园亦可住,然人倦甚,或竟不移矣。今日尚未见香老,在此止能住七八日之说,已属梁、黄转致,大约归期总不过廿二后。"(《沈曾植年谱长编》,228 页)

五月十四日(6 月 10 日) 谒张之洞,郑孝胥、沈曾植在座。夜,邀郑孝胥饭姚园。

《郑孝胥日记》:"谒广雅,留,与子培、中弢同饭。夜,中弢邀饭姚园,月明。"(第二册,760 页)

五月二十一日(6 月 17 日) 赴张之洞招饭,郑孝胥、沈曾植、梁鼎芬在座。

《郑孝胥日记》:"南皮邀饭,座有子培、星海、中弢。是日,英领事见南皮,询何部署;南皮以保商务、靖内乱自任。"(第二册,760 页)

五月二十三日(6 月 19 日) 在日本的学生黄轸(即黄兴)来函,提及:"干戈满地,风鹤惊天,受业瘴海遥闻,惟有徒挥血涕而已。吾师忠义素著,闻警之下,当不知如何忧愤!"

"自违师教,未及两月即开战端。以一团匪之变,竟致掣动全局,此诚所不能解所不及料者也!近外人谓为端、刚之阴谋,假攘夷之说,纵匪生事。二人之迹,殆亦近是,今虽戮之,岂足以谢万国哉?大沽要塞已失,长江节次难防,联合军队日见增派,豆剖瓜分之说,恐见施于今日。回首西瞻,欲东南半壁之持,其惟张师帅与刘岘帅二人乎!刘之精力恐不及师帅。近在钱先生处,略闻师帅电音急召回吴、张各武弁,一面添集兵械,老成深算,已见一斑。窃谓长江一带,久为匪徒潜踪之所,平日既任其优游,此时必群相响应,非严惩其巨魁,解散其胁从,其为患有不可胜言者。联络各省督抚,肃清内匪,力保外帝,使各国之师不入长江一步,则时事庶有可为。师帅与吾师想早见及此,毋庸刍议者也。昨又频得警报,安徽匪徒窃发,九江、芜湖亦扰乱频闻,广西、云南均有闹教揭竿之事，想荆湘间不日亦有乱耗。干戈满地，风鹤惊天，受业瘴海遥闻，惟有徒挥血涕而已。吾师忠义素著，闻警之下，当不知如何忧愤！近日正学堂功课，讲堂想专倡明大义，以揭发其志气；操场想专练习枪法，以资其胆识。当习打靶之法，日人所谓射的也。初习时不在远，或15米突、20米突、45米突。的有大小隐现活动之分，射有立、膝、伏之势，近能射的，即远亦不甚差谬。受业入日本射的会，三日即将卒业射完，只余大生处二门未射，因此处距30里，往返须一日，未有暇便，故未去射，亦未得卒业证书。书生余习，一切扫除，常存此亡国亡种之心，则气自愤，天下之事皆可任也。昔罗忠节公讲学罗山，时粤匪未发。忠节常揭厥乱萌，倡明大义，又时率门人王、李、江辈，周罗山修筑营垒之式，指点兵法，后卒统弟子军转战东南，赖以剿平巨寇。古人虽远，吾师其有意乎？受业身陷海外，不克效力行间，手除贼寇，愧愤交集。又各学校只得小中数区之梗概，于陆军各学校均未得闻，徒凭书籍考查，尤有负吾师之厚意。现同友聘请东人西忒氏教授译文，并寻常酬应语，颇有解悟，差慰慈注。如天之福，少得所学以归国，亦稍慰私愿也。临颖惶惧，不尽欲白。肃此敬请道安，伏惟垂鉴。受业黄轸谨拜，席地作书，不成字体。五月二十三日。”（《忆黄兴》，第178—179页）

五月二十五日（6月21日） 清政府下诏与各国宣战。嘉奖义和团为“义民”，令各省督抚招集义民成团，借御外侮，北京义和团开始进入驻京各国使馆。

五月三十日（6月26日） 联军退回天津。两江总督刘坤一和湖广总督张之洞发布“东南互保”。两广总督李鸿章、山东巡抚袁世凯亦加入。

夏 题《张季子荷锄图》：“季子与绍箕生同岁，家相去千馀里而皆近海，又颇习农家言，自爱其乡土沃衍可耕相若也。季子尝营田园，习树艺，井井有条矣，而不能终岁自课治。绍箕去年奉先大夫讳，置墓田数亩，种树三百馀，思稍斥广，庐其侧，躬耕以终焉。而以无力故，不能不出游，乃为《墓图》自随。余汲汲谋食，季子贫而思于物有济，其迫于不得已而不能躬耕则一也。题《荷锄图》讫，辄奉《墓图》求季子一言，以志余之悲也。光绪庚子夏黄绍箕记。”(《黄绍箕集》,157页)

六月初五日(7月1日) 谒张之洞，郑孝胥、梁鼎芬在座。

《郑孝胥日记》:“谒南皮，星海、仲弢皆在座。”(第二册,761页)

六月十二日(7月8日) 患病。

《郑孝胥日记》:“谒南皮，留饭。仲弢病，未至，座有星海。”(第二册,762页)

六月十八日(7月14日) 八国联军占领天津，大肆劫掠。

六月二十日(7月16日) 致郑孝胥简。

《郑孝胥日记》:“得仲弢简，言十三日天津大战，聂士成阵亡。”(第二册,763页)

六月二十六日(7月22日) 两湖书院阅学生兵操，与徐建寅、余肇康、施鹤笙、王秉恩、瞿廷韶等人。

《栩缘日记》:“十一点钟至两湖书院梁前辈招，阅诸生兵操计十种：哑铃、打靶、枪体操、日本体操、竿子、浪木、盘杠、枪操、跨裆、骑马。酉刻入席。散归，已上灯。同阅者徐仲虎观察、余尧衢太守、施鹤笙太守、张三太尊、吴省陔前辈《商务报》主笔，汪社耆仲仙、(相)文筤、王雪澂之子、黄仲韬之子。瞿方伯后到，但赴席，不及阅操。”(《王同愈集》,365—366页)

七月初三日(7月28日) 太常寺卿袁昶、吏部左侍郎许景澄因反对用义和团排外被朝廷处死。

《栩缘日记》七月初九:“酷热。初三许竹筼侍郎、袁爽秋太常弃市。”(《王同愈集》,366页)

《清史稿》:“壬寅，杀吏部侍郎许景澄、太常寺卿袁昶。”

七月间 李传元来函，提及许景澄、袁昶等事。

"……侍别后附轮舟抵镇江，适与寿平同年相遇，知眷属已先抵扬州，遂买棹前来，室家重聚，奚啻更生。闻儿辈述及，山左各郡县皆安堵如常，过德州后，非但拳民潜踪，即盗贼亦不敢肆行，皆慰师之功也。寿平眷属抵清江后，其太夫人因途中劳苦，竟致弃养，可为伤惨。许、袁事已见谕旨，想必确实，未知两家眷属已南归否乎？子裴尚在沪上。侍因家人有患疡者，在扬尚有数日逗留，宜可晤谈。子封至今无信，计程已应到汲，其家颇悬悬。未知叔容兄有安报否？尚祈示及……"(《黄绍箕集》下册，807—808 页)

七月十七日（8 月 11 日） 徐用仪因提议禁止义和团的行动，被逮捕，与户部尚书立山、内阁学士联元一起被处死。谱主作联以挽："无东无西，无南无北，何远为些归来魂魄；不生不灭，不垢不净，用大舍法解脱盖缠。"

《栩缘日记》七月廿八日："徐尚书用仪、立尚书山、联阁学元十七日同赴西市，荣相拿问。"(《王同愈集》，368 页)

七月二十日（8 月 14 日） 八国联军攻占北京。

七月二十一日（8 月 15 日） 慈禧太后挟光绪皇帝离京西逃。

七月二十九日（8 月 23 日） 张謇来函：

"穆琴道兄如晤：图记奉到，感佩感佩！北事遂已糜烂至此，当事乃绝无吕颐浩、张浚、朱胜非、韩世忠其人，可胜悲愤！乘舆既西，议结延宕，民生又须涂炭，惟愿端、刚诸贼留守京师，两宫无恙，合肥早日北上耳。万一变生椒殿，则端、刚之罪益大。南中各帅正宜声罪致讨，稍尽臣节，若惟是拥兵自守，非独负国家，且恐自误耳。彦升太夫人病，不愿子孙远客。彦升频年为人所挤，亦思舍而他图，而母病，不愿又不能，遂不处馆，惟有仍回湖北苟全性命之一法，欲豫支八闰两月，此事殆非兄力为维持不可。原讯附览,幸即惠答。广雅负爱士之名,而昵一轻佻反覆无耻可丑之人,致天下之士寒心失望,窃所不解,兄亦正宜慎处耳。叔容、子封已至鄂否?友林事直厂纱尽阁,万无法想,此亦端、刚之毒也。惟为道珍卫。謇顿首,七月廿九日。惠答即由局径寄通州大生厂。"(《黄绍箕集》下册,841—842 页)

八月初一日(8 月 25 日) 友人来函:

"中弢世老前辈大人左右:契阔经年,不意顿遭世变。昨抵关中,午桥同年函示尊电,辱以眷累播迁,远劳拳注,感戢五内,非可言宣。执事借著鄂中,足以隐维时局,沸螗之扰,幸赖畺帅多贤,东南半壁恃以无恐,而大局因以渐有转机。惟议款以剿匪为枢纽,主之者势成骑虎,能否不生一意外之虞,殊无把握。敌虽强而众,犹幸牵制多端,惟德人屠使之仇不易偿恤。俄兵北路、西路势并长驱,非寻常款局可比。目前之强宗骄将,以后之散匪溃兵,收拾残棋,谁肩此任?中朝回望,杞忧曷有已也?侍一家细弱,本已阖门待命,奉使后勉力摒播,与橘农前辈处同伴出京。因室人有孕,不耐长途,至保定后分路赴栾城县舍亲处暂住,途中已得确信。橘农家报想未详也。使车中辍,不便乞假,承午桥同年竭力绸缪,俾成返辔之计,实可感佩!侍不材之木,无田可归,一身一家,早以破甑。故前函书就,迟迟未寄,半月以来时局又非前比。两宫到晋,已得确电,随扈何人,尚未知。许、袁、徐、联之事,当轴全无悔祸,尚何言哉!侍初三日绕道,由汴北行,私愿挈眷取道襄汉,不知能否如愿,倘得假缘相见,亦天常矣。侍又顿首,八月朔。"(《黄绍箕集》下册,925—926 页)

八月初九日(9 月 2 日) 诣张之洞,留饭,梁鼎芬、郑孝胥在座。

《郑孝胥日记》:"帅留饭,座有星海、仲弢。"(第二册,767 页)

八月十九日(9 月 12 日) 过访郑孝胥。

《郑孝胥日记》:“黄仲弢来,江宽到,迎其庶母。”(第二册,767页)

八月二十三日(9月16日) 诣张之洞,张之洞将与刘坤一、袁世凯联名请圣驾回銮电奏示谱主。谱主以为不可,但未阻止。

《郑孝胥日记》:“诣营务处,遂谒南皮,留饭,约夜复入署,示所拟电奏稿。廿一日,合肥以刘、张、袁连衔电奏,请回銮且惩办首祸诸臣,实庄王、刚毅、载澜、英年、端王、赵舒翘六人也。电已发,乃告刘、张,其词多引刘、张语为证。南皮不悦,且畏端王等不受诏,于是欲引刘俱奏,辨合肥不告之故,因言回銮实不便,端王罪可轻减之状。将发,未决,示余及仲弢。仲弢意不可,而未有所以止之……南皮默然乃止。天明始退。”(第二册,768页)

闰八月初二日(9月25日) 于张之洞寓忽患病,请吕用宾来诊。

《郑孝胥日记》:“夜,南皮传见,商日本调回学生事。仲弢于座忽患眩晕,汗出不止,争呼吕用宾来诊之。返局已四鼓。”(第二册,769页)

闰八月初六日(9月29日) 郑孝胥来访,因病未见。

《郑孝胥日记》:“出过黄仲弢,未见。”(第二册,769页)

九月 病中。

九月二十二日沈曾植致夫人函(《海日楼家书》第五十三函):“黄叔镛来时似有所图,刻亦无甚就绪。仲弢病眩,至不能举步。黄年伯母遣人问足下现在何处?五太太同住否?追思京寓过往,真彼此不堪回首矣。”(《沈曾植年谱长编》,233页)

十月十八日(12月9日) 郑孝胥来探病。

《郑孝胥日记》:“出视仲弢病,犹羸惫。”(第二册,776页)

十一月十六日(1901年1月6日) 郑孝胥来访。

《郑孝胥日记》:"入城视仲弢,又过立村,至博泉寓晚饭。"(第二册,779页)

十一月十八日(1月8日)　致函赵凤昌,请为代购医书。

"竹君仁兄大人阁下:别来甚念,比维起居佳胜,潭第绥龢,不胜驰系。春间挪款,亟思奉还,以近况拮据,急切无出,至为愧仄。兹有恳者,顷寄送何芝舸姻丈之太夫人素幛一悬,其上款未审何姓,空出一字,敬请代为查明补填加封,并信一函内系先君讣闻,前漏发,兹补寄,饬送确交,至为感幸!子康行急,仓猝间不及另函,如便中晤伯潔兄弟,并望代达歉忱。又广雅师属弟代购医书一种,以备其世兄辈查阅,近来新出四川唐容川医书(系敝门生曾送来刻本数种,存在家中,未带出)颇佳,沪上有石印本发售《医经精义》《伤寒论浅注补正》《金匮要略浅注补正》《本草答问》《血证论》等书共十二本,《申报》刻有告白,价二元五角,记不清是某书坊。祈饬访购寄,由敝寓水陆街姚家花园交署,其价即出署中账可也。种种琐渎费神,心感无似。弟闰月一病几殆,顷始有转机尚未复元,草草布达,肃请台安。弟制绍箕顿首,十一月十八夕。内子附笔敬请嫂夫人阃安。附上洋六元,系舍亲林君托购江南义赈彩票一张,并乞代为购寄是幸。"(《黄绍箕集》,347—348页)

十二月初十日(1月29日)　慈禧太后发布新政改革上谕,标志着清末新政的开始。

上谕:"着军机大臣、大学士、六部九卿、出使各国大臣、各省督抚,各就现在情形,参酌中西政要,举凡朝章国故、吏治民生、学校科举、军政财政,当因当革,当省当并,或取诸人,或求诸己,如何而国势始兴?如何而人才始出?如何而度支始裕?如何而武备始修?各举所知,各抒所见,通限两个月,详悉条议以闻,再由朕上禀慈谟,斟酌尽善,切实施行。"(《光绪宣统两朝上谕档》,中国第一历史档案馆编,广西师范大学出版社1996年版,第26册,第460—462页)

十二月二十二日（2月10日） 郑孝胥来访，未见。（第二册，783页）

《郑孝胥日记》："遂过星海、中弢，皆未见。"

十二月二十七日（2月15日） 王彦威刚抵汉口，即来水陆街姚家花园相访，留宿，两人谈别后的事情，至半夜才睡。

《王彦威日记》："晴，申刻抵汉口……抵水陆街姚家花园，晤黄仲弢学士，遂留寓。仲弢为香帅侄婿，以去年读礼家居，香帅邀黄幕府，以今年三月抵武昌者。晤林若川，仲弢之姊婿也。与仲弢谈别后情事，夜加子始就睡。"（《北京师范大学图书馆藏稿抄本丛刊》第18册，《王彦威日记》18—19页）

十二月二十八日（2月16日） 郑孝胥来访。

《郑孝胥日记》："王弢甫彦威来，将赴行在。至仲弢处。"（第二册，783页）

十二月二十九日（2月17日） 郑孝胥再次来访。

《郑孝胥日记》："出过中弢、王弢甫，方有牌局，小坐即去。"（第二册，784页）

十二月三十日（2月18日） 除夕，遣儿子往王彦威寓辞岁。晚，王彦威来，玩叶子戏。

《王彦威日记》："晴……仲弢儿子来辞岁，以洋蚨六元为压岁之资……夜与仲弢诸君为叶子戏。"（18册，《王彦威日记》20页）

是年 刘可毅太史没于庚子之难，谱主以重金收购散氏盘拓片。

李葆恂题："是本为阳湖陆祁生先生百药斋中故物。丁酉除夕，余友刘葆真太史以鉼金百与曶鼎墨本同购得之，尝以夸我。庚子五月，太史避地至通州，遂不知所终。所藏金石书画强半散佚，此本与曶鼎打本又为鲜盦学士所得，顷承出示，回忆与太史摩挲赏叹时，宛如昨日，曷胜怃然。壬寅嘉平李葆恂。"

端方题记:“余藏散盘凡三本,一赠盛韵石祭酒,一没于拳乱,今独存黄左臣所赠之一本耳。盘旧在扬州洪氏,展转入京师,归朗润园,复闻以遗彼得堡,则拓本不可复得矣。兹本鲜龕学士得诸刘葆真太史家,太史没于庚子之难,家室不能自存。学士解重金周恤之,不以计物直之低昂,其风谊古矣。壬寅岁暮,展观此本,相对感叹。端方记。”

光绪二十七年　辛丑（1901）　四十八岁

正月初五日（2月23日）　王彦威来久谈，并托谱主由救济会寄留京家人祝升书并附去银十两，以为买米之需。晚上，设宴为王彦威饯行。

《王彦威日记》："晴。与仲弢谈久，仲弢自去岁一病，久谈即神气不属，亦可虑也。托仲弢由救济会寄留京家人祝升书并附去银十两，以为买米之需……夜仲弢设席作饯。"（18册，21页）

正月初八日（2月26日）　从湖广总督署回后访王彦威，转达总督张之洞之意，以病不能见客，等病稍好再相见。

《王彦威日记》："晴。仲弢自节署归，述香帅意，以病不能见客，属留三四日，俟少愈当邀相见，余本拟初九成行，因而改期十一日。"（18册，22页）

正月初九日（2月27日）　与王彦威等人下围棋。

《王彦威日记》："与仲弢、星海、子木手谈。"（18册，《王彦威日记》22页）

正月十一日（3月1日）　赴王彦威邀饮，梁鼎芬等在座。送别王彦威，其将经过襄阳赴西安。

《王彦威日记》："晴。皖人窦汉卿以庄馈席，窦以知县候补湖北，为仲弢门生，仲弢属为觅襄阳车辆。邀星海、仲弢、子木小饮。别仲弢，过江上船。"（18册，23页）

正月十三日（3月3日）　郑孝胥来，适有客。晚与郑孝胥同诣张之洞。

《郑孝胥日记》："广雅传见，遂入署，候至四点，始令过仲弢，夜间俱入谈。仲弢适有客,乃至闸工局,与博泉同归其寓。晚饭后再入署,共仲弢谈至十二点,仲弢倦卧,余独坐阅《陆纯伯日记》。一点半,广雅始邀入内室,手书小札令查钢药厂情形,四点半乃退。”(第二册,786页)

二月初四日(3月23日) 王彦威抵襄阳后来函。

《王彦威日记》:“寄黄仲弢武昌书。”(18册,《王彦威日记》27页)

二月初九日(3月28日) 与郑孝胥同诣张之洞。

《郑孝胥日记》:“饭毕,广雅邀与仲弢同谐抚署,登山亭眺望。”(第二册,789页)

二月二十四日(4月12日) 张謇来函,嘱转告张之洞不能来鄂事由。

《张謇日记》:“与仲弢、苏堪讯,属告南皮,以有垦事不能去鄂。”(499页)

二月二十六日(4月14日) 谒张之洞,留饭,与郑孝胥同席。

《郑孝胥日记》:“渡江谒广雅,与仲弢同留饭。”(第二册,791页)

三月初六日(4月24日) 王彦威抵西安后来函,托端方中丞驿递。

《王彦威日记》:“雨竟日。作致黄仲弢学士(湖北)、王子常郡守凤阳书,托午桥中丞驿递。”(18册,50页)

三月初十日(4月28日) 与郑孝胥同诣张之洞。

《郑孝胥日记》:“饭讫而出,答拜黄叔颂……夜复同仲弢入署,谈至月落乃出,即返局。”(第二册,792—793页)

三月十七日(5月5日) 与郑孝胥同诣张之洞。

《郑孝胥日记》:“夜,复入署,与仲弢同见,至四鼓乃返局。”

(第二册,793 页)

三月二十八日(5 月 16) 谒张之洞,留饭,与郑孝胥同席。是日王彦威来函。

《郑孝胥日记》:“偕叔伊渡江,入谒广雅,与仲弢同留饭。”(第二册,794 页)

《王彦威日记》:“阴颇寒。致郑苏龛观察书孝胥,总办芦汉铁路局汉口,并致仲弢书。”(18 册,《王彦威日记》119 页)

四月初九日(5 月 26 日) 谒张之洞,梁鼎芬、郑孝胥在座。晚,赴梁鼎芬约,郑孝胥、沈曾桐、杨守敬、黄绍第、张权、卞涥昌等在座,同观顾炎武等手卷。

《郑孝胥日记》:“渡江谒南皮,留饭,星海、仲弢在座。晚,星海邀饭,座有沈子封、杨惺吾、仲弢、叔颂、张君立及其弟行九者、卞薇阁广雅之婿等。星海出示顾亭林、归玄恭手卷,又万年少送亭林卷一、《停云馆帖》四本。杨惺吾出示宋本《玉篇》、元本《广雅》及《本草》各种。”(第二册,795 页)

四月十二日(5 月 29 日) 工防营姜思治请饭并看操,与郑孝胥、黄绍第、沈曾桐均往。

《郑孝胥日记》:“工防营营官姜思治请午饭并看操,又观枪炮厂试放五生七过山炮,仲弢、叔颂、子封皆至。”(第二册,796 页)

四月十六日(6 月 2 日) 谒张之洞,留饭,与郑孝胥同席。

《郑孝胥日记》:“渡江谒南皮,与仲弢同留饭。”(第二册,796 页)

四月二十一日(6 月 7 日) 王彦威来函,交湖北折差带去。

《王彦威日记》:“晴。寄仲弢、苏龛书,交湖北折差带去。”(18 册,126 页)

四月二十二日(6 月 8 日) 王彦威为张之洞保荐人才中无沈曾植之事来函,交湖北折差带去。

《王彦威日记》:"此次壶公保荐人才,子培何以不与?属电壶公……再致仲弢一书,详言之,交折差带去。"(18 册,127 页)

四月二十三日(6 月 9 日) 谒张之洞,留饭,与郑孝胥等同席。

《郑孝胥日记》:"渡江谒南皮,谢明保与仲弢俱留饭,观日本近卫与南皮书,条陈东三省敞门通商便宜,使长冈护美来致书,并视新宁。南皮约余明日来陪长冈,燕于署中。"(第二册,798 页)

四月二十九日(6 月 15 日) 访郑孝胥,陈衍、黄绍第、沈曾桐等在座。午后合照留念。是日,王彦威致电谱主。

《郑孝胥日记》:"欧阳君重、陈叔伊、黄叔颂、沈子封皆来,以船迓仲弢至。午后,共食洋菜,复同出照相,君重先去,不与。"(第二册,799 页)

《王彦威日记》:"雨。电仲弢。"(18 册,128 页)

五月初一日(6 月 16 日) 王彦威来电,即回电。

《王彦威日记》:"发鲜盦电。得鲜盦电。"(18 册,134 页)

五月初三日(6 月 18 日) 费念慈来函:

"奉讳来,百事都废,而窸斋病日甚,所藏三代器精者多以相畀,蘧园之'颂鼎''颂敦'诸重器,亦入敝箧,于是三代吉金所获已逾三十。长夏当拓寄中颂同年也。幸先闻,草草具报,即承侍福。制念慈再拜,五月三日。"(《黄绍箕集》下册,858 页)

五月初八日(6 月 23 日) 谒张之洞,梁鼎芬、郑孝胥在座。晚,访郑孝胥,转交王彦威书信。

《郑孝胥日记》:"渡江谒南皮,仲弢、星海皆在座。夜,返局。仲弢交来王弢甫书。"(第二册,800 页)

五月十二日(6 月 27 日) 谒张之洞,梁鼎芬、郑孝胥在座。

《郑孝胥日记》:"夜,复入署,星海、仲弢皆在座,谈至昧爽乃出。"(第二册,800 页)

五月十九日（7月4日） 郑孝胥来访，同赴武泰闸。后至两湖书院，郑孝胥、纪钜维等在座。

《郑孝胥日记》："出诣仲弢，坐甫定，南皮遣骑请赴武泰闸，遂往……至书院，同座者仲弢、纪香聪、王司直。"（第二册，801页）

五月二十二日（7月5日） 王彦威来电。

《王彦威日记》："入直。寄弢电一百四十二字。"（18册，《王彦威日记》139页）

五月二十七日（7月12日） 张謇抵汉口，过江来访。缪荃孙抵武汉，住纱厂，谱主与王秉恩、梁鼎芬、缪荃孙同晚饭。是日，王彦威来电。

《张謇日记》："巳刻抵汉口。见莘老，知其事已了。见苏堪，慰其二兄一从子之丧。水势极大。乘楚威小轮过江。住纺纱局。见仲弢。"（504页）

《艺风老人日记》："辛卯，晴。巳刻抵汉埠……过江，住纱厂。王雪橙、黄仲弢、梁心海同晚饭。"（1367页）

《王彦威日记》："寄仲弢电。"（18册，139页）

五月二十八日（7月13日） 谒张之洞，张謇、沈曾植、缪荃孙、梁鼎芬在座。

《张謇日记》："同子培、小山谒南皮，时八下钟，至下午五下钟而退，所谈甚多，惟小学校必可立。"（504页）

《艺风老人日记》："壬辰，晴。谒南皮师，留早饭，季直、子培、节庵、仲弢同席。"（1367页）

五月二十九日（7月14日） 缪荃孙来访。谱主与梁鼎芬招饮，缪荃孙、纪钜维、张权、罗振玉在座。是日，缪荃孙赠《国朝常州词录》《旧德集》。

《艺风老人日记》："癸巳，晴……拜李少东，逢子政、余尧衢、吴景周、殷厚培、罗叔蕴、梁心海、黄仲弢。心海、仲弢招饮，纪香

聪、张君立、罗叔蕴同席……《词录》《旧德集》与仲弢。”(1367页)

五月三十日(7月15日) 与梁鼎芬约张謇饭。

《张謇日记》:“两湖书院饭,仲弢、节庵约。”(504页)

五月(6—7月) 应乐清黄鼎瑞之请,为其父梦香撰《儒林郎福建直隶州州同黄府君墓表》。

五六月间 参与拟稿的《江楚会奏变法三折》(《变通政治人才为先遵旨筹议折》《遵旨筹议变法拟整顿中法十二条折》《遵旨筹议变法拟采用西法十一条折》)和《请筹巨款举行要政片》在南京拜发。《江楚会奏变法三折》由两江总督刘坤一领衔,湖广总督张之洞主稿。刘坤一方由张謇、沈曾植、汤寿潜各拟一稿,然后寄给张之洞,由张之洞结合郑孝胥、梁鼎芬及谱主等人的意见拟出初稿,再商议定稿。

张之洞《致江宁刘制台等》二月十二日:“尊稿若成,望即见示……此间有郑苏龛、劳玉初、梁节庵、黄仲韬四君,亦可参酌。”(《张之洞全集》第十册,第8534页)

六月初一日(7月16日) 访缪荃孙。

《艺风老人日记》:“乙未,阴……仲弢来。”(1368页)

六月初二日(7月17日) 谒张之洞,张謇、沈曾植、梁鼎芬、缪荃孙在座。

《艺风老人日记》:“丙申,大雨……谒南皮师辞行。读《改行新政疏》。偕季直、子培、心海、仲弢同席。”(1368页)

六月初三日(7月18日) 赴王秉恩招饮,张謇、沈曾植、梁鼎芬、缪荃孙在座。

《艺风老人日记》:“丁酉,雨竟日……雪澄招饮,季直、子培、心海、仲弢同席,菜佳。”(1369页)

六月初四日(7月19日) 王彦威收到谱主来函和锅巴一匣。

《王彦威日记》:“得仲弢武昌书,并锅巴一匣。”(18 册,140 页)

六月初六日(7 月 21 日) 王彦威复函。

《王彦威日记》:“复仲弢书。”(18 册,140 页)

六月十五日(7 月 30 日) 王彦威来函,嘱殷鸿畴转交。

《王彦威日记》:“往送殷荨庭行,属致仲弢书。”(18 册,140 页)

七月初八日(8 月 21 日) 王彦威为其女婿谋差事电致谱主。

《王彦威日记》:“得坦婿电,知捐布经历抵鄂,寄电仲弢,为乞一差。”(18 册,141 页)

七月十二日(8 月 25 日) 端方、郑孝胥来访。

《郑孝胥日记》:“在督署饭讫,过仲弢,端中丞在其寓。”(第二册,806 页)

七月十九日(9 月 1 日) 谒张之洞,与郑孝胥在抱冰堂吃饭。

《郑孝胥日记》:“谒南皮。学务处始到差。偕仲弢在抱冰堂饭。”(第二册,807 页)

七月二十三日(9 月 5 日) 谒张之洞,讨论学堂之事。

《郑孝胥日记》:“渡江谒南皮,论学堂事。余劝将老班各生核给卒业文凭。仲弢言:‘两湖书生虽习图算,然不熟,未能适用。’余曰:‘学堂之旨,使学问化为技艺,而后可言用也。’南皮领之。”(第二册,807 页)

七月二十五日(9 月 7 日) 王彦威收到谱主来函,并江楚会奏十部。是日,清政府代表奕劻、李鸿章与英、美、俄、法、德、意、日、奥、比、西、荷十一国外交代表在北京签订《辛丑条约》,标志着中国完全沦为半殖民地半封建社会。

《王彦威日记》:“得仲弢信并南皮奏议十部。”(18 册,142 页)

七月三十日(9 月 12 日) 谒张之洞,留饭,与端方、郑孝胥同席。

《郑孝胥日记》:“渡江谒南皮,留饭,端中丞、黄仲弢同在座……电传上谕二道,停止捐官及推广武备学堂。南皮示《奏争俄人东三省条约折》稿。”(第二册,808页)

八月初二日(9月14日) 王彦威收到谱主来函。

《王彦威日记》:“得仲弢书。”(18册,142页)

八月初三日(9月15日) 在两湖书院用晚饭,张之洞、郑孝胥、纪钜维在座。

《郑孝胥日记》:“同季渚渡江,拜南皮生日。午后至两湖书院,傍晚南皮来院共饭,在座者黄仲弢、纪香骢。夜四鼓返局。”(第二册,808页)

八月初五日(9月17日) 王彦威来函。

《王彦威日记》:“寄仲弢信。”(18册,142页)

八月初七日(9月19日) 谒张之洞,晤郑孝胥。

《郑孝胥日记》:“渡江谒南皮,晤仲弢。”(第二册,808页)

八月十四日(9月26日) 谒张之洞,告以从端方处得到的消息:“黄星源弹劾张之洞等逆合上意。”

《郑孝胥日记》:“夜,复入署。仲弢得自端午桥云:黄石孙星源劾吴永及俞廉三、张之洞逆合上意。”(第二册,809页)

八月十六日(9月28日) 王彦威得到谱主来函,即复电。

《王彦威日记》:“得仲弢湖北书……电仲弢。”(18册,144页)

八月二十二日(10月4日) 王彦威来函。

《王彦威日记》:“寄鄂抚端午桥书,附致仲弢书。”(18册,146页)

八月二十四日(10月6日) 赴张之洞邀伯牙琴台午饭,郑孝胥、端方、李葆恂在座。是日,慈禧太后从西安出程回京。

《郑孝胥日记》:“南皮邀过伯牙琴台午饭,在席者端中丞、黄

中弢及李文石也。”(第二册,810页)

九月初六日(10月17日) 谒张之洞,与郑孝胥、钱恂同坐。

《郑孝胥日记》:“渡江谒南皮,约夜谈,仲弢、念劬同坐。夜十点,返局。”(第二册,811页)

九月十三日(10月24日) 谒张之洞,与郑孝胥、钱恂同见。

《郑孝胥日记》:“夜入署,仲弢、念劬皆同见。五鼓返局。”(第二册,811页)

九月十六日(10月27日) 谒张之洞,饭后与张之洞、郑孝胥、钱恂同游梳妆台高阜。

《郑孝胥日记》:“渡江谒南皮,饭讫同至梳妆台高阜,月上乃散,仲弢、念劬皆从。”(第二册,812页)

九月二十三日(11月3日) 谒张之洞,与郑孝胥、钱恂同见。

《郑孝胥日记》:“夜入署,与仲弢、念劬同见。三鼓返局。”(第二册,812页)

九月二十七日(11月7日) 谒张之洞,与郑孝胥、钱恂同见。

《郑孝胥日记》:“复入署谒南皮,与仲弢、念劬同见。夜十二点乃退,返局。于座间见北京来电,云‘傅相泌午薨’,予曰:‘回銮必稽滞矣。’”(第二册,813页)

九月三十日(11月10日) 谒张之洞,与郑孝胥、钱恂同座。是日,缪荃孙来访。

《郑孝胥日记》:“南皮约夜谈,仲弢、念劬在座,十二点散,即返局。”(第二册,813页)

《艺风老人日记》:“壬辰,晴。拜李少东、王雪橙、梁心海、李文石、黄仲弢。”(1429页)

十月初七日(11月17日) 张之洞邀晚饭,与郑孝胥在座。

《郑孝胥日记》:“傍晚,南皮来邀夜饭,与仲弢同见。九点钟乃退。”(第二册,814页)

十月二十日（11月30日） 晚，过郑孝胥。

《郑孝胥日记》："午后，诣汉阳。夜，黄仲弢来。"（第二册，815页）

十月二十一日（12月1日） 过郑孝胥。

《郑孝胥日记》："仲弢来共饭。"（第二册，815页）

十月二十五日（12月5日） 谒张之洞，郑孝胥、费念慈、梁鼎芬同座，同观苏轼楷书《金刚经》。

《郑孝胥日记》："至营务处，饭毕，南皮约夜谈，费屺怀、梁星海、黄仲弢同在座。屺怀出观东坡楷书《金刚经》，有丁钝丁题诗，梁山舟重书丁诗，及张子青小册画卷。返局已二点半。"（第二册，815页）

十月二十八日（12月8日） 谒张之洞，郑孝胥、费念慈、梁鼎芬同座。饭后，观汉碑数十种。

《郑孝胥日记》："渡江至学务处，南皮留午饭，坐有费屺怀、黄中弢、梁星海。饭罢，出观汉碑数十种，无甚佳者。南皮言，英国派议商约之员，先见江、鄂，廿九日自上海来矣。返局已晚。"（第二册，816页）

十一月初二日（12月12日） 谒张之洞，与郑孝胥同座。

《郑孝胥日记》："渡江至学务处。午刻，南皮孙厚琨出殡姚园，往吊。夜，南皮邀入谈，与仲弢同座。座间，南皮示电旨：盛宗丞、赫德皆赏太子少保衔；陈璧奏清理吏部案件已讫，并准行善后办法。二鼓返局。"（第二册，816页）

十一月初五日（12月15日） 谒张之洞，与郑孝胥在抱冰堂饭。张之洞言欲行新政，用郑孝胥、陈璧、张百熙、李盛铎、钱恂及谱主，可成"小贞观"。

《郑孝胥日记》："渡江至学务处，与仲弢同在抱冰堂饭，南皮从容言曰：'今欲行新政，得数人亦可举耳，陈璧、张百熙、李盛铎、

钱恂,及座间郑、黄二君。用此六人,可成小贞观矣。'座间得开封来电,初四辰刻已启銮北行。夜,归局。"(第二册,817页)

十一月初九日(12月19日) 谒张之洞,留饭,与郑孝胥、端方、费念慈同座。

《郑孝胥日记》:"渡江至学务处,南皮留饭,席间端中丞、费屺怀、黄仲弢,出观明人赵南星、杨涟、周顺昌手卷,宋本《文中子》,极精,又《中庸或问》一种。"(第二册,817页)

十一月十二日(12月22日) 谒张之洞,留饭,与郑孝胥、梁鼎芬等同座。

《郑孝胥日记》:"渡江谒南皮,留饭,学台及梁星海、黄仲弢皆在座。"(第二册,817页)

十一月十六日(12月26日) 张之洞命谱主与郑孝胥、梁鼎芬赴两湖书院议袁世凯所定大学堂事务。

《郑孝胥日记》:"渡江至学务处……饭讫已傍晚,又命余同仲弢、星海诣两湖书院议袁慰亭所定大学堂事务。夜,返局。"(第二册,818页)

十一月二十九日(1902年1月8日) 慈禧太后回到北京。

十一月三十日(1月9日) 与郑孝胥同谒张之洞。缪荃孙收到谱主来函。

《郑孝胥日记》:"渡江至学务处,晤张虎臣、吴虞卿。与黄仲弢同入见南皮,留饭乃退,即返局。"(第二册,819页)

《艺风老人日记》:"(十一月)卅日,壬辰,晴。得张季直信,黄仲弢信。"(1418页)

十二月初一日(1月10日) 以备办理新政之用,张之洞胪举人才十二员,其中有谱主。是日,缪荃孙复函。

《张之洞年谱长编》:"为推行变法新政,荐举人才十二员:李盛铎、伍廷芳、汪凤藻、胡惟德、黄绍箕、王先谦、樊恭煦、缪荃孙、

沈曾植、乔树楠、陈宝琛、曾鉌。”(718页)

张之洞《胪举人才折》:“翰林院侍读学士黄绍箕,该员品端学博,沉细不浮,于中西政治纲领、学校规制实能精思博考,而趣向纯正,力辟邪诐之说,洵为今日切于世用之才。”(1465页)

《艺风老人日记》:“癸巳,晴。发黄仲弢信、陈善馀信。”(1418页)

十二月初三日(1月12日) 与郑孝胥同谒张之洞。

《郑孝胥日记》:“渡江至学务处,与仲弢同见,午饭……夜复同仲弢入谈。”(第二册,819页)

十二月初十日(1月19日) 谒张之洞,与郑孝胥、王秉恩、梁鼎芬同座。

《郑孝胥日记》:“渡江谒南皮,与仲弢、雪澂、星海同留饭。傍晚返局。”(第二册,820页)

十二月十四日(1月23日) 与郑孝胥同谒张之洞。

《郑孝胥日记》:“渡江至学务处,与仲弢同入见,始知有旨召刘岘帅开河后入都陛见,俟刘回任,张即继入。”(第二册,820页)

十二月十七日(1月26日) 与郑孝胥、陈庆年同见张之洞。

《郑孝胥日记》:“夜,复同仲弢、陈善馀同见南皮。四鼓返局。”(第二册,820页)

十二月二十三日(2月1日) 夜,于端方处品鉴秦权后,作《题陶斋尚书秦权铭》一文,并《题陶斋所藏秦权》七古,曰:

“秦廿六年并天下,刻辞金石壹华夏。万事如画明无疑,咸阳宫中鹿化马。百斤量衡书中程,千石铸鐻金销兵。此权当时在何许?王府和钧侻有名。尚书嗜寿勤考释,藏权凡七此盈石。隗林隗状知谁何?太息摩挲相斯迹。匋斋尚书老弟正之,黄绍箕题于武昌两湖书院,光绪辛丑十二月廿三夜,大雪呵冻并记。”

十二月二十四日(2月2日) 邀郑孝胥至两湖书院,陪张之洞、端方。

《郑孝胥日记》:“渡江至学务处,仲弢邀至两湖陪制军、中丞。中丞以秦权拓本属题。”(第二册,821页)

十二月二十六日(2月4日) 访郑孝胥。

《郑孝胥日记》:“仲弢来。”(第二册,821页)

是年 永嘉陈祖绶父亲陈啸沧先生卒,谱主闻讯挽以联:

“桐荫屋庐存,读画吟诗,亲见四朝全盛日;枞阳游宴杳,使车命酒,同为孤露悯哀儿。”

是年 建议张之洞将湖北学务处升格“湖北全省学务处”,进一步明确其作为湖北全省新式教育总汇机关的地位。(徐文勇《张之洞与湖北近代新式学务管理机构的设置》,《兰台世界》2014年1期)

是年 选两湖书院优等学生三十余人,遣赴日本游学师范,其后学成回鄂,辗转传习,又得教员数千人。

是年 陕西宝鸡县斗鸡台新出周代青铜器——古禁及酒器,被端方所得。端方时官湖北巡抚,邀集谱主与王闿运、李葆恂、梁鼎芬欣赏把玩,并摄影留念。

《陶斋玩古图》:“前清光绪二十七年,陕西宝鸡县之斗鸡台,出土古禁及诸器,为长白端方陶斋所得,其时陶斋官湖北巡抚,集诸名士摄影,为玩古之图。中设案以陈禁器,禁者,《士冠礼注》郑玄以为‘承尊之器’,《士昏礼注》又曰‘禁所以庪甒’。总之,禁形椭长如案,而可以置器者也。其上有尊一、勺一、卣二、一盉、一爵、一觚、三觯、一角、一斝,皆酒器,意为冢墓间从葬之物。故置器之多如此。当案而立者为陶斋,左一王闿运壬秋,二李葆恂文石,右一黄绍箕仲弢,二梁鼎芬节庵,皆好古博雅士。今无一存,并此禁器。其后人亦贫不能守,售诸美国中央博物馆,可慨也。”(《艺林旬刊》1929年第六十一期,2页)

第一版　中華民國十八年八月廿一日　第六十一期　舊曆己巳年七月廿七日

藝林旬刊

陶齋翫古圖

[illegible]

小鷗波館畫識

吳縣潘曾瑩星齋

晚泊毘陵、棗霞離披、水風蕭瑟、剪燈寫此、覺紙上槭槭作秋聲也、水亭秋爽、几硯無塵、偶仿黃鶴山樵長卷、想見西山雨霽濃翠爲狀、紅樹白雲、掩映無盡、惜軟紅僕僕、不能如圖中人鼓棹游也、沈子泉下榻怡園、梧桐一株、碧陰如拭、蕭疎可愛、旁立太湖石、薜蘿凍青、艾芮古綠、飛泉倒注、作漱玉聲、每當新月將上、清風徐來、煮茗談、詩情咏清灑、予爲吟昌黎綠淨不可唾之句、題曰淨綠軒、並繪小幀、以博一粲、偶作秋嵐雨霽、讀潤深翠、頗近思翁、然寄託則在海嶽房山之間、重九日登陶然亭、棗霞彌漫、水風蕭瑟、涼雪忽飛、時點簾袂、山光新沐、濃翠欲滴、對此頗動江湖之思、惜欠柔翰一枝、作款乃聲也、歸作小幅、仿雲西意、飛泉淙淙、過青石橋、廬橘林中、一僧倚杖遠眺、妙香吹來、塵慮頓息、當於石隙補朱十冬花厂詩、倍極淸致也、月夜僧房寂坐、聽竹覓鳴泉、因寫此圖、杜詩云、剖竹走源泉、又云竹竿裊裊細泉分、琴筑淸音、一洗箏琶凡響、雨中游寶藏寺、山石犖确、未完

題畫一得

蓮花庵稿

蓋以梅花蓮花合題也、第十四品秋海棠、下方題此葉之妙、昔人所謂點墨可換千金者、世間詎可多得耶、右、白文老阜橫方印、左、朱文西園二小方印、左上方又題云、海棠於諸卉中、最難著墨、即前輩專家、猶多敗缺、此段寥寥數筆、情態如生、老仙眞不可測、左、白文漢許斤里人方印、右、朱文灌園方印、白文、高鳳翰印方印、此二印、於秋海棠花與枝之間、一上一下、題向左展、在橫斜梅枝之上、第十五品、雙鉤梅花、下方題云、此梅枝絕似吾家所藏陸包山卷中物、大奇大奇、鳳翰左手雜題、白文左臂小方印、極邊一行、署趙州蓉主戲、朱文、李世錫印、白文、薛裳氏二方印、蓋原以圖章代署款、此五字亦南阜代題者、隔界外復有四行云、此冢欸爲其老門生鳳翰、數十年後、代爲捉刀而識之者、亦憂其千載下、或泯沒其姓氏耳、朱文、高鳳翰印西園二方印、尾界別紙題云、太白老仙昔住世、淸辭妙句照東漢、六法不屑問小技、三昧自可通玄靈、生香活趣天花偈、未完

清張受之刻印　張受之名辛、海鹽人、乙盦從子、爲叔未先生所賞、清儀閣中收藏金石文字、受之曾得探討、其學日進、後客京師、歿於宣南松筠庵

乘光化金

此乘馬幣之一、說詳前刊、文曰乘化金金尙爰、兩金字疑複、然安邑金背後有安字、齊法化背後有化字、以彼例此、則正面何妨兩金並用、避金以利用、恐小民愚昧、故重言以申明之耳、且乘金化金爲一句、金尙爰爲一句、上言此幣之直、下言此幣之用、意義正不相蒙也、

中華郵務局特准掛號認爲新聞紙類

▶陶斋玩古图照片

光绪二十八年　壬寅（1902）　四十九岁

正月初二日（2月9日）　夜，诣张之洞，留饭，与郑孝胥、梁鼎芬同席。

《郑孝胥日记》："夜，复入督署，与中弢、星海同留饭。四鼓，遂返局。南皮言，英国贺使初已拟定肃王，复改以庆邸之子某将军者。"（第二册，822页）

正月初六日（2月13日）　诣张之洞，郑孝胥、端方在座。

《郑孝胥日记》："夜，陪中丞宴于抱冰室，仲弢在座。"（第二册，822页）

正月初七日（2月14日）　过郑孝胥，随即登上"美大"船赴上海。

《郑孝胥日记》："仲弢来，即登美大船赴沪。"（第二册，822页）

正月初九日（2月16日）　在船上致函端方。

"匋斋老弟阁下：一昨匆匆不及走辞，承惠权拓二卷，谨已拜领，函件当分别转致。盛意以寒舍景况为念，心感之至。临行时冰师预送四个月脩金，不至竭蹶。若别有急需，再当奉告，不自外也。舟中无一熟人，今日爽召南自南京下船，初见竟不相识，云往见苏抚。至镇江搭客二百人蜂拥上船，几欲塞破房舱，幸明日即到沪耳。复谢，即请大安。小兄绍箕顿首，初九夕。"（https://auction.artron.net/paimai-art0031670402/　美国蔡以声拍卖 I.M.Chait Gallery 2014年亚洲艺术精品拍卖会 亚洲艺术精品专场 黄绍箕信札）

正月十四日（2月21日）　抵温，晤温处道童兆蓉，将端方托其所带手书等转交。

《童温处道公遗书》卷五《覆端午帅》壬寅正月十六日:“元宵前日,黄仲弢学士带到手书,并惠赐种种。”

正月 从湖北带回《日本小学教育制度》一册、《游学指南》一册赠与各小学教师。

《林骏日记》正月十七日:“入馆,叶兰垞袖来《日本小学教育制度》一册、《游学指南》一册,系黄仲弢学士自鄂携归,分赠各隅蒙学教习者也,嘱余代致之。”(《林骏日记》,温州市图书馆编、沈洪保整理,中华书局,2018年版,上册,372页)

《林骏日记》正月十八日:“晨访管杏浦,袖黄学士所赠书予之。”(373页)

正月十七日(2月24日) 缪荃孙来函。

《艺风老人日记》:“戊寅,雨……发瞿畊莆信、黄仲弢信。”(1435页)

正月十八日(2月25日) 张㭎、薛仲勉来访,谈河乡设学堂及蒙学事,时孙季恒、萧逸陶、项畦臣在座。

《张㭎日记》:“仲勉因要予至小沙巷访黄叔镛太史,时叔镛同仲弢学士新自鄂省回故也。予见叔镛,即与谈河乡设学堂事,拟先提宾兴采购书报,俾河乡有志之士观摩益智,然后筹款再设学堂,此亦如泰西师范学堂之意,因将禀稿呈阅。叔镛先生亟称善,并嘱予再过仲弢处一酌。且言日本近日文明进步,可称绝顶,其管理学堂无一不精纯美备也。谈次,适郡城张文伯来拜谒,因与文伯谭几句,遂与仲勉先兴辞出。转至学前访黄仲弢学士。时在座者孙君季恒、萧君逸陶、项君畦臣。予又与仲弢先生谭及此事,并呈阅禀稿。仲弢谓:‘此事极好,但“师范学堂”四字尚恐名不副实,以既立师范,恐教习师范者一时难选其人,不若浑言改学堂,先提公购买书报为得计耳。’予与仲勉均首肯。又与仲弢谭蒙学事，仲弢言：'蒙学必须就近指点，即如我瑞蒙学，讲修身伦理事，亦宜讲水心、止斋之学，不得泛引古人，方为切近之学。将来经费稍充，当另编蒙学之书也。'"（《张棡日记》温州市图书馆编、张钧孙点校，中华书局2019年10月版，第二册，738页）

正月二十日（2月27日） 学计馆与方言馆合并为瑞安普通学堂，谱主被推举为首届总理，孙诒让为副总理，由孙诒让主持校务。

正月二十一日（2月28日） 缪荃孙来函。

《艺风老人日记》："发黄仲弢信。"（1437页）

正月二十三日（3月2日） 缪荃孙来电。

《艺风老人日记》："电黄仲弢。"（1437页）

正月 两江、湖广会设江楚编译局于江宁，谱主与缪荃孙被聘为总纂，罗振玉为副总纂。

《张之洞年谱长编》："两江、湖广会设江楚编译局于江宁。延黄绍箕、缪荃孙为总纂，罗振玉副之。湖北延分纂七人。书成，彼此互送复阅。"（下册，726页）

《艺风老人日记》正月三十日："辛卯，晴。派办处送编译书局关书。"（1439页）

正月 自鄂归里后，将湖北巡抚端方所藏秦代百二十斤石权精拓本并跋贻孙诒让。

端方《秦权》跋："此秦百二斤之石权也。《汉书·历律志》云：'权者，铢两斤钧石也。二十四铢为两，十六两为斤，三十斤为钧，四钧为石。'石者大也，权之大者也。诸城刘燕庭所藏第一、第九重四两之权；秤得今湘平一两八钱，秦一斤应合今湘平七两二钱，此权得湘平五十四斤，适合四钧之重，知为百二十斤之石权。外此所见秦权，未有过十余斤者，盖皆斤、钧权耳。权所刻始皇二世诏文，黄仲弢学士、李文石观察各有诠释，仲弢说尤精确，皆发前人所未发。今南归,当得举以相质,特拓全形一幅,介仲弢奉寄仲容先生,冀求赐教。光绪壬寅正月,端方题记。”

孙诒让《秦权拓本跋》:“辛丑腊月,长白午桥尚书以所藏秦权精拓手跋其后,介黄君仲弢寄贻。寻校累日,则积疑为之涣然。”

又出示端方所藏《觚形大魏权》拓本属孙诒让审定。

孙诒让《秦权拓本跋》:“仲弢又出别拓见示,形制较小,上有大魏两篆甚奇。其边为觚棱,不正圜,亦尚书所藏者……尚书顷又以拓本介仲弢见示,属为审定。”(孙诒让《籀庼述林》卷八,256 页)

二月初六日(3 月 15 日)　张棡、潘云生、薛仲勉来访,谈北乡诸友阻买书事及筑海塘事。

《张棡日记》:“吃过午饭,即同云生、仲勉至黄仲弢学士处小坐,并诉北乡诸友挠阻买书事,即将黄宝书信、钱晓麓信呈阅。仲弢谓:‘此事万不可任其阻止,此时不亟举行,河乡恐无振兴之日。’予谓北乡如决阻止,此宾兴款,只得破除情面,请县尊发谕,向典公提,未悉可否。仲弢谓:‘如果为难,只好如此办理,但此系不得已之计,目下须待他们初十日回音后再行酌办可也。’予又为谭筑海塘事,仲弢称:‘此事甚善,予前日已同道宪谭及,伊称来月赴瑞阅兵之便,当过海塘一带察看,是否完筑情形也。’余谓:‘本年筑塘,民情踊跃,不多费钱,惜官场视为具文,不能实心倡办,予等又人微言轻,殊觉力不从心,为可恨耳。’自仲弢处出,访孙仲容先生不遇,便过林宅小坐出,即同诸友乘舟回。”(《张棡日记》第二册,744—745 页)

二月初七日(3 月 16 日)　访温处道童兆蓉。

《致云生、梓园、震轩、博如仁兄大人阁下,星华、仲勉表弟书》(二月初九日):“前日在郡,见童观察,谈及瑞城学堂已开,赞不容口。”

二月初九日(3 月 18 日)　作《致云生、梓园、震轩、博如仁

兄大人阁下,星华、仲勉表弟书》,劝南北乡绅购置书报。赴瑞安普通学堂,孙诒让、黄绍第在座,适张棡来访,谈及北乡诸友阻买书事及筑海塘事。

《张棡日记》:"下午微晴。乘钦浩舟上城,过九里邀潘云生同去。抵城,先到学前林宅与王君星华谭,即邀伊同至礼房邵六处问谕单告示,再至南当一查宾兴。据当伙说:'昨日有朱冕名片送来,嘱本典无合同簿不准提息之语。'自南当出,即至县前普通学堂孙仲容先生。入堂适见黄仲弢学士、叔镛太史、仲容主政均在座。因与谭北乡顽固之旨甚坚,遍发知单各书不允,并有信一封,内有'泰山可移,此款断不可支'之句,南北如此不和,将来如何可以办事。仲容先生谓:'此事必须和衷协济,不必强提为是。'仲弢先生谓:'本日予已有信与诸君,信内言颇切直,未知为北乡招怪否?'予谓:'先生一片婆心,河乡应永当铭感,第不悉北乡诸君能顽石点头否?'仲容先生谓:'北乡黄纬卿梗议,予当写信晓之。'云生谓如此足领先生盛情。仲弢又与予谈海塘事,'县尊甚是留意,当择期来勘,轻车减从,尔河乡诸绅亦当知会他一声为好'。谈毕,余等即起,周览堂中一切规模,遂兴辞而出。又过林小竹处一谭,即出东门同云生乘舟回里。在家吃过晚饭,云生又同薛君仲勉、博如送到黄仲弢先生信二封为予阅,复与诸君谈至更馀,并约明日同至北乡将此信遍晓诸友也,予亦允诺,三君始告别去。"(《张棡日记》,第二册,746—747页)

"云生、梓园、震轩、博如仁兄大人阁下,星华、仲勉表弟:

前闻诸君有购置书报之议,业蒙县尊示谕允行,法良意美,欣佩无量。比闻北乡诸君颇有异议,深为疑愕。鄙人身在局外,与北乡诸君未通款曲,不便冒昧进言。踌躇累日,深恐异议者固执成见,创议者因循畏难,善举中废,所关甚大,若知而不言,言而不尽,则负我桑梓,负我本心,咎戾滋甚。窃谓论理万万不可中止,论势亦万万不能中止,敢具陈之。今日天下,不论东西大小各国,凡学堂多者必强,少者必弱,无学堂者必亡。今日中国,不论省、府、厅、州、县各城乡,凡讲新学之人多者必日盛,少者必日衰,不讲新学者,平时无进身之阶,遇变无自全之路,此决然无疑者也。此次变法,与戊戌迥然不同。两宫一心,专意兴学,书院改学堂,科举重策论,翰林加甄别,宗室派游历,八旗官学变章程,八股永无再复之日矣。京官稍有才学志趣者,争阅新书,将来衡文之选,皆出其中。沪上书报,销售之广,过于往年,不止百倍。河乡宾兴息款,仅提半数,鄙人为嫌其少。若复中止,尽留以给应试之士子,平日茫无见闻,临场何从下笔,所得几何?不如不赴试之为愈。若人自购报,家自置书,焉得有此力量?为体恤寒士计,于彼乎,于此乎,此事理之万万不可中止者也。鄙人在鄂,屡见都中函电,及北来诸人所述,两宫召见中外大小臣工,谆谆谕以讲时务、阅西书,尤以学务为急,戒敷衍、斥阻挠,故各省奉行恐后,大吏有兴办学堂,刻不容缓之札,省僚有不办学堂,难免撤参之信。前日在郡,见童观察,谈及端城学堂已开,赞不容口。县尊见购置书报之禀,嘉许甚至,不日当随案通详。若无故中辍,不独于士林风气有关,兼于官长面子有碍。若官竟公事公办,饬典拨款,谁得阻之?与其他日自官成之,不若今日自地方成之,为理顺而名美,此事势之万万不能中止者也。惟聚星书院距北乡略远,此节稍属为难,然分款各办,更有捉襟见肘之虞。逐渐扩充,只得俟诸异日。且一水可达,学者尚不至过劳。抑更有一解,愿为北乡诸君进之。鄙人前在京师大学堂,见外城学生胜于内城;近在两湖书院,见湖南学生胜于湖北。盖其来较远,则其心较专,受益亦较大,此实历验不爽,明者试静思之,当知其非谰言也。前闻震兄言,办法章程,须南北会商详定,最为公允。鄙意院中收发书报,出入银钱等事,南北乡宜各公举一二人,或合管,或轮管。震兄博举多闻,识洞文茂，应购何书何报，及指导学者阅览考求，均须料理，似不得辞其责。管见如此，一切仍望会酌定章，以期通行久远。窃意南乡中亦必有欲阻此事之人，北乡中亦必有愿成此事之人，然人情大率去暗而就明，图利而远害，务恳诸君坚持定见，切勿畏难苟安。即以此书呈北乡诸君，请其赐览，并与婉切熟商，度无不成之理。总之，早一日开办则早一日被其益，多一处考求则多一处蒙其利。不避冒昧，率臆渎陈，统惟垂谅而加察焉。万幸！肃请台安不宣。愚弟、表兄黄绍箕顿首，初九日。

前函发后，见县尊谈及河乡提款购书一节，云前日已与城内学堂同案通详各上宪，无可挽回，万万不宜中变。又县尊于海塘一事，亦甚注意，云但各乡绅士有定期请勘者，必当轻车简从，亲自履视等语，此事须及早料理为要。又提款置书之举若成，兄到鄂后，如有书籍可资考览者，敬当择要寄赠，以为好学诸生流壤之助。以上各节，统祈转致南北乡诸君为幸。肃上仲勉表弟阁下。兄绍箕顿首，初九日酉刻。”（《张棡日记》，第二册，747—749 页）

二月十三日（3 月 22 日）　张棡、薛仲勉等来访，不遇。

《张棡日记》：“舟抵城已过午，即在县前振丰馆吃午饭。云生、星阶、博如到孙宅与仲容谭片刻回，遂与余、仲勉同至荣禄第访黄仲弢先生不遇，再至叔镛先生处访之，又不遇而出。”（《张棡日记》第二册，751 页）

二月二十日（3 月 29 日）　张棡等来访，不遇。为学堂事致书瑞安知县盛蔚堂。

《张棡日记》：“与诸友去访黄仲弢先生不遇。”

《张棡日记》二月廿一日：“辰刻夜航船到，盛邑尊即由船登岸，坐轿至聚星。邑尊问：‘塘之高低阔狭，的有几弓？’……又言学堂事，昨日黄仲弢又有信来。又将孙、黄二绅函亦送阅。邑尊谓二公洵有心人，惟此事当急办之可也。”（《张棡日记》第二册，

753 页)

二三月间 致函赵凤昌,约上巳(三月初三日)在上海晤谈。

"竹君仁兄大人阁下:前在沪上,获与盛筵,兼聆雅教,感佩良深!弟本拟即日启行,适为事所绊不果,兹奉电稿一纸,敬请代发。又前有信致屺怀,约上巳左右到沪晤谈,如渠来时并为代谢愆期之过。琐渎皇恐,容面谢不尽。肃请台安,弟绍箕顿首。时勋兄暨诸知好乞代致意!"(《黄绍箕集》,349 页)

三月初六日(4 月 13 日) 张㭎来访,不遇。

《张㭎日记》:"晨过黄仲弢学士家、孙仲容主政家,均不遇而出。"(《张㭎日记》第二册,758 页)

三月初十日(4 月 17 日) 启程赴湖北,携叶奇庼同行。

《林骏日记》:"夕,入馆,以叶奇庼定今宵启行,录四绝句赠之,而程仪不受,璧还。季芃过谈,奇庼亦来辞别。薄暮,过叶寿如丈,为其令嗣送行。《叶生奇庼时有楚北之行为成四绝句用以志别兼以勉之》二:'客星光附月轮明,卿月悬空一镜迎。黄学士仲弢先生,时受鄂督张孝达尚书主讲两湖书院之聘,奇庼为学士甥婿,故随之行。此去荆襄多杰士,观摩深赖有陶成。'"(386 页)

《林骏日记》三月九日:"叶奇庼随黄学士仲弢先生往楚北省问岳父母,谓家若川在湖北,为枪炮局总办,成七言四绝以志别。"(385 页)

三月中旬 与陈祖绶、陈祖纶、孙诒让、项崧、王岳崧、胡调元相集郡城揖峰亭。胡调元有诗纪之。

《陈墨农祖纶昆仲两大令招集揖峰亭,同坐有黄仲弢学士孙仲容比部王雪牧大令同年项申甫太守,予亦与焉,为赋诗以纪》曰:"危亭出层霄,大江为门户。潮汐自暮朝,云烟互吞吐。九山如排衙,斗柄轩然举。东瓯一弹丸,形势眼中聚。胜游载酒来,主宾雄龙虎。奔鲸驱怒涛,樽前乱飞舞。兴酣觞欲浮,坐久日移午。江心双塔铃,临风似对语。此会各东西,送客在南浦。时仲弢学士先

还朝。而余与墨农、经敷以服阕均将赴宦行,与斯亭别矣。长揖谢山灵,我亦离乡土。"(《黄绍箕集》,718—719页)

三月十四日(4月21日) 在温州郡城,周拱藻、张棡、薛仲勉来送行,是晚登普济轮船赴沪。

《张棡日记》:"是晚薛君仲勉同伊叔筹相自瑞来郡,亦寓此栈。晚饭后,遂同仲勉至东阳春客栈为黄仲弢先生送行,盖先生于本晚四更后上普济轮船由沪之鄂。予为学堂事、海塘事,因来饯行并谈一切也。时周仲龙亦来送行,各坐片刻而出。"(第二册,767页)

三月中旬 抵沪。

罗继祖《庭闻忆略——回忆祖父罗振玉的一生》:"待季直来商议奏稿,然后携至沪上,三月中旬,黄仲弢学士由瓯到沪,再与商酌,由仲弢携之到鄂,便可奏出。"(吉林文史出版社,1987年版,25页)

三月十八日(4月25日) 郑孝胥抵上海,来访,不值。

《郑孝胥日记》:"雨中抵沪,约十一点……夜过黄仲弢、林廉孙,皆不值。"(第二册,828页)

三月十九日(4月26日) 赴刘宣甫、孙葆晋约饮九华楼,与郑孝胥、张仲炘、费念慈等在座。

《郑孝胥日记》:"至九华楼,赴刘宣甫、孙幼谷之约,座间晤张次山、黄仲弢、费屺怀、陈绥伯、林缉侯、林廉孙及其弟绍勤等。"(第二册,828页)

三月二十日(4月27日) 赴费念慈招饮,与郑孝胥、黄绍第、文廷式、祝承桂、樊棻、沈兆祉、赵凤昌在座。

《郑孝胥日记》:"晚,赴费屺怀之招于清和坊花兰生家,仲弢、叔颂、芸阁皆在,又有祝少英承桂、樊时勋棻及江西沈小彝兆祉、赵竹君凤昌。"(第二册,828页)

三月二十一日(4月28日) 赴祝承桂之约,与郑孝胥、费念慈、文廷式、赵凤昌在座,同观苏轼《乞常州居住奏状》卷及仇英画。与黄绍第同登轮船赴湖北。

《郑孝胥日记》:"赴祝少英承桂之约于宝安里,费、黄、文、赵皆在座,观东坡《乞常州居住奏状》真迹卷子。后有李西涯、沈石田、董玄宰诸跋;又观仇英画《赵松雪写经换茶》小卷,有文衡山小楷跋文,文彭、文嘉二跋;又观《龙藏寺》明拓半本……二黄登船赴江鄂。"(第二册,829页)

三月二十三日(4月30日) 抵南京,缪荃孙来访。赴缪荃孙与刘世珩之请,与易顺鼎、王仁东、陈三立、志钧、徐乃昌小饮傅河所。

《艺风老人日记》:"癸巳,晴……黄仲弢自上海来,带罗叔蕴信及小学理科。接丁衡甫信。拜黄仲弢。与聚卿公请仲弢、易石甫、王旭庄、陈伯年、志仲鲁、徐积余小饮傅河所。"(1453页)

三月二十四日(5月1日) 赴吴重熹招饮,与张次山、易顺鼎、王仁东、刘世珩、濮文暹、缪荃孙在座。缪荃孙来访,交来张香帅信一件及书几种带湖北。

《艺风老人日记》:"甲申,大雨竟日。吴仲饴招饮,次山、仲弢、石甫、旭庄、聚卿、青士同席。诣仲弢谈,交南皮师信一件,编书四种,译书四种带湖北。又送仲弢《藏书纪》一部。"(1454页)

三月二十八日(5月5日) 在武汉,王同愈来访。

《栩缘日记》:"午饮,出谒客。晤纪香骢钜维、黄仲弢前辈、沈雪庐。"(《王同愈集》,399页)

三月三十日(5月7日) 赴黄鹤楼梁鼎芬之招,与黄绍第、陈庆年、纪钜维、朱克柔、王同愈等同座。

《栩缘日记》:"晚,至黄鹤楼,赴梁星海太守之招。同座黄仲弢、叔容昆仲,陈善馀,程约斋逋生之世兄,纪香骢,朱强甫荃台来云:南

皮意欲委学务处总办及两湖监督。”(《王同愈集》,399 页)

三月 孙诒让以《周礼正义》托转费念慈,襄商铸印。

《周礼正义》卷首:“光绪壬寅三月,从鲜庵前辈假观,病中校读至《考工》,以目疾未卒业。癸卯二月,樊君时勋,将付铅印,匆匆寄还。念慈识。”

四月初七日(5 月 14 日) 张之洞聘王同愈兼任两湖大学堂监督。

《栩缘日记》:“晚,接抱冰照会:总办学务处,兼监督两湖大学堂。”(《王同愈集》,400 页)

四月二十五日(6 月 1 日) 与郑孝胥诣见张之洞。

《郑孝胥日记》:“渡江至学务处,晤王胜之、黄叔颂,黄伯雨。与仲弢同入见。出诣陈善馀,即返局。”(第二册,834 页)

五月初四日(6 月 9 日) 与王同愈、纪钜维、王秉恩送出洋师范生登舟,并于一品香饯行。

《栩缘日记》:“师范生来集正学堂,行叩辞礼。三叩答三揖。送至大门。偕仲弢、香骢、王雪澂渡江,送学生登舟,复代香帅作主人,饯之于一品香。二鼓归。”(《王同愈集》,402 页)

五月初十日(6 月 15 日) 与郑孝胥诣见张之洞。

《郑孝胥日记》:“渡江谒南皮,与仲弢同留饭。广雅闻余论免厘事,有‘霸才无主’之戏。”(第二册,835 页)

五月十七日(6 月 22 日) 谒张之洞,留饭,郑孝胥、梁鼎芬同座。

《郑孝胥日记》:“至学务处,谒南皮,留饭,仲弢、星海在座。”(第二册,835 页)

五月二十四日(6 月 29 日) 诣张之洞,与郑孝胥、梁鼎芬同座。

《郑孝胥日记》:“谒南皮,与仲弢、星海同留饭。座间南皮属

拟合肥挽联,余即口占二联。”(第二册,836页)

六月初六日(7月10日) 晚,诣张之洞,与郑孝胥、沈幼彦同座。是日,缪荃孙接到谱主来信。

《郑孝胥日记》:“夜,广雅复召入局,与沈幼彦、黄中弢同留饭。”(第二册,837页)

《艺风老人日记》:“甲辰,早雨旋止。接黄仲弢信、夏闰枝信。”(1472页)

六月十五日(7月19日) 王同愈临行前将拟定的课程及教习人数表交给谱主。

《栩缘日记》:“表告成封交仲弢。午后赴督辕辞行,并至臬署。申刻登江宽轮船。”(《王同愈集》,404页)

《栩缘日记》:“晚香帅来正学堂,纳凉同饮。属定课程及教习人数表。”(《王同愈集》,404页)

六月十九日(7月23日) 是日,缪荃孙接到谱主来信。

《艺风老人日记》:“检制军送来大学堂编译章程、黄仲弢信,交聚卿。”(1475页)

六月二十三日(7月27日) 谒张之洞,与郑孝胥、梁鼎芬同座。

《郑孝胥日记》:“渡江至学务处,广雅约夜谈。遂至营务处,陈士可来,谈甚久。夜,与仲弢、星海同座,三点半钟乃返局。”(第二册,839页)

七月初七日(8月10日) 张之洞约夜谈,与郑孝胥、梁鼎芬在座。

《郑孝胥日记》:“广雅约夜谈,仲弢、星海皆在座。返局已三点。”(第二册,841页)

七月十四日(8月17日) 张之洞邀箭道赏月,与郑孝胥、汪凤瀛、黄以霖等在座。

《郑孝胥日记》："渡江谒南皮，约夜谈……夜，复入署，南皮邀在箭道看月，仲弢、荃台、梁松生、黄伯雨皆在座。谈及庚子七月在箭道，五鼓，得通州失守之警，余请电告各国保护两宫，限以二十四钟回电之事。返局，天将曙。"（第二册，841 页）

七月二十七日（8 月 30 日） 丁立钧病卒，年四十九。

《郑孝胥日记》八月二十五（9 月 26 日）："得柽弟书，丁叔衡卒于东台，实七月廿七日，伤哉。"（第二册，845 页）

七月二十九日（9 月 1 日） 张謇来函。

《张謇日记》："东北风大，窗鸣有声，颇念公司新堤。与玉昆讯、三兄讯，与仲弢、蛰先讯。已过夜半矣，出视天地昏黑，海上必有狂飓，徘徊至四更就寝。"（525 页）

八月初六日（9 月 7 日） 与郑孝胥陪张之洞谈。

《郑孝胥日记》："夜，与仲弢同陪广雅谈，至二点乃返局。"（第二册，843 页）

八月二十日（9 月 21 日） 夜见张之洞，与郑孝胥、钱恂在座。

《郑孝胥日记》："夜，见广雅，与仲弢、念劬同留饭。归已四鼓。"（第二册，844 页）

八月二十一日（9 月 22 日） 缪荃孙来函，交吴景周带往湖北。

《艺风老人日记》："交吴景周瞿畊莆信一件、大生股票三千两一纸、黄仲弢信二件，《字学初编》六册……"（1492 页）

九月初四日（10 月 5 日） 谒张之洞，与郑孝胥、梁鼎芬在座。

《郑孝胥日记》："傍晚，入署，广雅留夜饭，仲弢、星海皆在座。闻新宁病，广雅戏谓座客：'谁能继新宁者，可各举所知，不必以官阶论。'余曰：'莫若肃邸，否则施理卿也。'广雅称善。返局已三

点。"(第二册,846页)

九月初九日(10月10日) 张之洞邀黄鹤楼登高,与郑孝胥、梁鼎芬、汪凤瀛等在座。

《郑孝胥日记》:"南皮邀至黄鹤楼登高,座有仲弢、星海、松生、荃台。未刻始散。座间,南皮讽余同至南京,出示南京官场单,使余举所知者,又询下手办法。余对曰:'去宁久,官场中人皆生人,不能举也。江宁习气极重,宫保既至,自令旌旗变色。似宜先理筹防、洋务诸局,次之以财政。安徽道员有许鼎霖者,曾至欧美,素闻其贤。惟许籍江苏,不适于用耳。'黄、梁、汪皆言闻许甚贤。"(第二册,846页)

十月初三日(11月2日) 与郑孝胥侍张之洞登楚材轮,赴两江总督任。

《郑孝胥日记》十月初一日(10月31日):"遣探南皮行期,返报云,改以初二上船,使仲弢及余坐测海。"(第二册,848页)

《郑孝胥日记》十月初二日:"十点,登楚材,广雅午后始登舟,是日未开。"(第二册,848页)

《郑孝胥日记》十月初三日:"午刻展轮。"(第二册,848页)

十月初四日(11月3日) 王彦威来函。

《王彦威日记》:"致端中丞书,并致仲弢、希坦书。"(18册,268页)

十月初六日(11月5日) 侍张之洞抵南京。

《郑孝胥日记》:"巳刻抵南京。"(第二册,848页)

十月初七日(11月6日) 与郑孝胥至吴园,遇沈瑜庆、李宣龚、严璩等人。

《郑孝胥日记》:"午后,与仲弢同步至吴园,遇爱苍、拔可、严伯玉璩,又陵之子、林子庄、王又点诸子,坐谈良久……偕仲弢步至复成桥而返。"(第二册,848—849页)

十月初八日（11月7日） 访缪荃孙。张之洞招陪两主考，与缪荃孙同席。

《艺风老人日记》："甲辰，晴。黄仲弢来……制府招陪两主考，黄仲弢同席。饭后谈学务甚悉。"（1508—1509页）

十月初九日（11月8日） 张之洞邀午饭，与郑孝胥在座，席间张之洞问策于二人。是日，张之洞接两江总督印。

《郑孝胥日记》："南皮邀午饭，坐间言曰：'吾至江南，欲不办一事，亦不迁就一人，苏堪以为何如？'余对曰：'公在武昌，十余年来虽事变百端，而有进无退，殆有万骑奔腾，冲锋陷阵之势；今江南风气甚敝，若能勒马审顾，扼要出奇，则意思优裕而力量转增，此胜著也。'仲弢曰：'不迁就，须从下手时明示宗旨乃可。'南皮颔之。是日申刻，接两江督印。"（第二册，849页）

十月十一日（11月10日） 移入北院，并访郑孝胥。

《郑孝胥日记》："仲弢移入北院，余移入南院……仲弢来坐。"（第二册，849—850页）

十月十二日（11月11日） 与郑孝胥同访张謇。

《郑孝胥日记》："夜，与仲弢同过季直，座客甚众。"（第二册，850页）

《张謇日记》："吊刘忠诚公。晤太夷、仲弢。"

十月十三日（11月12日） 王彦威来函。

《王彦威日记》："致端午桥中丞、黄仲弢学士书。"（18册，271页）

十月十四日（11月13日） 赴缪荃孙招饮云自在龛，与罗振玉、张謇、沙元炳、徐乃昌、刘世珩、苏晓楼等在座。

《艺风老人日记》："庚戌，晴……约黄仲弢、叔蕴、季直、健庵、积余、聚卿、苏晓楼小饮云自在龛。"（1510页）

十月十七日（11月16日） 赴刘世珩招饮，与张謇、沈瑜庆、王仁东、罗振玉、徐乃昌、缪荃孙同席。

《艺风老人日记》:“癸丑,阴……刘聚卿招饮,黄仲弢、张季直、沈艾苍、王旭庄、罗叔蕴、徐积余同席。”(1511 页)

十月二十二日(11 月 21 日) 王彦威来函,托上张之洞信札。

《王彦威日记》:“寄仲弢江宁书,属代上香帅书。”(18 册,273 页)

十月二十七日(11 月 26 日) 访缪荃孙,还钱泳《履园丛话》,并借去毕沅《灵岩山人诗集》。是日,王彦威来函。

《艺风老人日记》:“癸亥,晴……黄仲弢还《履园丛话》来,借《灵岩山馆诗集》去。”(1514 页)

《王彦威日记》:“寄端午桥中丞、樊云门臬使、黄仲弢学士书,则交折差带去。”(18 册,275 页)

十月三十日(11 月 29 日) 访缪荃孙。

《艺风老人日记》:“丙寅,晴……仲弢、徐积余来。”(1514 页)

十一月初一日(11 月 30 日) 访缪荃孙,借《同时尚论录》《东林本末》《酌中志余》等书。

《艺风老人日记》:“丁卯……仲弢借《同时尚论录》《东林本末》《酌中志余》去。”(1515 页)

十一月初二日(12 月 1 日) 张香帅约晚饭,与汪凤瀛、缪荃孙同席。

《艺风老人日记》:“戊辰,晴……香帅约晚饭,黄仲弢、汪荃台同席。”(1515 页)

十一月初三日(12 月 2 日) 张香帅约晚饭,与蒯光典、缪荃孙同席。

《艺风老人日记》:“己巳,晴……二更后香帅约晚饭,黄仲弢、蒯礼卿同席,罕谈学务,哺餟而已。”(1515 页)

十一月初四日（12月3日） 谒张之洞，晤郑孝胥、汪凤瀛等。

《郑孝胥日记》："傍晚至下关，坐挽车入督署，晤荃台、仲弢、司直。"（第二册，852页）

十一月初五日（12月4日） 丁立中约早饭，与蒯光典、毕振梅、刘世珩、俞明震、陆厚基、缪荃孙等在座。

《艺风老人日记》："辛未，晴。诣书局公所。拜刘我山。丁礼民约早饭，黄仲弢、蒯礼卿、毕振梅、刘聚卿、俞恪士、张□□、陆安山同席。"（1516页）

十一月初八日（12月7日） 督署文案公宴谱主，邀郑孝胥作陪。

《郑孝胥日记》："署中文案公宴仲弢于园中，邀余作陪。半夜，广雅召入谈，云已得袁帅来电，两江督补授魏光焘，两湖回任矣。"（第二册，853页）

十一月初九日（12月8日） 赴张权邀饭，与郑孝胥、卞洊昌、黄厚成等在座。

《郑孝胥日记》："夜，张君立来游，邀余与仲弢共饭，座有卞薇阁、黄本甫及其次子道孙等。"（第二册，853页）

按，黄厚成，字本甫，黄国瑾之子。

十一月十三日（12月12日） 准备从南京回武昌。

《郑孝胥日记》："雨。仲弢归武昌。"（第二册，853页）

十一月十四日（12月13日） 与端方之子搭江宽轮回武昌。

参十一月十五日致赵凤昌函："十四早偕崑侯端中丞令郎搭江宽回鄂。"

十一月十五日（12月14日） 在江宽轮中致函赵凤昌。是日，王彦威来函。

“竹君仁兄大人阁下:钟山晤教,快慰无量!弟于十四早偕崑侯端中丞令郎搭江宽回鄂,属件遵为面致。黑虎绒马褂鄂中已寄来一件,兹恳代做之件可以无须,如已办,不知能否出脱,将存款乞为代购羊灰鼠外褂皮筒一件,如做好不能出脱,即请寄鄂可也。温州如有酱鸭寄至义昌成樊时兄处,请为代觅妥便寄金陵督署确收为感。草草,即请台安。弟绍箕顿首,十一月望,江宽舟中。”(《黄绍箕集》,349—350页)

《王彦威日记》:“晴。寄仲弢、陶仲彝信。”(18册,278页)

十一月底 致函王彦威。

《王彦威日记》:“自(十一月)廿五至十二月初三,腹痛不复作字,外来书札甚多,皆不关紧要,但记得仲弢湖北书、二弟书而已。”(18册,279页)

十二月初四日(1903年1月2日) 王彦威来函。

《王彦威日记》:“寄二弟书,附去仲弢书,电端午桥中丞。”(18册,280页)

十二月初八日(1月6日) 王彦威来函。

《王彦威日记》:“致端午桥中丞函,附寄黄仲弢学士、郑希坦书。”(18册,280页)

十二月十七日(1月15日) 与陈庆年同访郑孝胥。

《郑孝胥日记》:“黄中弢、陈善馀同来,留晚饭。”(第二册,858页)

十二月十八日(1月16日) 为郑孝胥送行。

《郑孝胥日记》:“中弢来送行。午后四点钟,登江永,与善馀同行。”(第二册,858页)

十二月二十一日(1月19日) 王彦威来函。

《王彦威日记》:“寄仲弢湖北书。”(18册,283页)

是年 瑞安话桑楼易名飞云阁,篆书匾额,揭之阁上。并题有两楹联：

“江山昭尊俎；蘋荇依地藩。按：集许景衡句 一

谁家喧社盖朋簪，屋压城头水照檐，风月转相亲，一穷千里目；

莫道作楼非急务，翁当运斤儿执锯，江山已陈迹，长负百年心。按：集许景衡、陈傅良、叶适句。二”

是年 瑞安邑人奉乡哲孙衣言、孙锵鸣栗主崇祀陶山澄江学渊书院，为撰祭文。

《奉孙太仆、孙侍郎两先生神主崇祀学渊书院祭文》：

“盖闻纯儒表里，经神尊通德之门；退老教乡，乐祖重瞽宗之祀。况复梓桑修敬，棣萼联辉，媲美四林，绍徽三郑。讲求经济，永嘉之绝学重昌；眷念乡间，集善之旧居未改。生则读书，论世尚友古人；没则合食，同龛宜光盛典。

伏惟先儒太仆卿孙公、先儒侍郎孙公，一门孝友、四海魁耆。先儒侍从之臣，百世人伦之表。簪毫记注，高才远轶乎郊祁；抗疏论思，亮节上侪乎坡颍。搜许刘叶陈之遗著，学综文儒；历吴皖楚粤之名邦，泽兼教治。早年共墨，同讲诵于山中；晚岁联床，并优游于林下。固宜楷模朝士，圭皋儒林。至于考伊洛之编，阐幽光于道学；细曲台之记，刊定本于礼书。钟鸣铎应之符，无间于绵祀；薪尽火传之感，弥切于近居。往哲赖其表章，后生资其启迪，既仰山而景行，咸饮水而思源。兹择于本月二十五日，虔奉神主，崇祀学渊书院，祔于先儒知阁门事谢公、先儒编修孙公之次，礼也，杖履一堂，瓣香千古，缨绥咸集，俎豆维馨。善行善言，闻见未忘于故老；某山某水，钓游如接乎前尘。肃祀事而孔明，幸典型之尚在。绍箕等忝同里闬，夙景表仪。北海诸生绪论，侧闻乎六艺；高阳群从雅游，屡与乎二方。奉手横经，多再传之弟子；垂髫执

业,亦私淑之门人。所冀华表神归,讲庐泽溥,儒风远扇,化雨时沾。徘徊石室之图,循复礼堂之录。没祭于社,念功德之在士林;书传其人,愿弦诵之绵学统。释奠者必有合知庠养校教之从同,闻风者莫不兴与山高水长而无极。神其昭格,鉴此微忱。”(《黄绍箕集》,230—231 页)

光绪二十九年　癸卯（1903）　五十岁

正月十二日（2月9日）　五十寿辰，端方朱拓“大吉”二字为之祝寿。

“拓汉建初买地券记内‘大吉’二大字祝鱼羊山人五十大寿，亦犹仪征相国为张解元用金文‘眉寿’二字遍征图咏意也。癸卯正月十二日端方敬记。”（西泠拍卖2016年秋）

正月二十三日（2月20日）　王彦威来函。

《王彦威日记》：“致端午桥书……两湖掌教黄仲弢、巡捕郑际平书。”（18册，293页）

正月二十九日（2月26日）　致电张之洞。

武昌黄学士来电：“江宁张宫保师：十二日蒙赐珍绮嘉毅，感悚交并。初四自鄂送东游学生赴宁，上谒叩谢，箕。艳。癸卯正月廿九日申刻发，亥刻到。”（《近代史所藏清代名人稿本抄本》第二辑，94册，466页）

二月初一日（2月27日）　为端方藏禅宗三祖僧璨塔砖题签“隋开皇僧璨塔记，匋斋藏，光绪癸卯二月朔，瑞安黄绍箕题”。是日，王彦威来电、来函。

《王彦威日记》：“发仲弢电，为质弟事……寄仲弢书。”（18册，296页）

二月十二日（3月10日）　谒张之洞，张謇来谈。

《张謇日记》：“谒南皮，直其寝。与仲弢谈。”（533页）

二月中旬　送留洋学生至上海。

《海日楼日记》三月一日：“辰初日食，辰正三刻复圆，食甚百

分之八十六……杨子勤钟羲自鄂来,言仲弢送出洋诸生至沪,其世兄同往。”(《沈曾植年谱长编》,291页)

二月十六日(3月14日) 在上海,与赵滨彦一起致电张之洞,言十八日赴南京。

上海黄学士、赵道来电:“江宁张宫保钧鉴:学生今午放洋,营学生十名,昨晚回鄂,箕、滨十八来宁。铣。癸卯二月十六日午刻发,申刻到。”(《近代史所藏清代名人稿本抄本》第二辑94册,625页)

二月十七日(3月15日) 晤郑孝胥、樊时勋于义昌洋行。

《郑孝胥日记》:“答拜赵渭卿于义昌洋行,晤黄仲弢、樊时勋。”(第二册,867页)

二月十八日(3月16日) 临行时致函吴重熹。傍晚与赵滨彦一同登江宽轮,自上海赴南京,在轮上遇王同愈。

致吴重熹函:

“仲饴姻伯大人尊前:一昨获亲教诲,钦慰无量。侄今晚登轮赴金陵,行色匆匆,不及走辞,至为歉仄。胡绍介农部祥鑅为先君按试所取士,嗣举甲午乡试,又出余弟绍第门下,学问优长,识议纯正,现奉讳里居,在制造局任译润之役。仰慕德望,叩谒崇阶,伏乞进而教之,不胜厚幸。倚装奉布,虔请勋安。草草不恭,并希涵鉴,不尽□□。愚侄黄绍箕顿首,十八日。闰生、稼生两弟闻均随侍,敬问安好。”(致吴重熹信札,中国嘉德2019秋季拍卖会)

《郑孝胥日记》:“赵渭卿约三月来接差。是夕,同仲弢赴宁。”(第二册,868页)

《栩缘日记》:“雨。亥刻登江宽轮船。买办施子香、张建臣、帐房杨增荣。同舟晤黄仲弢前辈、赵渭卿观察、李广侯直刺。”(《王同愈集》,422页)

二月二十日(3月18日) 抵南京,与赵滨彦一起下船。

《栩缘日记》:“平明抵下关。黄、赵俱登陆,乃偕二哥移榻官

舱。"(《王同愈集》,422 页)

春 在上海遇周拱藻,后有函寄之。

周拱藻《挽黄仲弢联》注:"癸卯春与公别于沪上,公之鄂而藻适鲁,厥后累得公手书有云'随境迁转,我佛所悲',又'势不能不飘然远引,但望事变稍缓须臾,容我得尽一分心力,以待来者,渐次改良,诚为万幸'等语。公竟往矣,不复相见矣,摩挲故纸,为之恻然。"(《黄绍箕集》下册,756 页)

二月二十三日(3 月 21 日) 张之洞卸两江总督任后,随其乘楚材轮返鄂。

《张之洞年谱长编》:"乘楚材轮船启行西上。"(778 页)

三月初一日(3 月 29 日) 抵武昌。

《张之洞年谱长编》:"抵武昌。"(778 页)

《栩缘日记》:"拖泥带水而接抱冰。"(《王同愈集》,425 页)

三月 作《张母李太淑人七十寿序》,祝贺岳母七十大寿,略云:

"今岁三月,太淑人年七十,宫保师谋所以为寿,适奉诏北上,乃命子姓举祝延之礼,而绍箕为之辞,抑绍箕窃有感焉!自亲炙宫保师,获闻光禄公家法之严肃,居官之刚正,爱民如子,而治事精断如神明。其在兴义,值苗乱,誓以家属与城俱存亡,赖战守有方,围寻得解,太淑人亦时时言之。往者绍箕侍我先父通政公归里,我先祖母年八十矣。常道咸丰末土匪围城事,时通政公邑绅耳,我先祖母亦在围中,其情事乃绝相类。至于我先祖自处之清约,授徒之竭诚,成材之众多,每一闻之,累日而感不绝于予心也,今不可复闻矣。回视太淑人,耳目聪明,眉寿未艾,如古所称仙真人常在人世间。辄叹慕黄楼以为天伦乐事不可及也。"(全文见《黄绍箕集》,213—215 页)

三月十八日(4 月 15 日) 与端方等在武昌景桓楼同观《清代名贤诗翰卷》,笪重光、陈鹏年、沈宗敬、袁枚、蒋士铨、陈万全、

洪亮吉、王芑孙八家诗,并留题“同日瑞安黄绍箕观”八字。(北京保利国际拍卖有限公司2009年秋季拍卖会,1893号拍品)

四月初四日(4月30日) 在湖厅宴请濮子潼等人,王同愈陪席。

《栩缘日记》:“仲弢宴客于湖厅,客为濮滋泉廉访及朱观察。余适患头疼,夜饭毕,乃往陪。”(《王同愈集》,427页)

五月初八日(6月3日) 闻郑孝胥到武汉,来访。

《郑孝胥日记》:“九点抵汉……至长春观谒岑云帅……即返局,仲弢来谈。”(第二册,878—879页)

夏 收得朱筠旧藏宋本《风俗通义》,书眉有朱氏校语及印记。(《瑞安五黄先生系年合谱》,《孙延钊集》,316页)

五月十六日(6月11日) 张之洞来电。

“致武昌黄仲韬学士。密。前托函致赵次珊商袁春第事,次珊意若何,祈速示。壶,咸。癸卯五月十六日巳刻发。”(《近代史所藏清代名人稿本抄本》第二辑52册,第53页)

五月 作《题赵君举世丈遗墨》七绝二首。

“宁寿宫中古鉴完,余得《宁寿古鉴》稿本,潘文勤定为陈太常泳手迹,列大内各处陈设古器目至备。内有乾隆间平江所出古编钟,所摹文剥蚀不全。自来金文家所未闻也。平津馆内《萃编》存。往在都中厂市,见严可均《平津馆金石萃编》手稿,绝精,计三巨册,尚缺宋元一册,以直昂未收。云烟过眼亲成录,又见明诚缀手痕。

波戈精绝细书新,字说诗篇并入神。当日潜研嗟拾烬,晚来想望太平人。”

闰五月初七日(7月1日) 致函赵凤昌。

“竹君仁兄大人阁下:三奉手书,阙然不报,悚疚实深。昨又辱惠教,敬悉一切。前寄件一一照信收到,比维起居安胜,至为企念!所论自来火厂事,极为明切,匋公本有意挽回,当再如尊旨告之，劝其坚持到底也。照片请送交宝子申观察巽，子年之兄寄东，渠留沪不久也。即请台安。冰师大约至早须七月出京，北上后有电无信。吕、盛诸公返京否？便乞示及。弟箕顿首，闰七日。”（《黄绍箕集》，351页）

六月初五日（7月28日）　《湖北学报》上刊登某君“答两湖书院监督黄先生”函，论学事问题四则。

“湖北学议：学事问题四则，谨就管见答呈：答两湖书院监督黄先生

一小学招收学生自十二岁始，其十一岁以下自习之生，应如何教授，宜定一规则，由官颁令照办。按：外国小学堂以七岁至十岁为寻常小学，十一岁至十四岁为高等小学，高等小学亦有二年毕业即入中学校者，中国此时以十二岁入官立小学堂，适符外国高等小学二年毕业入中学之时，以前所学，自应得普通学之初步，决无随意散放之理，考外国义务教育至短定四年，由七岁至十岁，至长定八年，由七岁至十四岁之紧要课程，为修身、国语、算术、体操四科，以外尚有历史、地理、理科专在高等小学国画、手工等科，前四科为主要课程者，以修身植德育之根柢，以国语、算术植智育之根柢，以体操植体育之根柢，有是四者而后粗备我国民之知识也。今我收十二岁以上之儿童入官学，以前私学亦应规仿其意。但外国所谓国语者，即括读书、写字、缀文等事。又中国体操术流行民间者，尚不广，是宜变通办理之，今拟私家教授，备入官学资格如左：

一、读书　于《孝经》、“四书”外，尚宜诵二经（或《诗经》《戴记》或《尚书》《左传》）

一、解字　解字分二种，一单字，如各种名词、形容词、动词等如天地日月水火等为名词，青黄白绿远近大小等为形容词，如花开之开字，鸟鸣之鸣字，天走之走字为动词之类。一连续字，为数字连续法，即能解书中整句是也。

一、写字　分二种，一作径寸以上之楷书、行书（不用印本），一能作人格之小楷。

一、算学　整数加减乘除用珠算亦可,诸等加减乘除,能知分数小数者,更佳。再深者无容求乡间有望子弟速成者,专令习算学,大害儿童身体,是宜切禁。

一、身体　以结实完全为合格,如加意爱护不能少受风日者,为不结实,不留意饭食衣服与滥施棰楚浸染痼疾者,为不完全。

其亲族护养儿童身体之法如左:

甲.留意饮食衣服不可过多过厚如烟酒二事不许早尝。

乙.使为适宜运动人生运动之度与成长之度相待,幼儿期成长最速,其运动亦最剧,制其运动是窒其生气也。放之而不加察,又恐过烈而转伤身体,家长悉心求之可矣。

丙.勿滥施棰楚鞭扑家长不可,教师尤不可

丁.清洁其身体衣服衣服宜洁净非华丽,切勿误认

一、威仪　一属举止行动,一属应对言语,其教导之法如左:

甲.就已读书中提示之。

乙.以古人事迹,或儿童目见之,老辈解说之。

丙.家长时携之出门游息、宴会,以练习之。

按上六者以威仪植德育之基,以身体植体育之基,以读书、解字、写字、算学湖北明算学之人甚多,珠笔更多,限家授,此学决不为难植智育之基,小学堂入学试验即本诸此,似可以行。

钧又案:国家教育主义,宜图普及,将来无论官立私立小学堂,皆宜分初等、高等两种,或一堂中专设初等,专设高等,或两等并设,皆可。断不得永远止设高等小学,于初等小学听之民间,而官不过问也。此时省中建造小学堂房屋亦宜豫定两等之规,不过此时教习不完全,教法不详备,暂设高等小学,而以初等教育立一规格示诸民间,以为入此官学之地步也。若欲以此规则颁为定令垂诸永久,则失普及教育主义矣,是否有合,敬乞钧裁。”(《湖北学报》第一卷,1903 年,97—100 页)

六月 孙宝琦上条陈时政，保举人才，所保者有谱主、陈宝琛、杨文莹、樊恭煦、黄遵宪及张元济六人。

孙宝瑄《忘山庐日记》八月二十二日："又闻慕兄于六月间条陈时政，保举人才，颇不称上意。所保者陈宝琛、黄绍箕、杨文莹、樊恭煦、黄遵宪及张元济六人。条陈中所言不一，中有请饬宰相大臣坐而议政及改官制二款。慕兄自谓十年学问阅历，举在此折中，亦可谓敢言。"（中册，721页）

七月初三日（8月25日） 致电张之洞。

"武昌黄学士来电：张宫保师鉴：诚密艳电并致陶帅电敬悉，寿文肤浅，照料不周，承谢愧悚。书局之议，感恩无地，惟先茔工程未毕，秋冬间必须归自料理。如遽奏准，势不能即行北上，实深皇恐，求诲示，请转张、荣两尚书并谢绥江。七月初三日亥刻发，初五日午刻到。"（《近代史所藏清代名人稿本抄本》第二辑，96册，200页）

七月间 访从弟黄绍第于宜昌。

《题黄山谷三游洞题名》诗序："光绪癸卯七月，访叔弟缦庵于宜昌，八月五日偕至三游洞，于洞内深黑处，得山谷老人题名。按：山谷以绍圣二年谪黔州，时年五十一，伯氏元明同行。《黔南道中日记》云：'三月辛亥次下牢关'，此刻正在其时。'三月'下即'辛亥'二字也。辛纮时为巫山尉，子大方并侍行。'纮'字系旁，视放翁入蜀时所见已少泐矣。流传绝少，爇火摩娑，欢喜赞叹。亟命工拓墨，系以三绝句。"

八月初五日（9月25日） 与黄绍第偕至三游洞，于洞内深黑处，得黄庭坚题名石刻，并作《题黄山谷三游洞题名》七绝三首，曰：

"涪翁西行五十一，我今五十学随缘。风中鸿雁重来集，过眼江山九百年。一

万镞离弦韵有余，《鹤铭》《雁塔》势萦纡。此行人与书俱老，

悟入长年打桨初。二

岩岫深奇未赋诗,重扃秉烛有微思。散花一着终成累,寄语人天共护持。闻一妄人欲刬去别刻字,有尼之者,得幸存,是日陈云仲太守同游,嘱为勒石其旁护之。三”

八月十六日(10月6日)　与绍第再至三游洞,得欧阳修题名石刻,作《题欧阳公三游洞题名》五古:

“彝陵山水奇,入峡此东道。千峰缭翠壁,划然发天巧。元白苏黄陆,行旅有述造。千载山主人,卓荦余文藻。放翁昔搜寻,泐缺知已早。拂尘惊乍见,欢若墨未燥。石粗故易剥,穴黑得常保。公昔奉母来,江乡足鱼稻。县楼日对山,覃研职方考。公为令时,纂《五代史》。嘲弄时闲作,吏牍杂诗稿。想当清秋初,溯川消积潦。石乳凝云扃,岩荪照晴昊。判官夙同调,缘险恣幽讨。淋漓修史笔,悬壁偶一扫。引绳无欹斜,濡毫绝瘠槁。乃知大贤心,精严常在抱。令君无结衔,庭趋宁足恼。公《与尹师鲁书》云:‘昨日因参转运,作庭趋,始觉身是县令。’公视官如家,视民如襁褓。追俗玩岁月,自分桐乡老。岂知屡起蹶,入汴发已皓。梦中渡横查,苦忆山县好。公在京师有《忆山示梅圣俞诗》。东山有题咏,汉庙闻祈祷。遗文犹在诵,贞石翳荒草。寥寥残字在,永为兹山宝。欧阳公《东山寺诗》《汉景帝庙祈雨文》,又《至喜堂记》,黄山谷书;山谷建中靖国元年东迁,重至三游洞,又有题刻,放翁入蜀道彝陵,皆亲见之。山谷题名,当时石已崩仆洞外溪上。王渔洋《蜀道驿程记》谓:“《至喜堂记》断碑数十字,在东门民家作砌石。”二公当时迁谪,当轴恶之,俗人亦忽之,数百年后得其残碑断刻,珍逾球璧。桐轩大令仁兄笃慕前修,雅好金石,方谋与叔弟博求之,不知尚在人间否也?”

《题欧阳公三游洞题名》诗序:“八月十六日再至三游洞,又得欧阳公题名石刻于洞内右壁。校放翁《入蜀记》,字略同,惟‘四’字下‘年’字今全泐。‘丁’字下‘谛审’是‘元珍’二字,为欧阳公同年丁宝臣之字。南宋时已为妄为加刻划,故放翁疑其不类耳。

岫穴深黝，尘翳已久，初至竟失之，宜居人，过客之不及知也。六一题名尤罕见，致足宝贵。”

八月 黄绍第以两刻拓本合装成幅，与绍第各赋长歌，即以为别。

《缦庵合装欧黄题名悬斋壁再题一诗兼以为别》：“庐陵少孤贫不忧，登朝一节论千秋。波中金石仰看物，著书不足来寻幽。维摩老子稍后进，文章不同有心印。书骨权奇如其人，未得书碑聊自运。欧阳公《至喜堂记》，山谷书，国初残石尚在，遍访不可得。当是山谷东还时所书。二公气立万物表，白傅西来恨太早。中间题壁有苏公，作诗父子三人同。苏公兄弟晚飘泊，壁诗磨灭无由踪。三苏至三游洞皆有诗，东坡有三绝句留石壁。山谷《黔南道中日记》不云见坡诗，放翁《入蜀记》亦不及，殆漫灭久矣。尹余继去众已骇，元祐党碑满天下。平生师友如云龙，万事升沉付埃马。欧公有母黄有兄，至乐天与谁能伤。但说山川蒙藻缋，岂知点画含风霜。缦庵缦庵勿惜别，吾家风义足可惜。公家事了栽红梨，烹茶读书且面壁。”

秋 将《题黄山谷三游洞题名》七绝三首寄赠同年梁鼎芬，梁作《癸卯秋同年鲜庵学士以三夷陵洞口山谷题名寄赠文闱之暇漫成三绝末首自况又不如也》三绝：

“黄三学士为闲客，黄九先生是谪仙。八百年来才识面，山花岩草尚嫣然。

几时笔坠虾蟆碚东坡作背，蜀音佩，此处书成瘗鹤铭。愁向下牢关外路，声声望帝不堪听。

武昌盐史今无考，张祉文流我所亲。无分拿舟省姑氏，雨窗呜咽赋青神。涪翁既作武昌盐史，会江涨不能下峡，乃拿舟至青神，省见张氏姑。祉字介卿，姑之子也。伯鸾表弟，吾龙氏姑妹子也。姑妹于鼎芬有教诲饮食之恩，今夏不救，伯鸾远来商葬事，麻衣相见，悲不自胜。”

十月十五日（12 月 3 日） 《黄学士文普通中学堂开学演

说》全文发表于《湖北学报》。

今日为中学堂开学之期，兼院、学院训谕之言，详明恳切，又属绍箕一言为诸生告：

现在环球各强国，所以能自立而日益强盛者，其真实力量，全在国民。中国士人涉猎新书，见闻稍广者，便自命为国民，不知欲成国民，宜先讲人格。现奉明诏开办学堂，正欲养成国民，诸生既入此堂，必不可不以国民自待，然却不可遽然自谓已成国民，必先力学，使人格具足，乃是真正国民。人格者谓人之资格，必有三事皆完具，而后成其为人，品行、知识、技能三者是也。

各国谓小学为国民教育，诸生皆各府、州、县生员，入学之初，又屡经考试，就文笔论，较各国寻常小学生不必论，即高等小学生，亦必过之，惟外国小学生，于各科学皆有门径，诸生尚待补习。此即知识、技能尚多未具，即是人格尚未完全。人格之义，即古所谓成人。中国古圣教育最重之《学记》曰："七年视论学取友谓之小成，九年知类通达，强立而不反，谓之大成。"小成、大成指成人之程度而言。《书》称"商耇成人"，《诗》称"老成人"。其人格完具皆在早年，至耇老时学问更深，阅历更多，才识更老练，故国家倚以为重。《孟子》曰："孔子之谓集大成。"孔子答子路成人之问，谓兼智、廉、勇、艺，而文以礼、乐，亦可以为成人。成人之程度虽不同，然至小成人则人格已具矣。《冠义》曰："已冠而字之，成人之道也。"又曰："孝弟忠顺之行立，而后可以为人。"古者二十而冠，其礼最重。计其学年，正在小成之际。今诸生年岁大率二十左右，中学普通程度，适与小成相当。

现在世界风气大开，竞争之祸最烈。所应具之知识，所必需之技能，较古时为更多。若无品行，虽有知识、技能，皆不足论；若止讲品行，而无知识、技能，无论心地如何好，气概如何盛，要做忠臣孝子，断断做不成，无论宗旨或旧或新，皆是无益，而且有害。

鄙人向来最爱学生，最敬重学生，今所期望于诸生者，有极平常的六字，曰“守规矩、办功课”。能守规矩，则品行自立，有必应为之事，有必不为之事；能办功课，则专心科学，知识、技能自然日长一日，将来毕业后入高等学堂，长进更多，成就更大。

再有一义，敬告诸生，诸生责任极为重大，不可不知。湖北居长江之中，又居南北铁路之中，长江为天然的地理，铁路为政治的地理，其中心点皆集于武汉，武昌尤为省会重要之地。张宫保师帅累年在鄂，经营百端，于学堂尤为注重，兼院与宫保师帅同心协力，不问款项如何支绌，必欲办成今日之局，而各位官长，又竭力赞助，延请中外各位教习先生，皆深通各科学，素讲教育理法。就目前各省学堂论，实不能不以湖北为称首。我大清国现在时局，危急万分，就地势人事论，一线生机，亦实不能不首望之于湖北，而湖北生机即在诸生身上。若数年后，全堂学生，人人学成人格，其感化必甚速。省城文武各学堂，各师范学堂，各路小学堂，各府、州、县中小学堂，现已次第开办，必能使通国皆成国民，必可出力扶助国家，我大清国无

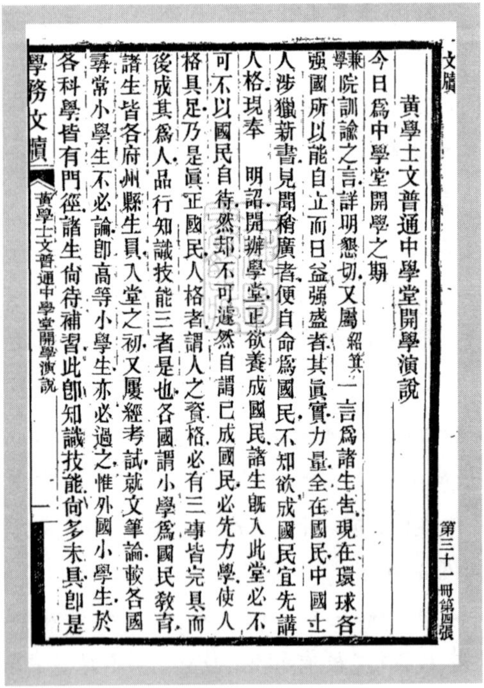
文牘　第三十一冊第四張

黃學士文普通中學堂開學演說

今日爲中學堂開學之期兼院訓諭之言詳明懇切又屬紹箕一言爲諸生告現在環球各強國所以能自立而日益強盛者其眞實力量全在國民中國士人涉獵新書見聞稍廣者便自命爲國民不知欲成國民宜先講人格現奉　明詔開辦學堂正欲養成國民諸生旣入此堂必不可不以國民自待然𨚫不可遽然自謂已成國民必先力學使人格具足乃是眞正國民人格者謂人之資格必有三事皆完具而後成其爲人品行知識技能三者是也各國謂小學爲國民教育諸生皆各府州縣生員入堂之初又屢經考試就文筆論較各國尋常小學生不必論卽高等小學生亦必過之惟外國小學生於各科學皆有門徑諸生尙待補習此卽知識技能尙多未具卽是

學務文牘　《黃學士文普通中學堂開學演說》　一

▶黄学士文普通中学堂开学演说(《湖北学报》1903年第一卷，9—12页)

论到何地位,必有翻身之一日,外国教育学家称学生为“第二班国民”,盖以文明之国,无人不学,其已学成者,皆是国民,故称学生为“第二班国民”。中国人民多不知学,我极望诸生专心成学。敬以四字奉颂曰“头班国民”,愿各自勉励毋怠!(《湖北学报》第一卷,1903年,9—12页)

十一月十四日(1904年1月1日) 陈虬卒于瑞安,年五十三。谱主作挽联:“当以文章横行一世;分其余技足了千人。”

十一月十八日(1月5日) 王彦威为谱主差事上张之洞书。

《王彦威日记》:“上张尚书书,为沈子封、黄仲弢差事。”(18册,325页)

十一月二十三日(1月10日) 王彦威来函。

《王彦威日记》:“寄仲弢武昌书。”(18册,326页)

十二月十一日(1月27日) 致电张之洞。

“武昌黄学士来电:京张宫保师鉴:闻钧履稍有不适,极念。吴府经文大蕴云,有一方,用鲜田螺,入冰片取水,再加熊胆少许,忌见火,俟其自化,涂患处,屡见神效。又每日用洗面水洗患处,亦效。谨闻,箕,真。癸卯十二月十一日亥刻发,十二日酉刻到。”(《近代史所藏清代名人稿本抄本》第二辑,97册,151页)

十二月二十三日(2月8日) 日俄开战,以东三省为战场。

十二月二十四日 端方来电:

“朝鲜线断否不可知,大约非大北公司线。但声明:‘电报传不到不担责任耳!’吴候调,方北上,中国若真守局外,各路派兵入援,恐于公法不合。查牧来电‘学生缓去’。兰孙在日当无防碍,若日打败仗则须躲避矣。文老九送之百元,请吃一顿,当不致大怒而去。

鱼羊山人。方,敬。”(《黄绍箕集》,908页)

十二月二十七日(2月12日) 清政府宣布“局外中立”,划辽河以东地区为日俄两军“交战区”。谱主喟然叹曰:“中国可谓

局中外立矣,乃自以为局外中立乎!"(《清稗类钞》)

是年 陆润庠来函,请照顾其弟。

"去冬奉致一函,想邀鉴及。舍弟藻前以廪生应经济特科未入选,嗣以优贡得知县,分发湖北,虽现有土税文案一差,系柯逊翁所委,于地方终属隔膜,务求格外垂青,为之设法,或于孝帅前揄扬之,感不可喻。兄庠又启。"(《黄绍箕集》,810页)

是年 见陈庆年撰《中国历史教科书》首卷,而致书称许"前序于历史一学,可谓创通大义,神州不亡,赖良史之力"。

宣统元年三月陈庆年《中国历史教科书后序》:"桑原骘藏《东洋史》自樊炳清译本出于东文学社,其书盛行,殆遍于东南诸省。庆年在武昌时,见诸校印行者,已有数本。盖自己亥以来四五年间以此为教者相属也。顾其为书世界史之例耳,而于国史所应详者,尚多疏略。光绪癸卯,两湖立文高等学堂,庆年任历史课兼教文普通学堂,欲以己意缀事,别为本邦史。念是邦学子于桑原之书诵习已久,其书于全亚国际之关系最所注意。我邦经庚子之乱,甫阅数年,牖之以识世界,于义亦急,遂不复自为,略依桑原篇题,补集事实,以为是编。瑞安黄仲弢见首卷,贻我以书,谓前序于历史一学,可谓创通大义,神州不亡,赖良史之力云云。其勖勉甚至,余谢不敢任。日有所述,应课程而已。鄂垣他校,稍稍肄及,徒党传述,乃渐流于外郡。甲辰之夏编至明季,得六卷。瑞安孙仲容贻书仲弢索之,以遗学者,以是颇及于浙东。"(《陈庆年文集》,许进、徐苏编,南海出版公司1996年版,147页)

光绪三十三年八月二十日陈庆年致端方信札:"尚有《中国历史》,湖湘子弟皆得沾溉,盛为鲜庵所称。"(《横山乡人年谱》)

光绪三十年　甲辰（1904）　五十一岁

正月　起草编纂《中国教育史》,先撰《采辑中国教育史长编略例》。

近年东西各国讲求教育,皆有专史,为各教科中最重要之书。日本长谷川乙彦氏《教育制度论》谓:"欲定教育制度,当先研究教育史。"今拟仿其例,纂《中国教育史》,先辑《长编》,以资甄择,其采录之类,略分为二大类:

一、关于教育之制度事实;

一、关于教育之议论理想。

就四部书依类采录,以时代为次。

有与学校非一事,而关系至大者,如国家之用人选举、征辟、考试之类,士大夫之风尚清谈、佛学、词章之类是也,此类不能尽录,或综叙源流,或动关政俗,不论繁简,必不应采入。

采辑之意,宜参照各国教育情形,今略举如下:

各国之教育主义有三:一德育、一智育、一体育。

教育之方法有三:一管理法、一教授法、一训练法。

大学略分六科:一文科、一法科、一理科、一医科、一农科、一工科。

中等普通之学约十馀科:一宗教日本曰修身伦理、一国文、一外国文、一历史、一地理、一算学、一博物、一物理、一化学、一法制、一理财学、一图画、一唱歌、一体操。

上仿日本学章录入,欧美各国略有异同,大致亦不外是。日本高等小学,又有参酌各地方情形,加随意科,如农业、商业、手工业之类者。其大学各科子目甚繁,不具述。女学最为要务,陆军、海军皆设专校,美术、音乐,下至艺徒,亦有专校。其小学以普及为主义,谓之国民教育,亦曰义务教育,有不入学者,罪其父兄,故又谓之强迫教育;未入小学以前,谓之家庭教育;一切教法以发达之根本言,谓之精神教育;以进化之究极言,谓之个人教育。

中国自周以前,书阙有间,汉以后立法不备,各科学及教法较之近日各国缺乏殊多,然事实或偶见有端,议论或略具有微旨,若斯之类,尤可宝贵。涉览所及,必当留意采录,一字不遗。(《黄绍箕集》,475—476页)

正月十一日(2月26日)　张志瑛来访,不遇。

《张志瑛甲辰日记》:"坐车至织布局,看王三大人,不遇。"按,王,当为黄。

正月十二日(2月27日)　生日,张志瑛来访,谈贾楚玉所托事。

《张志瑛甲辰日记》:"乘轿到织布局禀见三先生,畅谈楚玉所托各事。是日,三先生寿庆。又四公子开学,话别告辞,雇划过汉。"

正月二十二日(3月8日)　张志瑛上谱主夹单一件再启一件,清折一扣。

《张志瑛甲辰日记》:"上黄学士夹单一件再启一件,清折一扣。"

正月二十八日(3月14日)　学务大臣等奏谱主堪以派充京师编书局监督。

《荣庆日记》:"卯入值,奏派支芾卿进士馆监督,乔茂萱中小学堂监督,朱桂辛译学馆监督,黄仲韬翻书监督,午饭政务处。"(70页)

学务大臣等奏选派学堂及编书局监督折:

"奏为选派各学堂及编书局监督,恭折具陈,仰祈圣鉴事。窃维创办学堂事体繁重,首在董率得人,方足以杜流弊而收实效,奏定章程内开宗室觉罗八旗中学堂教习、进士馆、译学馆均应设监督一员,由学务大臣派充等因,查宗室觉罗八旗中学堂总教习鸿胪寺少卿毓朗因兼差过繁,自行辞退,总办升任翰林院侍读宝熙已出学差,查有刑部郎中乔树楠堪以派充该堂监督。又查有翰林院侍讲学士支恒荣堪以派充进士馆监督。江苏试用知县朱启钤堪以派充译学馆监督。其各学堂提调酌量情形,或以一人兼摄两差,薪水仍照原支数目发给,总期官不多设,事皆核实,至将来规模大备,学生众多,所派人员亦不得逾此次奏定章程之数。至编辑学堂课本于教育人才关系颇巨,应派品粹学优,夙有清望之员一手经理,庶可整齐学术,力遏卮言,查有翰林院侍读学士黄绍箕堪以派充编书局监督,兼令督办译书事宜,以昭慎重。所有臣等选派各学堂及编书局监督缘由谨缮折具陈,伏乞皇太后、皇上圣鉴。谨奏。"(《四川官报》第九期,1904年,7页)

是日 张之洞致电王彦威,询问谱主派充编书局事。

《王彦威日记》:"得南皮尚书电(天津),问仲弢书局事……以仲弢事致冶秋尚书书,得复。"(18册,348页)

正月三十日(3月16日) 张之洞来电,告知奏派充编书局监督之事。

"致武昌端兼院、黄学士甲辰正月三十日寅刻发:

密:顷得张冶翁电,仲韬已奏派编书局监督并办译书,奉旨依议等因。壶,艳。"(《近代史所藏清代名人稿本抄本》第二辑,52册,99页)

二月十五日(3月31日) 张志瑛来访,不遇。

《张志瑛甲辰日记》:"到织布局见三大人,不遇。"

二月十六日(4月1日) 张志瑛来访,谱主留饭,与黄绍第同席。

《张志瑛甲辰日记》:“二、到黄大人处见菊仙。三、见三大人,留饭,与四大人同席。”

二月十七日(4月2日) 张志瑛来访,不值。

《张志瑛甲辰日记》:“二、不见三大人,欲见四大人,辞以睡。三、见菊仙,托楚玉信转呈三大人并请回音。”

二月二十三日(4月8日) 张志瑛来函。缪荃孙来访。

《张志瑛甲辰日记》:“二、上三先生书。”

《艺风老人日记》:“壬申,晴,稍凉,拜黄仲弢,送丛书、日记、高等章程、辽文。”(1642页)

二月二十四日(4月9日) 到端方处祝寿,晤张之洞、梁鼎芬、李少东、桑铁珊、缪荃孙。

《艺风老人日记》:“癸酉,晴。端午帅处祝寿,晤壶帅、仲弢、节庵、少东、桑铁珊。”(1643页)

二月二十五日(4月10日) 缪荃孙来访。

《艺风老人日记》:“甲戌,阴,饭后大雨,冷……拜仲弢、善余、幼农。”(1643页)

二月二十六日(4月11日) 赴梁鼎芬招饮,与华世芳、黄绍第、黄伯雨、杨模、瞿世玖、缪荃孙在座。

《艺风老人日记》:“乙亥……节庵招饮,华若溪、黄仲弢、叔容、黄伯雨、杨范甫、瞿季恒同席。”(1643页)

二月二十七日(4月12日) 持片来约张志瑛。

《张志瑛甲辰日记》二月廿八日:“十一、补昨黄学士持片来约。”

二月二十九日(4月14日) 张志瑛来,为谱主夫人诊脉开方,并谈贾楚玉所托事。

《张志瑛甲辰日记》:“五、乘东洋车二顶到黄公馆。六、为林若川夫人复脉开方,前病已渐愈。七、叔颂观察留饭。八、仲弢夫人诊脉开方。学士足有恙,畅谈楚玉所托事。九、学士以舆送至白鳝庙前。”

三月二十日(5月5日) 致电张之洞,为缮写张镆墓志铭事。

“张宫保师:效电谨遵,缮恤赠字样,如何写法,容详查电请酌定。绍箕叩复,号。甲辰三月二十日亥刻发,廿一日午刻到。”(《近代史所藏清代名人稿本抄本》第二辑,97册,407页)

三月二十五日(5月10日) 致电张之洞。

“张宫保师:查金石例诸书及唐宋以后总集别集数十种,惟王兰泉《春融堂集》,赵文哲墓志,冯林一《显志堂稿》,金宝树墓碑,结衔均有‘恤赠’字样,可否照用,求示。箕,有。甲辰三月二十五日巳刻发,申刻到。”(《近代史所藏清代名人稿本抄本》第二辑,97册,451页)

三月二十八日(5月13日) 致电张之洞。是日孙诒让来函,问及“文明史已脱稿否?闻采摭极博,兼史部政书、子部儒家之精要,是不刊之作,非徒为教科增一佳册也”。

“武昌黄学士来电:张宫保帅:有电敬悉,恤典在八年之后,自以用‘赐恤追赠’四字为完善,谨遵写。箕,俭。甲辰三月廿八日酉刻发,廿九日辰刻到。”(《近代史所藏清代名人稿本抄本》第二辑,97册,504页)

孙诒让来函:

“中弢仁兄姻大人有道:前贡寸笺,亮尘清览,比维著祉清娱为颂。文明史已脱稿否?闻采摭极博,兼史部政书、子部儒家之精要,是不刊之作,非徒为教科增一佳册也。南皮师已回任,闻又有江宁之行,不审有何查办事件?去冬承购小口径枪,惟铅弹尚未寄到。昨接令亲叶芰汀来函,又似已付邮寄,不知耽搁何处,千万乞为查示,以便向索。倘未付寄,并乞早日觅便寄下为盼。兹有永嘉曾生宗鲁,为弟旧识,年力甚强,志趣极高,毫无少年子弟浮惰柔脆之态。去年在武备学社习兵操,亦极勤敏,自是可造之才。顷已入鄂省兵学堂,伏祈大力惠赐提携,俾得早日脱颖而出,不至沉滞曹伍之中,则感佩为无既矣。吾乡近况犹旧,芰汀当能详述,兹不觐缕。匆匆奉恳,敬叩台安,伏祈察鉴不备。姻小弟诒让顿首,三月廿八日。"(《黄绍箕集》,794 页)

四月二十九日(6 月 12 日)　张志瑛来访,留午饭,与黄绍第、沈凤锵等同席。

《张志瑛甲辰日记》:"一、早晋省先至织布局,禀黄三先生。二、三先生留午饭,四先生自宜先驻局,同席,并见沈桐轩大令、陆大令。"

五月初八日(6 月 21 日)　王彦威卒,年六十三。

何奏篪《清故太常寺卿王公弢夫墓志铭》:"光绪三十年甲辰五月初八日,太常寺少卿王公薨于位。"(《广清碑传集》,卷十五)

五月十九日(7 月 2 日)　乘轮回瑞安,张志瑛、任桐等送行。

《张志瑛甲辰日记》:"一、送三先生行。二、收任琴甫片,通知送行事,又代送四先生生辰礼洋三元零五角。"(温州博物馆藏原稿)

《任桐致张志瑛片》:"张大老爷万安巷轮船局:今日黄三大人归里,请到顺记送行。黄四大人明日寿,送礼已收,各派洋三元五角,专布,即请升安。任桐顿首。"(温州博物馆藏原稿)

五月二十日(7 月 3 日)　翁同龢卒,年七十五。

《张謇日记》五月二十五日(7 月 8 日):"见报载常熟以二十日夜无疾而终,去十八日之别二日耳,遂成千古永诀。"

《郑孝胥日记》六月初八日(7 月 20 日):"翁同龢卒,实五月二十日,已见恩诏。"

五月二十九日(7月12日) 抵家。

六月初十日(7月22日) 致电张之洞,言劝孙诒让出任存古学堂监督被拒之事。

"温州黄学士来电:张宫保师:江电敬悉,廿九到家,屡向孙主政极力劝驾,孙极感盛意,惟渠意谓保粹是要义,现以救危亡为急。此举似可略缓,且英俊有志者,多愿习科学,恐办不好。转辜委任。嘱代婉辞陈谢。箕谨复,蒸。甲辰六月初十日巳刻发,酉刻到。"(《近代史所藏清代名人稿本抄本》第二辑,98册,664页)

六月十二日(7月24日) 张之洞复电,言拟于武昌设存古学堂,托谱主劝孙诒让务必出任学堂监督。

"张之洞真电:蒸电悉。近日风气,士人渐喜新学,顿厌旧学,实有经籍道息之忧。仅恃各学堂经史汉文功课,晷刻有限,所讲太略,文学必不昌。久之,则中国经史文字无师矣。故拟于武昌省城特设存古学堂以保国粹。若以新学为足救危亡,则全鄂救亡之学堂,已二三百所。而保粹之学堂,止此存古一所,于救亡大局何碍?有才有志之士知保粹之义者,尚不乏人,断无虑无人信从也。救时局、存书种两义,并行不悖,日本前事可鉴。鄙意拟奏增章程一条:'向来三年一举优贡,十二年一次拔贡,照旧举行,专考中国经史词章古学。'即所谓并行之道也。务再力劝仲容来鄂,为此堂监督。此堂学生,将来专供各学堂中学、国文数门之师,存此圣脉。切盼。真。"(《黄绍箕集》,下册,832页)

六月十四日(7月26日) 赴温处道童兆蓉约饮,与项崧、陈祖绶、周仲明、张志瑛在座。周仲明邀约夜饮下棋。

《张志瑛甲辰日记》:"一、观察童公约饮,座中黄学士、项申甫太守、陈墨农大令、周仲明广文。墨农病,酒不到。二、仲明约陪黄学士夜饮手谈。"

六月十九日(7月31日) 复电张之洞,言孙诒让举荐宋芸子和林颐山。

“温州黄学士来电甲辰六月十九日辰刻发,二十日戌刻到:张宫保师:真电敬悉,孙甚佩钧筹深远,惟自云多病,难胜任,拟荐宋芸子及浙人林颐山自代,乞裁择。道履近计安,复极念。箕,皓。”(《近代史所藏清代名人稿本抄本》第二辑,99册,83页)

六月二十二日(8月3日) 王鹏运卒于苏州。

《郑孝胥日记》七月十五日(8月25日):“程雨亭电告:王幼霞以六月廿二日卒于苏州。”(第二册,954页)

七月初三日(8月13日) 向张志瑛等辞行赴京。

《张志瑛甲辰日记》:“三、黄学士来辞行。”

七月初八日(8月18日) 在上海,王同愈来谈。

王同愈《栩缘文存·文选》:“(七月)初八日停课,出谒匋斋中丞、申甫同年、仲弢前辈、陈善馀、陈士可纵谈一切。”(《王同愈集》,55页)

七月二十日(8月30日) 陈庆年来函,畅谈史地学在爱国主义教育中的重要地位,以及将离鄂赴苏的理由:

“沧浪亭一晤,竟日论心,其乐无极。弟此次至苏,全为地方义务。陶斋尚书既允饬镇道提罚款五万归入府中学堂,于地方目的,固已达矣。而尚书因即以地方义务责弟自尽无以自解,日前从者更为尚书致意,情文周挚,其事殆不能遂已。而弟固亦有志愿,拟藉效涓壤于学界,敢以微意,贡诸执事。窃以为教育指归,至令人爱国而极矣。然爱国之理,必先由于知国;知国之源,必先基于知乡。东西教育家谓舆地能养成生徒爱国心。又言,观治历史者之多少,可以验爱国心之多少,其重视此二学如此。然其致力之法,必自乡土地理、乡土历史始。以考察乡土之方法,而考察一县,以渐被于全国;以仁爱乡土之思想,而仁爱一县,以渐被于全国。知识内充,势力自然外拓。西洋自十八周以来至于今兹,其义益显,未有能易之者也。天下之患,莫患于外势日逼,而内力不发。今之教舆地者,于殊域之山川、列强之局势,移译指画,郜郜而未有已。无已,而言本邦,其于职方之概略,与夫直省之沿革,摭拾构缀,或亦不患其无辞,独至于州县一方之地形,校舍附近之情状,胫腓之所能周,耳目之所能察者。教员无其法,教科无其书,此内力之所以日缩,而国势之所以不振也。弟欲扩张此学,以履勘调查之便,不能不以本省为权舆;依亲疏远近而推,不能不以本乡为张本。适会宫保师帅奏定章程,颇重是学。溗阳尚书来抚吾苏,可成微志。跛者思奋,遂思有所藉手,如吴地之记幸而有成,尚思续辑《楚宝》,少佐宫保闳业于万一。吴楚相望,在宫保教思无穷,容保我民,原无疆界,何况江南旧为宫保辖疆耶。

弟自到鄂以来,蒙宫保师帅礼遇,极见优异,感激至深。前年京师大学堂,上年南洋公学及江西大学堂,均损重币,必欲罗致,皆以鄂馆义不容辞,婉言谢去。见在鄂垣,兼有二三馆,岁可二千金,叨窃非分,自知尚明。顷拟往苏,实为地方义务与乡土一学起见,公义所迫,不容自诿,并非于廪饩一层别有奢望。俟到鄂后,将秋季讲课略为料理,即欲离鄂。区区之愚,敬希代达。至为鄂所编历史,必始终其事。续编之稿,当陆续寄印。稍塞歉怀,并望代为附及,容到鄂倒晤怀不可尽。甲辰七月二十日。”(《陈庆年文集》,236—237 页)

八月初二日(9 月 11 日) 张之洞交卸湖广总督篆务,由湖北布政使李岷琛护理。(《张之洞年谱长编》,990 页)

八月初三日(9 月 12 日) 张之洞由汉口乘火车北上。(《张之洞年谱长编》,990 页)

八月二十四日(10 月 3 日) 文廷式卒于江西萍乡,年四十九。

郑孝胥《海藏楼诗》卷五有《闻文芸阁同年以八月二十四日卒于萍乡感赋》。

九月二十二日（10月30日） 孙诒让来函，举荐陈明、池虬等人。

“中弢仁兄亲家大人阁下：昨为王生凝奉致寸笺，亮达典签，辰维兴居顺畅，定协颂忱。顷晤杨子龄兄，知奉到台电，属来京□编撰之役，想见述造闳富，学界得此，当渔猎不穷矣，钦佩何极！兹有陈生明、池生虬均曾任县学堂历史、修身、国文诸教习，于中西新学均有研究，文笔亦皆雅正有法，教诲学生尤为勤恳。池生前曾奉大教，陈生为仲航兄令郎，家学渊源，夙承雅注。兹因科举已罢，伏处乡里，每苦弇陋，拟于明春北上，面求训诲，属弟先为函达，务祈惠赐陶铸，俾得承乏编校之末，亦大君子宏奖后进之盛意也。匆匆奉恳，恭叩台安不僡。弟诒让顿首，九月廿二日。”（《黄绍箕集》，795页）

九月二十四日（11月1日） 张之洞来电，令转交梁鼎芬。电中言及梁鼎芬谢恩折中加附片再次劾庆王奕劻和袁世凯，已引出慈禧太后的极大愤怒。

张之洞致黄绍箕电九月廿四辰发：

“急。武昌黄学台。绥密，密转节庵。日前折上，慈圣甚怒，谓为搅局。经鄙人极力解说，乃已。慈意谓政府纷扰，外人益将生心，深恐朝局扰乱，致于大局有碍，言之至于泣下。次日又面谕云：两月以来，心中稍宽，饭量颇进，因此事心中昏乱，一夜气闷不眠，半日未进膳。似此毫无益处，徒伤圣怀，为臣子者于心何安？以后万万不可如此。切嘱。且若辈疑为鄙人主使，营救甚难措词。鄙人入枢以来，相机斡旋，似觉补救不少，此后形迹益深，鄙人殊难措手矣。为之顿足叹惜。且奏内先叙本案鄙人保奖，继云六月上疏劾贵人，继又云双印崇衔联翩而至，同列解之曰因其前疏参入,故以署藩司及二品衔奖之也。且讥且笑,似此措词真可怪而难解。明年鄙人必将乞退,节庵必欲促之,何也?”(《晚清日记书信考释》马忠文著,凤凰出版社2021年版,122页)

九月二十九日(11月6日) 赴顺天府沈瑜庆之约,与恽毓鼎、沈曾桐等交谈竟日。

《澄斋日记》:“翰林院值日。七点半钟登车,至景运门内朝房犹坐候一时许,事始下。至顺天府署,践爱苍京兆之约。与子封、仲弢、亦元三君作竟日谈。”(222页)

九月 到京师,任学务处编书局监督。

“手订《条例》,曰:‘宗旨必归中正,凡奇邪偏宕之词概从屏绝。’又曰:‘教科书不可过于繁多,亦不宜失之漏略。’其言地理科也,曰:‘须据最新地图,指明现今实地为主,而兵事、漕运及水道迁徙等事择要载入。至地势、山脉、水道、海岸、道路、气候、物产,此属之天然地理者;疆域、建置、人种、宗教、风俗、制造、商务、交通,此属之政治地理者;至古今郡县沿革,则别为一篇附之于后,即历史地理也。’其言教育科也,曰:‘国之所以成立必有本原,一国之制度风俗亦必有相承之习惯,其初皆自教育而来,故东西洋各国皆有教育史,日本所纂内外教育史兼述中国教育史略,则述而未详,于古圣先贤教育之要义未能发明,亟应自行编纂。俟书成时,令各处师范学堂先讲中国教育史,再讲外国教育史,以次及管理、教授法,方为合宜。’而最注重者,尤为乡土志,谓学生知识幼稚,岂能遽求高深。惟乡土之事,见闻习惯,一经指点,皆成学问,引人入胜之法无逾于此。因撰《乡土志例目》一卷。”(《瑞安五黄先生系年合谱》,《孙延钊集》,318页)

《清代官员履历档案全编》:“三十年九月到京充编书局监督。”(第七册,636页)

十一月初八日(12月14日) 吴品珩来函,为同乡金兆丰在编书局谋差。

“敝同乡金雪孙庶常兆丰嘱弟代求编书局一差，特此函恳阁下成全，可否之处，务希示复。此请仲弢仁兄大人台安。弟品珩顿首，十一月初八日。”（《黄绍箕集》，817页）

十二月初八日（1905年1月13日） 致函山西巡抚张曾敭，索要《植物名实图考》一书，并论及日俄战争等事。

“润生中丞老前辈大人阁下：鄂垣奉手，慰佩良深，阔别以来，不任驰仰。执事洁白之性，精练之才，深晓治方，勤恤民隐，德威宏被，眷望日隆，非独右辅重镇，赖以安全，抑亦中外士流所闻风景慕者也。瑞臣学使笃志雅才，于学务当可相助为理。往时两公电调鄂士，侍笑谓匋斋、节庵，楚材晋用，于古有征，颇怂恿之，而以人不敷用不能允也。秋末抵都，承乏编书之役，自维学问精力皆万不足胜任，惟有择人自助，庶冀有成。粗拟条章，辄呈教正。另附一册，并祈饬呈瑞臣学使。闻西省有官刻《植物名实图考》一书，绘刻颇精，敝局现编博物教科书足资参证，敬请饬购二部寄赐，书值若干，另容奉缴。旅顺已悬，旭章、沙河将有大战，俟两国渐有厌兵之意，则各国必出面调停，赫鹭宾所谓和局告终，而中国之大难作者正在其时，不知当轴诸公亦尝预为之计否也。吉甫西出，廉甫东迁，用人自有微意，诚不敢仰测高深。冰师起居闻颇安适，惟劳苦如旧，近来夜谭除节庵外，更无人矣。都中故旧凋零，新交寥落，所见书籍、碑版、字画佳者少，而值较前大昂。惟宴会之盛，乃更胜往日耳。侍只身入都，自家慈以次均尚在鄂，幸俱平安，知念附及。肃请勋安，虔贺年禧，并望恕其草草不恭，万幸万幸。侍黄绍箕顿首，腊八日。

敬再启者，黄牧寿征系敝本家，前在云南新兴州任内，颇有政声，大计得卓异，奉讳去官，顷服阕，谒选得吉州，幸隶帡幪，深为慰忭。该牧朴实勤慎，于民事极肯用心，闻吉州署任期满尚早，傥有可以效劳之处,伏望量加驱策,当能感激图报,不至有负委任也。再请大安,侍名再顿首。"(《近代史所藏清代名人稿本抄本》第1辑,94册,31—36页)

十二月初十日(1月15日) 范当世病卒,年五十一。

《张謇日记》:"申刻闻肯堂以寅刻卒于上海,为之怆痛。"(599页)

年底 致函丹徒陈庆年,请推荐一通儒为编《中国教育史》之助。

"鄂渚过从,获亲绪论,倾佩实深。夏间吴中匆匆一别后,不克再接音徽,使我饥渴。比惟上侍曼福,著述日新,无任企仰!弟承乏编摩,惧难胜任。赖沅帆近以总纂兼提调,深资臂助,粗拟条章,辄呈是正。陶帅移湘,吴人失望。执事所希望之前途,欲以俾助学界者,恐亦不能无迂回前却之虑,深为系念。堂上近想安健如恒,电带计已服用,颇有效否?屡与沅帆谈及,思得一通儒为我主持一切,而念家园之乐,殆不可违。前由沅帆及衮甫奉笺道意,计已邀览,倘蒙不遗在远,为我他山,其为愿幸,岂有涯际。笔札之资,谨略以同局诸公为比例,聊为晨馐夕膳之助,非敢云报也。通州王君兆芳,为黄元同先生弟子,闻其著有《教育原典》专述周以前教育事,原名《帝王学校考》。电约北来,时已病剧,口授"闻命即来"四字,未及发而逝。昨其书已寄来。礼学多用师说,甚精熟,条理完密,深足为拙撰《教育史》之助,拟刊行以昌我国粹,振起学风。此君与日本著《孔子研究》之蟹江义丸皆年未四十,遂尔奄忽,岂天之明融中学,尚非其时耶!累日于悒,不可为怀,辄以附陈,想吾兄闻之,同此感叹也。南中有笃学之士,弟愿引以自助此为助查编《教育史》计,局书又是一事,暂时不便兼办,便中望留意。草草,不尽欲言。"(《黄绍箕集》,300—301页)

九月来京后 常与沈曾桐、沈瑜庆诸君论文,冒广生亦常在座。

《冒鹤亭先生年谱》:“后伯外舅黄仲弢自鄂来京师,与沈子封、沈爱苍诸君论文,先生亦在座,‘盖一月尝得二十九日相见也’。”(138页)

冒广生《二黄先生集跋》:“后十年为甲辰,广生方官商部,时外舅已由编修改道员需次鄂中,而鲜庵先生自鄂来,与子封、爱沧诸君论文,盖一月尝得二十九日相见也。”

是年 答永嘉张之纲函,讨论“支那”“中国”两词之本义,及在公牍行文中两词应用的区别。

“手教义正词辨,循环雒诵,钦服无量。近人论著,往往称中国为‘支那’,见之辄生厌恶,公牍亦复如此,尤可怪诧。不知兄所见系何案件?‘支那’二字系印度译音,明末汲古阁刻《广宏明集》等书版心即标‘支那’二字,盖本之释藏。西洋各国之称中国,大率亦传自印度,而音略转耳。近来外人诋我国人自称中国为不通,自为大,我国之稍有见闻者从而附和之,亦辄自称‘支那’,不知‘中国’二字之古义,不审内外主客之名词,真所谓浮浅无识之甚者也。

鄂省洋务局之译书局,专译西文,弟不与其事,学务处所辖之编辑局,梁武昌事忙,未暇料理,弟亦不问,惟专任编纂《中国教育史》一事。陈善馀庆年尝与弟谈及‘中国’字义,其说最精当。古人‘中国’二字,本以表教化中枢之地域,犹言文明之中心点云尔。故诸经中往往指京师为‘中国’,盖对四方而言,后乃推及教化普及之地。统列国而谓之中国,则对夷狄而言,《公羊传》专明此义。然春秋时所谓戎、所谓狄者,每错处诸国之间,不必边远,如今所谓外国是也。盖中国者,有教化之谓也,夷狄者,无教化之谓也。自汉以来,乃以中国与外国对言,专据地位而言。‘中国’之古义亡,而圣人之政教、学术与之俱亡矣!弟请陈君善馀将其说编撰成篇,尚拟举一二义证助之,将来即以冠诸《中国教育史》之首,盖'中国'二字即古圣人教育之大义也。

日本近来所著书,称中国为支那,盖用之为地理之名词,如《支那通史》《支那哲学史》《支那教育史略》之类,义包古今,称为'清'则嫌为不备。若我国人,止有仍称'中国',沿袭已久,不可改易,行文中或可用'华夏'等字代之。若亦称'支那',非惟不雅,悖实甚焉。执事所见公牍,中国官场之公牍耶?抑西国公牍之译字耶?如系外国公牍,其用法谓地理之名词耶?抑西国竟用以代我国号耶?如用以代国号,则不顺之甚,必不可不力争。如以为地理之名词,则'采纳''先纳'等字,与'支那'等字音略转而无大分别,自不如用'支那'二字之简直。若必以国号为地名,而以配音移会各国,则于事恐有不可行者。各国多列国之时代,故日本、朝鲜、暹罗、波斯等国,皆以其总地名为国号。中国多大一统之时代,帝王各以其所居之旧国为有天下之号,故禹迹九州,除相习沿用之'中国'二字外,本无总地名。其在中国,本无须用总地名。其对外国则称国号。久之,外国即以国号为中国之总地名,如夏、如汉、如唐是也。现在东西各国习闻中国在三百年前早有所用之总地名,相沿已久,今所见各国图书条约,首皆列'大清国'字样,本有配音,无须移会。若洋员与中国官场交涉之公牍,其牍首亦必列'大清国'字样。如易'大清国'为'支那',拒绝之可也,若首列'大清国',而牍中有'支那'等字,则必专用为地理之名词。若必全易以国号,则以事实论,彼谓我本专指地域;以体制言,彼谓我牍首本称'大清国',彼有辞,我反无辞矣。若全易为中国,则彼于主客内外之辞亦有不便之嫌,必所不愿。窃谓外人所用地理之名词如'支那'等字,听之可也。若行文于所司,则改作'中国'可也。惟中国人之论著译述,则不宜用'支那'字,总以用'中国'字为合,译例中应行画一者甚多。此事非有学会不能审

定,曾屡言之,亦未及行也。”(《黄绍箕集》,326—328 页)

是年 日本人嘉纳治五郎以其国竹添光鸿所著《左传会笺》寄赠,谱主称其书“博观而约取,具有裁断,可称善本”。

跋《古文旧书考》:“去年,嘉纳君寄赠竹添先生所著《左传会笺》,其书博观而约取,具有断裁,可称善本。”

是年 在京《题美人独立图》,曰:“瘦损腰围佩带长,玲珑古石好扶将。年来那得禁风露,要学天孙织锦裳。”

光绪三十一年　乙巳（1905）　五十二岁

正月初八日（2月11日）　瑞安陈黻宸父陈麟书琳山八十大寿,作《贺琳山公八十寿联》"王谢庭阶尽美玉,刘樊夫妇是神仙"以贺。

《陈黻宸年谱》:"瑞安陈黻宸父八十大寿。"(《陈黻宸集》,下册,1193页)

正月　兼充京师译学馆监督。

《清代官员履历档案全编》:"三十一年正月兼充译学馆监督。"(第七册,636页)

"天寒学生体操课请假,谱主因晓之曰:'体操一科,在中国今日文弱极弊之时最为重要,吾谋拓操场,经营半载,甫有端绪,方期诸生习苦耐劳,振尚武之精神,强任事之体干,所以期许至远且大,若依然往日文人故态,则所谓新道德、新事业,永无发达之日。'诸生感悟,自是体操无请假者。尝分给《学生训》一卷,以当面命。"(伍铨萃《黄绍箕传》,《黄绍箕集》,765—766页)

"学生道上为俄兵殴伤,绍箕召俄教习论之曰:'贵国兵伤吾学生,吾为君愧之。如兵官背军律,公使不顾国体,吾将译登西报,与文明各国判曲直,辞退贵教习,罢遣游学贵国学生。此监督权力所有,吾能任之,今而后不复与君共事一堂矣。'俄教员愧惧,告其使署,俄使知无礼,乃诘责兵官,登门谢过,治犯者如律。"(伍铨萃《黄绍箕传》,《黄绍箕集》,766页)

正月十三日（2月16日）　张亨嘉来函,讲聘法文、德文教习等事。

"仲弢前辈大人左右:顷奉手教,敬悉一切。大学堂法文学生甚少,专聘一教习不免靡费,惟贵馆课繁,势难兼顾,特当遵谕办理。抑侍更有请者:豫科德文甚重,新到德教习不谙华语,非有助教不可,中国习德文者比英法为少,函电四出,始由荫午使荐唐日新一人,渠方到京,又有外部差使,已觉竭蹶从事。闻贵馆亦有兼聘之意,恐将来必有顾此失彼之虑,如肯以唐见让,感佩盛情,曷其有极!想范希文曲体人情,或有万一见许之望也。肃泐附渎,祇叩勋安,百唯亮察不定。侍张亨嘉顿首,十六日。

毛文达公所藏《醴泉铭》曾在敝斋半月,今年复与借观,仅允两日,已携去矣。劭玉前辈藏本虽稍后,而毡蜡致佳。又邵伯英同年令弟藏本亦不恶,惜昨亦为物主索还。现惟劭公本尚在,又一宋翻本亦略可观。前辈暇馀十七四五钟,纡轸惠教,敬当煮茗以候也。再颂道祺。嘉再拜。"(《黄绍箕集》,834—835页)

二月二十三日(3月28日) 黄遵宪卒,年五十八。

梁启超《嘉应黄先生墓志铭》:"光绪三十一年二月二十三日,以疾卒于家。"(《梁启超全集》,北京出版社1999年,第九册,5194页)

三月初三日(4月7日) 致函山西巡抚张曾敭。

"筱帆老前辈大人阁下:前奉电示,次日由袁比部送来聘敬八金、程仪廿金,当即转致张石臣孝廉,嗣以孝廉暂归料理情节,由电复陈,计早彻尊览矣。比维道履绥和,荣问休畅,云山西望,企仰为劳。侍承乏馆局,末学孱躯,时虞陨越,所幸同事诸君尚多实力实心,藉资匡助,或希冀万一有成耳。张孝廉为劭希舍人之叔,舍人在译学馆综司教务,最所亲敬,以此得与孝廉奉手,其人端方笃实,博学能文,兼长算术,幸荷礼延,必能胜任。公当自知之,无俟鄙人之赘述也。闻荩筹颇注重学务,晋省士风朴素,无沿海浮嚣之习,得大力主持,必当蒸蒸日上。惟资本出自外人,则教权亦不能不为所攘,惟望学者有坚志定识,能明大义,则彼亦无如何耳。瑞臣星使想安好,久未通问,便中希代致候。肃请勋安,统希垂鉴不宣。侍黄绍箕顿首,三月初三日。附信封:山西抚台张大人台启鲜盦缄上。”(《近代史所藏清代名人稿本抄本》第1辑,93册637—640页)

三月 《大陆》第三卷第四期上刊出《大学堂与译学馆纪事》消息,因聘任法文教习,与学生发生冲突之事。

《大学堂与译学馆纪事》:“大学堂有购木器等款万余金,荣大司农以其浮冒不发,因此监督张京卿有去志。新任译学馆监督黄学士,聘定某君为法文教习,学生以其不胜教习之任,公请将某教习辞退,黄学士不允,且将为首八人记过。因此各学生有拟全班退学之举动。闻管学大臣张冢宰颇费调停云。”(《大陆》第三卷第四期,1905年纪事,3页)

三月二十三日(4月27日) 端方来函。

“鲜庵大哥尊前:两教具悉,并拜文书长卷之赐。卷为文书至精者,与猛厂并几叹赏,无异在胭脂山半景桓楼中矣。敬谢敬谢!吉甫在京想得常见,能望兄《褒斜道碑》否?谓《大开通》。邓生玙见过数面,渠意在出洋,已咨派。其父武人而知书,必思得当以位置之。弟到此将两月,学、兵二者略加整比,尚无大效,此间办事阻殢大多,非如鄂、苏之顺手。弟任事最是热心,然默察近象,似办事与不办事全无皂白之分,且恐办事大多转滋多事之疑,无前猛锐之概,漫参一二分迟回前却之思,亦自不解其何以若此也?近抱翁与鄙人意见日深,湖南之钱每年送湖北八九十万膏捐三十馀万,赈粜五十万。弟到此查各局尚存湖北欠款四十万,向来不能痛快解去。同抱电提,遂扫地出门送去。湘官绅颇有怨言,乃抱不以为德,而意见如故,且又加深。于南省事,非徒膜外置之,且处处加以牵制抵制之术。鄙人久溷此邦，不徒于鄙人无益，真于南省无益也。闻左立达在湖北宣言，谓‘抱膜视湖南，似朝廷裁了湖广总督，并非裁湖北巡抚’，则近情可想见矣。次山书来，谓‘其不为时谅，不为内部所容’，几与鄙人相等，然则次公于内部感情可知，鄙人更可知矣。东行暂作罢议，不知近日又提起否？再，八旗学堂从前荫老作管理时，每年领户部二十四万。记是此数，不知的否？今据彭方傅言：年仅支十万。当此振兴教育之日，岂宜尚少于从前？公能言：‘于前事增筹经费，多开小学，多送东西洋游学’，其功大矣。幸留意速办，至为感叩！老五总求时时督教，俾有所进，至深感幸！肃请台安。如弟名顿首，三月廿三日。

再，有关涉大局、关涉湖南、关涉鄙人要语，请随时电示如虑由老五转稍迟，请径电鄙人，费由弟出。请挂另‘郯’字：湘致京电，‘北京郯’；京致湘电，‘长沙郯’。晦老久无书来，闷损已极，晤时乞为道意，至叩！”（《黄绍箕集》，910—911页）

三月　致函唐文治，请于轮、电两局拨款接济虞辉祖开办科学仪器馆，以抵制外国仪器的倾销。唐文治转商管理轮电大臣袁世凯，咨覆未能照准。

《茹经先生自订年谱》：“沪商夏瑞芳呈请设立商务印书馆。又虞辉祖呈请设立上海科学仪器馆，均批准立案。旋接瑞安黄仲弢学士名绍箕书，谓外人现筹集巨资，拟到中国广售图书仪器等，虞商资本有限，势不能敌，请在轮、电两局拨官股接济云云。爰咨商管理轮、电大臣袁世凯，咨覆未能照准，深为可惜。”（无锡国学专修学校学生会校印，民国二十四年版，56页）

致唐文治函：

“前奉复教，感佩之至！虞君辉祖携所造仪器向贵部呈验，前晤陈雨苍侍郎、绍越千右丞，询知极蒙优待，并为设法提倡，凡在学界中人，同深感刻。惟日本人现筹集资本八十万，拟到中国广售图书、仪器等项,又在西京之岛津氏,系历年售教育品之巨商,亦将接踵而来。虞君资本有限,再筹推广集股亦殊不易,若日人在内地制造,则上海之仪器馆势必渐至衰亡可翘足而待也。教育品一一皆仰给于外人,非惟利权尽失,即国体亦殊无光,甚可忧虑!弟思有一策,姑冒妄言之:南洋公学现已改为实业学堂,归贵部管理,可否请于轮、电两局筹拨项下,酌划若干交给该馆,作为贵部附属之科学仪器馆,仍责令虞君悉心管理,择要扩充,而官司稽查之任,得利则按数缴官。有京师工艺局以备通常需用之器物,有上海仪器馆以备学课需用之器物,于民间为雅俗兼资,于贵部为规模略具,核之名实,似皆有益无损。且既有官本为之提倡,外间再行添股较易为力。将来京、沪实业两学堂所用仪器甚多,即官民所立各学堂,取资亦日多一日,公私两便,其益无方。即日人来华争利,亦足以资抵制,若待日商兴盛,沪馆朽败,再图补救,时晚而势亦更难矣!前曾以此议与陈侍郎言其大略,颇以为然,伏望执事与贵部同事诸公熟筹妥酌,据实详陈尚书,请其采择施行,学界之幸,亦中国之幸也。弟向有制造教育品之议,而苦无所藉手。虞君素无瓜葛,至京师始得谋面,区区之意,实为扶助学风,保全国体起见,决无丝毫徇情阿好之私,想知我者必能亮之也。草草,布请大安,统惟垂鉴不宣。弟绍箕顿首。

日本于工商实业未发达者,往往由官津贴或岁至数十万,俟兴旺后再收其利。中国官力不足,然此事贵部似尚可仿行也。箕又及。”(《黄绍箕集》,354—355页)

三四月间　作《爱苍廉访将赴岭南赋此赠行兼怀太夷龙州》七古,以赠沈瑜庆。

“少小结交三山王,相视瓯越如家乡。余少交王忍盦前辈,因缘识闽士甚多,忍盦有小印曰‘三山王郎’。王家快婿陈学士伯潜,弱冠文采雏凤凰。春灯社客半识面,不独陈弼臣郭春榆同岁良。惊才横绝见稍晚,长乐郑生闽沈郎。沈郎磊落称将门,斑斑虎豹多文章。京华病起乍握手,对面笑语犹疏狂。廿年江海数离合,家国宁止三沧桑。悲怀转剧发壮语,却顾存者皆老苍。太夷临边坐啸咏,千奇挂腹一不偿。儒家议兵要知本,思通道茀安家桑。怜君欲去夜篝笔,规图横海心彷徨。无穷止在不闻见,助君有目谁能张?中条山色亦不恶,断鳌南极须扶将。柳丝送人绿挂眼,海棠如雾弥红妆。昨宵风雨落如霰,犹堪把酒话丁香。万期浩浩一弹指,但惜尊前华烛光。海南波澜殊未歇,邻火恐及池鱼殃。效奇或在职司外,圣奕无谱医无方。不知苍梧云尽处,善持单复宜何长。因书为我致问讯,迢迢万里参相望。"(《黄绍箕集》,439—440 页)

《郑孝胥日记》四月初五日(5 月 8 日):"上海报至,自三月十六至廿一,知爱苍调广东臬司。"(第二册,991 页)

四月初八日(5 月 11 日) 与张百熙、张亨嘉、于式枚、荣庆等预祝崑冈赐寿。

《荣庆日记》:"访吉甫小谈。巳正赴内田约于日本馆。冶秋、燮钧、仲韬、晦若诸君咸到,预祝崑师赐寿。"(82 页)

四月十六日(5 月 19 日) 《北洋官报》刊登"译学馆派生出洋"消息。

译学馆派生出洋:"北京译学馆现拟选派本馆学生二十五人出洋留学,计日本十人,东西各国十五人,闻有五月考试,七月出洋之说。"(《北洋官报》第 645 期,1905 年,5 页)

四月二十五日(5 月 28 日) 《东方杂志》第 4 期刊登"议设全浙学堂"的消息。

议设全浙学堂:"京函云:浙江同乡京官日前在会馆集议创设全浙学堂,教授同乡子弟,闻已酌拟简明章程,俟仁和相国审定后即可择地开办。"(《东方杂志》第二卷第 4 期,1905 年,91—94 页)

五月 日本学者安井君来译学馆教授,以其中表岛田翰氏所著《古文旧书考》四卷携赠,为跋其后。落款“大清国光绪三十一年五月瑞安黄绍箕跋”。

六月十五日(7月17日) 赴荣庆宴,徐世昌、庆亲王奕劻、鹿传霖、陈黻宸同席。

《荣庆日记》:“宴起,菊人视到,庆邸、滋老问询到,见陈介石、黄仲韬同年到。”(85页)

六月十八日(7月20日) 《北洋官报》的《畿辅近事》一栏刊登“译学馆招考附学章程节要”的消息。

译学馆招考附学章程节要:“北京译学馆现拟招考附学生四十人,限八月十五日以前赴馆报名,兹据函寄招考章程节录如左:一、取录附学生以四十名为额;二、学生年岁以十五以上二十以下为合格;三、有恶习痼疾者不录;四、曾习英文二三年或四五年始能收录;五、须习过算术及代数学始能收录;六、考试章程头场试英文论一篇,算学十问;复试试英文论一篇,国文一篇;七、学生取录后除邀请保证人出具愿书外,每人第一学期缴学费操衣费房舍五十五圆,课本书籍费十圆,入馆肄业,不愿者不必应考;八、学生到馆后居公共寄宿舍,公共自修室,不愿者不必应考;九、此次所录学生为丙级附学生,于本年九月入馆,庚戌九月卒业,除英文、算学两项功课酌量程度与原有学生合班教授外,其余各项功课均分别教授,不愿者不必应考;十、此次所录丙级附学生应俟甲级学生卒业后,乙级学生余有正额,始有正额可补,约在三年之后,其无正额可补之时,每学期每人收学费、房舍金、操衣等费五十五圆,不愿者不必应考;十一、五年卒业后一切奖励与甲、乙两级学生一律。”(《北洋官报》第707期,1905年,6—7页)

六月二十二日(7月24日) 京师学务处学务大臣上奏,请将谱主所编《乡土志例目》饬下各省督抚,发交各府厅州县,择士绅中博学能文者,按月考查,依例采录,限一年成书,寄京师编书局删订后，呈处审定，通行教授。

《光绪朝东华录》：学务大臣奏："据编书局监督翰林院候补侍读学士黄绍箕咨请：'查初等小学堂章程：历史、舆地、格致三科均就乡土编课，用意至为精善。谨遵照定章，编成《例目》，拟恳奏请饬下各省督抚发交各府厅州县，择士绅中博学能文者按月考查，依例采录，地近则易详，事分则易举，自奉文日始，限一年成书，由地方官径将清本邮寄京师编书局，一面录副详报本省督抚，庶免转折迟延。并令各省地方官先将本省通志及府厅州县志邮寄编书局，以资参考。各处乡土志辑稿送到，由局员删润画一，呈请学务大臣审定，通行各省小学堂授课。又各省前次绘送会典馆地图，并需各寄一分，以备编纂之用。如无印本，可照底稿摹绘寄京各等因。'臣等察核各节，均为编辑课本力求翔实起见，谨附片具陈，报闻。"（第五册，5370页）

六月 领衔呈请，由浙江省绅商自办全浙铁路，公举前署两淮盐运使汤寿潜、候补四五品京堂刘锦藻总理其事。

八月初五日（9月3日） 浙江全省在京官商二百余人在全浙会馆集聚，商议浙江自办铁路事。与汪立元等人准备公启及商部照会等资料，分送各人传观，并认筹一百股。

《纪浙江全省在京官商集议铁路事》录《中外日报》："全浙在京官商定于八月初五日未刻，在下斜街全浙会馆集议浙江自办铁路事，是日午后一点钟，全浙同乡，先后莅止，由黄仲弢学士绍箕、汪建斋大令立元诸君，预备刷印公启，及商部照会原奏朱批，分送各人。又将兹事发起以来，与上海绅商及本籍官绅往来之电报书信，各报纪事，汇录成册，逐座传观，以便了然颠末。仁和相国于一点三十分莅会，议论风生，义形于色，首先认股一百五十份，并力任劝集，以为众倡，胡芸楣侍郎亦自认五十股，葛尚书宝华、沈侍郎家本以下，各分认三十五股不等。黄学士绍箕昆仲、孙慕韩星使昆仲,各认筹一百股,其余京官及各学堂学生,无不踊跃争先,力任义务。计来会者二百余人,共认股二千零三十四份,每股以规元百两计,合银二十万有零,以清苦之京曹,劬志之学生,与笔耕力食之畴,均能竭尽能力,于五十分钟内,集兹巨款,亦足见风气之开,而无愧全浙之代表矣。更可喜者,不但浙人笃梓桑之念,而他省人亦多闻风兴起,协力赞助者,当日到会者,有安徽姚君文焕、叶君崇榘,江苏周君荪,山东赵君录绩,各认筹若干股,可谓顾全大局,力任公益者矣。在会诸君,既书名认股,仁和相国首先发言,与在会诸君商议办法另详公启。其入手大纲,以由同乡京官缮发公函,与盛杏孙宫保,请废杭甬等草约,以断葛藤。又因浙江商会沈、高二绅,既未孚众望,亦由同乡函请浙抚聂中丞,酌量更换,以一事权而免掣肘。会众皆表同情,遂拟电稿,报告上海汤、刘、孙、沈、张、汪及众同乡,遂散会,已四点五十分钟矣。尚拟商全浙学堂事,因为时已晚,改他日订期另议云。”(《教育杂志》第12期,天津1906年,61—62页)

八月二十六日(9月24日) 《北洋官报》的《畿辅近事》一栏刊登“译学馆选派出洋学生名单”消息。

译学馆选派出洋学生名单:“译学馆选屡次前列诸生,分派出洋游学姓名录后:(英)吴庆嵩、徐穉、侯绍良、杨曾诰、曹钧;(法)周秉清、周灏、金国宝、黄广徵、王廷璋;(德)陈永治、张谨、顾照熊。”(《北洋官报》第773期,1905年,6页)

八月二十七日(9月25日) 致函姻兄林莲舫(妹夫林向藜之兄)。

“莲舫大兄姻大人阁下:别来年馀,未修音□,致以为歉!棉甥来京,藉谂动定增绥,潭第安善,无任欣慰!舍亲万家之事,幸仗大力斡旋,即就和了,感泐靡涯!本拟专函申谢,适其时兼督译馆,事务加繁,嗣又有浙江铁路及学堂诸问题接踵而起,益复碌碌鲜暇,以此稽延,良深歉仄!舍妹债款,上年承叶宅变产代解,曾屡向弟称述不置,故颇悉其详,真令人感佩无地!顷棉甥面陈一切,始得近事颠末。寿丈先曾寄到一函,似深恨棉甥所为者,至亲若此,心殊作恶。核览账簿,不解处甚多,转质胡振民兄,亦云参差,为数甚巨,并为逐条指阅,都明确有据。但追思舍妹处,昔日十分拮据之时,债台层筑,积产陡落,寿丈尚能竭力倾助,有不自顾之概,其决无盘剥为利之初心,实属显然意者。此账历时久远,不免遗忘,又系请人为之,故失于检点,此中必有任其咎者,不然先后所为同出一人,矛盾若斯,无是理也。执事才大心细,族望最尊,令弟既宦游鄂省,棉甥复远离家乡,义当代为料理,谅无可辞。并闻棉甥说吾兄已出面交涉,义形于色,敬佩敬佩!此系舍妹私债,弟不能置不闻问,惟南北暌违,鞭长莫及,惟有恳请始终主持,收回产业,设法劝阻,勿令有割稻等事,将债业画分为二,再与磋商,先交扣除之票款,至筹谢馀利,请其由敝处量力酌定数目,一二年后奉缴。倘能如此办法,俾舍妹早日脱离忧闷之天,尤所默祷。然非大才决难办到,敢以责之望之于执事也。再,可否添邀与令弟最密戚友,如逸仲、小溪诸君相助为理?并希酌行为荷。议成之后,即求迅赐好音,以慰悬系,盼切感切!附上微物二包,聊助服食之需,敬祈哂纳,草草布达,顺请台安。弟绍箕顿首,八月廿七夜。”(《黄绍箕集》,334—335页)

八月 《四川学报》第12期刊登“京师编书局重订章程《翻译兼润色条例》”消息。

《翻译兼润色条例》:

一、教科中如博物科、物理科、化学科、法制及理财科,历史科之外国史地、理科之外国地理、图画科之用器画,均应译用洋文书,如已有译本,可先择善者润色应用,但总须多译为要。缘各国科学之理后出愈新,课本之法后出愈善故也。

一、教科书译毕,即宜续译参考书,以备教员之用,此虽较繁难而甚切要,教员必须多看参考书,方能旁通曲畅,易于启导学徒也。

一、东西文均访求善本付译,西文以英文为主,东书译自西文,非日本人自纂者仍当购求原本,以备校证。

一、译学以画一名词为第一要义,近年官私译本名词错出,往往有一书内前后屡歧者,谨按《译学馆章程》附有《编纂文典章·第十节》云"其随时审定之名词,虽未成书,可知照译书局"等语。文典处现已开办,应援章移咨,译学馆该将处已定之名词随时知照,以为依据,其有未备,则由本局自行翻译,无论译音译义均以华洋文并列为表,其译音一以官音为准,每一书成将本书名词表附刊于后,以便检查。今将教科书略分三类于左:

一、为历史、地理之类,此类如人名、地名多用译音,列表之例,人名则注明某时代及某国人,地名则注明经纬若干度分及某国地,小地名未详度分者暂缺之。

一、为物理、化学之类,此类或用译音或用译义,大率中国常见之物质则译义,未见则译音,如化学中之原质,从前京师、上海、广东译本名词即不免歧出,近译东书又有异同。应令中国之素讲理化者会同商议参酌,中文、东文立一定名,而列所从出之西文于右,明著其所以定名之故,理化学中名词应画一者甚多,此为最要,他可递推,书成颁发时,由学务大臣谕令各学堂,无论华洋教习均用此名词讲授,以免纷歧。

一、为政治、法律之类,此类多用译义,惟近来各国政法条理繁密,其治事之例与其意义或非中国所有,今用中文数字或一二语檃括比附之,译述时,殊费斟酌。中学堂所编法制及理财教科书仅举大意,尚非深曲繁赜,然其要义略具,亦应将名词并列华洋文,以资考览,如译自东书,则无须列表,但择其名词之罕见难解者，随文注解可也。文典之法，略仿翻译名义，辽金元三史国语解二书。教科书附表之法，则仿元秘史附蒙古语之例，而照录原本洋文，尤为明确，其用意有二，一则恐有疑误，可备检正；一则高等学堂西学均须用西文教授中学生，有志上进者时常讽览，亦可为预备之资也。

一、任译务者以不欺为第一要义。译洋文难，译科学书尤难。即以西人译西书，非深于专门之学者亦不能一目了然。上海制造局译本即不能全无讹漏，现在译教科书稍有疑义，宜细加考求，如仍未明了，当记出以俟详查博访，断不可辄行删削，或以意附会成文。盖不知则阙，弗明弗措，乃虚心好学之美德，非独学者受益，即译者亦进益不浅。

一、润色译本首宜详审体例。各国著述通例历史、舆地之书大率切近者最详，而疏远者较略，博物动植之类大率习见者为先，而希见者在后。今既以译本为教科书，则主客内外之间必当斟酌改易方能合用，春秋之义“内其国而外诸夏，内诸夏而外夷狄”，又曰“名从主人，物从中国”。今从历史舆地之属，宜内中国而外亚洲之诸国，内亚洲而外欧美，及非澳诸洲；动植之属，凡中国向有者，宜用本名，其叙述之法，亦宜先举中国所习见，而后及各国之物产；至于词气之间，偶有主客之殊，并应酌加修改。以上所述，有应时可以改正者，亦有稍涉繁难仓猝间未能遽定者，亦宜记出与编纂各员参酌定之可也。

一、润色译本不求深奥古雅，总以明白晓畅，文法不冗蔓，字句不俚俗为主。近时新译诸书多用直译之法，往往以中文之属辞强从洋文之叙次，支离缭绕，殊觉不便览观，但出书速，而且多。苟能不失本真，自较无书为胜。至教科书，则文法万万不可不讲，学堂虽有中国文学一科，钟点有限，此外则均读教科书，若文法不佳，久且习与俱化，于国文大有关碍，故润色译本必须斟酌尽善，

不仅为易解计也。(《四川学报》第12期,1905年,8—10页)

八月 浙江京官武英殿大学士王文韶、刑部尚书葛宝华创设旅京浙学堂,集浙江在京人士投票推选总理与副总理。谱主以得票最多为总理,瑞安陈黻宸为副总理。(次年旅京浙学堂改为浙江公学,废总理为监督。七月初一日,举行开学典礼。)

宋恕《陈介石五十寿诗序》(1909年8月25日):"乙巳,浙人议设浙公学于京师,投票公举总理、监督。当是时,自故枢相仁和王文勤公声不列举外,虽书侍皆列举,然卒得最多数者:黄学士绍箕,次则先生,又次则徐御史定超,皆籍温。"(《宋恕集》上册,454页)

十月初一日(10月28日) 《北洋官报》第807期《畿辅近事》刊登"北京译学馆派赴西洋各生名单"的消息,增加俄国两位名单。

北京译学馆派赴西洋各生名单:"英国:吴庆嵩、徐译、杨曾诰、侯维良、曹钧;法国:周秉清、周纬、金国宝、黄广徵、王廷璋;德国:陈永治、张谨、顾兆熊;俄国:陈浦、陈大岩。"(《北洋官报》第807期,1905年,5页)

按:此处学生名单与八月二十六日(9月24日)的名单有所不同:徐译,徐□;杨曾诰,杨曾浩;侯维良,侯绍良;周纬,周灏;顾兆熊,顾照熊。

十月初二日(10月29日) 约恽毓鼎在便宜坊聚会。

《澄斋日记》:"乃访孟延剧谈,兼招笏斋。忽黄仲弢前辈在便宜坊折柬来招,三人同往。"(238页)

十月十五日(11月11日) 午,赴恽毓鼎招饮,王维翰、张仁黼等在座。

《澄斋日记》:"午刻在寓请王仲培世丈维翰、劭予丈、仲弢前辈、季端、少泉、梅桢、诒书、笏斋,庞次淮妹婿作陪。"(239页)

十月二十四日(11月20日) 张之洞来电,询问吴樾炸五大臣等事。

“急致京虎坊桥编书局黄仲韬学士、绳匠胡同李宅吴菊农太史：闻炸匪查系吴樾，姓名确否，捕获同党否，实情审出否，速复。壶，敬。乙巳十月二十四日亥刻发。”（《近代史所藏清代名人稿本抄本》第二辑，52册，202页）

十月 温处学务分处成立。

先是浙江布政使兼省学务处总办宝棻反对设立温处学务分处，于是两府学界联名公电京师学务大臣，温州在京官员集会声援，推黄绍箕、徐定超为代表就近进言，管学大臣张伯熙、孙家鼐认为可权宜办理以顺民情，并电浙江学务处特准分设。

十一月 借到端方藏宋刻本《啸堂集古录》校读，作《啸堂集古录》跋：

“余旧得《啸堂集古录》，系明复宋本，藏家不多见，颇自珍秘，今睹此册，殆如裴将军之见真虎矣。册末有元人手迹二跋，盖当时矜贵若此。宜征、北平两先生诧为至宝。惜明复本在故乡，异日取来，当借此本详勘，匋斋尚书其许我乎？光绪乙巳十一月黄绍箕记。”（《黄绍箕集》，76页）

十二月十二日（1906年1月6日） 招恽毓鼎赴便宜坊，恽毓鼎不赴。

《澄斋日记》：“黄仲弢前辈折柬招便宜坊，辞之。”（246页）

是年 费念慈卒，年五十一。

光绪三十二年　丙午(1906)　五十三岁

正月初八日(2月1日)　《北洋官报》刊登"译学馆创办国民捐"消息,谱主首捐银百金。

译学馆创办国民捐:"译学馆现创办国民捐,先以捐簿由各认捐者亲笔填明数目,今年三月集款,首由监督黄仲弢学士倡捐银百金,次及提调、教员、学生等均各填明捐数,由百圆至数十圆不等,至少者亦捐洋一圆,闻已集有千余金云。"(《北洋官报》第903期,1906年,6页)

正月十五日(2月8日)　《北洋官报》刊登"译学馆拟招新生"消息。

译学馆拟招新生:"北京译学馆自设立以来,在事人员办理认真,故诸生所学颇有进步,该馆监督黄学士绍箕及教务提调张部郎邵熙于去秋又添筑房舍数十间,以备今春再行招考新生百名,俾广造就云。"(《北洋官报》第910期,1906年,2页)

正月十九日(2月12日)　《北洋官报》刊登"译学馆推广学额"消息,拟招生三百名,增设英俄德法等文特班。

译学馆推广学额:"探闻京师译学馆拟于今春推广学额三百名,并增设英俄德法各文特班,招生肄业以期名实相副云。"(《北洋官报》,1906年第914期,2页)

正月二十三日(2月16日)　孙诒让来函,推荐黄式苏"乐清黄仲荃孝廉,清才邃学,冠绝时贤,在分处共事半年,深资襄助,兹将入都拣发,敬希惠赐照拂"。

"仲弢仁兄亲家大人有道:献岁发春,敬维盛德日新,允符心祝。学部已设，外间皆属望长沙，不意竟以启期主之。闻其宗旨极狭隘拘牵，不脱旗员故习，深可扼腕。此间自程筱周受代后，继者但坐啸而已。温守则极厌新喜故。弟承乏分处，无能为力，此情内外所同，想吾兄闻之，亦为发深喟也。邑中学务，幸尚顺手，中学高等并立，规模略备，但经费太窘，不免有仰屋之叹耳！闻台从有图南之意，辇下风气尚阻，所仗贤者提倡维持之，幸少需以待机会何如？乐清黄仲荃孝廉，清才邃学，冠绝时贤，在分处共事半年，深资襄助，兹将入都拣发，敬希惠赐照拂，或别赐陶铸尤感。匆匆奉恳。恭叩台安，并贺春禧不戬。弟诒让顿首，正月廿三日。

去冬，程筱周观察恩培，摄道篆数月，鼓舞振兴，不遗馀力，吾兄想已闻之。此公一去，学界便黯然无色，不审致函上游时，能为一达否？倘得重莅，其效果必不可量。仲荃兄深知其详，兹略陈之，幸赐留意，以惠乡里，盼切。”（《黄绍箕集》，796—797 页）

二月十二日（3 月 6 日） 诣麻线胡同吊王文韶长子王稚夔丧，与孙宝瑄、孙宝琦、汪康年等在座。有挽联“君胡不可少留，奉杖入朝，将车归里；我复与谁为善，下帷泪洒，披胆神伤”。

《忘山庐日记》：“晡，诣麻线胡同，吊稚夔丧。是日宾客满堂，慕兄已到，正与穰卿、仲弢前辈谈。”（中册，807 页）

《忘山庐日记》二月十日：“稚夔今晨逝世。”（中册，806 页）

《许宝蘅日记》三月初三日：“昨见黄仲弢学士挽王鸿胪联云：君胡不可少留，奉杖入朝，将车归里；我复与谁为善，下帷泪洒，披胆神伤。时方共谋浙江旅学及路政事宜。”（许恪儒整理，中华书局 2010 年，第一册，60 页）

二月十九日（3 月 13 日） 继母寿辰，恽毓鼎来贺。

恽毓鼎《澄斋日记》：“午刻至福州馆祝黄仲弢前辈太夫人寿。”（256 页）

二月二十四日（3 月 18 日） 孙宝瑄来访。

《忘山庐日记》:“晡,出城访介石、仲弢,遇书衡。”(中册,812页)

二月二十五日(3月19日) 与汪康年、汪立元约饮孙宝瑄于嵩云庵。

《忘山庐日记》:“薄午,至嵩云庵,仲弢、穰卿、健斋三人约饮。”(中册,812页)

二月三十日(3月24日) 《广益丛报》第100期上刊登“译学馆扩充学额”的消息,提出拟将寄宿舍改为学堂,扩充译学馆学额,并重收学费等消息。

译学馆扩充学额:“京都译学馆自开办以来颇著成效,现经黄仲弢监督议加推广,因堂内斋舍不多,拟将寄宿舍改作讲堂,从前寄宿生由堂中另觅住宿处,以资扩充。惟此举学部只允给开办费三万金,常年经费尚无所出,故欲重收学费,俾裕度支。闻拟添额四百名,每名收费百五十元云。”(《广益丛报》第100期,纪闻第2页,光绪三十二年二月三十日)

二月 补授翰林院侍读学士。

参见《清代官员履历档案全编》。(第七册,636页)

三月十二日(4月5日) 孙宝瑄来晤。

《忘山庐日记》:“昳,诣义善源,又至编书局,晤介石、鹏南及仲弢。俄往贺寿州相国八十寿。”(中册,820页)

三月十八日(4月11日) 赴嵩雪庵饮,与徐定超、陈黻宸、孙宝瑄、王仪通、章梫、张元济在座。

《忘山庐日记》:“至嵩雪庵,班侯、介石约饮,坐有仲弢、书衡、一山、菊生。”(中册,823页)

三月二十二日(4月15日) 与钱能训约孙宝瑄于全浙馆。

《忘山庐日记》:“余亦至全浙馆,赴仲弢、幹臣之约。时海棠盛开,庭院中春色灿然,客皆为赏花来。”(中册,825页)

三月 与陈黻宸发电，嘱举孙诒让、刘绍宽协办温州府中学堂。谱主与徐定超、陈黻宸共同署名电温，举孙诒让为温州府中学堂正监督，刘绍宽为副监督。

《厚庄日记》三月十二日(4月5日)："缙生自务本归，携来啸樵信，云介石、仲弢两先生回电，嘱举孙仲文及余协办中学。"(《刘绍宽日记》第一册，428页)

《厚庄日记》三月十三日(4月6日)："雨霁。清明……小垞与君雅信言灵溪事，道、府均批县集讯。又云郡城中学堂，黄仲弢侍读、徐班侯部郎、陈介石主政来电，举孙仲文为正监督，余为副监督。"(《刘绍宽日记》第一册，428—429页)

三月(4月上中旬) 学部堂上集议，汪康年、张元济、罗振玉三人同举谱主、沈曾植、叶尔恺任提学使。

罗振玉《雪堂自述》："一日堂上集议，(荣庆)相国询众，以提学使应以何资格请简？严侍郎首建议，谓必须明教育者……予议提学使与藩、臬同等，名位甚尊，似宜选资望相当者……相国曰：'然。亦但有于翰院取之。若谓翰林不明教育，俟奉简命后，派往外国视察数月可耳。'相国复令各举堪任之人，众又默然，莫肯先发……相国曰：'不如即席面举所知。'时同在坐者，有汪君穰卿、张君菊生，予语两君，谓盍三人同举？予意举沈太守曾植、黄学士绍箕、叶编修尔恺。两君皆首肯，愿同举。菊生别增一人，曰汪太史诒书。"

春 于厂市购得文徵明《湖亭乡思图》，赋七绝二首。

"《题文衡山湖亭乡思图》光绪丙午春初，游厂市，得衡山先生画幅，嗟赏之馀，顿触旅思，漫题其后，绍箕。

我亦京居两载闲，梦中尘土不曾删。谁将冰雪倪迂笔，剪取江南一角山。一

白头来作秘书郎，衡山句。下笔无心到老苍。惆怅美人易迟

暮,羡君归有玉兰堂。二"(《黄绍箕集》,441 页)

四月初一日(4 月 24 日) 浙学堂开学。

《许宝蘅日记》:"浙学堂开学,遍会同乡,余十二钟往,开学礼已毕,稍坐。同乡议铁路穿杭城事,意见各别,仍无决议。"(70 页)

四月初四日(4 月 27 日) 翰林院引见满汉讲官,光绪帝朱笔圈出谱主等四人。下午,许宝蘅来拜,未晤。

《澄斋日记》:"翰林院引见满汉讲官四缺,毓鼎帮同带领。八点钟三刻,上升勤政殿,臣与掌院学士荣庆、学士许泽新跪进绿头牌,奉朱笔圈出荣光、阿联、黄绍箕、孟庆荣。"(261 页)

《许宝蘅日记》:"午后……三钟出门拜黄仲弢丈、黄仲荃同年、赵仲銮内翰、金雪孙同年,仅晤仲荃。"(70 页)

四月初六日(4 月 29 日) 张百熙六十大寿,谱主有《寿潜斋尚书六十》七律二首及寿联以贺。

"中兴将相出湘衡,天挺魁儒畀圣明。大统型模经手铸,元和会计仗心营。夕联风月开尊话,朝听星辰曳履声。四国起居争问讯,为传年录殿耆英。今年寿州相国八十,南皮制军七十,与公皆负海内重望。一

早从内试各升沉,晚与编摩感叹深。浩浩横流忧国梦,堂堂白日爱才心。要回桴耀张华烛,待取桐材荐素琴。岁岁清和来侑酒,倘容越调应湘吟。二"(《黄绍箕集》,441—442 页)

《贺张百熙六十寿联》:"推诚内相关元气;守正司农见老成。"(《潜斋尚书六十赐寿图》附录卷四)

《忘山庐日记》:"介石来,偕往贺长沙寿……长沙年六十,初为国家兴学,乃学部立,则又摈之,人皆不平。"(中册,832 页)

四月十四日(5 月 7 日) 与吴庆坻、陈黻宸、徐定超、汪康年、汪立元等八人做东宴请孙宝琦、宝瑄兄弟和子瑜于陶然亭。

《忘山庐日记》:"薄午,赴陶然亭,方勉丈诸人约饮,坐有子

修、仲弢、介石、班侯、穰卿、健斋、厚庵,仅余及慕兄、子瑜三人为客,馀皆主人也。"(中册,837页)

四月 与朱锡恩、徐定超、钱能训同致函浙江巡抚张曾敭,为浙学堂增加津贴事。

"筱帆中丞大公祖大人赐鉴:自公抚浙,百废备举,舆望允孚,具见经济渊深,器识闳远。翘瞻棨戟,钦佩同深。弟等历碌京华,毫无裨补,至事关桑梓,虽无材识可以赞画,而私心期望兴起以观厥成者,未尝片刻或忘。路政仗鼎力坚持,卒得自办,绕城与否,公议如何。京师浙学堂已于本月初一日开办,规模粗具,尚待扩充,重荷谬膺,深滋兢惕。兹有恳者:医学馆俞生树棻、陈生象松于去年补入学堂肄业,前寄津贴未得均分,拟求添寄两分,以免向隅。而资补助学生,到馆虽分先后,而向学之意初无异同。此项津贴初班既皆分给,则后至者亦未便两歧,可否添筹汇寄之处,出自逾格栽培,以后应令视人数多寡,以为均分,免致再三渎请也。肃此,奉布敬请勋安,惟希台鉴不宣。治愚弟黄绍箕、朱锡恩、徐定超、钱能训顿首。"(《近代史所藏清代名人稿本抄本》第1辑97册119—122页)

四月 充日讲起居注官。(《清代官员履历档案全编》第七册,636页)

四月二十日(5月13日) 据学部奏请,补授湖北提学使司提学使,之后编书局监督由袁嘉谷接任,译学馆监督由章梫接任。是日,致电张之洞:

"武昌张宫保师鉴:今日学部奏派各省提学使,奉旨湖北提学使着黄绍箕补授,云南提学使着叶尔恺署理,谨闻。绍箕叩。哿。丙午四月二十酉刻发,亥刻到。"(《近代史所藏清代名人稿本抄本》第二辑106册197页)

《清代官员履历档案全编》:"本月二十日奉上谕,学部奏请简

放提学使司提学使一折,湖北提学使着黄绍箕补授。钦此。”(第七册,636 页)

《光绪朝东华录》四月己亥(4 月 25 日):“谕政务处、学部会奏,遵议裁撤学政,请设直省提学使司一折……各省改设提学使司提学使一员统辖全省学务,归督抚节制。一切详细官制及办事权限章程,仍由学部筹议具奏,所有各省学政一律裁撤。”

《光绪朝东华录》四月丁巳(5 月 13 日):“谕学部奏请简放提学使司提学使一折……湖北提学使著黄绍箕补授……所有编检御史署理,均着开缺以道员用,馀着照所议办理。”

《缘督庐日记》四月廿四日:“阅邸钞,各省提学使:奉天张鹤龄补授……湖北黄绍箕补授。”

《奏报湖北提学使到任日期折》:“臣于本年四月蒙恩补授湖北提学使。”

《许宝蘅日记》:“见提学使名单,浙江得五人:一黄仲弢学士,一姚稷臣观察,一沈子培编修,一吴子修编修,一叶伯高编修。”

《奏派接办编书局》:“大学堂编书局局长黄学士绍基现已简放提学使,所遗局长差事闻已经学部奏派袁编修嘉谷充授,业于日前到局视事矣。”(《北洋官报》,1906 年,第 1039 期,6 页)

《编书局监督到差》:“京师奏办编书局黄仲弢监督业经奉命提学湖北,所遗监督一缺前未派定,刻由学部议准派袁树五太史嘉谷充该局监督,已于本月十四日到局矣。”(《北洋官报》,1906 年,第 1062 期,5 页)

《拟委译学馆监督》:“探闻学部各堂宪现拟将大学堂译学馆提调章一山君充署译学馆监督,以资整顿。”(《北洋官报》1906 年,第 1015 期,5 页)

《译学馆派定监督》:“学部日前拟派译学馆监督一节,现始拟定仍以斋提调章一山太史梫为总监督,以学务提调张邵熙部郎缉

光为帮办,业经照会译学馆矣。”(《北洋官报》,1906年,第1061期,6页)

四月二十三日(5月16日) 致电浙江巡抚张曾敭,谈浙江铁路之事。

“杭州张抚台鉴:节际此电请携呈筱帅面翻。鲜等今午因路事见唐少川侍郎,据云英因我国□彼事太多,全力对我,径和废约,万做不到,惟有不废而废之一法,明午英领如要求订正合同,请告以现在情形与订沪宁约时不同,我奉旨收回自办,无订合同之权,如必欲订,须察看商民情形再覆云云。至将来办法,拟由公司拟一合同,故意与彼为难,略如下:一、因庚子赔款之后,中国财政情形与前不同,故此路一有亏折,公家不能担保。二、因草合同延久又在奉旨自办之后,与沪宁情形不同,故用人办事管路购料等权均自我操。三、限六个月内议定,限满乎允我吏完全自办,如此则彼必不愿。盖国家不能担保,则彼不能卖票,权自我操,则大非彼本意,限定半年,则彼不能延宕,较之永远纠缠,觊觎不绝者相去远甚。鲜等问公家不担保,渠竟应允,何如?唐答:‘外国万无因数商人之言,未经公家担保而人肯买票之事,亦万无数商人自出千万款办铁路之事。’又问:‘彼国家若竟出面担保,何如?’唐答:‘外国国家万无因数商人言肯为担保之事。并可与言明,此路必得利,路即可作保,何必再要国家担保。’渠亦必不允,正乃直中要害之著,确有把握,百无一失者。屡思以此意达筱帅,而函电难详,派人往说,亦不易,尤恐泄漏。公等能以己意转达最妙,务极秘密云云。电到如蛰翁在杭,请密示,勿再示人,祷切。鲜等,漾。”(《近代史所藏清代名人稿本抄本》第一辑97册,142—144页)

四月二十四日(5月17日) 致电张黄楼,告以将赴日本考察之事。

“京黄学士来电督署转张黄楼观察。绥。提学在京共十人,须同赴东洋考查三个月,至鄂期殊难定,祈代禀钧座。子康、若川、叔颂恐须回避,奈何。箕转梁节庵廉防鄂学之盛,全赖公力赞成。昨命殊出意外,悚仄无地。将来一切求教,俾有遵循,万幸。箕。丙午四月二十四日未刻发,二十五日未刻到。”(《近代史所藏清代名人稿本抄本》第二辑 106 册,217—218 页)

四月二十五日(5月18日) 致电张之洞。

“京黄学士来电。张宫保师鉴:绥密。违侍三年,此后又获长承教诲,实为大幸。提学使设司,奏定时有派翰林东游,回国再行请简之说。嗣启期向部员言,欲睦入部,而谕令部员密保堪任之员,至二十日请简折与学部官制并上,则外间所不及料也。闻部员无一人保节庵者,学部司管辖各学堂人员,睦外亦无一人入请简单内者。部员所见之单五十余人,小枢所见之单则稍有异同,又增数人,每省或拟二人,或拟三人。睦与节庵皆拟湖北,尚有一人未详,微闻进呈之单又异,乃一省一人,极秘密。沧浪欲令睦入部,不列单。东皋欲令睦赴湘,皆不可得。前日见启期云,初意上必圈节庵,乃竟令老前辈赴鄂,部中失此臂助,叹惜不已。节庵内升无所闻,鄂学之盛甲天下,节庵赞成之力为多,乃令睦居此席,悚仄万分。出洋期,迟早未定,容续禀闻。睦,有。丙午四月二十五日戌刻发,二十六日巳刻到。”(《近代史所藏清代名人稿本抄本》第二辑 106 册 221—224 页)

四月 汤寿潜来电。

“急。北京。黄仲弢,节,蛰仙致尊处电,其文曰:托密呈瞿中堂鉴,恭贺揆喜,浙人漾感。公电想鉴及,纷传唐绍仪为萨使所用,倘朝旨令唐与议,必祸全浙,许英揽杭甬,美必索浙赣,浙事危矣。祈垂神挽救。潜叩。”(《近代史所藏清代名人稿本抄本》第 1 辑 97 册,147 页)

四月(5月) 作诗留别编书局同人及译学馆同事、学生。

《留别编书局同人》:"少作雕虫悔已多,九流晚出各殊科。微言大义悉乖绝,旧学新知赖切蹉。黄帝教来乌拉岭,素王书过斡难河。镕模采算劳甄录,江上精庐眼细摩。"

《留别译学馆同事诸君》:"结想无穷力不任,住思避席去沾襟。倚兰傍玉愁非质,叩角鸣宫感含音。风暖渐扶荷出水,露浓刚护柳成荫。汉江夜夜婵娟月,长照佳人万里心。"

《留别译学馆诸生》:"余自去春承乏译学馆,顷奉命赴鄂提学,感同学诸君相待之诚,临别黯然,不忍舍去,赋诗奉贻,聊附赠取之义。

仍岁公官左,相将望玉绳。范金空有愿,攻错愧无能。浩劫三弹指,良医九折肱。忧时与惜别,此意泪难胜。一

象胥周谕说,𬨎使汉方言。官失才难就,时穷学愈尊。崚嶒怜岁月,辛苦拄乾坤。老病沧江去,相期答圣恩。二"(《黄绍箕集》,442—443 页)

闰四月初二日(5 月 24 日) 与其他各省提学使一起至八旗高等学堂参观。(《大公报》1906 年 5 月 29 日,"要闻",第三版)

闰四月 与其他各省提学使一起考察京师其他学堂。学部安排"提学使等每星期内到学部三次,听讲教育法,此教习为日本人法贵君,约定两月后毕业"。(《大公报》1906 年 6 月 7 日,"时事",第四版)

闰四月初五日(5 月 27 日) 与孙宝琦、汪康年等至许宝蘅寓,请其担任办事之责。

《许宝蘅日记》:"八钟归,倦极,稍眠,至十二钟子修丈、乙山同年来访,即起,仲弢学使、慕韩太常、穰卿丈均到,盖为浙路议事也,欲余担任办事之责,余力谢,恐不能却,一钟散。"(78 页)

闰四月十一日(6 月 2 日) 与张元济、汪康年、章梫至许宝蘅寓,商议浙江铁路事。

《许宝蘅日记》:“四钟时菊生、穰卿、乙山三君来,议浙路事,邀余为坐办,不得辞,只好允诺,仲弢学使亦来,议定明日再集议组织办事处章法。”(80页)

闰四月十二日(6月3日) 《申报》刊登“提学使公立三日研究会”消息,谱主与江宁提学使陈伯陶等人商议成立三日研究会,以便商榷一切。

提学使公立三日研究会:“新简各省提学使在京供职者只有十人。日前黄仲弢、陈子砺等公议暂借江苏会馆设立三日研究会,以便商榷一切。至各学使游历经费人各四百元,已于日前领出,现拟自十一日起次第请训,午节前必可东渡。”(《申报》第11898号,1906年6月3日,第一张第三版)。

闰四月十五日(6月6日) 在浙学堂公饯提学使三人:谱主、吴庆坻、叶尔恺,并合影留念。

《忘山庐日记》:“日中,至浙学堂,公饯提学使三人,即吴子修湖南、黄仲弢湖北、叶伯皋云南也。俄,总理引三学使登台,学生台下左右行列,乡老向台中坐。先由总理演说今日饯别之意,次学生唱送行之歌,台上奏乐歌毕,由吴学使演说,勉励诸学生,演毕皆下。余兄慕韩复登台演说。每演说毕,众皆鼓掌。晡,复合诸提学及乡老、总理诸人及学生等合映一相,始各散。”(中册,850页)

闰四月十六日(6月7日) 致电张之洞,提到因光绪皇帝和慈禧太后身体不适,召见改缓。而学部电谕于六月初十前,各提学使在沪会齐出使日本。

“京黄提学司来电。武昌张宫保师。绥。上月底圣躬稍欠安,因食冷粽三枚,又适有外召太医诊上语,以时有遗泄之证。太医某乃加补药,廿八日请慈圣安晕跌,又出冷汗甚多。传尚书陆润庠、商部司员钧入诊,连诊三次,服消导轻剂,得大解,渐愈。慈圣亦微有不适,服陆力拟方即安。翰林截取道,预备召见,屡改绥,嗣奉谕暂停,候传。其自戊戌后翰林,值日预备召见之人员,则从此停撤。据陆尚书言,慈圣脉甚强,固不过本原稍弱,目前必无碍,现尚未叫外起,闻不耐久坐。又闻慈圣近日午后时觉倦睡,为向来所无,不欲外间知之,故甚秘。睦等须俟截取人员奉传召见后,方得请训。学部欲令在外之提学使同班出洋,电谕于六月初十前,在沪会齐云。道员监督一节,容询部再闻。睦禀铣。丙午闰四月十六日申刻发,十七日申刻到。”(《近代史所藏清代名人稿本抄本》第二辑 106 册,366—368 页)

闰四月十九日(6 月 10 日) 与章梫、汪康年、吴庆坻等至许宝蘅寓,商议浙江铁路事。

《许宝蘅日记》:“午后一钟一山同年、菊绅姑丈、穰卿前辈、仲弢、子修世丈先后来,会议浙路事,五钟方散。”(81 页)

闰四月二十日(6 月 11 日) 张之洞来电。是日学部致电驻日公使杨枢,派员照料出使日本提学使团。

“致京虎坊桥黄仲韬提学使:沈子封编修闻可得截取道,如愿指省湖北,极所欣盼,不必指他省也。望速转询电复。皓。丙午闰四月二十日子刻发。”(《近代史所藏清代名人稿本抄本》第二辑 52 册 320 页)

“致驻日杨大臣提学使到东派员照料电:驻日杨公使鉴:提学使拟华历六月初在沪会齐东渡,本部派留学生蹇念益、梁志宸、江庸为照料委员,望转致,另有函牍。学部,号。”(《学部官报》1906 年第 2 期文牍 15 页)

闰四月二十一日(6 月 12 日) 致电张之洞。

“京黄提学司来电。武昌张宫保师。绥。两宫均大安,近两日召见来秀、继昌、朱家宝,惟每日外起止见一人。学部初拟奏谕饬各省贡院,不得挪作别用,嗣中止未奏。其本旨仍欲留为本省学务之用,并无他意。上月福建崇将军据绅士呈电请部示,覆言科举即停,贡院自应改为学堂,毫无疑义,请速办等语。子封阅钧电,甚感。惟渠系京察记名,拟暂留候简,如久不得放,愿效驰驱。睦禀马贡院事,请典五兄转致节庵同年。睦叩。丙午闰四月廿一日亥刻发,廿二日未刻到。”(《近代史所藏清代名人稿本抄本》第二辑106册396—397页)

闰四月二十二日(6月13日) 为浙江铁路股事,与叶尔恺、吴庆坻、汪康年、章梫、汪立元、许宝蘅等做东,约请严小秋、严瀛甫源丰润、陈谨斋正金、冯润田恒裕四君。

《许宝蘅日记》:“四钟半至燕春园,为路股事,约严小秋、严瀛甫源丰润、陈谨斋正金、冯润田恒裕四君,仲弢、伯高、子修、稷卿、一山、建斋及余为主人,九钟馀散。”(82页)

五月 提议在都设立学务评议会,研究办学的目的及方法,为东渡日本考察做准备。

《各提学使在都设学务评议会》:“新简各省提学使本拟闰四月初十日前一律启程东渡考察学务,旋经湖北提学使黄绍箕提议,集合各提学使先在都中设一学务评议会,罗临中外通人,相与研究办学之目的及方法,俟一两月后胸有成竹,然后东渡参观学校,调查一切,较易下手等语,闻荣尚书、严侍郎均甚以此议为然。日内即将开会云。”(《广益丛报》第111期,纪闻第3页,光绪三十二年五月二十日)

五月初六日(6月26日) 与吴庆坻、孙宝琦、章梫、汪康年、徐定超至许宝蘅寓议浙江铁路事。

《许宝蘅日记》:“仲弢、子修、慕韩、乙山、稷卿、徐班侯均来,议路事,十一钟散。”(85页)

五月初七日(6月27日) 朱光谦、孙宝瑚、孙宝琦、方恭钊、朱彭寿、汪康年、汪立元、陆懋勋、章梫、孙荣枝、徐定超、夏循垲、张端理、许宝蘅等人在积水潭高庙公饯谱主与吴庆坻、叶尔恺三位提学使。酒后又议铁路事,许宝蘅以所拟各稿质之谱主等人,皆认可。

《许宝蘅日记》:"十钟三十分出门入城,至德胜门内积水潭高庙,公饯仲弢、子修、伯皋三提学。主人为朱逊斋光谦、孙撷珊宝瑚、慕韩宝琦、仲玙宝瑄、方勉夫恭钊、钱幹臣能训、朱小汀彭寿、汪穰卿康年、汪建斋立元、陆勉斋懋勋、章乙山梫、孙仲华荣枝、徐班侯定超、夏爽夫循垲、张稼霖端理,仲玙、幹臣未到。到者主客凡十七人,谈饮甚乐,十二钟入座,三钟散。庙为李西涯故宅,庙东院有西涯一角匾,余辈公宴处为静鸥轩,南北皆窗,甚宏敞……酒后又议路事,以昨所拟各稿质之弢、修、慕、乙诸公,皆认可。"(85—86 页)

是日 致电黄绍第,速汇千金来京。

"黄绍箕致织布局黄电:北京黄提学司来电,武昌督署转织布局黄。祈速电汇千金来京,专盼勿迟。急切。鲜。丙午五月初七日申刻发,亥刻到。"(《近代史所藏清代名人稿本抄本》第二辑 106 册 491 页)

五月(6 月) 与同仁曾致函上海公司,为许宝蘅支薪水五十元。

《许宝蘅日记》五月十二日(7 月 3 日):"过建斋、撷珊谈,知仲弢诸君函致上海公司,为余支薪水五十元,此举颇非余愿,俟得公司复信后当辞之。"(87 页)

五月初十日(7 月 1 日) 到许宝蘅寓议铁路事,孙宝琦、章梫、汪立元等在座。

《许宝蘅日记》:"四钟后仲弢、慕韩、一山、建斋诸君到会议事,陈静斋亦来,六钟散。"(87 页)

五月十五日(7 月 6 日) 致电张之洞,告以将奉旨面圣请训之事。

"京黄提学司来电:武昌张宫保师,绥。本日军机大臣面奉谕旨,各省提学使着于本月二十二、二十三两日请训,每日五员,预备召见,钦此。拟于二十五日搭快火车赴鄂,睦禀。咸。丙午五月十五日戌刻发,十九日亥刻到。”(《近代史所藏清代名人稿本抄本》,第二辑 106 册,586 页)

五月十七日(7 月 8 日) 与徐定超、汪康年至许宝蘅寓,商议湖州府学后海岛公地为耶稣教士韩明德私买霸占事。

《许宝蘅日记》:“三钟章豰生偕冯季常来访,谈及湖州府学后海岛公地为耶稣教士韩明德私买霸占事,班侯、仲弢、穰卿先后来,会议湖州事,傍晚始散。”(89 页)

五月二十一日(7 月 12 日) 访许宝蘅。

《许宝蘅日记》:“仁先、仲弢、建斋先后来谈。”(90 页)

五月二十三日(7 月 14 日) 恭请圣训。

《奏报湖北提学使到任日期折》:“五月,恭请圣训,荷蒙诲谕周详,莫名钦感。”

五月二十四日(7 月 15 日) 致电张之洞,谈昨日召见情况,学部令各提学于下月十二日会沪启轮。原定五月二十五日启行,闻铁道被水冲断,延迟出行。

“京黄提学司来电。武昌张宫保帅。绥。养电敬悉,无任感悚。昨蒙召见,慈容减,气弱声低,奉谕‘蒙小学堂最要,旧学不可弃,教员尚苦不足。尔等到东洋宜认真考查,留学生多有习气,闻日人教授亦不甚认真’,等语。又垂询各省学务情形,语不甚多,奏对时亦不能尽所欲言。连日传力钧请脉,据力言秉赋本强,现血亏,又因吃素太久,有失滋养,前夜间多不寐,近稍能安睡。本日吏部引见奉传撤去,学部令各提学准定下月十二日会沪启轮。睦本定廿五行,闻铁道又被水冲断,须旬日晴方修竣,焦灼万分。各报言梁臬司乞退,此间学部堂官及各提学深虑钧座奏留,以睦薄有虚声,又于学务略曾经历,必欲使偕同东渡。启期并言业经奏准,断不合违。睦以顺道省母为辞,并言见钧座请示考查之大要，而启期意总似疑其欲赴任不肯去，闻铁道断处约六十里，顷托人电查，中间是否可雇骡车，若办到当速行，得复即电闻到鄂拟住布局，以便定省。睦禀，敬。丙午五月二十四日午刻发，亥刻到。”（《近代史所藏清代名人稿本抄本》第二辑 106 册 632—635 页）

提学使来鄂消息光绪三十二年六月初三日："新简湖北提学使黄绍箕有电来鄂，定于五月二十五日由京起节，大约月底可以到省。现学务处人员预备交替，甚形忙碌。"（《申报》1906 年，第 11948 号第九版）

五月二十七日（7 月 18 日） 学部为提学使团出使日本，请日本文部派员讲演等事，致电驻日公使杨枢。

"致驻日杨大臣提学使东渡请与日文部妥商讲演电：驻日杨大臣鉴：提学使定于六月初十后由沪启行，抵东后，拟请日文部派员讲教育行政，其大纲有四，一各国学制及其沿革，二教育主义及其变迁，三日本兴学之经验，四各种科学之性质及其关系，即恳执事与日文部妥商，将演讲之法先行豫备，余函详学部。沁。"（《学部官报》1906 年，第 2 期）

五月二十八日（7 月 19 日） 致电浙江巡抚张曾敭。

"张抚台鉴：近见城北切论志公，据云两次与同事言及，均知其不宜，欲量移而苦无机会，又说东皋答言选，但知其敷衍，不知其反对意，色似不安，且观后效。东皋谓英使于苏杭甬渐松缓，当可无虑，请告蛰。湖州京官均谓海岛案关系颇大，洋人屡以官地公地两层与我强辩，谓此地并无府学公地之实据，湖人不能干预。担文来函谓被告既称湖人只能争有实据之阁祠公地，不能争此，考无实据，射圃等地宜作为国际交涉，由官力争，收回甚易，惜在杭领署时中国官毫不助力云云。此函现在湖郡曾呈朱令阅过，据此情形，务恳电达外部验契丈地，官绅合争既是正办，必有效踏力削安。领事以会议为会审，如此袒护彼教，恐酿众愤，不无过虑，求公大力维持万幸,以系湖人同情,谨闻某守颇滋众议,请裁夺。鲜出京过鄂,即赴沪,东渡期迫,不能诣谒。鲜禀。勘。”(《近代史所藏清代名人稿本抄本》第二辑96册,97页)

是日 许宝蘅来送行。

《许宝蘅日记》:“至西车站送仲弢丈行。”(第二册,91页)

六月(7月) 受学部尚书荣庆委托,被推举为同行诸学使领袖,赴日本考察学务。

《奏报湖北提学使到任日期折》:“六月,遵旨前赴日本考察学务。”

六月初六日(7月26日) 学部致驻日大臣杨枢电,请长崎、神户、横滨领事照料提学使团。

“致驻日杨大臣提学使定期放洋请饬长崎等领事照料并派程生明起通译电光绪三十二年六月初六日:

驻日杨大臣鉴:勘电悉,提学定期十二日放洋,希饬长崎、神户、横滨领事妥为照料,通译派程生明起,并希转告,余函详。学部,鱼。”(《学部官报》1906年第2期,28页)

六月初十日(7月30日) 《山东官报》第八十四号刊登“提学使定期东渡”消息。

提学使定期东渡:“(北京)新简各省提学使已于前日召见请训,兹闻各员已订六月初二日联袂东渡。”(《山东官报》第八十四号 光绪三十二年六月初十日)

六月十二日(8月1日) 在上海,访张謇。夜赴端方约,与郑孝胥、张謇、许鼎霖、王仁东在座。

《张謇日记》:“仲弢来。”(632页)

《郑孝胥日记》:“夜,端午桥来请往谈,仲弢、季直、九香、旭庄皆在座,又晤刘仲鲁若曾。余为午桥言制械之急,可议官包进口洋药而加抽土药税,既为禁吸烟之预备,十年之内,所得足资制械之用矣。申言其理致,举座皆然之。归寓已近二点。"

六月十三日(8月2日) 汪诒书来函,云因病不能出使日本,改派洪展鹏先行。

仲弢老前辈大人阁下:今日潮热大退,据医者云恐成疟疾,不能侍驾东渡,至为歉恨!洪君展鹏,浙江人,湖南试用知县,书拟令其先行即用书之船票,一切求推爱照料,感叩感叩。扶病书此,祗请经安。侍诒书谨启,十三日。(《黄绍箕集》,816页)

六月十五日(8月4日) 以谱主为团长的提学使考察团(13人)从上海吴淞港乘"泼令司"轮东渡日本,同行者有学部右参议林灏深及学部委员五人,另有随员八人。

"名单有:湖北提学使黄绍箕、浙江提学使支恒荣、山西提学使锡嘏、湖南提学使吴庆坻、黑龙江提学使张建勋、甘肃提学使陈曾佑、吉林提学使吴鲁、辽宁提学使陈伯陶、江西提学使汪诒书、新疆提学使杜彤、云南提学使叶尔恺、广西提学使李翰芬、陕西提学使刘廷琛。"(安东强《旧学与新制——清末提学使东游见闻与认知》《学术研究》2009年,第7期)

《各省提学使东渡》:"各省提学使共十三员,均于同日乘德国邮船东渡。闻各学使到东后,先请日本文部省为之讲演学务事宜,俟暑假满期,各学校开课,然后实地考查,以资取法。尽九月内即可回国各赴新任云。"(《寰球中国学生报》1906年,第1卷第2期,第79页)

钱振埙有《送湖北提学使黄仲弢东游日本》七律诗四首,今存三首。

"校馀天禄杖藜青,内史觥觥腹笥灵。十载蛾眉空妒影,廿年虎观旧横经。山川日暮开王会,河汉秋高见使星。尚有公门桃李在,过江人物未凋零。

风云莽莽独登台,黄鹤楼空仙不才。南圻上流天堑险,西吞远域霸图开。水经测地嘉鱼出,驿路观风白雉来。揽辔澄清无限感,前途人有着鞭回。

蛟龙怒吼大江寒,万里沧溟弹指看。海国久储唐礼乐,星轺重见汉衣冠。九天风送谈瀛客,三岛花迎珥笔官。我亦仙山曾采药,蓦惊国手总旁观。"(《黄绍箕集》,724—725 页)

黄文开有《送黄仲弢学士提学湖北先发日本》七律三首,曰:

"星轺东指辇相望,喔喔天鸡促曙光。万里中原隔消息,九州稗海本荒唐。诗书未厄秦皇火,裤褶新更回纥装。忽忆大唐贞观事,八千巾卷贡明堂。

西风重食武昌鱼,夹道争迎谕德车。列郡山川天堑险,渡江人物浪淘馀。伯牙台迥秋花晚,太白楼空夜月初。高会南皮问今昔,未应闲散老尚书。

宾洛游梁学道迟,长安也见曳裾时。愧同侯霸称都讲,赢得孙卿是老师。西北浮云虚俯仰,东南搔首几踟蹰。悠悠江汉休相忆,各有千秋与后期。"(《黄绍箕集》,725 页)

黄式苏有《送宗鲜庵丈提学湖北先发日本》:

"天门詄荡八扇开,九霄飞下风诏来。文昌夜夜腾辉耀,普放光明照埏垓。吾宗学士万夫特,承明领袖群仙才。妙年作赋传日下,清词丽句千琼瑰。鸣珂曳履云汉上,文采俯睨失邹枚。奇书遍窥石渠秘,一一搜抉穷根荄。插架森森多于笋,挥斥金帛如土坏。中原名士今元礼,翘首龙门何崔嵬。燕许经纶苦未试,荡胸蟠郁生风雷。廿载京国蹋朝鼓,羞随驽蹇斗龙媒。涑水闲散领书局,编摩日日起徘徊。巍峨黉舍公宫左,象胥造士亦舆台。大匠医国自有术,牛刀小割良可嗤。横流滔滔忧未已,两仪错戾天地胲。圣朝兴学广谘诹,云台讨论日移槐。篚铦旧制大更始,妙选词臣司甄裁。江汉尤为国扃钥,帝曰咨汝其往哉。颇忆星轺昔日至,英英桃李手自栽。寓公数载题咏遍,鹦洲晴阁日溯洄。自别沧江忽三载，六街蹀躞走黄埃。夜月婵娟照千里，碧波渺渺大江隈。一朝弭节喜重莅，譬似故乡去复回。神龙卷舒大泽水，绰绰进退尤宏恢。筚路蓝缕张熊楚，坐看盘瓠尽瑰材。嗟余小子百无用，食贫惯啖北山菜。饥来忽索长安米，风雪千里解鞍才。自分击筑歌燕市，忽愧滥竽上齐台。春风嘘人回旸谷，快从杖履相追陪。忽然远别扶桑去，依依颇似失乳孩。明朝挥手各天末，今日一乐且千杯。”(《黄绍箕集》,726 页)

六月十六日(8 月 5 日) 入长崎港。

六月十九日(8 月 8 日) 抵东京。

六月二十日(8 月 9 日) 致电张之洞：

“宫保师鉴：十九日到东京，箕禀。丙午六月二十日午刻发，廿一日亥刻到。”(《近代史所藏清代名人稿本抄本》第二辑 107 册,150 页)

六月二十一日(8 月 10 日) 往公使馆见驻日公使杨枢。

六月二十三日(8 月 12 日)至六月三十日(8 月 19 日) 游览东京市内外，酬接学生及各省留学生监督、游历官，同时也与日人往来，参加留学生的欢迎会。

六月二十六日(8 月 15 日) 以谱主为首的 13 名提学使及 8 名随员，会同驻日公使杨枢“至文部省会晤文部大臣及其次官，商议视察日本教育制度”。并决定自七月初一日起为各提学使“特开讲演会，每日三小时，约一月讲毕”，所定题目为“明治教育沿革、各国比较教育制度、教育行政、教育学说及学校管理法”。

各省提学使在日本之举动：“各省提学使赴东者凡十三人，到东后即会同杨公使于六月二十六日至文部省会晤文部大臣及其次官，商议视察日本教育制度。俟各学校暑假期满开校后，由文部省派员导视各学校。又闻文部省定于七月初一日以后，为各提学使特开讲演会，每日三小时，约一月讲毕。讲员悉系文部省之高等官，兹将所定讲演题目列下：明治教育沿革、各国比较教育制

度、教育行政、教育学说及学校管理法。”(《直隶教育杂志》1906年第15期)

提学使到东后之状况:“此次各省提学使赴日者共十三人,到东后会同驻日公使杨钦差,于六月二十六日至文部省,面会文部大臣及其次官,商议视察日本教育制度。俟各学校暑假期满开校以后,由文部省派员导引巡视各学校。又闻文部省定于七月初一以后,特为各提学使开设讲演会,每日三小时,约一月

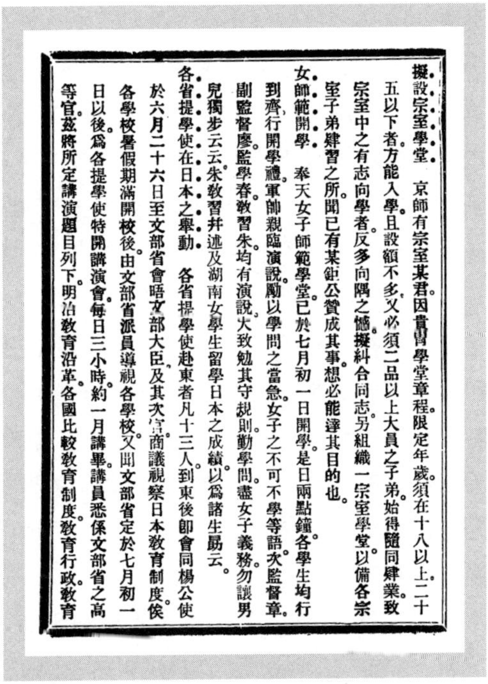
擬設宗室學堂　京師有宗室某君因貴冑學堂章程。限定年歲。須在十八以上。二十五以下者。方能入學。且設額不多。又必須二品以上大員之子弟。始得隨同肄業。致宗室中之有志向學者。反多向隅之憾。擬糾合同志。另組織一宗室學堂。以備各宗室子弟肄習之所。聞已有某邸公贊成其事。想必能達其目的也。

女師範開學　奉天女子師範學堂。已於七月初一日開學。是日兩點鐘。各學生均行到齊。行開學禮。軍帥親臨演說。勵以學問之當急。女子之不可不學等語。次監督章。副監督廖。監學春。教習朱。均有演說。大致勉其守規則。勤學問。盡女子義務。勿讓男兒獨步云云。朱教習并述及湖南女學生留學日本之成績。以爲諸生勗云。

各省提學使在日本之舉動　各省提學使赴東者凡十三人。到東後卽會同楊公使於六月二十六日至文部省會晤文部大臣。及其次官。商議視察日本教育制度。俟各學校暑假期滿開校後。由文部省派員導視各學校。又聞文部省定於七月初一日以後。爲各提學使特開講演會。每日三小時。約一月講畢。講員悉係文部省之高等官。茲將所定講演題目列下。明治教育沿革。各國比較教育制度。教育行政。教育

▶时间:各省提学使在日本之举动

讲毕。讲员悉系文部省之高等官,兹将所定讲演题目及姓名列左:明治教育沿革,文部省视学官野尻精一;各国比较教育制度,文部省参事官田所美治;教育行政,文部省参事官松本顺吉;教育学说及学校管理法,高等师范学校教授小泉又一。”(《通问报:耶稣教家庭新闻》1906年第213期)

六月底　与吴庆坻、姚文倬、刘廷琛在赤坂区桧町三番地合租一屋。

七月初一日(8月20日)　日本文部省“午前九时起,在东京高等商业学校为中国提学使开特别讲演会”,“先由野尻视学官

讲日本教育之沿革,继由田所参谋官论欧美教育制度与日本之比较,至一点钟方散会”。谱主等13名提学使及8名随员均参与听讲。

日员与提学使讲演教育:“日本文部省于东历八月二十日午前九时起,在东京高等商业学校为中国提学使开特别讲演会,在座者为黄绍箕以下十二人及随从八人,先由野尻视学官讲日本教育之沿革,继由田所参谋官论欧美教育制度与日本之比较,至一点钟方散会。”(译自东京《朝日新闻》)(《申报》1906年8月28日,第11983号,第一张第三版)

七月初一日(8月20日)至七月十三日(9月1日) 文部省视学官野尻精一讲“日本兴学之经验”,共分十章,介绍明治维新后日本教育现代化成功的经验和重视教育的效果。课程有“明治以前之教育概要及明治以前政体之要领,明治23年小学校令公布以后之小学教育、中学教育、女子教育、专门教育”等。讲所设在东京高等商业学校。

吴庆坻8月28日家书:“在此如当学生,每日六时起,七时赴讲所,坐至十二时始散。耳听手记目观几不暇,除陪有记录生二人,速记生一人外,其所言精要处不能不自记也。”(《清末中日教育文化交流之研究》,58页)

七月初一日(8月20日)至七月二十日(9月8日) 文部省参事官田所美治讲“各国学制及其变革”,共为十六回,主要介绍了法国、德国、英国的学制及其沿革。

七月初七日(8月26日) 在驻日公使杨枢等的引导下拜访同仁会会长大隈重信、东京高等师范学校校长嘉纳治五郎等知名人士。大隈在把日本明治时代的教育发展分为四个时期进行了回顾后,对中国教育的现状谈了自己的看法。

吴庆坻8月28日家书:“见大隈伯,才辩纵横,议论正大,中朝大官无能及之也,不愧东邦伟人。见嘉纳治五郎,名教育家,言有秩序。此邦人材辈出,宜其骤兴,吾辈真愧汗矣。”(《清末中日教育文化交流之研究》,58页)

《大隈伯演说教育事宜》(日本):“中国政府所派来之提学使十五人于日前访大隈伯于早稻田邸第,就于中国教育制度之改善叩大隈伯之意见。大隈伯乃与之长谈,历三点钟之久,起初所陈说者略云:‘诸君欲知中国教育制度如何,乃可改至尽善,则但知日本教育之沿革,即可思过半矣。’继又云:‘日本之教育可分为四期,其第一期乃系维新创始之际,专为与列强对峙起见而设,故最注重于振作军事教育;其次则努力于内治上所必须之政治法律等之教育。其第二期乃因觉悟富国强兵之基端在于国民教育,故于军事政治法律之外,又极力尽瘁于国民教育之普及。其三期乃为因国民教育之日盛而努力输入欧美之文物,其结果遂致流于极端之欧化主义,一部分之识者颇慨叹之,而主张保存国粹。其第四期即为今日之问题也。日本因中日、日俄两次之战争,而表示其不劣于欧美列强之地位,因物质的文明尚大欠缺,故今日之问题乃在兴起此物质文明。’

各提学使等就于中国教育制度上中央与地方之别,恳求大隈伯之指教。大隈伯乃云:‘中央教育应当设备中学以上之高等教育机关,固不待言,然至于地方教育,则须视其本土风俗人情而酌量兴起实业教育,若能于其间,再实行孔孟之伦理学说,则一面勃兴实业,一面且能维持精神之统一,利益未可枚举也。’诸提学使称谢而退,并约期再会见云。”(《山东官报》1906年第106期,光绪三十二年七月廿四日)

七月十五日(9月3日)至七月二十七日(9月15日) 文部省参事官松本顺吉讲“日本现行教育制度”,共分十九章,重点介绍了教育行政机构,以及从幼儿园到帝国大学各类学校的性质和概况。

七月十九日（9月7日）起　休息一周不赴听讲。

吴庆坻9月7日家书："今日休息一日不往，仲弢也休息一星期不赴听讲，计下月初五讲毕，即须参观学校。"（《清末中日教育文化交流之研究》，59页）

七月十九日（9月7日）　学部收到驻日公使杨枢关于提学使在日本听讲演等事的函。

《驻日杨大臣与日本文部商定提学使到东讲演函》："敬肃者，各省提学使蒙钧部奏派来东考察一切，自奉钧部电示，枢即往晤文部大臣商量讲演办法，嗣准文部大臣拟定讲演日期及所讲事宜，并派定讲演委员，开送前来，其讲演日期以五星期为限，自第一星期至第二星期由文部省视学官野尻精一讲演日本兴学之经验，第二星期至第三星期由文部省参事官田所美治讲演各国学制及其沿革，第三星期至第四星期由文部省参事官松本顺吉讲演日本现行教育制度，第四星期至第五星期由东京高等师范学校教授小泉又一讲演教育方法及学校管理大要，并各学科目之性质及其关系，似与钧部指示办法尚能符合。兹提学使已抵东京，即于七月初一日开讲。是日文部大臣亲至讲堂演说，各讲演委员亦极热心讲演。完竣后，再由文部大臣派员陪同各提学使至各学校参观管理方法及一切制度，期获实益。

再钧部林参议暨各委员均已到东，亦经枢与文部大臣商明，先偕各提学使听讲，讲毕后再在文部省研究一半月，由文部大臣特派员讲演管理全国学务机关，盖以钧部奏派林参议等所处地位与提学使各有不同也。专肃，敬请钧安，统祈赐察。枢谨肃。"（《学部官报》1906年第3期，光绪三十二年九月初一日旬报，22页）

七月二十八日（9月16日）至八月初五日（9月22日）

东京高等师范学校教授小泉又一讲“教育方法及学校管理法概要”“各学科的性质及相互关系”。

八月初八日(9月25日) 参观本乡区汤岛三丁目的圣堂、教育博物馆和神田区一桥通町的东京高等师范学校附属小学校。是日,与诸提学使受邀出席日本教育会集会,询问教育普及等事。

《中国提学使东游访问纪略》:“九月二十五日,同人小集本会,柬邀诸君,以表欢迎之忱,诸君垂问贵国教育普及事,词意勤恳。翌日,又以性与音乐二事见询,足征诸君之谦冲虚怀,不耻下问也。”(《东方杂志》第三卷第十二期,1906年)

八月初九日(9月26日) 参观本乡区汤岛三丁目的东京高等师范学校附属中学校。

八月十日(9月27日) 参观日本桥区兜町的东京市立常磐寻常高等小学校。

八月十一日(9月28日) 参观丰多摩郡早稻田的私立早稻田大学。

八月十二日(9月29日) 参观赤坂区青山北町五丁目的东京府师范学校。

八月十四日(10月1日) 参观小石川区竹早町的东京府女子师范学校、东京府立第二高等女子学校,小石川区大塚洼町的东京高等师范学校。

八月十五日(10月2日) 参观本乡区汤岛三丁目的女子高等师范学校、同附属高等女子学校。

八月十六日(10月3日) 参观牛込区市谷加贺町一丁目的东京府立第四中学,麻布区北日下洼的东京府立第三高等女子学校。

八月十七日(10月4日) 参观本乡区向冈弥生町的第一高等学校、第二临时教员养成所。

八月十八日（10月5日） 参观本乡区元富士町的东京帝国大学。

八月二十一日（10月8日） 参观上野公园内西四轩寺迹的东京美术学校、东京音乐学校，上野公园内的帝国图书馆。

八月二十二日（10月9日） 参观小石川区指谷町的东京盲哑学校，小石川白山御殿町的东京帝国大学理科大学附属植物园。

八月二十三日（10月10日） 参观浅草区御藏前片町的东京高等工业学校、工业教员养成所，东京高等工业学校附属工业补修学校，本所区林町的东京府立职工学校。

八月二十四日（10月11日） 参观神田区一桥通町的东京高等商业学校、商业教员养成所，神田区锦町三丁目的东京外国语学校。

八月二十五日（10月12日） 参观赤坂区葵町的私立大仓商业学校，芝区三田的私立庆就义塾大学，麻布区饭仓町三丁目的东京帝国大学理科大学附属天文台。

八月二十六日（10月13日） 参观神田区一桥通町的私立共立女子职业学校，麴町区代官町的中央气象台。

八月二十八日（10月15日） 参观小石川区高田丰川町的私立日本女子大学。

八月二十九日（10月16日） 参观四谷町的宫内省所辖学习院男子部，麴町区永田町的宫内省所辖学习院女子部。

八月下旬 《教育世界》第134期刊登日本伊泽修二《呈中国诸提学使意见书》（论中国语言及中日韩三国文字之宜统一）和倡设汉字统一会等消息。

汉字统一会消息：

“日本教育会，顷宴我国诸提学使于其教育俱乐部。席次，会员伊泽修二氏,倡言中日韩三国为唇齿之邦,文字虽同,而训诂音读,参差不一,彼此读书,不免阂隔。应编一三国通用字典,以便学者云云。同席之人俱赞成其说。

后两国诸志士,又协议组织一汉字统一会,会长三国各一人,更置副会长干事等若干人,别就三国之名卿巨公中,推文德最著者一人为总裁,本部置于日本东京,中、韩二国,各设支部,纂此字典时,当选目前惯用之文字六千无论从前字书中已收与否,但取适用,不论雅俗,施以三国之音韵训诂,刊成以飨学者。此后每三年修正一次,此外并刊行各种适用书籍。三国之人,皆得入会,会金一圆,入会者之义务有二:一其用字当据本会字典,一则多购求本会刊行物云。

赞成本会者,非常之多,其发起人,在我国则有提学使黄绍箕氏、吴庆抵〔坻〕氏、姚文倬氏、刘廷琛氏、叶尔恺氏及其他诸人,日本则有重野、三岛、星野、木邨、大槻、井上、物集、诸文学博士,金子男爵及伊泽修二、高田忠周、汤本武比古、尺秀三郎、木下邦昌、木野村政德、足立忠八郎、冈本正文等,均当世通儒,惟韩国尚无人与议云。"(《教育世界》第134期,1906年,1—7页)

九月初一日(10月18日) 参观越中岛的递信省所辖商船学院、农商务省所辖水产讲习所。

九月初二日(10月19日) 参观麹町区有乐町的东京府厅、东京市政府。是日拜访大隈重信的私邸,大隈专门为谱主一行举行了晚宴。大隈就同仁会的宗旨、同仁会与中国教育的关系发表了讲演。(《大隈伯爵招待清国提学使》,《同仁》第六卷,1906年11月10日)

九月初五日(10月22日) 参观荏原群上目黑村的商国大学农科大学。

九月初七日(10月24日) 上午参观印刷局,下午参观日本兴业银行。

九月初八日（10月25日） 上午参观印刷局抄纸部，下午参观东京邮电局。是日参加与日本教育会的交流会，听取日本关氏、汤本氏、町田氏、伊泽修二等人的意见，会上谱主亦发表讲话。

《中国提学使东游访问纪略》：

十月十五日阳历本会特开调查委员会，以讨论中国提学使所提出之问题。临席者为辻会长名新次，前文部次官、田中、町田、币原、关、铃木诸氏，咸议以为答复不如晤谈，得以上下讨论，因即议定日期，以便会商。旋于十月二十五日，再开委员会，与黄绍箕诸氏相见，是日临席者为辻、冈、田中、根本、町田、牧濑、汤本、关诸氏，及中国提学使黄绍箕、吴庆坻、陈曾佑、姚文倬、叶尔恺、杜彤、刘廷琛，通译冯阅模、黄曾锴诸氏，首由辻会长陈说介绍之意，继由关、汤本、町田诸氏一一述其意见，会谈数刻钟，始行散会。"

辻会长介绍辞：日前蒙诸君提出教育问题后，本会委员即彼此商议，惟其中尚有未明了处，必须一聆謦欬，且致答意。因请诸君来会，当由委员关义臣及汤本町田诸君，先后述其所见，如蒙采纳，以资参考，则幸甚。至本会之意见，当俟异日为诸君详述之。

关氏之质问及意见：九月二十五日，同人小集本会，柬邀诸君，以表欢迎之忱，诸君垂问贵国教育普及事，词意勤恳。翌日，又以性与音乐二事见询，足征诸君之谦冲虚怀，不耻下问也。仆闻贵国学者，济济成林，然其见地，大抵不出华夏史乘，今所垂询，想亦无越此范围者，仆于汉学，夙未考求，然当总角时，亦尝涉猎汉籍中国□史，今请略抒私见，以质大雅，可乎？今欲解决本问题，宜先自第二问入手音乐之教中国古时云云，音乐之道，以理论言，固不难窥其崖略，然自其实际求之，终不可解。此匪特吾侪为然，即敝国古来硕儒，亦皆不免此憾。吾闻论乐之书，以《礼记·乐记》为最详，《荀子·乐论》次之，《史记·乐书》又次之。自此以外，吾侪所知者盖鲜,请试陈之。传曰:“治定功成,礼乐乃兴。”《史记·礼书》曰,“周衰,礼废乐坏”云云,“至秦有天下,悉纳六国礼仪,采择其善,虽不合圣制”云云,“至于高祖,光有四海,叔孙通颇有增损,大抵皆袭秦故”。茅坤曰:“太史公于礼乐之旨,原不十分见透,故述荀卿论礼之言而作《礼书》,述乐记之言而作《乐书》,其所发明处,多揣摩影响而成文,然其深旨亦微眇矣。”赵恒曰:“汉之礼乐,皆袭秦故也。”又曰:“汉时古乐已亡,自高惠文景以至武帝,古乐已无可求矣。此太史公所以读《虞书》而流涕,伤古乐之不可复见也。”由是观之,可知当汉之时,已无能解古乐者,惟魏文侯得乐工某,年百余岁,命作《乐记》一篇,即今《礼记》中之《乐记》,为古乐之仅存于后世者,更有一事,不能无疑,即《论语》《家语》等书,所载孔子“在齐闻韶《家语》闻下学有之二字,《论语》无,三月不知肉味”之说,由其叹美之深而推之,则知孔子时,舜之古乐尚存,至秦而始亡耳。然始皇焚书,岂并乐书亦焚之乎?或云始皇焚书,仅焚其关于政治者,若夫礼乐卜筮等书,固未拉杂摧烧之。此于汉代犹传古乐,可见也。然则乐书岂亦在焚烧之列乎?敢以为询。然此属枝叶末节,无可深论。今又就《乐记·乐论》等书,以质仆所疑。《乐记》曰:“凡音之起,由人心生也。人心之动,物使之然也。感于物而动,故形于声,声相应,故生变,变成方,谓之音。比音而乐之,及干戚羽旄,谓之乐,乐者,音之所由生也。其本在人心之感于物也。是故其哀心感者,其声噍以杀;其乐心感者,其声啴以缓;其喜心感者,其声发以散;其怒心感者,其声粗以厉;其敬心感者,其声直以廉;其爱心感者,其声和以柔。六者非性也,感于物而后动,是故先王慎所以感之者,故礼以道其志,乐以和其声,政以一其行,刑以防其奸,礼乐刑政,其极一也,所以同民心而出治道也。”又《乐论》曰“夫乐者乐也,人情之所必不免也。故人不能无乐,乐则必发于声音,形于动静,而人之道,声音动静,性情之变,尽是矣"云云,"故乐在宗庙之中,君臣上下同闻之,则莫不和敬;閫门之内,父子兄弟同闻之,则莫不和亲;族长乡里之中,长少同闻之,则莫不和顺。故乐者审一以定和者也,比物以饰节者也,合奏以成文者也。足以率一道,足以治万变。是先王立乐之术也"云云。又《乐书》曰:"是故治世之音,安以乐,其政和。乱世之音,怨以怒,其政乖。亡国之音,哀以思,其民困。声音之道,与政通矣。"又曰:"知声而不知音者,禽兽是也;知音而不知乐者,众庶是也。惟君子为能知乐。"其所谓君子,固非吾侪所能祈至,然若与禽兽比数,则又迥不相侔矣。盖审乐声而能区别其曲节,以知其喜怒哀乐之心,实为最难。凡人惟喜则颜色怡怡,笑容可掬,音声亦自可喜,怒则颜色异常,声音亦带杀伐之气,为易见耳。若夫乐声,则终不可得而知者也,所谓君臣协和,家族和亲,淫声乱声,耳闻心得,种种深意奥旨,苟犹可以传于今日也,尚祈大雅有以教之。

日本音乐,亦创自上古,多用以祭神,故曰神乐。朝家庆事,亦恒用之。自推古孝德二帝之世,始代以隋唐乐,而古乐遂废。孝德帝大化五年自大化五年至今,兹明治三十九年,凡一千五百六十一年,置八省百官,当时始有雅乐寮之设,令义解、职原抄二官名皆云雅乐寮掌音律之事。即仿唐大乐令制,唐书大乐署令三人,日本雅乐寮,亦置头头,官长也,右头、图书头等同一人,其下有后观仿唐协律郎等属僚,唐书载乐人三百人,日本明治以前,亦置王朝伶人二百余人,然其能由音声而知君臣之和同,闾阎之安否,兵乱之将兆者,盖无有焉。若就民间言之,则明治以前,惟有神乐一部而已。抑仆尚有欲询于诸君者,唐宋之时,乐府之传于日本者不鲜,然其中存古乐之神意者,盖十无一二,自明迄清专就康熙、乾隆言,其间所用音乐,果属何种?今日贵国朝野之间,尚存古乐风韵否乎?若古风无存,则通行者为何乐?前年仆游贵国,见有举行婚礼者,方新妇出时,日亭午,数十百人环拥彩舆,鸣锣作乐,迂回以行,后屡见之,大抵皆然。《礼记》云:“婚礼不用乐,幽阴之义也。乐,阳气也,婚礼不贺,人之序也。”又婚□也,娶妻之礼,以昏为期,取阳往阴来之义。盖婚姻以行于夕间为礼,今乃白昼,鼓吹中途,喧杂而行,果仿何礼?祈一一指示,盖古乐之废久矣,贵国今日所行之乐,果为汉唐之所遗乎?抑为宋代之所传乎?皆无能知之矣。来书所述音乐之教,无论日本欧美,均不能行。就今时言之,日本古乐,除祭祀戎事以外,用者盖鲜,即用之亦属形而下者,至于形而上之古乐,则为教育之大本,略通其理者,已不可得。况谙弦歌曲节者乎?且学生所应学者,多实用科目,不遑讲习古乐,即使习之,亦时日至短。不能玩索有得,盖音乐虽非必要之科,然当今之时,使徒致意于形而上之古乐,恐未必能得要领,且不免失之迂,无宁研求他类学科,以应时变之为愈也。

更就第二问胎教论之,胎教之说,见于《列女传》,文王生而明圣,君子谓太任能胎教。此外诸书,未见有述及胎教之事者。来书云:“周时有专书,盖早亡矣。”洵然,至其余子女生后事,《礼记·内则》言之甚详,兹姑不赘。来书又以王充《论衡》“性有三品”之说为询,夫性说尚矣。孔子曰性相近也,孟子曰性善而已,荀子曰性恶也,杨子曰性善恶混,韩子曰性有三品,诸说纷纭,莫能穷究。然苟自己见解,明白透澈,似不必别此四种,而王充之言,将不解自决矣。盖性虽有分别,然善者进而不怠,则终为尧舜,恶者亦勉而不已,亦必不失为善良,如来书云:“人之生也,虽有恶质,而其天良不泯,心中有余地,无物而浑然洞然,即足以容至善。”设其性虽善,怠慢则成恶;虽恶,自勖而不怠,则亦成善。然则性之善恶,属于形而上之境者也,形而上之学,虽微妙精深,然终不如致力于形而下学,以造就真才之为得也,云云。

关氏述毕,又草一意见书,以示各提学使,其条目如下:一、如欲多得小学教师,惟有添设师范学堂之一法,譬如每省创立师范学堂五处,每学设额一千名,数年之后,每省即可得毕业教师五千,若二十一行省,准此为之,则可得教师十万五千人,十年之后,自无乏才之虞矣。惟所需经费,至为巨大。欧美日本,始皆艰苦经营,乃能收今日之效。中国苟欲兴办新学,普开民智,正不能以此自阻耳。一、中国文章,实为世界最难之学,曩者吴君挚甫,游历日本,考察大中小各学,颇有所感,其言曰:吾国非废汉文,无以普及文明教育,盖汉文过于艰深,人自幼而学之,非经数十寒暑,不能斐然可观,而人已垂老无用矣。吾国不及东西洋之进步,实由于此云云。由是观之,中国此后似宜以官话为常用文,以期言文合一,凡普通学课本,悉用官话编述,学童习之,既易获益,而国语统一之功,亦可于此收之。一、古乐既不合用,不如代以新乐,以期教育之完全,当此五洲大通,智述相竞之时,而犹欲以古乐变新乐,何异操弓矢以敌枪械。太古之文物,其无裨于今世,盖了然如观火矣。一、胎教之理,其要在于女子教育,今日欧美各国,女子皆受教育,故其国民程度,日益高尚,然则欲图国家之进步,盖非鼓励女学不可矣。一、日本实行义务教育之初,竭蹶殊甚,幸当局者不避艰险,勉强以行之。始有今日之进步,盖天下之事,有苦而后生乐,灿烂之文明,要皆辛苦之酬劳耳。

黄绍箕氏之答辞:乐与性之第二问题,不及第一问题之重要,惟以资参考而已。仆近日编纂《中国教育史》,叙述古时事迹,因偶论及此,非谓于今日教育上有实在效用,而欲见诸施行也。且古乐存者,仅十中之一二,欲复兴之,良非易易。故鄙意谓不如袭用外国音乐,较为便捷。前所陈述,不过中国古来沿革之迹耳。

关氏又述其经历曰:日本颁布学则,在明治五年,与征兵令同时颁发,其时仆官鸟取县知事,先布学制,设小学校三十余所。县民见征兵令中有血税二字,大骇。会县属日野郡相见村莠民暴动,声言将袭击鸟取县署,二十里之内,凡小学校,户长役场村中吏长办事处及土豪巨贾之家,皆遭焚掠,仆不得已,乞援于姬路镇台今师团司令部派兵弹压,及乱事敉定,复新设小学校若干所,时北条、爱知、三重、福冈、敦贺诸县,亦有民讧,盖皆以阻挠新学,抵抗征兵也。其后诸县务排击俗论,锐意兴学,民情始渐贴服。中国近情颇似日本明治初年,当局者宜坚忍不挠,以立教育普及之基,慎毋惑于俗论,而瞻顾不前也。

汤本氏之演说:仆为本会委员之一,于诸君所提出之问题,曾加研究,今试略述所见,以谂明哲。一、如目前兴学孔亟,教员不能敷用,莫如多设讲习会,广招生徒,就本国人士中,择其热心教育者,担任讲习。毕业后,即以充教员之选,费轻,而易举,事半而功倍,诚救急之良策也。二、国语统一问题,于教育进步后行之,收效自易。日本始设学校,教员乏人,因在东京、名古屋、大阪、新潟、长崎、广岛等处,设官立师范学校,招考汉学有根柢者,入所讲习,以六月或二年毕业。既毕业,派赴各郡县,令充教员,又以此等毕业生之少而犹不敷用也。于是复设讲习会,招考稍有学问知识之人,以此等毕业生为之教习,又派讲习已毕业者,充各小学教员,复由文部省编定简易教科书,以课生徒,又就各郡县设立师范学校,每年招生入学,已毕业后,亦派充各小学教员,以是,故人才辈出,有不能胜用者矣。诸君归国以后,仿而行之,收效必非浅鲜。至国语统一,须俟教育普及之理,例证甚多。今试述其一二,昔者德国当局,亦尝虑国语庞杂,民心难固,而思有以统一之,毕士马克因创高德意志语,以期遍行全国,迄于今日,爱尔萨斯、罗廉二州名西历一千八百七十年得之于法国二州,亦皆用高德意志语,全国语言,遂以统一。而国民之意思,亦从此通畅无阂。又试征之日本,往时东北部与西南部,语言大异,不能通用。至今交通日便,教化日普,各地学生之游学东京者,归为教员,皆据东京语为模范,不论何地,无复情意不通之憾矣。故贵国苟欲收国语统一之效,亦不得不俟诸教育普及交通便捷之后。又来书有云:“今日音乐一道,无论日本、欧美,咸列学科,然亦不过高尚美术中之一科而已,固不如中国古来以此为教育之原素也云云。”以仆私见,音乐实为涵养德性之要道,非仅成其为一科学而已。颂《君代之曲》系日本国歌,以颂天皇万岁者,而忠君爱国之忱,油然生焉。是可知音乐者,不但足以发动高尚优美之性情,亦可以涵养道德之心者也。昔者日本民间,俗谣盛行,淫猥之声,充溢闾里,至于今日,则所闻者惟铁道唱歌电车唱歌战役唱歌之类,虽非尽属道德,而其能驱除恶俗,改良社会,夫固彰明较著,无待赘述者矣。是故音乐一科不仅学校宜有之,其关系于社会实非浅鲜也。又来书所谓三性,似与进化之论,出于一揆。然三性中之所谓正,为进化论所无,其所论者,惟随与遇二者而已。而正与随,盖视为一物者。夫人之性,本由遗传,然亦未可概论,世之父母顽嚚,而生子贤明;父母聪慧,而其子不才者,盖不少矣。此皆若祖若宗之种智,流遗未泯,有以致之耳,是故以瞽叟之父,而得虞舜之子,不足异也。若夫三性之论,得遗传之说以疏剔之,自迎刃而解矣。

遗传之说,黄氏颇有心得,其所述故事一节,足资考证,因录之如下。唐时有萧颖士者,其系出自鄱阳王,尝远游,一日渡江,有同舟者某,熟视颖士曰:“君非鄱阳王之后裔乎?”颖士不以为意,答曰:“然。”比舟傍岸,某以发掘坟墓故被逮。盖某前发鄱阳王故墓,盗其瘗物,方发时,视王颜色如故上代贵人之棺□用朱泥封之,故久而不腐。偶在舟中见颖士,以其骨相风格相肖,不觉出此言也,颖士闻而有所悟。其后著论,以为人之祖孙,非止容貌相肖,其性质亦相类云。

町田氏之演说:今就贵国文字问题,略述私见。敝国明治初年,南北言语不通,窒碍良多。幸有假名,可以表见音韵,用以作教科书,遂能收国语统一之效。汉字则无此利便。以愚所见,有一种音符文字,以代汉字,似较合用。否则国语统一之期,恐河清难俟也。盖贵国言语,以耳闻而口传,辗转多讹,在所不免,苟欲匡正,惟据音符文字,耳目并用,可免此弊。然仆意非谓汉字宜废,惟为普及教育计,故文字不得不求简易耳。贵国厦门人某,尝发明音符,仆曾一见之,然犹未能脱略形象,似不适用。继自今,苟能竭力攻究,益求完备,诚莫大之功也,云云。

伊泽修二氏之意见(专就第二问题言):第一节,今日所欲尘清听者,凡分两节,第一节则答诸公所垂问,第二节则申明汉字统一会之趣旨也。请先言第一节。曩日诸公在帝国教育会,曾发两问,今就第二问论之。问曰:“中国文字太深,语言不一,内地交通不便之处尚多,下流社会风气仍多闭塞,致生阻碍,宜由何种方法,使之开通云云。”夫深之义,深微也。《易·系辞》曰:“惟深也,能通天下之志。”解释文字,不外三种,字形、字义、字音是也。其第一种,则有《说文解字》《字林》《玉篇》《五经文字》《九经字义》《类篇》《字汇》《正字通》《康熙字典》诸书。第二种,则有《尔雅》《史籀篇》《仓颉篇》《凡将篇》《急就篇》《训纂篇》《滂喜篇》等。第三种,则有《声类韵》《集切韵》《唐韵》《广韵》《集韵》《古今韵会》《佩文韵府》等,然类虽分为三,实则三而一,一而三,有不能强为分析者。且文字之起源,距今约五千年前,太昊伏羲氏易结绳以书契,是为原始,《易》所谓“伏羲氏之王天下也,仰则观象于天,俯则观法于地。观鸟兽之文,与地之宜,近取诸身,远取诸物,以通神明之德,以类万物之情”可以证矣。其后时代变迁,赖圣贤之力,得传其统以至今日。此诸公所精通熟悉,不惟不待吾等之赘言,且为吾等所当承教者也。况本会有吾国小学专门家高田忠周、大槻文彦及其他老儒在,傥诸公与之纵论此事,必荣幸欢欣,以待诸公。虽然,吾知今日诸公所欲问者,必不在此,吾等所欲陈者，亦决不在此。今日立国于世界，所赖以与列强相竞者，何在乎？一在乎本国之道德文学，一在乎富国强兵之策。前则古来圣贤之学也，后则理化、数学、博物、技艺，所谓新学之智识也。兵器、弹药、军舰、汽船、汽车、电信、电话、电灯，以及空中飞艇诸种，富国保国之器具，何一不赖乎此？今日贵国之急务，惟在以古来传统之文学，与今世应用之实学，两两比较，而定其是，择其宜而用之而已。予又有不胜钦佩之一事，则去年贵国政府毅然停止科举之事是已。贵国新文明之曙光，实发现于此时，何也？青年学生，能以其费于古来文学之精力之一部，移以为研究新学之用故也。既得此精力之余裕，而不使利用之于最有效之地，智者所不为，宜诸公之提出彼问题，即欲以费于深微文学之精力之一部，补此实用的之短处，彼问题之解决，不外此点。盖新学之智识，舍言语文章之力，别无他术。问曰："中国文字太深，语言不一云云。"今请为一简单之解答，则欲矫正语言不一之弊，唯在统一之而已。诸公非以此事，为易言难行乎？请分陈其要领，可以知其决不然矣。

一、统一语言，宜用何标准乎？第一，宜选简赅明了者；第二，宜选威严足以服人者；第三，宜选国内多数人所通晓者。以此标准，绳诸中国各方言，则北京官话为最适之语言，可断言矣。请先就第一证明之。中国语之难学，在四声与发音，而四声尤难，就各地方言音韵比较之，广东则有上平、上上、上去、上入、中平、中上、中去、中入、下平、下上、下去、下入，十二种。福州则有上平、上声、上去、上入、下平、上声、下去、下入，八种。南京一带及以南诸省，则有平、上、去、入，四种。北京一带，则有上平、下平、上、去，四种。以此观之，北京语省去入声，故学之非常省力，即就发音言之，北京话亦最明了，较为容易。予曾研究苏州音，觉其不如北京语远甚。唯北京话有卷舌音，稍觉其难，然通音韵学，亦自易了，是合于第一标准矣。

但从来贵国语以无音字故,习学颇难,近年若王照诸氏,始有所作,惜未能完备,不揣冒昧,指驳数端。一、喉音于母韵之外,另为一种。今王氏目母韵为喉音,一非也。二、父音母韵,不能相混。今王氏父音中混入母韵,二非也。三、母韵中尚有许多不全者,三非也。四、切韵脚音通于北京音,而不能通用于各省,故传之他处,而本音失其真矣,四非也。兹就第四,举数例焉。如取危之"⼀"画,而为 ei 之发音,北京诚读 wei 矣。然此字广州韵 ngai,福州读 gnui。"阿"字虽多读 a,然广州之客家则读 o。"爷"字客家、宁波皆读 ya。"开"字广州读 hoi,客家读 koi,福州读 kui,温州、宁波一带读 ke,扬州读 kae。"豪"字广州读 how,客家读 haw,福州读 hoa,温州读 ue,宁波读 oa 之类是也。予曾制有一种音字,待休息时述之,以求教益。总之,无论何种音字,将来取其最便利者,通行全国,则官话之习学,必异常容易,可断言矣。

更就第二标准言之,则北京为中央政府之所在,政令之所由发布,名公巨卿之所聚集,而亦将来议院之所在也,是欲威信达于全国者,不能不用北京话。如法之巴黎语,英之伦敦语,皆为本国通行语。而巴黎语乃至用为外交语,通行欧洲各国。日本虽文化尚浅,而东京语亦为全国通用。以是例之,北京官语,且适于第二标准矣。东京为旧江户城,然东京语则与江户语异,东京语乃维新时各处学者伟人聚集一所,自然成一种语言。以此推之,北京官话亦必为各省言语之所集合而成,从可知矣。

又就第三标准言之,北京官话,通行于江北诸省,及满洲全部,以及南清之官吏社会,将来议院既设,议场上发言若不一致,必启争端,是议场上必须用北京语矣。吾知他日制定议院法,必有非北京语,不得在议院发言一条,是北京语之用更广矣。此适于第三标准也。

二、如何使之实行乎？官话于官吏社会，大抵既已实行，宜更设法推广，议院中必用官话，前既言之矣。若夫中学以上之学校讲义，亦以用官话为宜。师范学校，宜特设国语一科，使之学习官话音，且教以授小学生之方法，俟师范卒业生渐多，再于小学校设官话音韵科，且读读本之时，亦限定必用官话。教育之势力，普及最速，明效大验，可立待也。就日本之经历言之，维新之际，萨摩与奥州之语言不相通也。黑田清隆之攻秋田城也，城降而语言不通，无从谈判。后以一种歌谣，始渐了解。今则东京之语，无处不通行矣。今日中国苟能实行予说，十年小成，二十年必大成无疑矣，何难之有！

第二节，贵国之语言，不难统一。顷既言之，今请进而论东亚同文三国汉字之统一。今日之时势，东亚交通，日益频繁，不谋语言统一之法，何以通三国之情？且旧有字典，于研究古来文学，虽无遗憾，其奈不适于当世之用何，此本会所以有汉字统一会之设也。予自幼即专攻汉学，当时敝邦学制，皆守贵国之轨范，自诵读讲解四书五经，以及《左传》《国语》《史记》《汉书》，旁涉诗文，以是为则。如予者实履践此学则者也。及遭政变后，翻然改志，而入西学之门，先学于国黉，后游于美国，入其师范学校，修高等师范科，旁考普通教育制度。又入其大学，学理化、博物、金石、地质，且视察其学风。明治十二年归国以后，为高等师范校长者二次，又转文部编辑局长，从事于编译检阅教育学艺之图籍。后为东京市会议员，又为贵族院议员，以常议及法制经济政治之问题故，得通民间社会之情状，故当世所谓新文明之文字，时接于耳目，故于新学之文字，亦较常人为多识。幸赖先辈之诱掖，友朋之责善，始得编成《日清韩三国音韵字典》一书，此书标准大略如左：一、汉字之三国共用者，约五千字；二、行于甲国而不行于乙国者，约六七百字；三、新字及俗字之日常须用者，三国皆有之。依右之标准，约须选定六千字，然其音韵，三国各有不同，不可不有所依据。于是更思得一法,贵国则以《康熙字典》官话音,敝邦则依《玉篇》,韩国则用《奎章全韵》,列记而比较之。其间音韵变化之理法存焉,足可见三国字音传统之说之不诬。虽然,其字面全同,而字义互异者,亦颇不少,而敝邦所制定之各种科学名词,与贵国古义,大相径庭者甚多,虑非此小册所能尽也。今拟以三年为期,添加短句细注,改编一大字典,以达本会之目的。此次之字典,不过先定其字数之多少,及编纂之标准条规而已。倘诸公赞成鄙志,共襄是举,则幸甚。(《东方杂志》1906 年第三卷第 12 期,350—365 页丙午十一月)(译日本明治三十九年十一月《教育公报》)

九月初九日(10 月 26 日) 上午参观日本银行,下午参观东京邮电局电话科电话交换局。

九月初十日(10 月 27 日) 参观日本红十字社医院(涩谷)。

九月十二日(10 月 29 日) 上午参观陆军幼年学校,下午参观陆军士官学校。

九月十三日(10 月 30 日) 上午参观横滨税关,下午参观横滨正金银行。

九月十四日(10 月 31 日) 上午参观东京地方法院,下午参观警视厅消防署。

九月十五日(11 月 1 日) 参观日本劝业银行。

九月十六日(11 月 2 日) 参观巢鸭监狱。(吴庆坻《日本东京各学校参观笔记》,转引自吕顺长《清末中日教育文化交流之研究》,商务印书馆,2012 年,51—54 页)

九月二十日(11 月 6 日) 致函大隈重信,请其介绍参观宫内省藏书之事,并附拟寄早稻田大学图书馆书目清单。

“敬启者,屡辱嘉招,获亲雅训,感佩无量。前在席间,得诗一首,未及写献,连日匆匆,无暇握管。昨晚始补录出,谨呈尊览,伏祈教正。

闻宫内省藏书甚富，绍箕性好古籍，前闻市岛馆长言台端与田中大臣交谊甚笃，可否仰求鼎言介绍，于本月十一日以后十六日以前得赐一观。俾鄙陋如游宛委琅嬛，归以夸耀中土文士，为幸多矣。冒昧渎陈，皇恐皇恐。附奉中籍五种又译本三种目录列后，拟寄附贵大学图书馆。山海高深，不辞土壤细流之助，谅蒙哂纳。专肃布上，伏惟垂鉴不宣。大隈伯爵阁下，黄绍箕顿首，阳历十一月六日。

《张文忠集》十六册、《古籀拾遗》一册、《周书斠补》二册、《札迻》四册、《九旗古谊述》一册、《布匿第二次战纪》二册、《拿破仑本纪》四册、《民种学》一册。右书八种三十一册。”（原稿藏于日本早稻田大学图书馆）

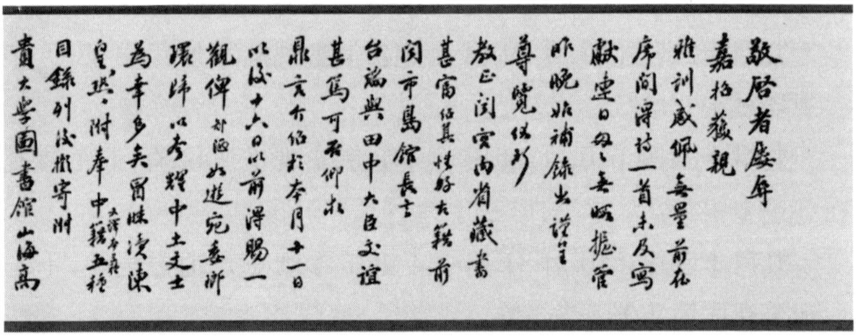

敬啓者屢奉
嘉招獲覲
雅訓感佩無量前在
席間得詩一首未及寫
獻連日匆匆無暇撥冗
昨晚始補錄出謹呈
尊覽以祈
教正聞宮內省藏書
甚富紹箕性好古籍前
聞市島館長言
台端與田中大臣交誼
甚篤可否仰求
鼎言介紹於本月十一日
以後十六日以前得賜一
觀俾鄙陋如遊宛委瑯
嬛歸以誇耀中土文士
為幸多矣冒昧瀆陳
皇恐附奉中籍五種又譯本三種
目錄列後擬寄附
貴大學圖書館山海高

▶黄绍箕致大隈重信（一）

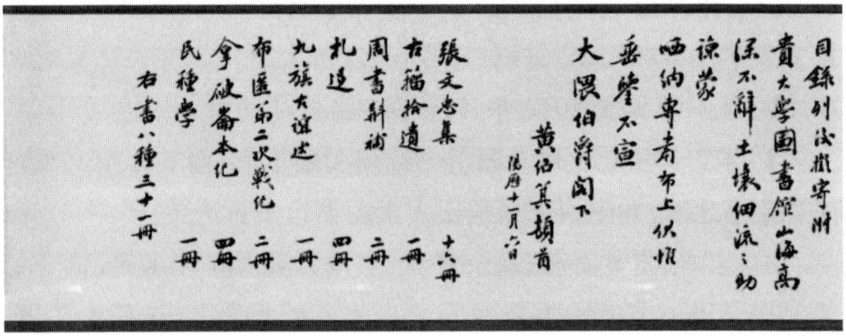

目錄列後擬寄附
貴大學圖書館山海高
深不辭土壤細流之助
諒蒙
哂納專肅布上伏惟
垂鑒不宣
大隈伯爵閣下
黃紹箕頓首
陽曆十一月六日
張文忠集 十六冊
古籀拾遺 一冊
周書斠補 二冊
札迻 四冊
九旗古誼述 一冊
布匿第二次戰紀 二冊
拿破崙本紀 四冊
民種學 一冊
右書八種三十一冊

▶黄绍箕致大隈重信（二）

九月二十二日(11月8日) 致电两湖总督张之洞,介绍日本考察情况,迟归的缘由,增加旅费等事。

"东京黄提学司来电,武昌张宫保师钧鉴。绥。文部听讲毕,先谒圣庙行礼后,参观各学校四十处,接观印刷局、裁判所等十余,现接观留学生各校,中间仅一游箱根,兼观乡校,余时见客应酬,无片刻暇。文部相待甚优,此行幸免大笑话。惟识浅时促,得不偿劳。期已满,诸提学陆续回国,至廿五日全归。箕不得不稍缓。一、讲义由速记暗码缮和,复缮汉,未毕。一、与鄂生留学各校长稍接洽,商稽核之法。一、答访教育家、文学家,偕沈学司略与往复。一、名胜择要一到,又须到西京、大阪等处观学,拟迟两星期归,已极迫促。伏求俯允。再随员甚得力,惟旅费不敷,箕费尤巨,不能助,可否请每员酌加二百元,又各雇人译书三种,皆极有用,共费九百元,并恳电给。冒渎皇恐,绍箕禀。箇。

转梁廉访。入觐大喜,敬贺。箕事尚未毕,顷有详电上宫保,约十月初十左右归,恳转敝寓。箕。丙午九月二十二日申刻发,二十四日丑刻到。"(《近代史所藏清代名人稿本抄本》第二辑108册,141—143页)

九月二十三日(11月9日) 考察事竣。

湖南提学使吴庆坻奏折:"至九月二十三日考察事竣。"(安东强《旧学与新制:清末提学使东游见闻与认知》,《学术研究》2009年第7期,135页)

九月二十八日(11月14日) 在东京,偕沈曾植、王式通同往宫内省图书寮观内府藏书。

《题岛田彦桢皕宋楼藏书源流考》十二首之八自注:"客秋九月二十八日,在日本东京偕仲弢、子培两提学,至鞠町料理地宫内省所辖之图书寮观内府所藏书。典守者罗列精本,请定甲乙,意殊诚恳。培老谓:'东游以来,惟兹事差强人意。'仲老戏曰:'君勿

熹,防岛田明日翻案。'"(《志盦诗稿》卷一)

十月(11月) 在东京,致函岛田翰并题赠班固《西都赋》语,函曰:"岛田先生雅鉴:时丙午冬日,将西归,与君同游西京,获见博物馆及藏书家珍籍,因录班孟坚《西都赋》语奉赠。黄绍箕奉并记。"同日与董康同观岛田翰所藏《司马太师温国文正公传家集》,写下"丙午冬日黄绍箕获观",后钤"黄印绍箕"白文。(《芷兰斋书跋初集》,韦力著,国家图书馆出版社2012年版,77—79页)

十月 观宋刊本《史记》,并题跋:"岛田先生家藏宋庆元刊本。丙午冬黄绍箕获观。"后钤阴文"黄印绍箕""穆琴"二方。

冬日 录元好问《游黄华山诗》赠青柳笃恒时任早稻田大学清国留学生部教务主任。落款:"丙午冬日录元遗山游黄华山诗,青柳先生雅鉴,黄绍箕。"

在日本考察期间,收购日本刊印的多部中国古籍,有弘化丁未刊影宋本《尚书正义》、元文二年刊本慧琳《一切经音义》、延享二年刊本希麟《续一切经音义》、安政刊本《医心方》《孔子家语》《庄子音义》《唐才子传》《隶续》等。(《瑞安五黄先生系年合谱》,《孙延钊集》,327页)

在日本期间,游览日光、箱根等地的名胜古迹,留下许多诗篇:

游日光杂诗二十首

精妍雕绘灿如新,景福灵光或比伦。三百馀年威力在,田翁里妇尚祈神。一

洪钟渡海自何朝,燕寝横檠想玉弨。金塔无铃不能语,上人指画说灵猫。二

以上东照宫

二荒山树不曾荒,半带残红半落黄。行到山穷树无尽,木公信在海东方。三

两山中折石槽开,泉急林高首重回。拟画夕阳红叶路,须添舞雪带奔雷。四

以上二荒山

半生惭负客中游,暂见飞龙便小休。忆看仙岩梅雨后,至今梦想大龙湫。山中瀑布以数十计,不能遍观。五

凌晨扶策夕言归,讲舍谈经听隔扉。莫问亡羊谁得失,拾薪古意叹湮微。日光町小学校。中国古礼,乡塾儿童散学,则拾薪以归。六

昨见两妇扶一妪,今见一马驮两童。着屐女郎解西语,握铅学子描晚枫。途中书所见。七

华严法海本来空,莫滞声闻色相中。一落九天珠玉碎,悬崖勒马是英雄。华严泷。闻少年失意愤恚,往往自投其中。八

峡中飞出白龙双,十万虬松护击撞。不到人间作霖雨,雄心终古未能降。龙头湫。九

木落霜清少客行,穿林时出啸歌声。庄生同此人间世,空谷跫音倍有情。一西人独步相从,锴侄操英语与之通问,自称澳洲人,殆生长其地者。十

四十八湖湖水清,八功德水旧知名。屋从万树中间出,舟向千峰顶上行。幸湖暂憩湖滨旅馆。十一

短筿漫坡尺许长,乔柯倚岸十寻强。行人忘在云霄里,错认山乡作水乡。沿幸湖行。十二

平原如掌四山围,访古谁携断戟归?我欲与湖称两绝,居人但惜草花稀。战场原。十三

人烟阒寂客行孤,一片寒林落照图。欲废阿章无李论,只怜点缀少栖乌。战场原至汤瀑,中间约中里十里许,无村庄,亦无行路者。十四

写出天台瀑布工,东方近代有兴公。山灵内热浑难解,枉遣惊霆骇众聋。汤瀑,自大槼氏辟径建碑,名始显。十五

山上有山湖上湖,一源嘘气似蒸壶。白沙枯木红尘表,浴罢

澄观一事无。汤湖旁有旅馆，是夕宿焉。十六

夜听敲窗雪有棱，晓看暖雾雨中腾。楼头海客如怜别，欲答无言意不胜。晓发汤本，澳洲人登楼相送。十七

四面云光截几平，摇波荇藻镜中明。剪开半幅西泠水，三十年前梦里情。下山至幸湖，泛舟约十里，抵湖边旅馆。十八

百重树杪长泉源，一线岩腰透雨痕。猿鸟不知溪水意，送人曲折到山根。薄暮抵小西旅馆。十九

瀑流冲激能生电，石质甄陶巧出铜。过客但夸邱壑美，只应归访武陵翁。山中有炼铜厂未及到，置电机处亦未见，但见旅馆、电灯及运铜轨道而已。二十

冒雨游箱根宿塔之泽环翠楼翊晨观小田原学校

层山环窟天所成，依山枕谷架飞楹。缘崖万树绿无缝，下有云海洪涛声。水性自清石自静，相遇雷转空山惊。沉思此理故易晓，谁有禁术使不鸣。千盘百折供一览，主人妙造君弗轻。温泉浴罢振衣起，廿年游迹思华清。壁间名翰海内外，贤侯怀古摅幽情。颇闻避嚣常独往，学禅趺坐将其名。神闲意澹方有得，离朱百昧难为明。深夜笙镛酬万壑，梦中洗耳心澄莹。平明联袂入乡校，习勤尚武意法精。校师指导良甚厚，留书聊用酬欢迎。国黉岂不美且好，汲深绠短徒经营。过眼时迷日五色，扬鞭但见花满尘。民风朴素地旷爽，寸长尺短颇诠评。天怜过客亦劳止，昨行苦雨今当晴。蘧庐一宿吾堪恋，山灵有约迟归程。

竹添井井招饮龟清楼即席赋赠与子修、书衡、幼云同作

少年暗诵栈云诗，今日高楼接履綦。仙劫三经尘海后，儒书五厄晋隋时。左毛古义劳甄述，秦蜀前游入梦思。莫问袖中活国手，喜瞻头白老经师。

题荷田校长游日光诗草

阅尽如林校舍开，神山风行便须回。乍看夜雨草庐笔，恍入

华严法界来。一

□□□□□□□,梦游沄海几经时。黄花看了看红叶,乞取新菊作导师。二

云近蓬莱五色赊,独从收敛发精华。傲霜不畏西风劲,此是人间第一花。三

嘉种中原按谱同,从知培养赖人工。归来分得神山色,要向江干植万丛。四

酬东宫侍讲三岛毅

新知旧学二难并,商略时宜感盛情。旷代羲文傅圣道,当朝房魏属生门。玉山近生须眉古,丹地微吟意气平。可惜绮黄未遭遇,不餐菊实饵芝英。

亚雅音乐会

泱泱东海羡雄风,唐乐犹存奏调中。今日夏声知必大,弦歌应载鲁生功。

芦湖

黑水西穷说星宿,白山东指望天河。谁知织女云车路,亲到蓬莱挹玉波。一

大壑藏舟万仞巅,遥峰积雪不知年。爱奇特自聊欹枕,籁寂波平自在眠。二

楼阁巍峨半岛留,神驰回想汉宫秋。焉知信美非吾土,人表翱翔足此游。三

雅乐所观乐

竹树高环学圃稠,君侯尚武念同舟。投壶儒将风追汉,较射乡庠法溯周。银烛张筵朱邸晚,玉屏映户碧山秋。胸中爱客无区畛,此意琼瑶未足酬。

在日本期间,手书旧作《题友人秋暮怀人图》诗,赠日本内阁外务大臣林董,落款"黄绍箕书于东京寓馆之袖海楼"。

“凉蟾窥户天雨霜，草木黄落雁南翔。所思远道不可见，何以遗我璆琳琅。南朝令仆儿戏耳，文字翩翩差可喜。缺碑盘木昔所嗟，丹青不渝今复尔。去年将车钟阜侧，过江名士多于鲫。酒酣说剑无留行，念君纵横扫破墨。严飙飒飒违清尊，芰荷落尽风漪痕。青山一发江南路，我亦凄神虞道园。《题友人秋暮怀人图》旧作，录呈林子爵大臣教正。黄绍箕书于东京寓馆之袖海楼。”（《燕山鸿爪册》）

十月　在日本，因于教育有功，得日本教育会赠送功牌。

日本教育会赠送中国侍郎、提学司功牌（《同文沪报》）：

“东京十七日函云：日本帝国教育会，本日午后，在本会楼上，特开总会。先由会长辻君宣读开会之辞，捧读敕语，次由理事牧濑、汤本两君报告会务，次由文部大臣牧野君及外国某博士演说，然后赠与教育有功劳者功牌。受赠者为日本男爵涩泽荣一君，及大仓喜八郎、后胜牧太二君；中国学部侍郎严侍郎修、湖北提学使司黄学司绍箕亦均受赠功牌。”（《四川学报》第12期，1906年，28页）

十月　致函日本帝国教育会长，就受赠功牌道谢。

“自抵东京，两参嘉会，获亲教益，盛佩无涯。昨由铃木交到惠书，并承贵会以《颂状》及《奖牌》见赐。伏念绍箕本疏旧学，尤乏新知，自维幼学以还，识同窥井，爰迄东游之日，量绌饮河，问途既迫于官程，望洋徒惊于海若，非独于贵国文明之进步未究高深，即揆之鄙人求益之私衷尚多歉缺，乃荷曲加奖借，远畀荣名，惊幸之馀，弥增惭愧。惟有勉殚愚虑，仰答厚期，广收异己之长，无累知人之鉴，述古先圣贤之粹义，参贵邦教育之精言。挹东海之波，润兹禹域；分扶桑之耀，照我神州。庶彰表树之风声，稍副公评之月旦。肃修芜启，聊表谢忱，敬惟道履健康，不尽百一，并问贵会诸大教育家起居安善。”（《黄绍箕集》，291页）

十月（11月）　东游四个月，以咯血疾发回国到湖北。

《奏报湖北提学使到任日期折》:“十月事竣,回国到鄂。”

十月初九日(11月24日)　杭慎修来函请求帮助:

“仲韬先生大人有道:远隔光仪,时殷景慕,旌麾载发,未能趋送,一罄积忱,怅歉无已!比闻文星莅止,已抵汉皋,风声所树,行见领袖群公,为全国学界大放异采,企颂之私,匪可言喻。

慎以不自度量,妄言贾祸,蒙当轴诸公悯其愚志,逾格矜全,素日同志如建斋诸君护持尤力,方得幸全首领,放归田里,于月朔解抵海宁原籍。维部文系革职,交地方官严行禁锢。省宪及州尊均以‘禁锢”为‘监禁’,拟置狱中,经本地绅士学生力争,现暂禁吏目署内,以候宪命。查律文:‘禁锢’之义均系废弃出身,不准应试出仕及任意迁徙而已,并无‘监禁’之事。与文明法律剥夺公权、限制自由之‘禁锢’正相符合。即古昔晋人之锢栾盈,西汉之锢党人,其例亦同。部文之不曰‘监禁’,特书‘禁锢’者,未始非曲予矜全之意。今省宪不察,罪疑惟重,似亦未洽。虽邑绅分别辨晰,而人微言轻,势必无效。维有恳求先生俯赐拯援,速为函达省宪,证明‘禁锢’之义,畀免缧绁,得竭其鲁钝,为乡党勉尽义务,不特慎一身一家仰戴高厚已焉。专肃,祗叩钧安,伏维矜鉴。后学杭慎修稽首,十月初九日。”(《黄绍箕集》,848—849页)

十月十四日(11月29日)　抵沪。

《申报》光绪三十二年十月廿五日第二张:“提学使定期来汉:提学司黄仲弢文宗现由日本考察学务回国,业于十四日抵沪,当即电达督宪,准于十八日起程来鄂,大约二十二日定可抵汉矣。”(《申报》1906年第12086号9页)

十月十五日(11月30日)　晤郑孝胥。

《郑孝胥日记》:“晤吴子修庆坻、黄仲弢绍箕、朱筱兰荣璪。”(第二册,1066页)

十月十六日(12月1日)　郑孝胥来谈。

《郑孝胥日记》:“过仲弢谈,又过王丹揆。”(第二册,1066页)

十月十八日(12月3日) 从上海起程赴湖北。

参《申报》光绪三十二年十月廿五日第二张:提学使定期来汉:“准于十八日起程来鄂,大约二十二日定可抵汉矣。”

十一月初二日(12月17日) 学部下札各省提学使司,关于学部编定的次年学堂假期表转发给各学堂遵办的文。

《札各省提学使司年暑假期表照印转发各学堂遵办文》:“学部为札行事,前准大学堂总监督咨开定章程,每年以正月二十日开学,至小暑节散学,为第一学期;立秋后六日开学,至十二月十五日散学,为第二学期,计年假、暑假合七十日。惟入夏以后天气炎热,教员学生上课往往引为不便,以至临时告假辍课者颇多,似应酌量变通,年假减为二十日,暑假增为五十日,仍与定章合计七十日之数相符,咨呈核夺等因前来当经本部核准并酌定每年正月十六日开学,至夏至后六日散学,为第一学期;处暑前五日开学,至十二月二十五日散学,为第二学期,咨行京师各学堂在案,各省学堂暨海外华人所立学堂皆应一律办理。兹经本部编定光绪三十三年学堂假期表,除偏远地方气候不同,应准量为推移外,所定假期不得意为增减,为此札行该提学使司照印多纸,转发各学堂遵办可也,此札。”(《学部官报》第12期,1907年83页)

十一月十一日(12月26日) 郑孝胥来访,投名刺而去。

《郑孝胥日记》:“过叔伊,复至官报馆,共饭毕,出文昌门,仲弢居布局,投刺而去。”(第二册,1069页)

十一月十四日(12月29日) 郑孝胥来访。

《郑孝胥日记》:“又过黄仲弢,晤纪香骢。”(第二册,1070页)

冬 湖北按察使梁鼎芬上折请建曲阜学堂,请饬下湖广总督张之洞督同谱主,招集天下通经守正之士,尽心经理。

《梁节庵先生年谱·请建曲阜学堂折》:“奏为请建曲阜学

堂……湖广督臣张之洞,通经守正,当代儒宗,拟请特旨派令敬谨经画此事,期于早成……现任湖北提学使黄绍箕,受父师之教,学问博洽,此次前往日本考察学堂办法,与日人讲论孔子之学,持议通正,日人折服。黄绍箕回鄂,臣因交替学堂各事,尚未起程北上,与之商榷累日,日望朝廷尊崇提倡,使我中国孔子之教日益广大,远在日本之上,国势自然强盛,人才自然众多。如蒙天恩建造曲阜学堂,拟请饬下张之洞督同黄绍箕招集天下通经守正之士,尽心经理,一切办法,请旨施行。臣有所见,亦随时条上。"(吴天任撰,艺文印书馆,1979 年版,217—218 页)

十一月二十二日(1907 年 1 月 6 日) 光绪帝下旨着张之洞同谱主筹办曲阜学堂。然次年七月,张之洞奉召入阁,学堂未及举办。

《光绪朝东华录》:"谕:朕钦奉慈禧端佑康颐昭豫庄诚寿恭钦献崇熙皇太后懿旨:湖北按察使梁鼎芬奏请建曲阜学堂各折片。孔子为万世师表,昨经降旨升为大祀,曲阜为圣人之乡,自应建设学堂,以拓宏规而启后进。着张之洞督同湖北提学使黄绍箕等悉心筹画,妥慎办理。所需经费即着该督筹办,并颁发帑银十万两,由山东藩库发给。"

十一月二十七日(1 月 11 日) 《北洋官报》刊登"鄂省提学使新政"消息:派员赴直隶调查学务办法,学堂生徒需走读,缴纳学费,教员要考核等。

鄂省提学使新政:"湖北黄仲弢提学使派学务议绅及初等小学堂总监督徐广、文旭东等四员赴直调查学务办法,以便参酌改良。又札饬各学堂管理员、教员会议参酌情形,拟令各学堂生徒概不住宿,均须自觅住址,每日走读。又以鄂省官办学堂不下百余所,每年开支经费过大,恐难持久,拟令除师范学生暂不纳费外,其余各学堂学生每月均须纳学费二元。惟初等小学则属国家义务教育,永不取费。各学堂教员有考试淘汰之说,闻已详请鄂督张宫保察核,一俟允准,即须实行。又手谕各教员饬令会订暂行武昌强迫教育之法,以便详请张宫保奏明,先从省城试行。”(《北洋官报》1906年第1247期,8页)

十二月初八日(1月21日)　接篆就任湖北提学使,作《奏报湖北提学使到任日期折》。

提学接印:“湖北黄提学前派刘少润大令进京请领印信,业于初六日领回,即于初八日午时在织布局行辕接印。”(《申报》第12136号,光绪三十二年十二月十六日,第九版)

奏报湖北提学使到任日期折:“为恭报微臣到任日期,叩谢天恩,仰祈圣鉴事。窃臣于本年四月蒙恩补授湖北提学使,五月恭请圣训,荷蒙诲谕周详,莫名钦感。六月遵旨前赴日本考察学务,十月事竣回国到鄂,十二月初八日,奉湖广总督臣张之洞派员赍送部颁印信前来,臣当即恭设香案,望阙叩头,祗领任事。

伏念臣浙东下士,学陋才庸,此次东渡观学,加意访查,并于政治所关,如裁判、警察、税关、银行等处,略经浏览。见其学制完备,人才众多,男女无不识字之人,官商无非成学之士。其全国实业学校已有三百馀所,近更发帑资助,益图扩张,国势盛强,殆难臆测。及进考其三十年前变法之初,则教员之缺乏,财政之困难,人情之群起阻挠,办法之屡见疏失,以视中国现在情形,殆有过之,全赖政府极力主持,文部尽心经画,所有学员皆切实奉行,始有今日。

臣窃谓湖北人文素盛,兴学最先,自督臣先立书院,后开学堂,教科渐次完全,而始终以圣经为根本,故宗旨为最正。自近来水陆交通,四方辐辏,风气虑或稍杂,故管理为最难。臣惟有恪遵谕旨,以中学为主,西学为辅,随时禀承督臣,认真经理,务使人知爱国以挽浇风,士皆成材以应急用,庶冀仰答高厚鸿慈于万一。

所有微臣接印任事日期,理合缮折具陈,叩谢天恩,伏乞皇太后、皇上圣鉴,谨奏。”(《黄绍箕集》,38—39页)

十二月十四日(1月27日) 《申报》刊登“奏派黄提学往曲阜办学”消息。

“湖北提学黄绍箕闻鄂省有奏派往山东办理曲阜学堂之说,遗缺拟委梁鼎芬兼署。”(《申报》第12134号,1906年,第二张第九版)

十二月 因湖北方言学堂有未经请假而擅自离堂等事,手谕学生给予批评。

“昨据方言学堂监学面禀:诸生中有并不请假擅自离堂者。去住自由,有乖规则,殊堪诧异。前该堂学生请行毕业考试,本司以年限与章程不符,议禀请宫保督宪改为修业升班考试,并允给与文凭。乃闻诸生中犹有以未得毕业字样,私持异议者。此次擅自出堂,显系有人从中播煽挟制。

查《奏定章程》‘译学馆学生习普通二年,再习专门学三年,方准毕业’。方言学堂事同一律。现在仅习普通,岂有遽事毕业之理?国家设学以造真才为主,诸生入堂以适实用为归,年限长则程度高,将来办理交涉及教育等事方有把握。故真正求学之士,不以毕业不速为忧,而以所学未足为虑。

本司前办京师译学馆,其中诸生大半曾在外间各学堂肄业,洋文程度有已学至二三年及四年者,普通学亦多有途径,今在馆已三年矣,从未闻以促期毕业为请。现在该堂议行升班考试,并分别给与优等、最优等名目,原系体念诸生勤学有年,藉此以示鼓励。诸生等意仍不足,真所不解,岂其中有急于谋利之人,希得‘毕业’二字欺人,以自增声价耶?志趣若此,甚非所望于诸生也。宫保督宪设立该堂,岁糜巨万,期望甚厚。本司仰体宫保养士之意,苟按之事理,稍可通融,亦岂肯故为刻薄?若未习专门而遽望毕业,其要求为《奏定章程》所无。未经请假而擅自离堂,其举动又为学堂规则所必不许，是真有意败坏法律，设非有素不安分之人从中播煽，断不至此。

本司无爱学生之心则已，苟尚有爱学生之心，岂忍坐视其破律败群，而不一为整顿耶？学堂管理，责在监学，设平时遇事认真，当不至有此等气习，嗣后务须加意约束，弗以姑息为爱，是所切望。现姑格外从宽，著令出堂各生赶向本堂监学报明事由，入册存查，以年内为限，如违不报，定即开除，切弗俟延自误。至升班考试，年内为日无多，当俟明春举行，务于正月十五日一律到堂，听候示期，应考可也。特示。”(《黄绍箕集》,171—172 页)

十二月底 为方言学堂格致学教员日本人臼井胜三，游历兼考察，取矿产为学堂博物标本之事致函宽甫。

“宽甫仁兄大人阁下：久切钦迟，未瞻丰采。敬维政躬多豫，荣问遐宣，无任企仰！弟于腊八日接印任事，一切情形多未谙悉。鄂省风气颇开，而办理尚未十分完善，外府州县尤多节外生枝。伏祈执事随时董率，俾一堂之内师生相安，而各科之学名实相副，非独宜属士民之幸，即鄙陋亦感激无涯也。兹敬启者，日本臼井胜三君，向在道师范及方言学堂充格致学教员，顷乘年假之暇，到贵治境内游历兼考查，取矿产为学堂博物标本。渠虑愚民少见多怪，误会用意，致多窒碍，属为转求照料。查外人游历内地，约章所许，该员系学堂教习，尤在应蒙保护之例，伏祈饬县派人随时妥为照护，俾免事端。倘所采集矿物之外，或兼及动植物之属，种类较多，须用木箱装载带回，并希饬代购置，以便转运。其价钱由该员自行发给。诸荷费神，至深感幸。专肃奉恳，虔请台安。”(《黄绍箕集》,411 页)

是年冬 任湖北提学使后，凡所拟教育规划每贻书于孙诒让，往复商榷。既复以赴日本考察所得资料类纂为巨册寄示孙诒让，又尝书告，收藏日本刊本中国古籍数种。(孙延钊《孙衣言孙

诒让父子年谱》,341 页)

年底 手谕游学日本子侄,谆谕不可附和县界之说,略云:“来函述及县界之说,累日不安。此仍是考试旧习气,在彼固不解事,在我岂无惭德。在内地且不可,况在海外耶!在汝固有难处之势,然余为汝进一解。近来平等之说,此倡彼和,深入脑筋不可复出,实则止知贵贱平等耳!一切平等之说出于佛经,非徒贵贱平等,智愚亦平等,此境界极难到,然不可不知。余编《教育史》,首卷拟置一条云:‘《易·象》曰:“君子以教思无穷,容保民无疆。”谓教育之思想无有穷尽,所保安人民者无有疆界也。无有国界,并无有种界也。’余更申言之,‘教思无穷’即孔子之‘诲人不倦’也,‘容保民无疆’即孔子‘有教无类’也。现在各国教育之盛,岂我国所能企及?然使大教育家见此古圣义理,未有不瞿然心惊,旷然意远也。”(《黄绍箕集》,400 页)

林大同《鉴止水斋谈屑》:“瑞安黄鲜庵学士丙午夏间拜湖北提学使之命,远渡东瀛考察学务。其时吾温留东学生最盛,无虑数百。人数既多,品类斯杂,于是有倡县界之说者。学士力辟其非,归国后谆谕子侄不可附和之。老成典型,瞻言百里。吾人所当置之座右也。”(《温州旅杭同乡会第四届报告书》,四十三页)

光绪三十三年　丁未（1907）　五十四岁

正月　上海《大同报》1907年第1期刊登"湖广总督拟派谱主督修曲阜学堂"的消息。

学界新闻："计划曲阜学堂：曲阜学堂鄂督拟俟开印后奏派提学使司黄仲弢学使前往督修，并拟咨各省督抚合筹银五十万两，以补所发帑银十万两之不足。"（《大同报》第七卷第一期，上海，1907年，32页）

正月二十三日（3月7日）　《申报》刊登"禀请考试教员"消息，禀湖广总督传谕，拟对各学堂教员进行考试。

禀请考试教员："提学使黄仲弢近以各学堂教员程度，非一一考试莫能知其底蕴，特禀请鄂督传谕各教员，自本年为始，凡有未经考试者，均不得充教习云。"（《申报》1907年第12166号，第二张第九版）

正月二十四日（3月8日）　《申报》刊登"移建提学使署"和"饬裁仕学馆助教员"两则消息。

移建提学使署："湖北提学使衙门原议就三道街学辕修改以节经费，现黄提学以该处离督署太远，遇有要公禀商不便，拟移于水陆街学务公所西边，业已禀奉鄂督批准，不日即可估工兴修矣。"（《申报》1907年第12167号，第二张第九版）

饬裁仕学馆助教员："鄂省仕学馆向有随同助教员二人，兹黄仲弢学使以经费困难，饬即一并裁□。"（《申报》1907年第12167号，第二张第九版）

正月二十八日（3月12日）　学部下札各省提学使，速将各府州县学堂名目表册报送。

《札各省提学使司迅饬州县将学堂名目表册送部文》:“学部为札行事,照得本部曾因办理统计报告,于去年十月电行各省,将官立、民立学堂名目、学额、规章、图表、文凭格式及承办各员等饬属详细列册寄部在案。现在各处寄到此项册籍尚属寥寥无几,惟江西各府州县有造具册籍径行寄部者。据该省各府州县禀称,奉全省学务处伍百里排单札开,将所属官立、民立学堂名目、学额、规章、图表、文凭格式及承办各员等限文到十日内一体详细列册,径行详送学部等因,遵此径行邮寄等语,办法甚为简捷,应即一律仿照办理,以期迅速。除程度在高等学堂以上之各项学堂由提学使司汇报外,应即飞饬所属各府厅州县勒定期限将境内所有官立、民立之中小学堂,及程度在中学以下之各项学堂,各遵前电,速具册籍,径行寄部,并先将所定期限报部,以便查核,为此札行该提学使司遵照办理可也。此札。”(《学部官报》1907 年第 18 期 光绪三十三年三月十一日)

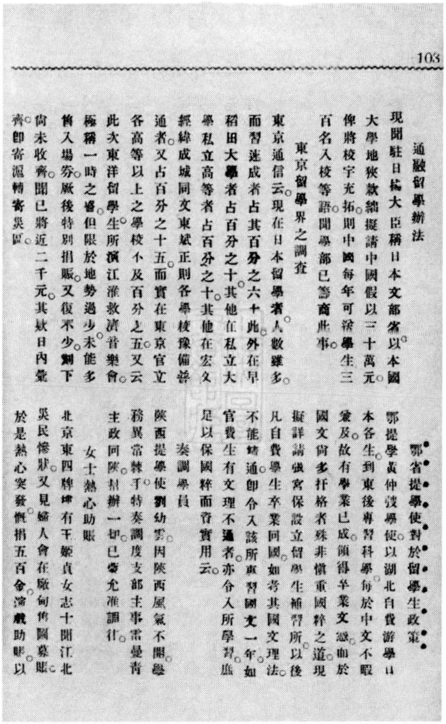
103

通融留學辦法

現聞駐日楊大臣稱日本文部省以本國大學地狹款絀擬請中國假以三十萬元。俾將校宇充拓。則中國每年可送學生三百名入校等語。聞學部已籌商此事。

東京留學界之調查

東京通信云。現在日本留學者人數雖多。而習速成者占其百分之六十。此外在早稻田大學者占百分之十。其他在私立大學私立高等者占百分之十。其他在宏文經緯成城同文東斌正則各學校豫備普通者。又占百分之十五。而實在東京官立各高等以上之學校不及百分之五。又云此次東洋留學生所演江淮救濟音樂會。極稱一時之盛。但限於地勢過少。未能多售入場劵。厥後特別捐賑。又復不少。劃下尚未收齊。聞已將近二千元。其款日內彙齊。即寄滬轉寄災區。

鄂省提學使對於留學生政策

鄂提學黃仲弢學使。以湖北自費游學日本各生。到東後專習科學。每於中文不暇兼及。故有學業已成。領得畢業文憑。而於國文尚多扞格者。殊非慎重國粹之道。現擬詳請撫憲保設立留學生補習所。以後凡自費學生卒業回國。如考其國文理法。不能精通。即令入該所專習國文一年。如官費生有文理不通者。亦令入所學習。庶是以保國粹而資實用云。

奏調學員

陝西提學使劉幼雲。因陝西風氣不開。學務異常棘手。特奏調度支部主事雷曼青主政同陝。襄辦一切。已蒙允准調往。

女士熱心助賑

北京東四牌樓有王姬貞女志士聞江北災民慘狀。又見婦人會在廠甸售圖募賑。於是熱心突發。慨捐五百金。演戲助賑。以

▶时闻:鄂省提学使对于留学生政策(《直隶教育杂志》)

二月初一日(3 月 14 日) 《直隶教育杂志》第 1 期上刊登“鄂省

提学使对于留学生政策”消息，拟设立留学生补习所，凡国文理法不能精通者，即令该所学习国文一年。

鄂省提学使对于留学生政策：“鄂提学黄仲弢学使，以湖北自费游学日本各生，到东后专习科学，每于中文不暇兼及，故有学业已成，领得卒业文凭，而于国文尚多扞格者，殊非慎重国粹之道。现拟详请张宫保设立留学生补习所，以后凡自费学生卒业回国，如考其国文理法，不能精通，即令入该所专习国文一年。如官费生有文理不通者，亦令入所学习，庶足以保国粹而资实用云。”（《直隶教育杂志》第一期，光绪三十三年二月初一日，108页）

二月初六日（3月19日） 许宝蘅来函，并附浙江铁路股票一张。（124页）

《许宝蘅日记》：“作寄云书交佩芬，明日行，并致鲜老书并股票一张。”（第一册，124页）

二月十一日（3月24日） 谕令添授国语课，聘定教员专教各学堂教员学习国语，以后教员“上堂授课均改作京话”。

延聘国语教习：“湖北各学堂近由黄仲弢学使谕令实行奏定章程，添授国语，已聘定曹某专教各学堂教员学习，以后上堂授课均改作京话云。”（《申报》1907年第12183 第10页）

教员学习京话：“黄仲弢学使现因各学堂教员均操各处土语，听讲学生常多隔阂，兹特遵照奏定章程，聘请曹君教授各科教习京话，以归划一云。”（《四川学报》1907年第6期1页）

二月十七日（3月30日） 张百熙在京逝世。得知消息后，谱主挽以“齿宿意新，能受尽言真盛德；迹疏情厚，勉殚薄植答知心”。

《部院大臣年表十》：“是年二月十七日戊寅，张百熙卒。”（《清史稿·校注》卷203中）

《荣庆日记》：“酉归，冶秋故报到。”（115页）

《赤山张氏谱》卷十：“光绪三十三年丁未二月十七日卒，寿六十一。"

是日 《申报》刊登湖北"提学使俸银议由地丁正银征解"的消息。

提学使俸银议由地丁正银征解:"鄂省提学使应支俸薪银两,近经藩臬两司会议,详请鄂督照三品实官例支给,在于省会附郭首县地丁存留项下编征支解云。"(《申报》1907年第12189号第十二版)

二月十八日(3月31日) 《顺天时报》刊登"派黄学使修学堂"消息,张之洞拟派谱主修建曲阜学堂。

派黄学使修学堂:"鄂督张宫保电致政府略云:修建曲阜学堂一事,工程浩大,虽蒙两宫颁发帑银十万金,然尚须宽筹经费,始克能壮宏图。刻已派提学使黄仲弢学司前往督修,业经由鄂起程赴东矣。"(《顺天时报》第1528号,第七版)

二月二十一日(4月3日) 电驻日公使杨枢。

参《杨钦差致武昌提学使》:"箇电悉。"

二月二十三日(4月5日) 学部咨两湖总督请拟曲阜学堂办法文。

《咨鄂督请拟曲阜学堂办法文》:"学部为咨商事,上年十一月二十二日内阁奉上谕,朕钦奉慈禧端佑康颐昭豫庄诚寿恭钦献崇熙皇太后懿旨:湖北按察使梁鼎芬奏请建曲阜学堂各折片。孔子为万世师表,昨经降旨升为大祀,曲阜为圣人之乡,亟应建设学堂,以拓宏规而启后进。着张之洞督同湖北提学使黄绍箕等悉心筹画,妥慎办理。所需经费即着该督筹办,并颁发帑银十万两,由山东藩库发给。钦此。又十二月初一日内阁奉上谕,朕钦奉慈禧端佑康颐昭豫庄诚寿恭钦献崇熙皇太后懿旨,御史赵炳麟奏请定教育宗旨一折,学术人心关系重大,迭经降旨,宣示学堂以中学为主,西学为辅,培养通才,首重德育,并以忠君、尊孔、尚公、尚武、尚实诸端定其趋向。凡在臣民,岂容不修明伦理,顾行顾言?兹据该御史奏称曲阜学堂开办伊始,请以明人伦、重躬行为要义等语,亟应申明前旨,俾共切实遵行所有,曲阜学堂应如何慎选师儒,注重行谊,着学部会同张之洞悉心妥议,详订规则,奏明办理,钦此。钦遵在案。查曲阜学堂之设,系为尊崇圣教造就通才起见,其一切规制自应懔遵迭次谕旨,敬谨经画,以规久远,相应咨行,贵督筹拟办法,咨照本部,会同办理可也。须至咨者。"(《学部官报》第十七期,96—97页,光绪三十三年三月初一日)

二月二十三日(4月5日) 是日《申报》刊登湖北"小学添课手工"消息,谱主为寒苦子弟学生谋生考虑,拟添加手工一科,足见其办教育的良苦用心。

小学添课手工:"鄂省各小学堂学生均系寒苦子弟,十三四岁即须谋生,故黄学使拟于本年加添手工一科,为他日自食其力地步。"(《申报》1907年第12195号,第十一版)

二月二十四日(4月6日) 驻日公使杨枢来电。

"杨钦差致武昌提学使:箇电悉,监督事务正甚棘手,承派员协助,惭感该员拟由枢奏调,派充庶务课副长,该课为监督处总汇之所,诸事必能接洽,不必有鄂生监察照料员名目,而责成专管鄂事,庶免学生误会,谓敝处与鄂不合,致生枝节,使杨守为难。至学费一切,均由该员经理,但须与部章一律办法,不为他省学生藉口,则大局幸甚。再,铁道头班学生考试已毕,汉文精通,科学及格,应否开班,乞电复。卷即寄该学堂,事亦候杨守到东料理,极盼速来,望示行期。枢,敬。"(《近代史所藏清代名人稿本抄本》第二辑109册,665—666页)

三月十二日(4月24日) 复电驻日公使杨枢。

"黄学司致东京杨钦差:敬电诵悉,承谕拟奏调杨守派充庶务课副长,感甚。所云免鄂生误会,及他省学生藉口,具仰荩筹详密。惟该守系到省知府班处,以副长分际,似有未便。此差选择颇久,除杨守外,实少适当之人。查去冬原议荷蒙覆允,本指课长而言,闻鄂人云,自贵署开办监督处,各省学生蒙派充委员者甚多,鄂生未派一人,在尊处自有权衡,而本省及留东各学堂中人,颇滋疑义等语。此固是浅人议论,宪意所虑,正如尊电所云恐学生误会,故亟思派员助理,随事维持,与尊意正同。今副长分际既稍有未宜,箕筹思累日,焦急实深,不审公尚有良策否。伏恳垂谅,并乞卓裁示复。幸甚。再,铁道头班学生,业蒙考试及格,宫保属奉达,即请饬令开班。绍箕,锡。丁三月十二日已刻发。"(《近代史所藏清代名人稿本抄本》第二辑52册,558—560页)

三月十五日(4月27日) 《直隶教育杂志》刊登"湖北师范学生全堂派赴新疆"消息。

"新疆提学使至鄂参观学堂,见教授管理诸法无不尽善,拟调数人办理学务。张宫保已面允,近新疆汇到川资,张宫保与黄提学议拟将汉阳师范学堂毕业生全堂派往。"(《直隶教育杂志》1907年第4期,102页)

三月十六日(4月28日) 缪荃孙来函,托缪永贤带来。

《艺风老人日记》:"丁未,晴。永贤回鄂,带去梁心海一信、黄仲弢一信、杨葆初一信。"(1950页)

三月二十日(5月2日) 杨枢复电。

"杨钦差致提学使电:锡电悉,副长分际既属不合,当遵公铣电,以课长候补。枢,号。"(《近代史所藏清代名人稿本抄本》第二辑110册29页)

三月二十七日(5月9日) 对湖北各属优等生进行考试。

《申报》光绪三十三年四月初一日:"提学司考试优生:湖北提学司黄仲弢学使因各属优生俱已报到,特于上月二十七日假旧有贡院扃门考试,闱场规颇为严肃云。"(《申报》1907年第12232

号,第十二版)

春 筹设湖北实业专门学堂,开办湖北师范学堂。划分武昌城厢内外地段为二十八学区,凡学区内子弟均在该区内入学。(俞天舒编《黄绍箕年谱》)

各省教育汇志:湖北,"鄂省城厢内外各初等小学向分为六十堂,兹经黄仲弢学使改名为二十八区,画分地段,所有各区之子弟均在各该区内入学"。(《东方杂志》1907年第四卷第9期,224页)

春 以新得《汉瓦吴砖册》拓本嘱冒广生题记。

《冒鹤亭先生年谱》光绪三十三年:"春,外伯舅黄仲弢新得《汉瓦吴砖册》拓本,嘱先生题记。并补录朱竹垞《王凤砖跋文》一篇于其左。"(145页)

四月初一日(5月12日) 《直隶教育杂志》刊登"拟设实业中学堂"消息。

"湖北提学使黄仲弢文宗,以各种学堂惟实业效验甚速,为用亦广。鄂省学堂林立,而于实业殊属寥寥,近拟禀商鄂督将支郡师范十堂,及高等小学五堂,一律停办,即以所集经费,设一最大实业中学堂,分铁道、工艺两专科,容学生四百名,其舍斋则以新落成之存古学堂改之,不日将见实行。"(《直隶教育杂志》1907年第五期,99页)

四月初二日(5月13日) 《申报》刊登"提学使定期往各学堂考察功课"的消息。

提学使定期考察学堂:"黄仲弢学使日前刊布传单照会省城各学堂,略谓:本司自四月初一日起按日分往各学堂考察功课,凡各学堂监督、堂长、监学、教员均准便衣相见,学生亦□行立正礼,此系寻常相见,与凡遇大典,须衣冠参谒者不同。合先传知遵照。"(《申报》1907年第12233号,第十一、十二版)

四月初十日(5月21日) 《申报》刊登"准改商业中学堂"

消息,批准商业小学堂改为商业中学堂。

准改商业中学堂:“鄂省商业小学堂学生程度颇优,日前经该堂堂长分门考验禀由提学司黄仲弢学使,拟于本年暑假后改为商业中学堂,业已奉批准办矣。”(《申报》1907年第12241号,第十二版)

四月　溥良曹元忠代笔**来函,托其劝孙诒让入京出任礼学堂总纂。**

《籀公年谱》光绪三十三年四月:“礼部设礼学堂,奏派公为总纂。”

溥良《致黄绍箕书》:“鲜庵同年足下:自别风仪,载更寒暑。思维令德,何日能忘。惟乐育英才,广厉学官。荀卿之游稷下,最为老师。卜氏之居西河,疑于夫子知。高朕礼壂,文翁学堂,不足方,规模于百一也。弟忝掌秩宗,愧弗克胜。昨岁恭奉明诏,命修典礼。不揆弇陋,粗定章程。入告九重,幸蒙俞允。窃谓颂礼之事,固有司存。如其厘定,以俟君子。夙闻瑞安孙先生仲颂,通经笃实,治礼专家,业已奏闻派充总纂。议礼制度,本圣天子之事。尊德乐道,遇大有为之君,建首善于京师。定太常之因革,斟酌损益,当亦有乐乎此。惟弟猥以职守,不遑造庐。既缺相见之仪,安问交际之道?区区之意,行有未慊,用敢浼公介绍务为延致。倘得安车就道,惠然肯来,则绍泰礼度,出文阿之裁撰;宣武朝仪,悉刘芳之修正。著于功令,为天下式。不朽盛业,莫过于兹。如以年将耆艾,不耐远涉,亦惟执事致主上敦化励贤之志,移风移俗之心,迎申公以蒲输,见郑君以几杖。冀得强起,勉为条例。威仪章服,待草创于董钧;裁定刊正,资发起于卢植。岂惟典领条奏,益我实多。且将大有造于国家。于以内抚诸夏,外接百蛮也。焉有公不玉成其事者乎?至于往来京邑,还归乡里,办装之钱,当奉官才。仰承先容,并求将意。白驹皎皎,会闻空谷之音;束帛戋戋,

愿劝邱园之驾。凡此琐琐,以渎故人。敬俟德音,无任跂望。”(《黄绍箕集》,902—903 页)

五月初五日(6 月 15 日) 《申报》刊登“提学司变通投递禀词办法”消息。

“鄂省提学司黄仲弢学使近有牌示云:本司到任以来,披阅邮寄禀牍,控情□妄,及备列多名同投之人,事后电请□释具禀地方官,称不知情者不一而足,诬捏成风,深堪诧异。查州县收受词讼,例由代书盖戳,绅士、妇女呈词及远僻乡民候传者有报告歇家各项名目,所以杜矫诈,防刁黠也。本司管辖学务通递函禀,不乏宿儒雅士慨□以州县收受词讼之累,既非求言之道,而似此漫无稽核,则真□莫辨,俦张百出,亦复成何事体。非特行定章,剀切晓示,不足以昭核实,而资整顿。除通饬示谕外,合行牌示,为此,仰本省士民知悉。嗣后如有事关学务具禀本司,亲身投递者,务注明住址寓处;其非亲身投递,事关紧要,由外洋或各州县邮寄者,须得省城士商实有职业之人作为保证代递。禀首具填本人籍贯外,并填保证人姓名、住址寓处、职业,声明‘如查有捏名情事,惟保证人是问’等语,方予理受。倘诡称本身投递,而禀内不填住址寓处;由邮局径寄,不由保证人转送,及禀内未经照此次定章填注明白者,概不收理云云。”(《申报》1907 年第 12266 号,第十版)

五月 兼任湖北存古学堂提调。

《存古学堂教员管理员名单》:“湖北存古学堂已经开学,所有管理员、教员等均经前任鄂督张中堂札派,兹将各员名录下。提调:提学使黄绍箕;教务长:候补道易顺鼎、知府王仁俊;庶务长:知府陈树屏;斋务长:训导杜宗预;监学:李文藻、萧延平;文案:知县桑宣;名誉教务长:编修缪荃孙、前淮扬道蒯光典、吏部主事叶德辉;各科总教:候补道宋育仁;文学总教:杨守敬、马贞榆、杨敦甫、曹升彦;各科协教:汤金铸、黄夑森、王代功、吕承源、程道存、

钱桂森。"(《吉林官报》第二十六期,13页,光绪三十三年九月初一日)

五月二十日(6月30日) 《申报》刊登"鄂提学注重经学"消息。

"鄂省黄仲弢学使莅任以来,于学务悉心整顿,凡遇学堂考试毕业,必亲试经文一篇,以示注重。日前至北路高等小学堂,除考试经学外,并当堂演说经学所以道政事,经性情,较之各项科学尤为重要,切勿视为旧学无用而任意荒废云。"(《申报》1907年第12281号,第十一版)

五月二十一日(7月1日) 《学部官报》第25期上刊登学部"通札各省提学使遵用初等小学国文教科书、教授书文"和"通札各省提学使遵用初等小学修身教科书、教授书文",要求各省提学司迅速翻印,发放各学堂使用。

《通札各省提学使遵用初等小学国文教科书教授书文》:"学部为札饬事,本部编译图书局所编初等小学国文教科书第一册,初等小学国文教授书第一册,现已出版,尚属适用。应札发各省提学司迅速翻印,或委私局承印,转饬各学堂一体遵用,为此合行札饬,札到仰即遵照办理可也。切切,此札。"(《学部官报》第25期第37页,光绪三十三年五月二十一日)

《通札各省提学使遵用初等小学修身教科书教授书文》:"学部为札饬事,本部编译图书局所编初等小学修身教科书第一册,初等小学修身教授书第一册,现已出版,尚属适用。应札发各省提学司迅速翻印,或委私局承印,转饬各学堂一体遵用,为此合行札饬,札到仰即遵照办理可也。切切,此札。"(《学部官报》第25期第37页,光绪三十三年五月二十一日)

五月二十五日(7月5日) 《申报》刊登"提学使暑假之训词"消息。

“湖北提学司黄仲弢学使以省垣各学堂均于十八日一律放假，特传谕各初级学堂统于二十一日齐集□学总汇所听候本司演说，家庭教育管理法，凡属学生父兄皆可傍听，以免暑假期内之荒芜云。”(《申报》1907年第12286号第十一版)

六月初一日(7月10日) 《直隶教育杂志》刊登“审定学堂课本程式”消息。

“湖北提学使黄仲弢近以省属各学堂，所用课本程式，参差不齐，以致计分升级时，稽查甚难。刻特饬学务公所，审定课本程式，颁发各学堂，照式备办，以期统一，藉便查考云。”(《直隶教育杂志》1907年第九期，103页)

六月初四日(7月13日) 《申报》刊登“鄂提学举行考职”消息，于初一日已对生员进行考验。

鄂提学举行考职：“鄂省考职业由各州县将录取生员陆续申送到省，计有七百余名，当由黄仲弢学使于初一日分别考验，示期覆试。”(《申报》1907第12294号第十一版)

六月十九日(7月28日) 致函陈树屏，嘱其料理存古学堂学生膳宿事宜。

“存古学堂开学在即，该堂学生均系在堂膳宿，堂中一切似应赶紧预备。顷间面禀督宪，谕令执事料理，大约日内当派员协助也，谨奉闻。弟今早甫销假，病已去，惟气力弱耳。知念附及。肃请介庵仁兄大人阁下。弟箕顿首，十九日。”(《黄绍箕集》，412页)

按，存古学堂于七月开学，故系于此。

六月 患病，一日腹泻四十馀次。适张之洞奉召入觐，奉命清理文件，将历年办学情形汇次奏报。

《哀启》：“六月间，忽患湿温，日夜腹泻四十馀次，会叔外祖张公奉召入觐，清理积牍，并将历年办学情形克期奏报，先严力疾销假，殚精竭虑，不敢告劳。屡蒙叔外祖张公谕令息心静养，先严感激师恩,殊不以为意也。"

六月 《秦中官报》刊登"学部调查湖北学界图表"消息。

"鄂省黄仲弢文宗近奉学部文咨饬,将湖北全省大小学堂分别甲乙,绘具图说,并将课程等项一律列表报部待查。昨黄文宗已札行各属照办。"(《秦中官报》1907年6月,38页)

上半年 批点天门县高等小学堂罢课、堂长离堂等事的处理意见,并传谕学生知道。

"为札饬事,据禀,该县高等小学堂学生罢课、堂长离堂各情形,均已阅悉。查《奏定学堂章程》'学堂禁令章'第六节内开:'学生不准聚众要求,藉端挟制,停课罢学。犯者除立行斥退外,仍分别轻重,酌加惩罚'等因。据禀,此次发端,不过因饶教员所出试题未经教授,且闻学生有不受临时检查情事,而竟聚众罢学。风气嚣张,已可概见。乃该县于学生则称:亲临讲堂,在自习室温习旧课,甚为安静。而于邵方溶、郑德润等纠众至操场演说,拦阻上堂各情,一字不提,且全禀绝无聚众罢学等字样。而于堂长,一则谓其责学生不应下堂,再则谓其以前事相责备。意似此等学生不应责斥者,必欲纵容劣生,败坏学务,不知是何居心?怪谬至此,真可骇叹!此案经本司细加查访,自前堂长宋蟠因故辞退,学风已渐放纵,不能不亟加整顿,以图挽回,但亦不为已甚。邵方溶、郑仁即郑德润、曹映笙、倪嘉铨、郑秉钧、倪鑫六名,照章即行斥退,不准改名再入他处学堂,并责成该生父兄及原保人,追缴历年学费,以示惩儆。其馀各生姑免深究。至堂长王家凤,身任管理全堂之责,不顾职守,因学生不遵约束,竟率同监学、教习各员擅即离堂,大属不合。现值学期将满,岂能遽行辞退?已另饬率同监学、教习各员迅回该堂,补行上半年学期之考试。其诸生所旷功课,将来须展长期限,按照定章所列时刻,逐课补足,方准考验毕业。如学生中再有藉端滋闹,或有人从旁唆怂,本司自有办

法。为保全学务大局起见，亦不能有所顾惜也，并将此意传谕诸生知之。”（《黄绍箕集》，187—188页）

上半年 以农业学堂、方言学堂、文普通中学堂、支郡师范等校的毕业奖励及升学办法，以及范鸿泰、权量、陈文哲等所拟工商中学暨理化讲习所章程，举其概要，转呈请于湖广总督张之洞，足见谱主对湖北教育的用心及贡献。

拟定农业毕业奖励并升学办法呈张督宪说帖

一谨议农业学堂头班学生，上年考验补习普通并豫科毕业，查系合格，应请援章，酌予奖励，升入高等农业学堂。

一、毕业 谨按《奏定章程》“高等农业学堂计年入学章”第一节内开“此时创办，难得此合格之学生，应变通选年十八岁以上、二十二岁以下，品行端谨，文理明达者先补习普通中学二年”等语。又“高等农业学堂立学总义章”第一节内开“豫科一年毕业”等语，查农业学堂头班学生进堂先后略有不齐，自入补习普通科并豫科，至上年秋冬间有已及四年者，馀皆已满三年，荷蒙宪台亲临考验，分别最优等十二名，优等十四名，给予文凭。查核教科按之定章，除外国语一科，原注英语、德语易以东文、东语为便，于教授起见外，馀均相符，其豫科各项程度均由日本各专门教员参定，为升入高等之豫备，自系照章合格。

二、奖励 谨按《奏定章程》有各学毕业奖励章程，惟补习普通并豫科毕业奖励，未见明文。查农业豫科定章内既有毕业字样，自应援照办理。现在山东、江苏、河南各省请奖之案颇多，此次农业普通豫科毕业生程度较中学堂少逊，而视高等小学略优，其毕业奖励亦应参酌办理，以昭核实而资鼓励。至该堂各教员上年毕业均蒙颁给奖品，惟坐办屈德泽、监学胡会昌、马继良三员未经给予，据该堂监督黄道称，曾奉宪台面谕，俟将来酌量请奖，应请钧核办理。

三、升学　谨按《奏定章程》“实业学堂计年入学章”第一节内开“先补习普通二年,再升高等各实业学堂”等语,“高等农业学堂立学总义章”第一节内开“豫科一年毕业,农学四年毕业,森林学、兽医学、土木工学三年毕业”等语。今农学头班学生、补习普通并豫科均经毕业,应照章升入高等农业学堂。查豫科定章有外国语一科,注云“英语愿入农学科者兼习德语”,是英语一科,例当补习。至德语教习颇难,其人应由该堂监督斟酌禀办。现在农业学堂止能预备农业、林学两科,拟令毕业生分入两科学习。查定章内两科仅举科目,未经分年排列功课,应令日本各教员按照时限预算课程,以凭讲授,并便稽核。至农业、化学教员必应添聘,似不可少。(《黄绍箕集》,173—174页)

拟定方言学堂毕业奖励并升学办法呈张督说帖

一谨议方言学堂旧班学生应请于暑假前行升班之考验,合格者酌予赏物奖励,升入专门班。

一、毕业　谨按《奏定章程》“译学馆、方言学堂入学毕业章”第三节内开“以五年为毕业之期,应于外国文外兼习普通学,二年之后,兼习交涉理财教育各专门之学”等语,第五节内开“五年之内有因事旷课不能及格者,应仍留馆中补习一年”等语,是定章必须普通、专门一律,肄习完竣方准毕业。本司前充京师译学馆监督,上年五月底出京时,将届三年期满,从未议及试验毕业之事,学生亦无以此事为请者。现在本省方言学堂头班学生入学多在三年以上,次班学生本年冬间亦满三年,查诸生虽程度不齐,而中文、洋文功课较优者,颇尚不乏。所有普通学科,按之定章,已渐完具,应请于暑假前举行修业升班之试验,给予文凭。至该学堂监督所请“准予普通毕业”一节,核与“农业豫科定章”有毕业二字明文者不同,应无庸议。

二、奖励　毕业不合定章,奖励自难仿办。拟援《学务纲要》

“赏罚规条”内“实物奖励”之例,给予文凭外,恳请分别等次,酌赏物品,以示嘉奖。定章“译学方言毕业奖励”视各高等学堂为优,自不宜于专门毕业以前,先请行普通毕业之奖励也。

三、升学　谨按《奏定章程》“译学馆、方言学堂学科程度章”第二节内开“先授以缀字读法、会话文法、作文诸法,二三年后兼授各国历史及文学大要”等语,又“表说”内开“前二年于语言文字外兼习普通学,后三年于语言文字外兼习交涉理财教育专门学,而普通学之最要者亦兼习之”等语,“入学毕业章”语同详绎,定章前言“二三年后授各国史及文学大要”,系指用洋文讲授而言。二年后习专门学,是专门功课必须三年,至少亦二年以上,方能合格。现在方言头班学生亦逾三年,次班将满三年,除德文教员已用德文授外国史,馀皆专授普通,计五年毕业之期论,年限则所馀无多,论程度则深虑不及。缘该堂教员时有更易,外国文教员尤难其选,间或因病请假,权代无人,不免稍有延旷。现在亟宜进习专门,以期应用,拟请于考验后合格者升入专门班,并请将外国文功课钟点加多,而普通学之最要者仍照章兼习。其毕业时期当以程度为准,不能专以年限为断,务使升班学生专速用功,再满二年,其所学庶能应用,方为合格,否则仍须照章补习一年。(《黄绍箕集》,175—176 页)

拟定文普通中学堂毕业奖励并升学办法呈张督宪说帖

一谨议文普通中学堂头班学生应请于本年冬间行毕业之试验,合格者照章奖励,升入高等学堂:

一、毕业　谨按《奏定章程》“中学堂程度章”第二节内开“中学堂学习年数以五年为限”等语,现在方言头班学生自光绪二十九年秋间开学,至本年暑假前已满四年,共八学期,详查功课,核之定章,惟本朝史、法制理财大意二科开课未久,物理学尚未授毕,习篆一科未经指授,其馀各科均已学习完竣,算学一科能算□

学级数，视定章所列，实已过之。查该堂开学之初，专就生员中择优考选，中学皆略有门径，各教员更换无多，功课甚为切实，故全班程度较纯。未完各课中惟本朝史最为重要，而善本甚少，惟京师译学馆所编最有条理，而嘉道以后未具，尚须续纂。本司已向译学馆购到若干部发交该堂，属监督及历史教员，将此科及法制理财大意、习篆两科，并物理未经授完之各课，逐课分排，核算钟点，计至冬间必可一律完竣。论年限则共合四年半，尚少一学期；论程度则悉符定章，可称完全无缺。算学更有过之无不及，应请于本年冬间举行毕业之试验。

二、奖励　谨按《奏定章程》中学堂毕业奖励列有专章，如试验合格，应请照章奖励。

三、升学　谨按《奏定章程》"中学毕业奖励章"内开"考列最优等、优等、中等者均准保送升入高等学堂、优级师范学堂、高等实业学堂"等语。（《黄绍箕集》，177—178 页）

拟定支郡师范毕业办法呈张督宪说帖

窃省城内支郡师范学堂，原定以三学期共一年半为毕业之期，甲丙乙丁四堂前年腊月开学，戊堂上年春初开学，至今年暑假前已满三学期，照章应予毕业。现拟自二十六日起逐日分科试验，惟己堂自上年四月初三日开学，计届今年暑假前尚少两个月有馀。据该堂杜监督宗预称，学之初曾谕诸生"以四月初开学，届暑假止，可作为半学期，若加增钟点，多办功课，可与前五堂同时毕业"等语。本司当即调取该堂每日功课表，细加核算，除上年五月内有两星期，及十月至十二月有七星期照常每日授课六点钟外，馀皆逐日加课一点钟，较之前五堂功课所少有限，拟令再学一个月至五月底止，于六月初旬再行考验，似于定章三学期本意尚不违背，是否有当，恭候核示遵行，谨禀。（《黄绍箕集》，179 页）

拟定工商中学暨理化讲习所章程呈张督宪说帖

窃惟湖北学堂之盛甲天下,工场之盛亦甲天下。近年教习之才沾溉各省,而工场未尝用学生,则以文辞之人才成就众多,而实科之人才尚需养成故也。伏念宪台经营各学堂已及十年,屡经修改,近农业学堂规模已具,数年以后成效可以操券。现在如权量之于商业,范鸿泰之于工业,陈文哲之于理化,可谓极一时之选。权量试办商业小学堂,颇有条理,且开通学之先声。范鸿泰艰苦力学,办事务实而有恒。陈文哲毕业日本高等师范理科,编译书籍多种,皆极有用。该员等深愿及时自效,以报宪台历年培养之深恩,以副振兴实业之盛意。谨以《推广商业学堂章程》《开设工业学堂章程》《开设理化讲习所章程》各一扣,恭呈裁夺。本司谨将该员等所拟章程撮举大要,条列如下:

一、堂舍

商业中学堂内附商业小学堂,拟借用道师范学堂;工业中学堂内附工业小学堂,拟借用府师范学堂;理化讲习所,拟借用支郡师范学堂之已毕业者,前经陈文哲阅看两处,其可改成理化讲堂合法适用者甚少,容再详酌。以上堂舍、器具皆本完备,可省开办之费。

一、经费

商业学堂:现办之商业小学堂月支一百三十元,如开中学豫科一班,每月须增给三百元,如豫科开两班,须再增给二百元,俟豫科毕业升入本科,其经费另请酌量增加。

工业学堂:上年道师范学堂每月支款一千六百馀元,现经毕业停办将近一年,拟请恩施逾格,谕饬将此款移作工业学堂经费,仍拟恳请札派盐道充工业学堂监督,以便稽核而专成。

理化讲习所:陈文哲人品纯正,毕业专门,可否派为理化讲习所堂长?每月薪水一百元,敬求宪核。其馀教员,如日本博物理化教习稻并、三泽、白井、森川等,所订合同,空馀之钟点甚多。本司曾与谈及此事,皆踊跃赞成,自称必当尽心教授,可以不费分文。至学生,皆就支郡师范毕业生中,取其中学本优,已具普通知识而有志求深者,自应仍以师范生相待,住堂膳宿,如赔款捐提成章程。荷蒙宪饬施行,其费即由公所发给,否则仍援支郡师范成案,由本籍按名拨解。

一、章程

商业学堂、工业学堂,均遵《奏定章程》办理,一律通学,不供膳宿。其图书、衣服、纸墨等费,仍由学生自备。理化讲习所,拟援照《奏定师范选科章程》,参用《日本高等师范理化选科章程》,斟酌办理。学生并开二班,以三年为毕业之期,照师范生例,一概膳宿。

以上各节,敬求宪核批示遵行。(《黄绍箕集》,180—182页)

条陈通学奖励办法呈张督宪说帖

谨禀者,窃湖北学务现在有亟宜筹定者二事,谨列如下:

一、通学　部章非通学即收费,设非通学,而图书、衣服等费仍由学生自备,现虽奉谕暂缓开校,而为时终属无自,应否一律改办通学,抑或另有斟酌之处,务恳宪台从速宣示,俾管理员及学生有所适从。否则学生一入学堂,既未奉不收膳宿费之明文,又未奉征收学费之谕示,各堂管理员甚属为难。无论或通学或收费,均难办到。查省城各学堂屡经本司饬令,切实核减经费。据五路高等小学堂刘总提调暨各堂长禀开《切实节减清折》,并将本堂所备膳宿费一概扣除,合并计算,从前每堂每月支费二千四百元,现可减至一千二百元。至方言学堂自今春起每月已经节减二百元。若遵办通学或收膳宿费,每月可节减一千元。至添请俄、法洋教习,其费本在原办豫算之外,拟由学务公所暂行贴补,于下学期招考新生征收学费,尚可藉资补助。文普通可月减经费九百馀元,农业学堂省费八百元,均列有核减细目,另容开呈。惟农业学堂孤寄城外，除本堂收缴膳宿费，拟令每生月收四元为度，曾与黄监督商定，据称可行。惟通学一事，办法并不难，而欲各堂学生皆指定一住宿之处，则颇属为难，山后尚易，山前甚难。惟支郡师范乙丁两堂现均毕业停办，房已腾空，但该处房屋原系向民间租赁，每月租钱三百五十串，每年约须四千五百串，所费甚巨，似不合算。

本司愚昧之见，可否请将东西南北四路学堂一律改为通学办法。其文普通、方言仍从收费办法，准其住宿，一律收费，暂行试办一学期，其收费数目亦照现在农业学堂例，每月四元或改为三元六角，令农业学堂亦减作此数，以期划一。惟此节必须由宪台明谕宣示，方能实行。再查外国学堂原以通学为普通办法，但亦有变通办法，如一学堂具有数班学生，择令一班膳宿，本堂征收各费，下年挨次换班，住宿亦令缴费。其意盖欲使为学生者总有一年受学堂之管理，且可藉以考察其性情品行，此法未知可否参用？伏乞钧核。

一、奖励　农业学堂第一次毕业生，现经缮具说帖呈请奏奖；其第二次毕业生暨五路高等小学堂、两湖总师范附属高等小学堂毕业生节经催令，赶紧缮送姓名、分数册到司，转呈宪台核定，咨部奏奖，大约四五日内必可备齐。其最要者，湖北旧办学务人员必应优加奖励，前蒙宪台殷殷垂念及此，本司春间即发教员履历样纸，令本人自行填报。惟屡经催促，仍未一律填送，即已经填送者，于年岁籍贯仍多遗漏，外府教员填报者尤属寥寥。现将已填学员履历若干册，并以年分、迟速，分前后一并恭呈钧览，伏恳饬发梁臬司、纪监督、刘监督悉心酌核，择其应请奖励者呈请宪核。梁臬司暨纪、刘两监督于湖北学务情形最为熟悉，有遗漏、错误必可补正，万不致有向隅之叹也！（《黄绍箕集》，183—184 页）

再陈通学办法呈张督宪说帖

谨禀者，窃通学之法，本司前呈说帖，奉谕饬下臬司会同两监督核议,现梁臬司等亦无定见,而暑假期满已二十日,亟须开学,不宜再延。本司之意拟请将高等小学堂试办通学,其文普通中学堂并方言学堂仍给膳宿,遵照部章,每月征收膳宿费四元,免收学费,与农业学堂一律办法,如嫌稍多,则三学堂一律每月征收三元六角,似亦可行。如方言学堂添收新生,仍用通学办法,其图书、纸笔、衣服等费,无论何项,学堂统归学生自备。

通学之法所以分别办理者,一则为人数太众,外间不敷居住,若指定一住宿之所,则官所馀之房舍必不能如此之多,即专住高等小学生亦属为难。尚当与各堂长、监学详细相度腾挪,方能定局。一则为高等小学生年少,尤宜习劳。

至文普通与方言学生年齿较长,深虑群聚一处,久之或有聚众演说,私自立会等事,虽派员监察耳目,亦恐难周。以此之故,文普通、方言与高等小学必须分别办理,尚或可行。

至初办时学生必多不愿,或聚众要求,或竟不到堂,或应收之费延欠不纳,此皆事所必有。惟有镇静坚持一年以后,自可渐就范围。本司身任学务,必当黾勉办成,以纾廑念。

以上办法是否可行,伏乞钧核批示遵行,不胜迫切待命之至。谨禀。(《黄绍箕集》,185—186 页)

七月初一日(8 月 9 日) 《直隶教育杂志》刊登“保奖学务人员”消息。

“鄂督张中堂以湖北开办学堂最久,其中勤劳卓著者,实不乏人,刻拟将各学堂管理员教员,任事在五年以外者,遵照部章,准予奖励。其未满五年者,亦一律请奖,惟劳绩既有深浅,奖励亦不无等差。日昨谕令学使黄文宗,传知各学堂各员,自行酌拟开呈,统限二十一日汇送学务公所覆核后,转呈察夺,以便奏咨分别奖叙,以示鼓励。”(《直隶教育杂志》1907 年第 11 期,97 页)

七月初七日(8 月 15 日) 《申报》刊登“札饬委派五堂学

生”消息，谱主为支郡师范毕业生就业之事札饬各州县。

札饬委派五堂学生：“鄂省黄学使近因支郡师范甲、乙、丙、丁、戊五堂学生已于本年上学期毕业，业经颁发凭照，给资回籍。现拟一派用办法札饬各州县，俟该学生等回籍呈验凭照，先予立册存记，如地方学务需人，即行酌派。”（《申报》1907年第12408号第十一版）

学台牌示：“为牌示事，八月二十六日考验湖北支郡师范生娄金寿、尹洪钧、贾桂三三名成绩均尚好，仰各回籍候行天津府转行青县存记录用，此示。”（《北洋官报》第1511册）

七月二十日（8月28日） 访缪荃孙。

《艺风老人日记》：“己酉，晴，热甚。抱冰师来谈二时。饭后黄仲弢来，程从周来。”（1982页）

七月二十一日（8月29日） 缪荃孙来访，并赠送《国朝事略》《孝经讲义》《敬孚文稿》等书。

《艺风老人日记》：“庚戌，雨，凉。拜程从周、程雨亭、柯逊庵、黄仲弢。送《国朝事略》《孝经讲义》《敬孚文稿》与仲弢。”（1982页）

是日 《学部官报》第31期刊登学部“札各省提学使转饬各学堂一体遵用本部所编《初等小学体操教授书》第一册文”，要求各省提学司迅速翻印，发放各学堂使用。

“学部为札饬事本部编译图书局所编《初等小学体操教授书》第一册，现已出版，应即续行各省提学使迅速翻印，或委私局承印，转饬各学堂一体遵用，为此合行札饬，札到仰即遵照办理可也。切切，此札。”（《学部官报》1907年第31期，41页）

七月二十三日（8月31日） 赴张之洞招于公所，与张预、易顺鼎、宋育仁、杨守敬、马贞榆、梁鼎芬、缪荃孙在座。

《艺风老人日记》：“壬子，晴……抱冰师觞之公所，菜甚佳。

子虞、硕甫、芸子、心吾、马贞榆广东人、心海、仲弢同席。”(1983页)

七月三十日(9月7日) 赴张之洞招饮于警察学堂之高处,与蒯光典、曹元弼、叶德辉、席汇湘、梁鼎芬、缪荃孙同席。

《艺风老人日记》:“己未,晴。卜宗翰来。抱冰师招饮于警察学堂之高处,礼卿、曹叔彦、叶奂彬、席元生、黄、梁同席。”(1985页)

七月 张之洞拟聘孙诒让出任湖北存古学堂总教,委托谱主致函孙诒让,介绍存古学堂情况。

张之洞《致瑞安孙仲容主政电》光绪三十三年七月二十日巳刻发:“闻礼部奏派足下充礼学馆总纂,计必赴召。鄙人因世衰道微,正学将晦,特于鄂省奏设存古学堂,延聘海内名儒以为师表。足下经术淹贯,著书满家,实为当代通儒之冠。窃欲奉聘来鄂为此堂总教,以惠士林。惟京师现正虚席相待,可否请半年留京,半年住鄂。如礼学馆总辑事繁,或携至鄂办理,或即以三个月住鄂,固亦甚好。堂中尚有协教、分教各员,分任教课,劳剧之事,不以相烦,但望到堂时开导门径,宣示大义,为益已多。此为存绝学、息邪说起见,务希鉴允,天下士林皆受其赐矣。详情另由黄仲弢学使函达。先祈示复,感盼。号。”(《张之洞年谱长编》下册,983—984页)

七月 湖北存古学堂正式开学。

七月十三日《张之洞致缪荃孙电》:“武昌存古学堂即日开办,于本月二十日以前开学。”(《张之洞年谱长编》下册,982页)

《梁节庵先生年谱》:“改勤成学堂为存古学堂,七月开学。”(229页)

七月 《东方杂志》“各省教育汇志”刊登湖北教育消息。

“湖北:鄂督张中堂前为整顿军政起见,特饬陆军第八镇张统制彪挑选各营学问优长之军官,组织一参谋学堂,即隶属于督练公所,闻已开办。又以武昌道府两师范学堂毕业生均已派充各属教员,而外郡各师范毕业生往往无法位置,因饬提学司将道师范改办中等实业学堂,府师范改办中等商业学堂。此后,无须再招学生学习师范。”(《东方杂志》1907年第四卷第七期,173页)

七月 批准湖北省工业学堂教员徐自新开办《通俗新报》。

“湖北:鄂省工业学堂教员徐君自新议在省城创设《通俗新报》,以开通下等社会,闻已禀蒙黄仲弢学使批准开办。”(《东方杂志》1907年第四卷第七期,180页)

七月 工业、商业中学堂奉准开办。任命姚永楷为湖北师范学堂监督,招生270名。

八月初二日(9月9日) 访缪荃孙。

《艺风老人日记》:“辛酉,晴热。竟日不出门。仲弢来谈。”(1985页)

八月初三日(9月10日) 受缪荃孙之约,在缪公馆与梁鼎芬、蒯光典夜谈。

《艺风老人日记》:“壬戌,晴热……约至公馆,与黄、梁、蒯三君夜谈,四鼓方寝。”(1986页)

八月初四日(9月11日) 与蒯光典、梁鼎芬、汪凤瀛、高佑储、缪荃孙同乘火车。

《艺风老人日记》:“癸亥,阴。早在公馆早饭,赴车栈。与黄、蒯、梁、汪荃台、高松如同上火车,一点开行,五点到武昌城外织布官局马头上岸,回家晚饭。”(1986页)

八月初五日(9月12日) 赴梁鼎芬招饮,与蒯光典、黄绍第、黄厚成、缪荃孙等同席。

《艺风老人日记》:“甲子,阴热。心海招饮,礼卿、仲弢、叔颂、许、袁三世兄、黄厚成,则再同之子也。”(1986页)

八月初十日(9月17日) 缪荃孙来柬。赴王秉恩、王菊塍

(王秉恩弟)招饮,与纪钜维、顾印愚、易顺鼎、梁鼎芬、缪荃孙同席。是日,《申报》刊登“提学对于教授案之意见”消息。

《艺风老人日记》:“己巳,雨。致黄仲弢……王湘塍、菊塍公请纪香聪、顾印伯、易石甫、梁、黄二公,饭后旋寓。”(1988 页)

提学对于教授案之意见:“鄂省提学司黄仲弢近通札官立小学堂文,略谓:教授立案在奏定学章本无明文,然于《师范章》内揭明应讲各学科之教授次序法则,又《小学章》内揭明各教科详细节目,讲授之时不可紊其次序,误其指挥。据此则虽未明言教授必须立案,而立案之实际已详为指出。凡身任小学教员者,自应本平日在师范学堂所学之教授次序法则见诸实行,斯为尽职。本司前选派省城内外各初小学教员,必加派师范毕业生者,正是此意。今据该员等禀称作教授案则教自教,而案自案,是分教授案与教授为两事,已属体认不清。又请由公所编定教授案分发各堂,以归一律于事理尤为难通。该员意图省事,至出此违心之论,殊负本司委任之心,特行申明札饬。自经此次论知之后,务各遵照前章,实心教授,其优于作案者自能按照教法得其奥妙,其不优于作案者,只就教授应预备之事项简明记入亦足征教授之勤,毋得互相观望,致贻怠慢之咎。”(《申报》第 12441 号,第十一版,光绪三十三年八月初十日)

八月十三日(9 月 20 日) 为缪荃孙回南京饯行。

《艺风老人日记》:“壬申,小雨旋晴。黄仲弢饯行,并借小轮送过江。”(1989 页)

八月十四日(9 月 21 日) 孙诒让复函,说明不赴之缘由,并推荐宋育仁担任存古学堂总教。

“早晨奉诵惠毕,并南皮师来电,敬悉。师意甚坚,度非口舌所能争。而轻率遵命,又非鄙意所愿,似不如径以衰苶多病,不能远行辞之。实则年来意兴阑珊,凡百灰心,亦必不任鞭策,此乃实情，非设词也。惟屡烦代复，有费清神，私心甚抱不安耳。先以奉复，俟更面陈。恭叩中弢仁兄亲家大人台安。弟让顿首，十四日。

尊意另荐宋芸子任此，似胜鄙人万倍。又或以江苏知县林颐山，为黄元同高弟，似亦可备选，请酌之。”（《黄绍箕集》下册，797 页）

八月十五日（9 月 22 日） 《申报》刊登“学使给发毕业文凭”消息，说已于八月十日在两湖总师范学堂为五路高等小学毕业生发放文凭。

学使给发毕业文凭：“鄂省五路高堂（等）小学前月考试毕业，已经提学司黄仲弢区别等第，造具分数清册，详请前阁督宪立案请奖，现于本月初十日在两湖总师范学堂发给文凭云。”（《申报》1907 年第 12447 第十二版）

八月二十日（9 月 27 日） 在北京的张之洞致电梁鼎芬与谱主，望举荐贤才十数人。

“北京来电：梁署藩公、黄学台鉴：到京十余日，喘息甫定，时局日艰，积习如故，毫无补救，惟有俟冬春间乞骸骨耳。两君意中如有素知贤才，祈举十数人详示，以待机会，以多为贵，官阶、内外、大小不拘，感祷。冰，号。”（电稿原件）

《张之洞年谱长编》：“致电武昌梁署臬台鼎芬、黄学台绍箕。”（992 页）

按，《张之洞年谱长编》谓梁署臬台，有误。时梁鼎芬任湖北按察使（臬台），署布政使（藩台）。

八月二十一日（9 月 28 日） 陈庆年致函端方，提及谱主“鲜庵久谓我辈薄有思想，便难在鄂”。是夜，谱主将张之洞来电译稿写奉梁鼎芬：“京电译出奉览，所处之地情形可想，公当可交卷。鄙人枯窘甚矣。节公，箕顿首，廿一夜。”

八月二十六日（10 月 3 日） 《申报》刊登“学署限定办公

时刻”消息,说已于二十四日迁入新署办公。

学署限定办公时刻:“鄂提学司黄仲弢学使现以新建学署业已告竣,即于本月二十四日迁入,并手定办公时刻,谕知各学堂,□谓本司按日到学务公所办事,均定有时刻,所有外来公文及本署书□呈送稿件,均先后不齐,殊多不便。现均限定于十二点钟以前送到,过□不阅云云。”(《申报》1907 年第 12458 号,第十一版)

八月 《四川学报》第八期刊登“留学生回国须由提学使面试”的消息,回国留学生必须经提学使面试汉文一篇,文字通顺后才能派差。

留学生回国须由提学使面试:“从前湖北所派出洋留学生,其中徇情滥竽者多,张中堂深知其弊,特札饬黄提学使,此后留学生回国,须由提学使面试汉文一篇是否通顺,始准派委差使,不得仅以呈验文凭了事。故日来新派陆军翻译及学印刷回国之某某学生,俱以汉文不通黜退云。”(《四川学报》1907 年第八期,第 3 页)

八月 《秦中官报》刊登湖北“筹议试办通学”消息。

筹议试办通学:“前鄂督张中堂拟先就鄂省各学堂仿照日本通学办法,多设讲堂,广招学生,轮班听讲,不备膳宿,每堂以能容千余人或四五千人为度,无论何人均可入学。业经饬由提学司黄中弢妥为筹议,学司请先从农业、工业、商业三学堂办起,如无流弊,则此后各学堂悉依此办法,改为通学中堂,颇以为然,不久即可实行。”(《秦中官报》1907 年 8 月,34—35 页)

九月初三日(10 月 9 日) 迎接新任湖广总督赵尔巽到任接篆。是日,缪荃孙来函,托邓揖傳若带去。

赵次帅接任:“某处昨接汉口电,据云鄂督赵次帅于初二日抵汉口,拟驻汉一日,翌日渡江,由李岷深方伯将督篆交出,次帅当即接任,并具奏谢恩矣。”(《顺天时报》1692 号 1907 年 10 月 10 日)

详志赵次帅莅鄂履新:“新任鄂督赵次帅于初二晚六点半钟

乘车抵汉口……初三日晨，次帅渡江驻皇华馆，鄂省各学堂学生，标营将弁兵士，由汉阳门列队，直至文昌门迎接，藩学臬三司等均恭请圣安。次帅随乘绿呢四舆入文昌门，至抚署行辕驻节，士民之观望帅颜者，途为之塞，当于是日午时接篆。”(《大同报》第八卷第11期，上海1907年，35—36页)

《艺风老人日记》:“辛卯，晴。邓傅若回鄂，带去时若信、永贤信、赵刺台信、梁藩公信、黄学台信……黄信有条陈。”(1994页)

九月初六日(10月12日) 《申报》刊登“鄂提学不以教员兼课为然”消息。

鄂提学不以教员兼课为然:“湖北黄学使日前查得工业学堂算术科教员系陆军学堂教员尹忠兼充，物理科教员系日新学堂监学陈应□兼充，既恐教员兼差，不能将各学生功课认真查察。因特改委师范毕业生陈法祖担任算术，张述之担任物理，以专责成。”(《申报》1907年第12467号第十二版)

九月十二日(10月18日) 许宝蘅来电。

《许宝蘅日记》:“发鲜庵电。”(149页)

九月十四日(10月20日) 《申报》刊登“鄂提学允准禀请续假”消息，批准留日学生因母病再续假一月。

鄂提学允准禀请续假:“湖北兴国州学生马骏留学东瀛，尚未毕业，前因母病请假回鄂。现母病未痊，特具禀提学司请移咨留学生监督续假一月。当奉黄仲弢学使批示云:据出使日本大臣新定假□规则，如有游学生因父母病请假，准给假三十日，即须回校。该生所请□该校规则是否相合，姑念情形可悯，准即移咨展假一月，以全孝道。”(《申报》1907年第12475号，第十一版)

九月十九日(10月25日) 陈重庆来函，为友人鲍鼎换局一事相托。

“仲韬仁兄星使姻世大人阁下:

昨辱枉过,病疮不能冠履,有失抠衣,歉然无似！移节八旗会馆,想须略作勾留,若能托庇早得霍然,仍可频频趋晤也。

兹有恳者,鲍典史鼎本饬司榷天门,县令梁君颇与不浃,因与白沙洲局委对调。沙局异常枯瘠,该典史家贫亲老,殊无以为菽水之谋,近为鄙人渐疗沉疴,以私情论亦应为筹一善地。十月有黄陵矶局期满更换,亦系小局,略胜沙洲。素知执事与小舟交谊甚深,拟请于浏阳前为之指索。区区微末,得荷一言九鼎,必克有成。小舟办事勤能,亦必能不负推毂也。手此,奉托,敬请侍安不戬。姻世弟陈重庆顿首,九月十九。"(《黄绍箕集》下册,1805页)

九月二十日(10月26日) 《南洋官报》旬报刊登谱主为设三江两浙旅学禀两江总督文。

补录湖北提学使黄详内阁中书杨模等禀请改设三江两浙旅学并呈简章请立案文(并批)

为详请立案事,案据内阁中书杨模、候补知府程道存、候补知府金鼎、候补知府杨楫、候补知府施启华、武昌府同知陈树屏、候补知县沈凤锵、补用知县汪元秉、候选直隶州州判蔡念萱等禀称,窃武昌前设三江旅学借用花堤江苏会馆及王武愍公祠于光绪二十九年春开办,计分中学及高等小学、初等小学三级,时阅四载,学科渐备,程度渐高,名誉亦渐著,并经禀请两江督宪,准俟毕业后咨送本省高等各学堂,以示鼓励在案。至经费一项,开堂之始,由三省官场及学界中人合力佽助,得以黾勉支持,历时既久,捐数益绌。上年冬季以挹注无资,暂行辍课,兹经同人公议,以该堂裨益旅人,久为官商所推重,并以该堂先曾兼收浙省子弟,拟定名为三江两浙旅学。凡江浙赣皖四省旅鄂官商子弟,年岁及格者均准入学肄业。并订立开办章程,招选合格生徒,择期开校,其常年经费统由官商并力扶持,以期久远。伏念大人以名德通儒,总持楚鄂学务,该堂附列省垣,统隶帡幪之内,理合将开办章程开具清折禀请钧核，并准转详宫保、两江督宪、苏浙赣皖抚宪准予立案，实为公便，附呈开办简明章程清折一扣等情。据此除批禀悉，武昌开设三江旅学，时阅四载，一切办理情形为本司所稔知，兹据禀称由众公议改定名为三江两浙旅学，选集江浙赣皖四省旅鄂官商子弟，分中学及高等小学二级，并附呈开办简章，规制尚属周妥，应准如所请，转详中堂、两江督宪、江西、江苏、浙江、安徽各抚宪，一并立案。至该旅学前办数年颇昭名誉，现拟重加整饬，系为造就旅鄂官商子弟自属，亟不容缓，仰即联合众志速筹兴办事宜，并将开校日期及取定各级学生籍贯、姓名，本堂管理规则分别禀候核定，以副厚期，切切缴折存等因，印发并详报湖广阁督、部堂暨安徽、浙江、江苏、江西抚宪外，理合具文详请宪台俯赐查核，为此详乞照详施行。

计抄折

敬启者：武昌三江旅学开设已逾四年，前经禀奉两江督宪批准，俟毕业后一体升学给予出身在案。去岁冬间以经费不继，暂行停课，幸荷瑞安黄先生雅意维持，首先提倡，同人公议，设法整顿，改定新章，以期赓续永久。兹拟定名为三江两浙旅学，凡江浙赣皖四省官商子弟年岁及格者，均准即日前赴本学报名，其他各省有愿来学者，亦准一律收录，限至六月□日截止，即行开堂授课。公议开办简明章程列后。

（《南洋官报》第94期，35—39页，光绪三十三年九月二十日）

九月二十五日（10月31日） 过郑孝胥，谈杭甬铁路之事。是日，张之洞来函，介绍日本伊泽修二来武昌，有关立汉字统一会之事。

《郑孝胥日记》：“仲弢来谈杭甬路事，电复蛰先，蛰来电云：‘请苏公代哭秦庭。’”（第二册，1113页）

张之洞来函：

"日本贵族院议员伊泽君修二在京晤谈,此君于中国文学根柢颇深。因日人有废汉文之说,特立汉字统一会,并拟联东亚诸国儒者维持汉学。谬以鄙人海外知名,公举为该会会长,仆年老学荒,岂能胜此!且现居枢要,政务殷繁,亦无暇与外国人联络结会,当举足下以代。伊泽君亦甚倾慕,据云拟便道赴武汉考察,藉聆闳议,特为介绍一言,尚希拨冗接见,以副此君愿言之雅。仲弢侄婿,之洞。"(《黄绍箕集》下册,829页)

九月　《四川教育官报》第九期刊登"湖北提学使预提学款电文",将向各属学堂预提学款,来补省城各学堂之用。

湖北提学使预提学款电文:"省城各学堂经费,从前出于铜币银元两局赢余项下为多,今年骤短五六十万元,经费异常支绌。现奉阁督宪谕省城各堂,于暑假后除师范外一律不供膳宿,并照部章酌收学费,以节省之资,为抵补之计。惟省城一隅,所省无多,不敷仍巨,非通省合力,不足以资抵补。查各属赔款改学堂捐一项,及原有推广各经费,为数甚巨。今现计各学堂均已成立,又支郡师范前六堂已届毕业,暑假后道府中学各属高等小学,应遵新章,不供膳宿,或酌收膳宿学费。又各属设有师范传习所,亦经次第毕业,嗣后一律不准再办。又各学堂一切经费核实节俭,以上五项,节省之费甚多。本司详请将腾出各款,悉行提补省城各学堂不敷之用,以期持久而冀扩充。先此电闻。请即转饬各属预为筹备。俟奉督宪批示,再行电告。箕文。"(《四川教育官报》第9期别录116—117页,光绪三十三年九月印行)

九月　被推为日本"汉字统一会"名誉会长。

《瑞安五黄先生系年合谱》:"先生尊尚孔教,施及海外,日本井上哲次郎、重野安绎诸博士有孔子大祀会之设,论者谓自鲜庵先生发之。日本又开'汉字统一会',欲将适用汉字整齐而统用之,遣伊泽修二诣武昌礼聘先生为会长,辞不可,仍被推为名誉会

长。”(《孙延钊集》334 页)

十月(11 月) 开办商业中学堂于武昌东厂口。

是年 有《迁居学署答梁节庵同年》七律,曰:

“一笑相逢念九春,惊看万事逐年新。定巢画阁分邻燕,入梦香炉识殿麟。岁月峥嵘容暂合,乾坤荡莽老逾亲。病中种树从君学,留待成荫付后人。”(《黄绍箕集》上册,449 页)

是年 于病中批点刘凤章、蔡念萱条陈学务说帖。

《刘凤章、蔡念萱条陈学务说帖批》:“权利之说,深中人心,而道德日以沦丧,拟复宋明诸儒讲学之风,挽回士习,转移学风,看似空言,实乃要中之要,须以真实精神贯注,方有转机。此鄙人神明中所深自疚者也。

今学界多为人诟病,然即就目前湖北各属学堂论,必有用心正大、办事坚苦之人,或为人所排挤不得行其志,或委曲从事而人不知其苦心维持,此一等人必须查明,竭力扶助,学务乃渐有生机,省视学于此等人切须留意访察。自明季始拟开一讲习会,略仿宋明讲学之意,令各教员均来听讲。但所以未敢遽行传布者,此事至少必须有两人担任,视为身心性命之事。鄙人自应分任,但恐公事忙,且多病,不能按期必到耳。

总之,此事有十分精神必有十分效验,有一分精神必有一分效验,则此一季毫无益处,虽久病不支,此心未死。切望诸公代为筹画,即可实行。”(《黄绍箕集》上册,193 页)

《瑞安五黄先生系年合谱》:“先生因劬于学务,夙疴时发,病中治事未尝少懈,病与学务相守,久亦自忘其病。核阅教育办人士条陈学务说帖,手批蝇头小字数百言。”(《孙延钊集》,335 页)

十一月初六日(12 月 10 日) 张俊生将赴武昌谒赵尔巽,郑孝胥为之作书致谱主。

《郑孝胥日记》:“张俊生来,将赴武昌、南京谒赵次帅、端午

帅,为作书致黄仲弢、金文珊。”(第二册,1118 页)

十一月十五日(12 月 19 日) 患病,手足微冷,气喘不寐。

十一月十七日(12 月 21 日) 病加剧,改进真武汤,四肢回暖,神气稍定。

十一月二十日(12 月 24 日) 张之洞急致谱主与赵滨彦、梁鼎芬电,言谱主病危,听说服人参有效,已交快车寄来。

“急致武昌赵制台、黄学台、梁臬台:仲韬恙万分悬念,闻服参尚效,已觅交快车寄,稍见轻否? 速示慰。冰,号。丁十一月二十日卯刻发。”(《近代史所藏清代名人稿本抄本》第二辑 53 册 48 页)

十一月二十二日(12 月 26 日) 忽肝风抽掣,气逆益甚,中医束手,相率谢去。乃延东医来治,云肺病过重。

十一月二十五日(12 月 29 日) 《申报》刊登“鄂提学详禁诲淫小报”消息。

鄂提学详禁诲淫小报:“黄仲弢学司刻以办理通学,各学生均自由在外寄宿,而汉上所出小报无异嫖,经各青年学生任情购阅,实难检查,诲淫□学莫此为甚,特具详鄂督,请饬巡警道及汉关道严行查禁,勒令各该报停版,并照会各国领事,杜绝挂旗以图抵制。”(《申报》第 12545 号,丁未十一月廿五日,第二张第四版)

十一月二十九日(1908 年 1 月 2 日) 长子黄曾延从日本赶回,谱主询之日本事。

十一月间 病中犹向藏书家索借旧钞《左传》、宋刻《山谷内集》、唐人写经拓本。

十二月初八日(1 月 11 日) 改服瑞安陈葆善所开药方,服后大便渐减,精神较胜。是日《大同报(上海)》的《官界新闻》一栏刊登谱主生病信息,《学界新闻》刊登谱主改武昌道师范学堂为第二文普通学堂,继续招生的消息。

官界新闻:“学使病笃:湖北提学使黄仲弢文宗上月复发咯血

疾，势甚危笃，诊视无效。次帅属各科课长，一切公事斟酌施行，所有学务要公直接督署办理，勿扰学使。张中堂亦派员来鄂视病。”

学界新闻：“第二文普通学堂出现：武昌道师范学堂各生毕业后，所有学堂屋宇废弃可惜，黄仲弢学使禀请督院改为第二文普通，招生入校肄业，并派童瑶圃观察为监督，其堂内经费仍以武昌道师范应解之款，由盐道按月拨解，学务公所以资开办。曾于月前招生考试，已经黄学使评定甲乙榜示堂前云。”（《大同报（上海）》，第八卷第23期，33—34页，1908年）

文普通学堂示期覆试：“鄂省武昌道师范学堂各生毕业后，所有学堂屋宇废弃可惜，当由黄仲弢学使禀请督院改为第二文普通，招生入校肄业，堂内经费仍以武昌道师范应解之款，由盐道按月拨解，学务公所以资开办。并派童瑶圃观察为监督，曾于月前招生考试，兹经黄学使评定甲乙榜示并示期覆试。”（《北洋官报》1907年第1587期，10页）

十二月十一日（1月14日） 《申报》刊登湖北“提学遴委堂长”消息。

提学遴委堂长：“枣阳县高等学堂前因堂长辞差，禀请学务处另派。黄提学以该职关系教育最为紧要，非资熟手恐多妨碍，闻札委该堂地教员升充，地理一科现已札委师范生陈学澧补充。”（丁未十二月十一日《申报》第12561号，第二张第四版）

十二月十五日（1月18日） 心烦口燥，夜卧不宁，仍延东医复诊，云元气益虚，天寒恐有变。

十二月十八日（1月21日） 张之洞拟电报，于次日发出，询问病情，说已觅得人参两枝，托人带来。是日，《申报》刊登“鄂督不允学使请奏开缺”的消息。

“致武昌黄学台：清恙近日已渐痊否，至念。望电复。昨向那相处觅得人参两枝,即托刘骧逵带交。冰,啸。丁未十二月十九日午刻发。"(《近代史所藏清代名人稿本抄本》第二辑53册53页)

鄂督不允学使请奏开缺:"鄂提学黄仲弢学使现因久病未愈,特呈请赵次帅代奏开缺,当奉批示慰留,嘱令安心调理,不必奏请开缺云。"(《申报》1907年第12568号第二张第四版)

十二月十九日(1月22日) 终日沉睡,勺饮不入口。

十二月二十日(1月23日) 伏枕呻吟,时作痰咳。

十二月二十一日(1月24日) 梁鼎芬来探病,力疾起坐,深以久病旷职为恨。

十二月二十二日(1月25日) 嘱曾延要学医科。

十二月二十三日(1月26日) 病故。

《哀启》:"延至二十三日未时,气急痰升,竟弃不孝等而长逝矣。"

宋恕《戊申日记》正月廿五日:"始闻阿句述阿坤告:'黄仲弢于去冬十二月廿三日故。'"(《宋恕集》,中华书局1993版,下册,985页)

《啸堂集古录》题跋:"光绪丁未十二月廿四日闻仲弢卒于武昌,翌日匋斋尚书出示此册,见其遗墨,痛惜久之。孝胥记。"

张夫人挽诗十二首:

"五十馀宵病榻旁,晓鸡窗外咽寒霜。愁肠独自煮膏火,莲漏声声恨夜长。一

独夜焚香上诉天,欲君白日我黄泉。香荃未肯中情察,珠泪盈盈素帐前。二

月华如练夜初长,空馆挑灯泪万行。梦里尚怜忧国病,为君亲手奉茶汤。三

官事消磨最可哀,劝君珍士泪琼瑰。良医活国谁能手,岂料苍天不放回。四

红豆灯残月色清，二更鼓角断肠声。药炉茶社今犹在，青鸟无人可寄情。五

泪洒麻衣两袖寒，玉衡乍转觉春残。庭前竹活君何在君嗜种竹，天上人间共话难。六

风雨凄凄又一朝，摩挲手泽续《离骚》。君曾手疏《离骚》未成。桃花依旧悲人面，君在蓬莱第几霄。七

廿年巾栉侍君身，剪烛弹棋感旧尘。借问苍天何太酷，孤鸾何处不伤神。八

花市斜街旧寄庐，与君同砚学鸦涂。至今遗墨仍盈箧，谁画人间举案图。九

高人偶尔赋闲情，绝妙文章亦有名。此去仙山能少待，愿分剩药住蓬瀛。十

堂上慈乌已白头，吴山越水总成愁。豚儿不解桑弧志，我与楹书且小留。十一

稚子童骏变可怜，为君忏悔学参禅。他年遗迹知珍重，手写《楞严》第几篇？公手写《楞严经》全部，皆径寸字。十二”（《黄绍箕集》下册，743 页）

王蕴章《然脂余韵》卷二：“光绪季年，瑞安黄仲弢绍箕殁于湖北提学使之任，其夫人以六绝句哭之。偶检箧衍，录稿尚存，惜夫人姓氏，未经著录，今亦无从稽考矣。”（**民国十四年上海商务印书馆铅印本，第一叶**）

杨模《湖北提学使黄鲜庵诔》：

“蒙叟有言，生人二害。虎食其外，病攻其内。洸洸学涂，一夷百巘。环傅迭乘，乃倍蓰之。公起词林，夙秉庭诰。江岳搜深，星云挟藻。荆楚材薮，南皮所造。公承其流，□□风教。昔主湖堂，文化肇张。继膺简命，总揽学纲。受任之初，财政始棘。支派

日繁,来源半塞。祁祁学子,仰食于官。东海西海,月轮万千。左枝右梧,彷徨控辔。吁嗟吁嗟,公困生计。宾屡沓至,累牍如毛。梳之剔之,以昕以宵。公昔有言,吾守以拙。觇迹审神,避名崇实。都会宣风,溥逮山僻。程材度支,整齐划一。哲人雅怀,夷清惠和。正志无挠,责获莫过。居恒仰屋,抚卷太息。精气摧伤,渐缩饮食。病肺而呻,咯血盈壁。犹治官书,签判丹墨。易箦沉绵,呓语呤吖。拳拳学事,不及其私。公之才德,领袖贤英。位跻崇显,缔造文明。胡天不吊,大星遽陨。江汉销声,菁莪失荫。我承清海,廿载知交。积泪成河,热血不潮。公灵在天,名在青史。万岁千秋,呜呼已矣!"(《黄绍箕集》,742—743 页)

陈三立《挽黄仲弢提学》:

"儒服仍能贯九流,扶桑逐队作遨头。雍容尊俎光专对,长养菁莪预大谋。欹枕那忘消反侧,盖棺谁解殉幽忧?相公梦绕甘棠地,应叹才难涕不收。"(《黄绍箕集》下册,744 页)

四、谱后

光绪三十四年　戊申（1908）

正月　曹元弼作《为湖北存古学堂公祭黄仲弢提学文》：

“维光绪三十四年正月某日，存古学堂经学总教马贞榆、曹元弼、史学总教杨守敬、教务长王仁俊暨各教员、管理员率诸生，敬以清酌庶羞之奠，致祭于故提学黄公之灵，曰：

呜呼！噫嘻！谓天无知，奚其于世衰道微，笃生经师人师，以木铎于天下，兼海外而声施。谓天有知，奚其于千钧一发绝续最急之期，短志士仁人之气，而使莘莘学子失声以哭于斯！呜呼！世祸烈矣！拨乱反正，天下日夜梦想，以几何五行之沴气使君子道消，而公竟于罹？公之学问，识大识小，囊括靡遗；公之行谊，正学匡时，淡泊明志；公之至诚，折冲远人，强于六师；公之翼教，推明孔氏，日月重离；公之诲人，忠信慈惠，恻怛训词。吾不知日星河岳积几何精华，而始生此纯贤？而又不使之康强期颐，何天心之茫昧，安得直巫咸之下降，借灵均而问之。将修短自有定数，而周公有鬼，孔子来告，亦无可如何？而悲伤眷恋于斯文之在兹。呜呼！公之学行，公不敢自为，而悉本于先公之贻。及鲜民之痛，惟尽瘁报国，以酬蓼莪之思。忠孝完人，名教轨仪。公之体羸，敦诲不已。楚学之繁，海内无俪。力疾从政，病以不治。以死勤事，百世祀之。况在亲炙，悲何可支，何以报公？敢誓一辞，告于公灵，公其闻知。教者思公，秩叙伦常，是扶是持，崇仁厉义，距诐息邪，惟力是视；学者思公，进德修业，激勇发智，天下自任，先忧后乐，济否扶危。学派渊源，发荣长滋。扬公所孝，保公所忠。公死不死，两庑俎豆。千秋蘋蘩，以告来禩。江汉长流，公教永垂。神之格思，鉴此涕洟。呜呼！哀哉尚飨！”（《复礼堂文集》（二），台湾文史哲出版社1973年，957—959页）

正月二十日（2月21日） 《顺天时报》刊登“张宫保之痛黄学使”消息。

张宫保之痛黄学使：“军机大臣张之洞在鄂时深慕湖北提学使黄绍箕之才，现因其病没，哀惜不置，特制祭文一篇，挽联一副，以代痛哭，其祭文洋洋三千余字，读之真令人起感情云。”（《顺天时报》第1799号）

正月二十二日（2月23日） 徐定超、沈曾桐在长椿寺为谱主设灵位，凡在都故旧姻戚，皆可行礼。许宝蘅等人来祭。是日《顺天时报》刊登“相国关念黄学使”消息。

《忘山庐日记》：“出城至长椿寺，徐班老、沈子丰为仲弢设位，凡在都故旧姻戚，皆可诣彼行礼。”

《许宝蘅日记》：“午刻到长椿寺祭黄仲弢学使。”（第一册，169页）

相国关念黄学使：“张相国深痛湖北黄学司之逝世，业纪本报，闻相国前拟令其孙公子张仲兰太守赴鄂吊唁不果。后则因候补道石叔业观察因公赴鄂之便，特嘱石存问黄学司之后嗣，以示垂念之谊云。”(《顺天时报》1908 年第 1801 号，第七版)

正月二十七日（2 月 28 日） 《顺天时报》刊登“黄学使办学册送京”消息。

黄学使办学册送京：“张相国痛惜已故黄学司，业纪本报。昨闻新任高学使将黄学司所造之湖北学务全省表册送京，藉为查考，张相国益为叹赏不值。”(《顺天时报》1908 年第 1805 号，第七版)

三月初七日（4 月 7 日） 宋恕托孙诒棫送上挽谱主联。

《宋恕戊申日记·函电收发》：“寄孙季芃平九信一封，托送《黄挽》。”(《宋恕集》下册，999 页)

《宋恕戊申日记·函电收发》四月初十日：“寄孙仲恺平十信一封，询……《挽黄》代送未。”(《宋恕集》下册，1000 页)

三月十九日（4 月 19 日） 康有为作《祭黄仲弢文》，序云：“惟光绪三十四年三月十九日，谨以葡萄酒、中华馔，设故湖北提学使黄君仲弢吾兄之位，素服哭泣而祭之曰。”(《康有为全集》第八集，382 页)另有《哭前翰林院侍读学士湖北提学使黄君仲弢》，序云：“戊戌出奔，赖公告难，劝吾微服为僧，北走蒙辽。夜宴浙绍会馆，把酒泣诀。今幸更生，皆君起死人而肉白骨也。为服缌衰，东望奠祭，不知其哭之恸也。”(《康有为全集》第十二集，283—284 页)

四月初三日（5 月 2 日） 《顺天时报》刊登“请奖已故黄学使”消息。

《请奖已故黄学使》：“李绍芬等因黄学使绍基瘁于学务，教泽在人，合词呈请督宪，据情奏恳天恩，赐恤宣付史馆，以彰劳勩，而顺舆情等。日前蒙督宪批示云：该故学司禀承家学，兼得师友渊源，道德文章，敻绝时辈。前主鄂省讲席多年，士论翕然，本部堂夙深推许。此次本部堂莅任后，所有教育、行政、事权，推诚相与，方深以得人为幸。天不假年，竟以劳瘁卒官，诚堪痛惜。兹据该绅等胪列该故学司生平学行,及在鄂讲学服官成绩,叙述详实,略无溢美之词,具见教泽在人,士林爱戴,应准据呈具奏请旨施恩,以为儒臣尽瘁者劝。"(《顺天时报》1908年第1860号,第七版)

四月初四日(5月3日) 《申报》刊登"鄂督允准奏恤儒臣"消息。

鄂督允准奏恤儒臣:"鄂绅闻云南布政使李绍芬等因黄学使绍基瘁于学务,教泽在人,合词呈请督宪,据情奏恳天恩,赐恤宣付史馆,以彰劳勚。当奉赵次帅批示云:该故学司禀承家学,兼得师友渊源,道德文章,夐绝时辈。前主鄂省讲席多年,士论翕然,本部堂夙深推许。此次本部堂莅任后,所有教育、行政、事权,推诚相与,方深以得人为幸。天不假年,竟以劳瘁卒官,诚堪痛惜。兹据该绅等胪列该故学司生平学行,及在鄂讲学服官成绩,叙述详实,略无溢美之词,具见教泽在人,士林爱戴,应准据呈具奏请旨施恩,以为儒臣尽瘁者劝。"(戊申四月初四日《申报》1908年第12664号,第一张第五版)

四月初九日(5月8日) 《顺天时报》刊登"黄学使宣付国史详志"消息。

黄学使宣付国史详志:"黄学使由鄂请宣付国史一节已志前报。兹悉已由鄂督具折入奏,云其平生讲汉学以通经致用为本,讲宋学以躬行实践为归,讲旧学则范围礼义,保全诗书,绝无迂腐不通之弊,讲新学则深明彼此,开通知识,力辟邪淫不逍之谈,求之今日不可多得云。"(《顺天时报》1908年第1866号,第七版)

五月初一日(5月30日) 宋恕收孙诒泽信,代作挽联。

《宋恕戊申日记·函电收发》:"收仲恺四月廿二日发信一封,代作《鲜庵挽》,报容病,诺书《黄挽》。"(《宋恕集》下册,1000页)

五月初二日(5月31日) 宋恕寄孙诒泽代作挽谱主联。

《宋恕戊申日记·函电收发》:"寄仲恺平十一信一封,寄代作

《黄挽联》。"(《宋恕集》下册,1000 页)

五月十七日(6 月 15 日) 灵榇旋里。五日后(五月二十二日)孙诒让去世。

《张㭎日记》:"闻是日十点钟,黄仲弢先生灵柩自湖北提学任搬丧回籍,穿城而过。予偕林君尧民因到大街酒楼观之……时灵柩已由街抬过,两孝子均步行,大者十七八,小者十四五岁而已,后面绅士执绋者大约六七十人……是日,师范去送殡者,郭君小霞、刘君凤仙,中学则刘君次饶也。"(第三册,1079 页)

五月二十六日(6 月 24 日) 灵柩进城,开吊。

《林骏日记》:"是巳刻,黄鲜庵先生灵柩进城,奠安府第,仪仗齐整,士绅迎送,颇臻盛轨。"(下册,788 页)

《张㭎日记》:"闻是日瑞安黄仲弢太史灵柩进城开吊,赴观者极多,不下万余人,较之清明赛会时尤盛。可知科名一道鼓舞人心不少。"(第三册,1082 页)

六月初七日(7 月 5 日) 郡人为二仲先生开追悼会。

《张㭎日记》:"是日为本堂开追悼孙籀公之会,自大门直至大堂一带均悬挂士绅公挽楹联。师范头门外则用青柏扎成'追悼'两大字,左右分挂各色国旗,门首用白布篆书七言大字联一对高名并峙海内外;文星连陨天东南,盖今日之追悼会为孙、黄二公并开故也。予与宗易、江君阆仙、石君聘南等均派接待员。旋因是日会定二点钟开会,由会员登台报告,一演说黄公行状,一演说孙公行状。然后官绅行礼、读诔词、奏追悼歌,散会。黄公行状系池君仲麟主笔,即由池君为演说员,而孙籀公行状乃郭君小梅主笔,郭君不肯认演,坚挽予代演,予过却不获,乃认为演说员焉。午饭后中学堂、四隅学堂诸生及女学生、瑞安河乡诸教员、学生亦俱到。是日天气极热,一点半钟后,天忽雷雨,直到二点钟后,雨师息驾,而天色旋复晴霁。时官场中自府尊以下官均到齐,惟贺观察未到,待至三点半钟贺观察亦到。执事员徐君骥卿乃登台摇铃集众，于是士绅、学生、来宾均纷纷入座。是日由大堂一直坐至大门，学界中到观会者不下二千馀人。先由徐君报告，次即池君登台演说仲弢先生历史，洋洋洒洒不下数千馀言。时已近四点半钟，池君演毕退，予乃登台演说仲容先生历史，约半点多钟乃退。继则刘君冠三登台读黄公诔词，徐君亚伯读孙公诔词。读毕，诸公并离座立唱行三鞠躬礼，诸学生各奏洋琴唱追悼歌三阕，始摇铃散会。"（第三册，1085—1086 页）

《厚庄日记》："郡人士为黄仲弢、孙仲容两先生开追悼会于师范学校，到者千余人。"（《刘绍宽日记》第二册，464 页）

六月十二日（7 月 10 日） 下葬。

《厚庄日记》："沈仲辉守经、石聘南蕴辉、郭筱梅凤诰、陈小垞锡琛、杨君雅慕汾、刘宏轩项宣等共二十馀人，公祭孙仲容先生，并送黄仲弢先生之葬。"（《刘绍宽日记》第二册，464 页）

谱主逝世后，友人挽联甚夥，辑成《黄仲弢先生挽联录》，内容详见《黄绍箕集》。

1914 年

冒广生合编黄绍箕、黄绍第遗稿,取名《二黄先生集》,辑入《永嘉诗人祠堂丛刻》。

1921 年

杨嘉收集其遗稿,合编《鲜庵文辑》。

1925 年

《中国教育史》由商务印书馆排印成书。

1931 年

黄群编《二黄先生集补遗》,收入《二黄先生集》,永嘉黄氏敬乡楼辑印本。

1950年

杨子恺为张宋庼《黄鲜庵先生年谱》作叙。

“清光绪甲辰之岁，瑞安黄鲜庵先生以翰林侍读学士为京师编书局监督，旋兼译学馆事，时余方以赀郎游京师，以与先生有世好之雅也，时往问候，得接其言论。又明年，先生提学湖北，逾年以积劳殁于任所，海内外识与不识皆叹惜焉。自先生之亡四十馀年矣，吾友瑞安张君宋庼始编次先生年谱，属余叙之。

鲜庵先生生平所为书，大都皆未就，遗稿散佚者，其诗文为后人搜集者亦泰山毫铓耳。往岁余以事至瑞安，主黄氏，其老仆为述先生官京师日，学部尚书荣庆尝以事诣先生，闻室中争论派遣西洋留学生事。荣庆以费绌辞，先生方以扶植人才为急，持之坚，不相下，失欢而去。时学部侍郎缺，先生以翰林兼馆局官簿，未有出其右者。比命下，竟属之严修，盖荣庆亦阴有以挤之。其平时不为趋附，于此益见之矣。先生承明早达，又名父子，官翰林久，文学才识，名重一时。中国自甲午以还，朝野上下皆知非革政，不足图存，德宗亦思大有为，将开懋勤殿，广罗贤俊，置学士，备顾问，先生亦其选也。先生所与游，皆海内贤豪，门外车常满。而京师所谓诸公贵人者，类皆阘茸，固已日睨其旁矣。戊戌政变起，逻者至先生居，索门簿，稽常日所往来者。会有于南海馆得先生片纸，遽以上闻，慈禧欲遂罗织之，时大学士徐桐在殿上免冠叩头，良久曰：‘臣敢以百口证绍箕之无他。’慈禧意解，得免，然亦殆矣。

世事沧桑，岁月代逝，乡先哲遗闻轶事日远日忘矣。往岁壬戌，余在杭州，与同人觞南海康先生于净慈禅寺，席间南海语余，方政变时，京师汹汹，缇骑四出，几不得免，赖先生营救，百端始脱于难。今故人往矣，当为铭幽之文以报，更乞归安沈曾植书之，传之千秋。日居月诸，康先生既因循未及为，而黄氏子弟亦无以乞铭往请者。康先生旋即去世，所谓铭墓之文不复可得，兹足惜也。今宋廞乃能掇拾于残剩之馀，详慎雅赡，如读钱辛楣之谱洪容斋、陆务观，俾先生之仕宦、交游、文章、风节得以窥见梗概，其有功于乡邦文献夫岂浅鲜也哉？

庚寅四月浴佛日叙。庚寅拾月拾贰日庚申录稿。”

1998年

11月　俞天舒编《黄绍箕集》印行，列为瑞安文史资料第十七辑。

2012年

9月　温州博物馆编《黄绍箕往来函札》，由浙江摄影出版社出版。

2018 年

9 月　谢作拳点校《黄绍箕集》,由中华书局出版,列入“中国近代人物文集丛书”。

2023 年

4 月　谢作拳编著、温州市文史研究馆出品的《黄绍箕年谱》,收入“晚近温州人物年谱丛刊”。

温州市文史研究馆出品

晚近温州人物年谱丛刊

黄绍箕年谱　　谢作拳　编著
刘景晨年谱　　卢礼阳　著
黄山书社　出版

温州学人印象丛书

一代词宗夏承焘　　方韶毅　编
考古泰斗夏鼐　　王世民　编
籀园守门人梅冷生　　卢礼阳　编
一代师表金嵘轩　　夏海豹　陈伟玲　编
文汇出版社　出版

宋元温州诗略（上下册）　　陈增杰　编著
浙江大学出版社　出版

永嘉学派文献概说　　洪振宁　编著
黄山书社　出版

南宋温州诗话　　张声和　著
凤凰出版社　即出